Über den Autor:
Heinriche Wille, geboren 1945 in Grömitz (Ostholstein), wurde deutschlandweit bekannt als Chefermittler im Fall Uwe Barschel. Als Leiter der Lübecker Staatsanwaltschaft geriet der streitbare Jurist wiederholt mit seinen Vorgesetzten in Konflikt, da er zu anderen Schlüssen kam, als man von ihm erwartete. Heinrich Wille lebt heute in Lübeck, wo er als Rechtsanwalt praktiziert.
http://rechtsanwalt-h-wille.de/

Heinrich Wille

Ein Mord, der keiner sein durfte

Der Fall Uwe Barschel
und die Grenzen des Rechtsstaates

Vorwort von Stefan Aust

Besuchen Sie uns im Internet:
www.knaur.de

Vollständige Taschenbuchausgabe September 2013
Knaur Taschenbuch
Ein Unternehmen der Droemerschen Verlagsanstalt
Th. Knaur Nachf. GmbH & Co. KG, München
Alle Rechte vorbehalten. Das Werk darf – auch teilweise –
nur mit Genehmigung des Verlags wiedergegeben werden.
Umschlaggestaltung: ZERO Werbeagentur, München
Umschlagabbildung: Werek/Süddeutsche Zeitung Photo
Satz: Adobe InDesign im Verlag
Druck und Bindung: CPI books GmbH, Leck
Printed in Germany
ISBN 978-3-426-78564-5

2   4   5   3   1

Inhalt

Das Gift in Barschels Körper

Viele Spuren deuten auf Mord

Verfahrenseinstellung

Selbstmord ist nur eine theoretische Möglichkeit

Die Nagelprobe

Postskriptum

Stefan Aust

Zum Fall Barschel
Vorwort

Ein perfekter Mord ist ein Todesfall, der nicht als Mord auffällt, der nach einem Unglück aussieht, einer tödlichen Erkrankung – oder nach Selbstmord.

Seit fast 25 Jahren wird darüber gestritten, ob der Tod des ehemaligen schleswig-holsteinischen Ministerpräsidenten Uwe Barschel in die eine oder die andere Kategorie fällt. Geklärt ist der Fall bis heute nicht.

Das ist am wenigsten der ermittelnden Staatsanwaltschaft in Lübeck anzulasten, die über Jahre versuchte, Licht in das Dunkel des Hotelzimmers 317 im Genfer Hotel »Beau Rivage« zu bringen, wo der Politiker am 11. Oktober 1987 tot in der Badewanne aufgefunden wurde. Der Leitende Oberstaatsanwalt Heinrich Wille hatte den Fall erst sieben Jahre nach dem Tod Barschels übernommen, da hatten die Schweizer Ermittler im Grunde schon aufgegeben – mit dem schlichten Ergebnis, Uwe Barschel habe Selbstmord begangen. Aus dem Chaos der Anfangsermittlungen, den Lücken der Spurensicherung und den offenkundigen Grenzen des Aufklärungsinteresses schweizerischer Behörden destillierten Oberstaatsanwalt Heinrich Wille und seine Mitarbeiter einen neuen Befund – und der sah eher nach Mord als nach Selbstmord aus. Vor allem das Obduktionsergebnis mit den unterschiedlichen Abbaustufen der verschiedenen Betäubungsmittel, die in Barschels Körper gefunden worden waren, ließ darauf schließen, dass Uwe Barschel bereits bewusstlos war, als das am Ende tödliche Gift in seinen Körper gelangte. Dass er sich dies nicht selbst zugeführt haben konnte, lag damit auf der

Hand. Auch die Spuren an Barschels Kleidung, im Hotelzimmer und im Bad waren ohne reichlich Phantasie nicht mit einem Suizid zu erklären.

Bald fanden sich Wille und seine Männer in einem Dschungel politischer und geheimdienstlicher Interessen gefangen, auch die Führung der Staatsanwaltschaft schien kein sonderliches Interesse an einer nachhaltigen und damit lange andauernden Ermittlung zu haben. Am liebsten wären die schleswig-holsteinischen Behörden und Parteien beim ersten Befund geblieben: Selbstmord. Doch Heinrich Wille ermittelte verbissen weiter, und je mehr er sich in die Tiefen dieses rätselhaften Todesfalles vertiefte, umso mehr Fragen taten sich auf.

Plötzlich wurde Wille selbst zum Thema, seine Suche nach der Wahrheit wurde von Kollegen und Vorgesetzten mit Misstrauen beäugt, so als würde hier jemand einer Chimäre hinterherjagen. Und tatsächlich konnte der Staatsanwalt nicht mit einer Lösung, dem hieb- und stichfesten Beweis, dass es sich um einen Mord handelte, aufwarten – geschweige denn konnte er einen oder mehrere Täter präsentieren.

Jetzt, nach seinem Abschied aus dem aktiven Dienst, hat Heinrich Wille seine Ergebnisse und Erlebnisse aufgeschrieben – das Protokoll einer Mordermittlung im Irrgarten einer politischen Affäre, zwischen östlichen und westlichen Geheimdiensten, Waffenhändlern und Hochstaplern. Auch er kann den rätselhaften Fall nicht aufklären, kann nicht nachweisen, wer Uwe Barschel nach Genf gelockt hat, ob er sich vor seinem Tode mit Leuten getroffen hat, die alles andere als interessiert daran waren, dass Barschel auspackte. Der gestürzte Ministerpräsident hatte nämlich damit gedroht, im Untersuchungsausschuss des Kieler Landtages umfangreich auszusagen. Worüber, kann nur spekuliert werden – bis es vielleicht eines Tages genauere Informationen dazu gibt.

Bislang hat der Fall Barschel etwas von einem Glaubenskrieg, und das hat etwas mit seiner Vorgeschichte zu tun. Uwe Barschel war ein überehrgeiziger Politiker, ein eher rechter, und ein – wie sich nach seinem Tod herausstellte – von Angst getriebener Machtmensch, der in der Panik vor dem Verlust seines Amtes Psychopharmaka schluckte und nach der Vermutung seiner politischen Gegner vor keinem schmutzigen Trick zurückschreckte, um an der Spitze der Landesregierung zu bleiben.

Die Affäre begann mit einem Flugzeugabsturz auf dem Flughafen Lübeck-Blankensee, den Barschel schwer verletzt überlebte. Pilot und Kopilot kamen ums Leben. Kaum halbwegs genesen und noch an Krücken, musste Barschel einen Wahlkampf führen, in dem sein Herausforderer Björn Engholm die besseren Karten zu haben schien.

Da kam ein Helfer wie gerufen, ein dubioser Journalist namens Rainer Pfeiffer, empfohlen vom Springer-Verlag. Dieser entfachte eine Schmutzkampagne, in der Engholm mit Privatdetektiven ausspioniert werden sollte, verdächtigt wurde, Aids zu haben, und beim Finanzamt anonym der Steuerhinterziehung beschuldigt wurde. Und bei all diesen Aktionen gab es Hinweise auf eine Mitwisserschaft Barschels. Dass auch die SPD frühzeitig über die dunklen Machenschaften aus der Staatskanzlei informiert war, kam erst sehr viel später heraus.

Die Affäre flog auf, als der *Spiegel* – basierend auf den Erzählungen des Täters Pfeiffer – eine Titelgeschichte über die »Waterkant-Affäre« veröffentlichte. Hier war Barschel der Anstifter, obwohl die Beweise dafür eher dürftig waren.

Der angeschlagene Ministerpräsident versuchte, sich aus der Affäre herauszuwinden, und sagte in einigen Punkten nachweislich die Unwahrheit. Im Zuge der öffentlichen Aufregung wurde der Ministerpräsident von seiner eigenen Partei fallen gelassen, und in der Tat sah anfangs alles eher danach aus, dass Barschel die Schmutzkampagne gegen Björn Engholm initiiert hatte. Die fragwürdige Rolle der SPD kam erst später, im Verlaufe der sogenannten »Schubladen-Affäre«, heraus, als klar wurde, dass der SPD-Vorsitzende von Schleswig-Holstein dem Drahtzieher der verdeckten Kampagne gegen die SPD, Pfeiffer, angeblich aus seiner Küchenschublade hohe Summen in Bargeld gezahlt hatte. Da war Barschel aber längst tot.

Als Barschel politisch stürzte, waren fast alle Medien, die meisten Parteifreunde und Gegner von seiner Schuld überzeugt. Was lag da näher, als an Suizid zu glauben? Ein Selbstmord war das Eingeständnis von Schuld, gab damit allen recht, die Barschel als Anstifter der Schmutzaffäre betrachteten.

Zweifel an einem Selbstmord wurde umgehend als nachträgliche Reinwaschung vom Schmutz der Kampagne betrachtet. Vor allem diejenigen Medien, deren wichtigster Zeuge der Haupttäter Pfeiffer war, brauchten den Selbstmord, um ihre eigene Berichterstattung nicht nachträglich infrage stellen zu müssen.

Jede Recherche, die in eine andere Richtung führte, wurde als Versuch der Rehabilitierung Barschels oder als substanzlose Verschwörungstheorie denunziert. Und vor allem jene Medien, die Barschel zu Fall gebracht hatten, weigerten sich konsequent, ihre investigativen Möglichkeiten zu nutzen, um den Fall tatsächlich aufzuklären. Stattdessen wurde das Feld denjenigen überlassen, die allerlei konspirative Phantastereien unters Volk streuten. Und in der Tat kreuzten sich im Fall Barschel die Spuren zahlreicher Geheimdienste, deren Aktivitäten Ende der 1980er-Jahre entdeckt wurden. Mit alldem sollte Uwe Barschel in irgendeiner Verbindung stehen, von den Waffengeschäften der »Iran-Contra-Affäre« bis zu den Machenschaften des Ministeriums für Staatssicherheit der DDR, deren Aktenbestände nach dem Fall der Mauer zugänglich wurden.

Es stellte sich heraus, dass Uwe Barschel tatsächlich verdächtig oft in der DDR gewesen war, dass es eine umfangreiche Akte unter dem Decknamen »Hecht« über ihn gab, dass er sich auf kaum fassbar leichtsinnige Weise in DDR-Hotels zur Zielscheibe der Stasi gemacht hatte. Es gab allerhand Informationen, die ihn mit dem Waffenhandel in Verbindung brachten, doch bewiesen wurde das nie.

Dabei geriet aus dem Blickfeld, dass es zur Zeit der »Barschel-Affäre« einen Untersuchungsausschuss im Deutschen Bundestag gab, der sich mit der Aufklärung eines Falles von großer politischer Tragweite beschäftigte, den illegalen Lieferungen von Blaupausen für U-Boote an das einem UNO-Embargo unterliegende Apartheidregime in Südafrika. Die HDW, Howaltswerke-Deutsche Werft in Kiel, hatte unter Umgehung aller internationalen Verbote Baupläne für Unterseeboote nach

Südafrika geliefert. Das konnte nicht ohne das Wissen von Teilen der Schleswig-Holsteinischen Landesregierung erfolgt sein, denn diese war einer der Hauptgesellschafter der Werft. Der kriminelle Deal war aber schon unter Barschels Vorgänger im Amt des Ministerpräsidenten eingefädelt worden. Mit von der Partie war der Aufsichtsratsvorsitzende von HDW, inzwischen Finanzstaatssekretär in der Landesregierung von Uwe Barschel.

Ausgerechnet jener Staatssekretär war es, der in der schleswig-holsteinischen Bespitzelungsaffäre seinem Regierungschef den politischen Todesstoß versetzte, indem er ihn in bei einem eher nebensächlichen Thema der Lüge bezichtigte. Seine Aussage bewies für die Öffentlichkeit, dass Barschels berühmtes Ehrenwort hohl war. Damit schien klar, dass Barschel tatsächlich Anstifter der Bespitzelung und Denunziation seines politischen Kontrahenten Engholm gewesen war. Kaum jemand machte sich damals Gedanken darüber, dass zum Beispiel die Erkundigungen Barschels nach dem Fortgang des Steuerverfahrens gegen Engholm keinesfalls bewiesen, dass er dieses Verfahren auch selbst hatte in Gang setzen lassen.

Sein Mann fürs Grobe hatte nämlich systematisch Spuren gelegt, die auf Barschels Mitwisserschaft hindeuteten. Gleichzeitig hatte er Verbindungen zu den Opfern seiner Aktion aufgenommen, der schleswig-holsteinischen SPD. Die war über Pfeiffers Aktionen offenbar besser unterrichtet als der vermeintliche Auftraggeber Barschel. Es war auch die SPD, die Pfeiffer an den *Spiegel* vermittelte. Auch die eidesstattliche Versicherung, die Pfeiffer gegenüber dem Nachrichtenmagazin abgab, war von einem Anwalt, der zugleich ein wichtiger SPD-Politiker war, entgegengenommen worden.

Damit soll nicht gesagt werden, dass die SPD selbst hinter der Engholm-Bespitzelung stand. Eines ist allerdings sicher: Der Mann fürs Grobe in Barschels Staatskanzlei trug auf mehreren Schultern.

Barschel schien nach dem Flugzeugabsturz und in seiner Angst vor dem Verlust der Macht die Übersicht über das, was sich in seiner nächsten Umgebung abspielte, verloren zu haben. Als er nicht nur von den oppositionellen Medien angegriffen«, sondern auch von seiner eigenen Partei fallen gelassen wurde, deutete er gegenüber seinen Parteifreunden an, im Untersuchungsausschuss sein gesamtes Wissen zu offenbaren. Da dürften an einigen Stellen die Alarmglocken geläutet haben. An welchen, ist bisher unbekannt.

Die Logik allerdings spricht dafür, dass es in gewissen Kreisen nicht gern gesehen worden wäre, wenn Uwe Barschel über die Geheimnisse der U-Boot-Blaupausen für Südafrika geplaudert hätte. Vielleicht wusste er einiges, vielleicht wenig, aber vielleicht hätte das wenige auch ausgereicht, um dem gleichzeitig laufenden Untersuchungsausschuss in Bonn neue Nahrung zu geben.

In dieser Situation trat ein Unbekannter auf den Plan, der unter dem Namen Roloff dem auf den Kanarischen Inseln weilenden Barschel Entlastungsmaterial anbot und ihn zu Verhandlungen darüber nach Genf bestellte. So jedenfalls steht es in den bei Barschel später gefundenen Notizen. Es ist darin etwa die Rede von Beziehungen Pfeiffers zur SPD.

Kurz nach Barschels Tod wurden diese angeblichen Entlastungsmaterialien als plumpe Erfindung des scheinbar der Anstiftung überführten Ministerpräsidenten betrachtet. Erst beim zweiten Untersuchungsausschuss zur »Schubladen-Affäre«, lange nach Barschels Tod, wurde klar, dass seine handgeschriebenen Notizen durchaus in das Raster der neuen Erkenntnisse passten.

Insofern ist es durchaus denkbar, dass der ins Bodenlose gestürzte Politiker nach jedem Strohhalm griff, um nachzuweisen, dass er Opfer eines politischen Komplotts war. Bekanntlich gelang ihm das nicht, weil sein Entlastungszeuge entweder nicht kam oder ihn nur nach Genf lockte, damit ihm dort andere auf den Zahn fühlen konnten – was bekanntlich für Uwe Barschel tödlich endete.

Eine solche Version der Ereignisse im Hotel »Beau Rivage« ist sicher nicht unwahrscheinlicher als die offizielle Selbstmordtheorie. Insofern ist es ein großes Verdienst, dass der im Todesfall Barschel ermittelnde Staatsanwalt Heinrich Wille seine eigenen Erlebnisse um diese größte Politaffäre in der Geschichte der Bundesrepublik Deutschland in Buchform publiziert. Er hat seine eigene Geschichte mit diesem Fall – eine Geschichte von Ermittlungen, aber auch der Behinderung von Ermittlungen –, die perfekt in das Raster einer multiplen Vertuschungsaktion passt. Aus den unterschiedlichsten Gründen waren die verschiedensten Kreise offenbar daran interessiert, die Wahrheit nicht ans Tageslicht kommen zu lassen.

Aber alle Ermittlungsergebnisse und alle Obduktionsbefunde deuten darauf hin, dass Barschel nicht allein war, als er die tödlichen Medikamente zu sich nahm, und dass er nicht freiwillig in die Badewanne stieg, um dort zu sterben. Seine Enthüllungsdrohungen dürften für gewisse Gruppierungen ein Motiv gewesen sein.

Vielleicht haben die schleswig-holsteinische Bespitzelungsaffäre und der Tod im »Beau Rivage« nur sehr indirekt etwas miteinander zu tun – dass der so tief gefallene Politiker plötzlich zu einer Gefahr geworden war, und zwar für ganz andere als die SPD im Norden. Zum Beispiel für ein Apartheidregime im Süden Afrikas, das mit einer Werft ganz oben im Norden Deutschlands illegale Geschäfte machte. Aber das ist natürlich auch nur eine Spekulation, wenn auch eine ziemlich simple.

Die Ermittlungen im Fall Uwe Barschel sind noch längst nicht am Ende. Ganz perfekt war der Mord eben doch nicht.

Hamburg
Juli 2011

Zwei *Stern*-Reporter
haben einen Auftrag

Genf, 10./11. Oktober 1987

Zwei Männer fliegen nach Genf. Es ist Sonnabend, der 10. Oktober 1987. Sie nehmen den Abendflug um 19 Uhr von Hamburg mit einer Zwischenlandung in Frankfurt. Die Männer kennen sich gut; sie sind Kollegen beim *Stern*. Einer von ihnen, Hanns-Jörg Anders, hat eigentlich noch Urlaub. Er ist gerade vor zehn Minuten von einer Urlaubsreise zurückgekommen, als ihn sein Chef anruft. Er soll gemeinsam mit dem Kollegen Sebastian Knauer nach Genf fliegen. Die beiden haben einen Auftrag: Sie sollen in Genf Dr. Dr. Uwe Barschel treffen, den zurückgetretenen Ministerpräsidenten von Schleswig-Holstein.

Eigentlich wollten Rechercheure des *Stern* Barschel auf Gran Canaria treffen, wohin sich der Ex-Ministerpräsident für ein paar Tage zurückgezogen hatte. Doch das war ihnen nicht gelungen.

Hanns-Jörg Anders ist Fotograf, der Redakteur Sebastian Knauer soll den Text machen. Der Auftrag lautet, Barschel in Genf zu interviewen »und«, so gibt Anders später zu Protokoll, »von ihm einige Fotos zu machen. In erster Linie sollte er uns erklären, was der Grund seines Aufenthalts in Genf wäre, dann, warum er seinen Urlaub auf den Kanarischen Inseln unterbrochen hätte. Wir wussten, dass er einen Platz für einen Flug der Lufthansa um 14.45 Uhr nach Frankfurt und dann Hamburg gebucht hatte. Wir versuchten zu erfahren, wie er sich gegenüber der Bevölkerung rehabilitieren wollte und welche Absichten er hätte.«

Was bringt den *Stern* dazu, zwei Journalisten nach Genf zu schicken, um Uwe Barschel zu interviewen? Barschel war am 2. Oktober vom Amt des Ministerpräsidenten zurückgetreten. Als der CDU-Politiker am 14. Oktober 1982 mit 38 Jahren dieses Amt angetreten hatte, war er der jüngste Ministerpräsident aller Zeiten gewesen. Nun hat der Schleswig-Holsteinische Landtag einen Untersuchungsausschuss eingesetzt, um eine Affäre aufzuklären, die den Namen Uwe Barschels trägt. Wesentlicher Akteur dieser Affäre ist der Medienreferent Reiner Pfeiffer, den Uwe Barschel auf Empfehlung des Springer-Konzerns 1986 in der Staatskanzlei eingestellt hat.

In einem Brief an den Chef der Pressestelle der Kieler Staatskanzlei, den Staatssekretär Gerd Behnke, hat Reiner Pfeiffer beteuert: »Ich habe mich fest entschlossen [...] für den Wahlsieg der CDU in Schleswig-Holstein zu kämpfen wie ein potenzieller Olympiasieger.« An Uwe Barschel schreibt er, er sei »[...] bereit, für ihn und seinen Wahlsieg bis zum Umfallen zu kämpfen«. In einem Brief an den Springer-Direktor Gerd Rattmann definiert er seine Tätigkeit so: Es sei seine Aufgabe, »das Image des Ministerpräsidenten einerseits aufzupolieren, andererseits das Ansehen des Gegenkandidaten wirkungsvoll zu demontieren«.

Barschels Ehrenwort

Unter anderem werden gegen den Ministerpräsidentenkandidaten der SPD, Björn Engholm, folgende Aktionen ins Werk gesetzt:

- Bespitzelung der Privatsphäre Engholms durch Privatdetektive, um Nachteiliges aus seinem persönlichen Umfeld zu recherchieren.
- Inszenierung einer anonymen Steueranzeige, die Engholm der Steuerhinterziehung verdächtigt.
- Fingierter Anruf bei Engholm durch einen fingierten Arzt, um ihn mit einem Aids-Verdacht zu erschrecken, sowie der Versuch, einen solchen Aids-Verdacht in der Öffentlichkeit zu lancieren.
- Beschaffung eines Abhörgerätes, das der Opposition als Bespitzelungsversuch des Ministerpräsidenten untergeschoben werden sollte.

Inwieweit diese Aktionen Uwe Barschel bekannt waren oder von ihm veranlasst wurden, ist bis heute nicht aufgeklärt. Jedenfalls führten Artikel im Nachrichtenmagazin *Der Spiegel* vom 7. und 14. September 1987 über die Bespitzelungsaffäre zur politischen Krise in Schleswig-Holstein. Am 18. September 1987 erklärt Barschel in der berühmt-berüchtigten »Ehrenwort-Pressekonferenz«: »Meine Damen und Herren, über diese Ihnen gleich vorzulegenden eidesstattlichen Versicherungen hinaus gebe ich Ihnen, gebe ich den Bürgerinnen und Bürgern des Landes Schleswig-Holstein und der gesamten deutschen Öffentlichkeit mein Ehrenwort, ich wiederhole: ich gebe Ihnen mein Ehrenwort, dass die gegen mich erhobenen Vorwürfe haltlos sind. Ich danke Ihnen.«

Bald danach stellt sich heraus, dass die eidesstattlichen Versicherungen in wesentlichen Teilen unzutreffend sind; Uwe Barschels Version wird brüchig. Er sieht keine andere Wahl, als am 25. September 1987 seinen Rücktritt als Ministerpräsident anzukündigen.

Am nächsten Tag trifft er sich mit einem Freund aus Studententagen. Sie kennen sich seit 1968, als sie in demselben Studentenheim gewohnt haben. Es handelt sich um Dr. med. Thian-Fung Tjan. Später hatte er sich dann als Hals-Nasen-Ohren-Arzt im Wahlbezirk von Uwe Barschel niedergelassen. Im Frühjahr 1986 nimmt Dr. Tjan an einer offiziellen Reise Uwe Barschels nach China teil. Barschel will sich nicht auf die Dolmetscher verlassen, die ihm von chinesischer Seite gestellt worden sind, und nimmt den sprachkundigen HNO-Arzt mit, dem er uneingeschränkt vertraut und den er bei dieser Gelegenheit auf dem Hinflug – scherzhaft – zu seinem »Leibarzt« ernennt. Mitfliegende Journalisten sehen dies als einen Anflug von Größenwahn.

Barschel und Dr. Tjan brechen zu einem gemeinsamen Spaziergang mit Freya Barschel und einer Tochter auf. Freya Barschel und die Tochter gehen voran, während Dr. Tjan sich mit Uwe Barschel unterhält. Er schlägt ihm vor, eine Weltreise zu machen, möglichst weit weg zu fahren, um zu entspannen. Barschel lehnt ab. Er wolle die Sache »durchstehen« und könne nicht sehr weit weg fahren, damit er für den Untersuchungsausschuss zur Verfügung stehe. Er wolle nur mit seiner Frau nach Gran Canaria fliegen. Am 6. Oktober 1987 tritt Uwe Barschel mit seiner Ehefrau den Urlaub auf Gran Canaria an, den er am 10. Oktober unterbricht.

Das Team des *Stern* weiß, dass Barschel im Hotel »Beau Rivage« in Genf ein Zimmer gebucht hat und dort auch tatsächlich ist. Dies haben sie bereits in Hamburg durch den Schweizer Journalisten Frank Garbely erfahren, der für den *Stern* versucht hat, Barschel am Genfer Flughafen zu interviewen. Garbely stellt gegen 16.30 Uhr fest, dass Barschel im »Beau Rivage« eingecheckt hat, und informiert die *Stern*-Redaktion in Hamburg. Da sind die Journalisten Anders und Knauer bereits unterwegs.

Garbely wird gebeten, sich zum Hotel zu begeben und herauszufinden, was Uwe Barschel macht. Garbely geht ein- oder zweimal ins Foyer des »Beau Rivage«, bleibt allerdings dort nicht lange, und da er über Barschel nichts in Erfahrung bringen kann, begibt er sich gegen 19 Uhr nach Hause. Gegen 22 Uhr fährt er wieder zum Hotel und setzt sich an die Bar, um die Ankunft der beiden Journalisten aus Hamburg abzuwarten.

Bei der Zwischenlandung in Frankfurt ruft Sebastian Knauer im »Beau Rivage« an und verlangt Uwe Barschel zu sprechen, was indessen nicht gelingt. Gegen 22.30 Uhr treffen Anders und Knauer im »Beau Rivage« ein; sie vergewissern sich, ob Barschel noch im Hotel ist, und erkundigen sich an der Rezeption, ob er am kommenden Morgen früh abreisen würde. Zu Barschel selbst bekommen sie keine telefonische Verbindung. Also begeben sie sich beide auf ihre inzwischen gemieteten Zimmer, nicht ohne an dem Zimmer 317 vorbeizugehen, dessen Nummer bereits Frank Garbely in Erfahrung gebracht hatte. Dort hängt ein Schild »Bitte nicht stören« an der Türklinke. Die *Stern*-Leute veschieben das geplante Interview auf den nächsten Morgen.

Sie lassen sich um 6 Uhr wecken. Sie treffen sich im Frühstücksraum, um auf jeden Fall Uwe Barschel nicht zu verpassen, falls der bereits früh aufstehen sollte. Hanns-Jörg Anders sieht an der Tür des Zimmers 317 immer noch das rote Schild »Bitte nicht stören«. Sebastian

Knauer fragt im Frühstücksraum, ob Uwe Barschel sein Frühstück aufs Zimmer bestellt hat, das wird verneint. Also platzieren sich die beiden Journalisten so, dass Barschel das Hotel nicht verlassen kann, ohne dass sie es bemerken.

Anders mietet ein Auto bei Avis, damit sie für den Fall des Falles mobil sind, und holt es gegen 9 Uhr ab. Knauer teilt ihm mit, dass er Uwe Barschel immer noch nicht gesehen habe. In der Zwischenzeit hat er einen Flug nach Hamburg gebucht mit derselben Maschine, die Uwe Barschel offenbar nehmen will – Abflugzeit 14.45 Uhr. Knauer ist inzwischen mehrfach in der dritten Etage gewesen. Die beiden Journalisten checken aus dem Hotel aus, um beweglich zu sein. Knauer versucht, von einer Telefonzelle in der Nähe der Rezeption das Zimmer von Uwe Barschel zu erreichen – vergebens. Beide sind der Auffassung, dass ein Interview nur dann noch Sinn macht, wenn es gelingt, Uwe Barschel bis etwa 12 Uhr zu erreichen.

Hotel »Beau Rivage«, Zimmer 317

Die Zeit verstreicht. Gegen 12 Uhr klopft Knauer an die Tür des Zimmers 317. Als keine Reaktion erfolgt, drückt er die Klinke hinunter und öffnet die Tür ein Stück weit. Er sieht auf der rechten Seite einen Koffer, er sieht auch einen Schuh. Ist Uwe Barschel überhaupt in diesem Hotel oder ist er in einem anderen Hotel abgestiegen? Handelt es sich hier möglicherweise um ein Täuschungsmanöver? Was ist zu tun? Soll man bereits zum Flughafen fahren, um ihn dort endlich zu treffen? Das verwerfen die beiden Journalisten, sie warten weiter. Falls Barschel sich woanders aufhält, so ihre Überlegung, müsste er ja noch einmal zurückkommen, um seinen Koffer zu holen.

Sebastian Knauer ist bekannt, dass Barschel nach eigenen Angaben eine unbekannte Person treffen wollte, die angeblich Entlastungsmaterial für ihn hat. Der Eindruck, den der Journalist bei dem kurzen Öffnen der Zimmertür von der Situation hat, ist diffus. Ein Notizblock liegt auf dem Bett. Er muss irgendetwas mit dem Fall zu tun haben. Oder liegt der Notizblock auf dem Nachttisch? Auf dem Bett liegen ein Schlafanzug und ein aufgeschlagenes Buch. Wie soll er sich verhalten? Hält sich möglicherweise noch eine weitere Person in dem Zimmer auf? Was ist mit den Notizen; haben sie Bedeutung für die weitere Recherche? Sebastian Knauer bittet Hanns-Jörg Anders, der Bedenken hat und daher auch nicht in das Zimmer geht, um seine Nikonkamera, um drinnen Aufnahmen zu machen. Mit dieser Kamera kann man aber keine Dokumente fotografieren.

Die *Stern*-Leute beschließen daher, die Notizen herauszuholen und unter einer Lampe mit einer anderen Kamera zu fotografieren. Sebastian Knauer geht wieder in das Zimmer mit dem Schild »Bitte nicht stören« an der Türklinke. Er geht durch den kurzen Zimmerflur in das eigentliche Zimmer und nimmt die Notizen an sich. Es handelt sich um einen Block, der handschriftlich beschrieben ist, sowie einen Zettel und ein danebenliegendes Telex.

Die Notizen werden fotografisch dokumentiert. Anders hat einen geeigneten Platz in der zweiten Etage ausfindig gemacht. Der Notizblock und das Telex werden dort unter eine Wandlampe gehalten und schnell fotografiert. Knauer konnte die Unterlagen im Zimmer nicht lesen, da es schnell gehen musste. Die Arbeit mit einem Blitzlicht wäre zu auffällig gewesen. Der erfahrene Fotograf Anders hat einen hochempfindlichen Film, der lesbare Fotos von den Dokumenten ermöglicht.

Anschließend geht Knauer mit den Unterlagen wieder in das Zimmer 317. Hanns-Jörg Anders hat den Eindruck, dass er lange dort verbleibt. In solchen Situationen können drei Minuten eine Ewigkeit sein. Anders kontrolliert die Umgebung im Hotel, um Knauer notfalls zu warnen. Er geht langsam nach unten und verweilt dort bei einer Sitzgruppe. Endlich kommt Knauer. Er ist schweißnass, kreidebleich und geht mit seinem Kollegen nach draußen. Dann sagt er: »Der ist tot. Er sieht furchtbar aus. Ich weiß gar nicht, ob er es ist.«

Vor dem Verlassen des Raumes geht Sebastian Knauer einen Schritt in das Badezimmer. Dabei fällt sein Blick nach rechts in den dort befindlichen Badezimmerspiegel. In diesem Spiegel sieht er, dass irgendetwas nicht in Ordnung sein kann. Er hat den Eindruck, dass das Klima in dem Raum feucht ist, treibhausartig. Es ist hell erleuchtet. Knauer sieht hinter die Tür. Alles geht sehr schnell, die Zeit drängt. Der Blick richtet sich auf die Badewanne und auf den in der Badewanne befindlichen tot wirkenden Körper. Kann man noch Erste Hilfe leisten? Wie muss man sich verhalten? Der größte Teil des Körpers befindet sich unter Wasser. Der Rumpf und der Oberkörper. Der Kopf und ein Arm ragen aus dem Wasser.

Um das rechte Handgelenk ist ein Tuch gewickelt. Knauer berührt den Leichnam nicht, er ist davon überzeugt, dass Uwe Barschel tot ist. Er macht die Fotos, die später um die Welt gehen. Nach etwa zehn Minuten verlässt Sebastian Knauer das Zimmer 317.

Im Foyer begegnet er dem Kollegen Anders. Garbely ruft an, Knauer bittet ihn, ins Hotel zu kommen. Er teilt Anders mit, was er in dem Zimmer gesehen und dass er die Fotos gemacht hat. Knauer ist hochgradig erregt. Sie überlegen, was zu tun ist. Die Hotelleitung und die Polizei sind zu informieren und natürlich auch die Redaktion. Frank Garbely trifft im Hotel ein. Er hat eine Mütze dabei, die er abgenommen hat. In diese werden konspirativ die Filme gelegt. Die Fotos sind illegal.

Die Polizeibehörden scheinen nicht übermäßig interessiert an umfangreichen und dezidierten Ermittlungen bei diesem Todesfall. Sebastian Knauer und Hanns-Jörg Anders werden am 11. Oktober 1987 als Zeugen vernommen. Sie machen natürlich über die Fotoaktion keine Angaben; dies wird erst später offenkundig, als die Fotos am 22. Oktober 1987 im *Stern* veröffentlicht werden. Gegen Sebastian Knauer wird daraufhin ein Verfahren wegen Verstoßes gegen Artikel 186 des Schweizerischen Strafgesetzbuches (StGB) eingeleitet, weil er unbefugt das Hotelzimmer betreten hatte, und wegen Verstoßes gegen Artikel 179 des

Strafgesetzbuches, weil er, so Knauer, gemeinsam mit Anders »in besagtem Zimmer Lichtbildaufnahmen von bestimmten dort befindlichen Schriftstücken und vom Leichnam des Uwe Barschel machte oder machen ließ und weil ich besagte Fotos in der Illustrierten *Stern* veröffentlicht hatte«.

Sebastian Knauer macht diese Aussagen am 1. Juni 1988 im Palais de Justice in Genf vor der Untersuchungsrichterin Claude-Nicole Nardin, die auch zu Beginn die Ermittlungen in diesem Verfahren – nicht gerade sehr glücklich – geleitet hat. Er bestätigt den Vorwurf, dort in dem Zimmer Fotos gemacht zu haben, und sagt aus, dass er die Entscheidung allein getroffen habe, die Aufnahmen zu machen. Er habe mit dem *Stern* am Vormittag des 11. Oktober zwei Gespräche geführt, und zwar nach der Entdeckung des Leichnams. Zu seiner Verteidigung weist Knauer darauf hin, dass es eine ungewöhnliche Situation gewesen sei und dass er nie förmlich danach gefragt worden sei, ob er Fotos gemacht habe.

Am 16. November 1990 kommt es zur Verhandlung gegen Knauer, wobei Generalstaatsanwalt Bernard Bertossa die Anklage vertritt. Am 26. November wird Sebastian Knauer zu einer Bewährungsstrafe von drei Monaten Gefängnis und einer Geldstrafe von 10 000 Franken verurteilt. Der Kassationshof für Strafsachen des Schweizerischen Bundesgerichts weist die eingelegte Revision mit Entscheidung vom 10. Juli 1992 zurück.

Auch wenn ein Interview mit Uwe Barschel in Genf nicht mehr stattfinden konnte, bleibt doch eines festzuhalten: Die Journalisten haben die letzten Notizen des Verstorbenen dokumentiert, wenn auch illegal.

Diese sieben Blatt, überschrieben mit »Notiz auf Flug LPA-Genf ca. 12.00 Unterlage für UA« und veröffentlicht im *Stern,* könnten ein Vermächtnis von Uwe Barschel darstellen – aber sind sie es wirklich? Nach der Leseabschrift eines Kieler Kriminalbeamten, der sich umgehend nach Genf begeben hatte, lautet der gesamte Text wie folgt:

Rätselhaftes »Testament«

»Notiz auf Flug LPA-Genf ca. 12.00
Unterlage für UA:

1) Anruf Sonntag später Nachmittag (wohl 26.9.)
   bei mir zu Hause. Anonym. Schon
   der zweite. Der sagte nichts (Woher
   haben die unsere Geheimnummer)
   Kurzes Gespräch. Mann, Alter schwer
   definierbar. (nicht sehr alt) gibt an,
   er wisse genaueres über Pfeiffer. Will
   sich wieder melden. Sage meiner
   Frau nichts. Nächsten Morgen (ich
   glaube (27.9.)) Treffen mit Min Schwarz
   bei einer Besprechung. Höflichkeit. Erwähne,
   dass ich erstmals Angst habe. Sage keine
   Einzelheiten. Personen + Objektschutz
   wird verlängert. So Schwarz. Geschieht dann
   [...] eh.

(2. Blatt)

2) Anrufe kommen noch zweimal.
   Immer zu Hause. Aber kein Gespräch;
   Da im Hintergrund unsere Kinder Lärm
   machen. 1 x saugte Frau Lewandowski.
   Das allererste Gespräch hatte ich im Arbeitszimmer
   (ab?) -angenommen. Diese beiden Anrufe könnten
   auch von ganz anderen gewesen sein.
   Spreche auch darüber mit niemanden.
   Will Freya nicht [...][...] Möglich, daß
   ich gelegentlich R.L. daran (davon?) erwähne.
   Ohne Bedeutung.

3) Freitag 9.10. Bin gerade wegen Telex
an Kribben im Büro. Anruf für mich. Spanierin
in Zentrale legt Gespräch in freien Raum.
Habe von dort am 8.10. mehrfach mit
Dtland tel. (Hebbeln, Samson)
Anrufer gibt (sogar auch?) Namen preis. <u>Robert
Ro(h)loff.</u> Habe den Eindruck Name
stimmt nicht. Will mir helfen gegen Pfeiffer.

(3. Blatt)
Will kein Geld. Nur Fahrtkosten.
Will sich mit mir in Madrid treffen.
Hinterher fällt mir ein, wieso wußte
er daß ich urspr. n. Madrid zurück wollte?
Kann nur in Kiel bekannt gewesen
sein. Oder bei […].. – Reise-Büro.
Jetzt fahre ich aber über Genf (billiger)
Kann Kinder bei Bruder besuchen.
Er will mit dem Auto kommen. Es geht
nicht – Geld. Pfeiffer hat mind 1
Hintermann. Der hat ihn (Roloff)
betrogen. Rache. Ist nicht bereit zur
Polizei zu gehen. Material das er mir
im Flughafen Genf (internationaler
Info-Punkt ist Treffpunkt) geben will
soll reichen.
Wer weiß, ob er kommt. Glaube
nicht so recht daran.

(4. Blatt)
Meine Frau meint, soll jeder Spur nachgehen.
Meine Schwester befragt meinen
Klassenkameraden (beim Staatsschutz HH),

(rate?) ab. Der hatte ich aber gesagt, <u>ich</u> hätte
angerufen. Sagt: kann Info am Telefon
am besten anonym geben. Wollte ihr nicht
sagen, daß der angerufen in B.F.
Wäre meiner Schwester sich zu
gefährlich vorgekommen. Fällt mir noch
ein, daß R.R. sich mit LReg Kiel
in BF gemeldet hat. Nur deshalb
an Apparat gegangen. Anrufe vom Stern
ca. 1 Tag früher kamen nicht durch
Büro + Hotel haben mich verleugnet. Hotel
wußte sowieso nichts, daß ich im
Haus Lechner privat wohnte. Direkt-
anrufe waren bis Freitag nicht möglich.
Telefon kaputt. Nur Hebbeln, Schwester
Mutter, Lechners kannten private Nr. in
Bahia (Fieliz?)

(5. Blatt)
<u>17.10</u> Hotel Beau Rivage
Treffen mit »R.R.« hat geklappt.
Tatsächlich. Er hat mir viel erzählt. Er
hat Pfeiffer nur 2 o 3 x kurz gesehen.
Hat ihn im Fernsehen wiedererkannt.
Sein Name damals Gelsenberg.
R. kennt Pfeiffer-Gelsenberg über einen
»Freund«. Name nennt er nicht.
Der ist ausgebildeter Paßfälscher. P.
behauptet dieser oder weitere sind
die Hintermänner Pfeiffers. Er weiß von
seinem »Freund«, daß Pfeiffer im Spiegel-
Konzern sein Unwesen treiben sollte. Es
soll um Erpressung der Firmenleitung

gegangen sein mit echten o. gefälschten
Dokumenten. Daraus wurde nichts
weil Pf. zur Pressestelle kam.
Dann wurde Pfeiffer auf mich angesetzt.

(6. Blatt)
Da bei mir nichts zu holen war (kein Geld) »Überwechseln«
zur SPD / Spiegel. Genaue Einzelheiten
weiß R.R. auch nicht. Hat seine
Informationen aus Gesprächen mit
»Freund«. Den kann er nicht nennen
weil sonst selbst in Gefahr. Der hat ihn betrogen.
R.R. will mir ein Bild geben, daß
Pfeiffer + Freund zeigt. Freund seit ca.
4 Wochen verschwunden. Will von
mir nur 3–400 DM für Reisegeld.
Ist mit Auto hier. Wagen hat er nicht gezeigt.
Beinahe wäre alles geplatzt. Als ich
ausstieg, wurde ich von »Weltwoche«-
Journalist empfangen + fotografiert. Tat
es sei Irrtum. Bestieg Taxi, fuhr ein paar
mal um Flughafen und traf dann ungestört
R.R. Er erkannte mich sofort. Gespräch
dauerte ca. 20 Min. Spaziergang in
Flughafennähe.

(7. Blatt)
Ich bin sicher daß er kommt mit dem
Bild. Beschreibung: ca 178 cm, kein Bart,
dunkelblonde Haare, sportlich, Jeans, blauer
Pullover und eine Popeline Jacke.
Scheint Rheinländer zu sein. Wirkt
ängstlich + mißtrauisch.«

Das Gutachten Wegener

Diese letzten Zeilen Uwe Barschels werden später vielfach diskutiert und analysiert. In dem »Gesamtbericht in dem Ermittlungsverfahren gegen Unbekannt wegen Verdachts des Mordes an Dr. Dr. Uwe Barschel«, verfasst von der Staatsanwaltschaft Lübeck am 27. April 1998, heißt es dazu:

Bei den Unterlagen, die am Ereignisort aufgefunden wurden, befanden sich auch handschriftliche Aufzeichnungen, unter anderem überschrieben mit »Unterlage für UA«. Die insgesamt sieben Seiten wurden unter Verwendung eines Kugelschreibers mit blauer Mine angefertigt. Physikoptische Untersuchungen, die bereits von der Genfer Kriminalpolizei vorgenommen wurden, erbrachten keinerlei Anzeichen für einen qualitativen Unterschied beim verbrauchten Mineninhalt.

Daneben fanden sich typische Merkmale im Linienverlauf, welche auf Unebenheiten der Kugel im Schreiber zurückzuführen sind, und zwar auf allen Stücken. Eine Probe des Striches wurde auf die letzte Seite des Blocks mit den handschriftlichen Aufzeichnungen gesetzt, und zwar mit dem im Hotelzimmer vorgefundenen Kugelschreiber mit der Aufschrift »Renata«. Die vorgenommenen vergleichenden Untersuchungen ließen keine ersichtlichen Unterschiede zwischen dem Mineninhalt des Kugelschreibers »Renata« und dem auf den handschriftlichen Aufzeichnungen erkennen. Die typischen Merkmale des Vergleichsstriches sind den im Text der handschriftlichen Aufzeichnungen vorgefundenen sehr gleich. Es wird daher bei dieser Untersuchung der Schluss gezogen, dass es so gut wie sicher sei, dass die handschriftlichen Aufzeichnungen unter Benutzung des Kugelschreibers mit der Aufschrift »Renata« gefertigt wurden. Eine weitere, beim Kriminaltechnischen Institut des Bundeskriminalamtes in Auftrag gegebene Untersuchung hat ergeben, dass die handschriftlichen Aufzeichnungen mit sehr hoher Wahrscheinlichkeit von Dr. Uwe Barschel herrühren; dem Bundeskriminalamt stand zu Vergleichszwecken umfangreiches Material, welches zweifelsfrei von Dr. Barschel herrührte, zur Verfügung.

Die vorbezeichneten handschriftlichen Aufzeichnungen sind ferner beim Institut für Psychologie der Christian-Albrechts-Universität Kiel durch Professor Dr. Dr. Wegener begutachtet worden. Dabei sollte die Frage untersucht werden, ob es aus sachverständiger Sicht möglich sei, eine Aussage dahin gehend zu treffen, ob die Aufzeichnungen als »Gedächtnisstütze« für eine Aussage vor dem Untersuchungsausschuss zu werten sind oder ob diese dazu bestimmt waren – nach dem Tode –, von Dritten gefunden und zur Kenntnis genommen zu werden.

Der Gutachter stellt fest, dass Hinweise auf eine Selbstrechtfertigung des eigenen Verhaltens bzw. in Bezug auf die zu erwartenden Vorwürfe fehlen. Die Darstellung entbehre (jedoch) vieler für einen Untersuchungsausschuss bedeutsamer Details. Es sei unwahrscheinlich, dass die vorliegenden Notizen als Stichwortunterlagen für die Anhörung in einem Untersuchungsausschuss geschrieben worden seien. Die These, die Nachwelt als Adressat der Notizen vorgesehen zu haben, finde ebenfalls wenig Unterstützung in dem Text. Es seien eindeutige Hinweise auf eine Suizidabsicht bzw. Suizidstimmung nicht aufzufinden.

Klassische Signale für einen Bilanzselbstmord, ebenso wie auch für eine aus der depressiven Stimmung heraus entstandene Selbsttötungsabsicht fehlen danach. Es gäbe ferner keine Merkmale in den Notizen für eine beabsichtigte Vortäuschung einer Selbsttötung als Fremdeinwirkung. Schließlich seien auch Anzeichen für eine reale oder nur eingebildete Bedrohung im Sinne eines physischen Angriffs auf die Person Dr. Uwe Barschels nicht erkennbar. Psychologisch sei die Möglichkeit zu erwägen, dass der Schreiber in der Absicht begonnen habe, Stichworte für seine Anhörung im Untersuchungsausschuss anzufertigen, dass diese Absicht dann jedoch aufgegeben bzw. vernachlässigt wurde zugunsten einer mehr tagebuchmäßigen Berichterstattung. Ein solcher Wandel der Zielvorstellung über den Adressaten bzw. den Zweck der Notizen müsse nicht als pathologisches Anzeichen im Sinne gestörter Denkvorgänge interpretiert werden.

Das bedeutet: Die Urheberschaft Uwe Barschels an diesen Zeilen ist so gut wie zweifelsfrei geklärt, ein höherer Wahrscheinlichkeitsgrad als

»mit sehr hoher Wahrscheinlichkeit« wird üblicherweise bei Schriftgutachten nicht verwendet. Es erscheint auch eher unwahrscheinlich, dass Uwe Barschel bereits auf dem Flug angefangen hat zu schreiben und nicht erst alles im Zusammenhang im Hotel – Kugelschreiber und Strichidentität sprechen jedenfalls dafür.

Um überhaupt mögliche Schlüsse aus dem Inhalt und der Form dieser letzten Zeilen ziehen zu können, war die Feststellung der Urheberschaft unerlässlich. Darüber hinaus ging es darum, vor dem Hintergrund der diskutierten Selbstmordthese die wohl letzten Zeilen Uwe Barschels in diesem Zusammenhang zu gewichten und zu werten. Wird jemand, der sich zu einem Selbstmord entschlossen hat, die letzten Zeilen in dieser Weise abfassen – selbst wenn er verbergen will, dass es sich um einen Selbstmord handelt, und die Legende in die Welt setzen will, dass es sich um einen Mord gehandelt habe? Diese aus heutiger Sicht fast absurde Fragestellung war seinerzeit vor dem Hintergrund der veröffentlichten Meinung der entscheidende Punkt der Auseinandersetzung; eine Hypothek, unter der das spätere Ermittlungsverfahren auch zu leiden hatte. Es ging also um die Frage, ob in diesen Zeilen möglicherweise Anhaltspunkte für suizidale Tendenzen, also versteckte Hinweise auf Selbstmordabsichten, gefunden werden konnten.

In einem 15-seitigen Gutachten verneint Professor Herrmann Wegener, der als Gutachter gewonnen werden konnte, diese Frage. Solch ein Gutachten kann man natürlich nur ganz vorsichtig erstellen; die Schlussfolgerungen sind nicht naturwissenschaftlich sicher. Aber immerhin: Wegener hat diese Aussage getroffen und das hat einiges Gewicht.

Wer war der inzwischen verstorbene Professor Wegener? Er war von 1963 bis 1983 Direktor des Instituts für Psychologie an der Kieler Christian-Albrechts-Universität. Als Gerichtsgutachter hat er in einer Unzahl von Fällen die Persönlichkeit von Straftätern beurteilt und über die Glaubwürdigkeit der Aussagen von Angeklagten und Zeugen seine Gutachten erstellt. Diese Tätigkeit hat er auch nach seiner Emeritierung 1983 fortgesetzt und in spektakulären Prozessen nicht selten die Entscheidung des Gerichtes mitbestimmt. Im Jahre 1992 wurde von der Schwurgerichtskammer des Landgerichts Stade der sogenannte »Heidemörder« Thomas H. zu einer langjährigen Freiheitsstrafe verurteilt, obwohl an sich alles für einen Freispruch mangels Beweisen sprach. Ausschlaggebend für die Verurteilung war das Gutachten von Professor Wegener, der ein frühes Teilgeständnis des Angeklagten als glaubwürdig gewertet hatte. In Norddeutschland war Wegener *die* Kapazität auf seinem Gebiet.

Und außerdem: Er hat die Thematik vor Abgabe seines Gutachtens eingehend mit seinem Nachfolger als Chef des Instituts für Psychologie in Kiel, Professor Günter Köhnken, diskutiert, der auch heute noch zu dem Ergebnis steht.

Uwe Barschel war zum Untersuchungsausschuss in Kiel vorgeladen und sollte dort am Montag, dem 12. Oktober 1987, erscheinen. Nichts lag näher, als dass er sich Notizen für diese Sitzung machte. Und doch: Die Überschrift der Notizen ging in diese Richtung, der Inhalt nicht. Er ging in eine völlig andere Richtung und referierte über eine Person namens »Roloff«, für deren Existenz es bis heute keinen Beweis gibt.

Vor dem Hintergrund des Todes und des vermuteten Selbstmordes gewinnen die letzten Zeilen von Uwe Barschel auch eine besondere Bedeutung. Er hatte Fehler begangen, die zum Ende seiner politischen Karriere führten. Art und Umfang dieser Fehler sind bis heute nicht abschließend und sicher beschrieben. Eines ist jedoch sicher: Das Ergebnis des ersten Untersuchungsausschusses zu dieser Frage war für den verstorbenen Uwe Barschel niederschmetternd; das Ergebnis des zweiten Untersuchungsausschusses hat im Dezember 1995 vieles relativiert und die konkrete Verantwortlichkeit Uwe Barschels für manche Aktionen – ungeachtet seiner allgemeinen politischen Verantwortung – schrumpfen lassen.

Ursächlich für sein Karriereende waren seine politischen Freunde. Angefangen hat es mit der Weigerung des Chefs des vorgesehenen Koalitionspartners FDP, Wolf-Dieter Zumpfort, sich gemeinsam mit Uwe Barschel auf einem Foto abbilden zu lassen. Maßgeblich war dann das

Drängen seiner Parteifreunde, allen voran der Fraktionsvorsitzende Klaus Kribben, vom Amt des Ministerpräsidenten zurückzutreten. Aus politischer und menschlicher Sicht hätte es sich aufgedrängt, dass Uwe Barschel Notizen macht, die für seine persönliche Rechtfertigung eine Grundlage darstellen konnten. Zudem lag es nahe, dass er eine Abrechnung mit seinen Gegnern, die er bei Lichte betrachtet ja in erster Linie unter seinen eigenen Parteifreunden zu suchen hatte, strukturiert. Beides ist nicht der Fall.

Solche Notizen hätten aber vor allem dann nahegelegen, wenn Uwe Barschel einen Selbstmord geplant hätte. Er hätte kaum auf eine solche persönliche Rechtfertigung und eine solche Abrechnung verzichtet, zumal ein solches »politisches Testament« nicht als Abschiedsbrief hätte missverstanden werden können.

Tatortskizze: Zimmer 317, Hotel »Beau-Rivage«

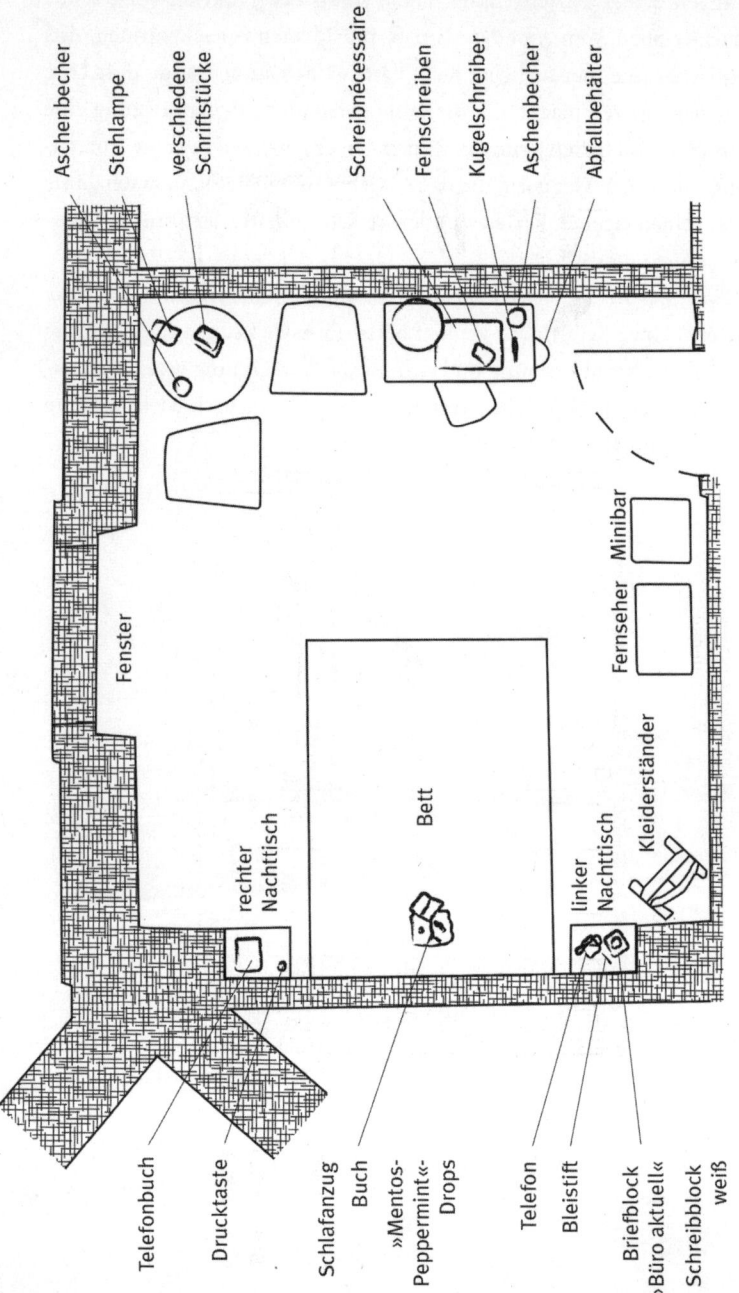

Aschenbecher

Stehlampe

verschiedene Schriftstücke

Schreibnécessaire

Fernschreiben

Kugelschreiber

Aschenbecher

Abfallbehälter

Minibar

Fernseher

Badezimmer

Fenster

Kleiderständer

rechter Nachttisch

Bett

linker Nachttisch

Telefonbuch

Drucktaste

Schlafanzug

Buch

»Mentos-Peppermint«-Drops

Telefon

Bleistift

Briefblock »Büro aktuell«

Schreibblock weiß

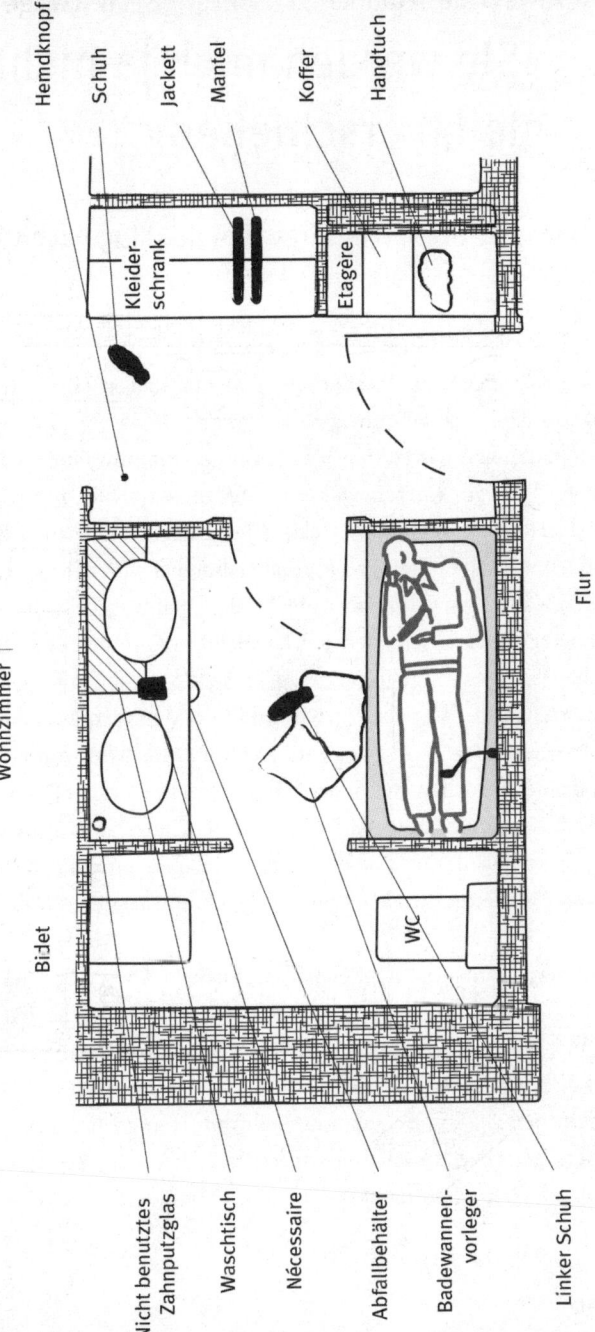

Hemdknopf

Schuh

Jackett

Mantel

Koffer

Handtuch

Kleiderschrank

Etagère

Wohnzimmer

Flur

Bidet

WC

Nicht benutztes Zahnputzglas

Waschtisch

Nécessaire

Abfallbehälter

Badewannenvorleger

Linker Schuh

»Sie werden mich ja nicht gleich erschießen«

Die »Barschel-Pfeiffer-Affäre« und der Flug nach Genf

Es ist Sonnabend, der 10. Oktober 1987. Uwe Barschel, 43 Jahre alt, Landtagsabgeordneter aus Schleswig-Holstein, sitzt in einem Flugzeug auf dem Flughafen von Las Palmas, das um 10.30 Uhr zum Flug nach Genf starten wird. Bis vor Kurzem war er noch Ministerpräsident des Landes Schleswig-Holstein. Er ist auf Druck seiner Parteifreunde zurückgetreten und hat mit seiner Frau Freya, einer Geborenen von Bismarck, einen Kurzurlaub auf Gran Canaria verbracht. Bereits um 7.30 Uhr hat er sich von seiner Frau verabschiedet; unklar bleibt, was in der Zwischenzeit geschehen ist. Seiner Frau hat er gesagt, er werde in Genf einen gewissen »Roloff« treffen, der ihn von Vorwürfen in der Affäre, die seinen Sturz zur Folge gehabt hat, entlasten will. Auch will Barschel von Genf aus seinen Bruder besuchen, der in der Nähe wohnt und bei dem sich gerade zu diesem Zeitpunkt seine Mutter und seine Kinder zu Besuch aufhalten. Am Montag darauf ist er vor den Untersuchungsausschuss des Schleswig-Holsteinischen Landtages geladen, um zu der Affäre auszusagen.

»Sie werden mich ja nicht gleich erschießen.« Diesen Satz hat er zu seiner Frau vor seinem Abflug gesagt, wen er damit meint, hat er im Dunkeln gelassen. Sicherlich nicht die Abgeordneten im Untersuchungsausschuss des Schleswig-Holsteinischen Landtages. Sicherlich auch nicht jenen »Roloff«, denn der soll ihm ja angeblich helfen. Und außerdem hat Uwe Barschel ja von »die« gesprochen, der angebliche »Roloff« soll aber allein sein.

Flugzeugabsturz mit einem Überlebenden

Über seine Angst hat Uwe Barschel nicht mit vielen gesprochen, mit niemandem aus dem beruflichen und politischen Umfeld. Eine Person, der er besonders vertraut, ist seine Schwester Folke Junker.

Uwe Barschel hat wenige Monate zuvor einen Flugzeugabsturz überlebt. Am 31. Mai 1987 ist er mit einer Cessna 501, einem kleinen Düsenjet, abends nach Lübeck unterwegs. Außer ihm sind der sehr erfahrene Pilot und die nicht minder erfahrene Kopilotin an Bord, ferner ein Sicherheitsbeamter. Die Witterungsbedingungen vor Lübeck sind schlecht. Um 20.15 Uhr stehen Wolken bei 800 Fuß. Um 22.50 Uhr nimmt die Cessna Kontakt mit Hamburg-Radar auf, die Hamburger übermitteln eine Sicht von 1,5 Kilometern bei einer Wolkenhöhe von 400 bis 600 Fuß. In Lübeck-Blankensee liegt die Sicht bei 600 Meter und die Wolkenuntergrenze bei 200 Fuß. Das Flugzeug muss den Flughafen Lübeck-Blankensee unter Sichtflugbedingungen anfliegen, da für einen Instrumentenanflug die technischen Vorrichtungen nicht gegeben sind.

Die Maschine fliegt den Flughafen zu tief an, kollidiert mit einem Mast und stürzt ab. Pilot und Kopilotin werden bei dem Aufprall auf den Boden getötet, der Sicherheitsbeamte stirbt wenige Tage nach dem Unglück. Uwe Barschel überlebt als Einziger. Objektive Anhaltspunkte für Sabotage gibt es nicht.

Immer wieder wurde darüber spekuliert, ob der Flugzeugabsturz ein Attentat auf Uwe Barschel gewesen sein könnte. Politiker aus der CSU/CDU formulierten diesen Verdacht Ende 1994. In der Heiligabend-Ausgabe der *Bild*-Zeitung hieß es: Der Bonner Innenstaatssekretär Eduard Lintner (CSU) zu *Bild:* »Ich schließe ein Stasi-Attentat nicht aus. Der Flugzeugabsturz muss neu überprüft werden.« Und der schleswig-holsteinische Bundestagsabgeordnete Wolfgang Börnsen äußerte ebenfalls in *Bild:* »Ich werde den Verdacht nicht los, dass die Stasi die Finger im Spiel hatte. Vielleicht wurde beim Anflug die Elektronik vom Boden aus gestört. Ich traue der Stasi alles zu.«

Objektive Anhaltspunkte für diese Verdächtigungen gab es nicht, was bei einem Staatssekretär aus dem Bundesinnenministerium immerhin merkwürdig erscheint. Insbesondere stellte der Funkmast, gegen den das Flugzeug geprallt war, einen Teil des Systems dar, das vor dem Überfliegen der nahen DDR-Grenze warnen sollte. Bei normalem Anflug bot er keinerlei Probleme.

Im Übrigen ist die äußerst sorgfältige Untersuchung der Flugunfalluntersuchungsstelle beim Luftfahrtbundesamt überzeugend, die keine Anhaltspunkte für Sabotage feststellt. Die weitere Behauptung des damaligen Abgeordneten Peter Kurt Würzbach: »Die Ermittlungen sind sieben Jahre lang offensichtlich ohne die notwendige Sorgfalt geführt worden«, war gegenüber den ermittelnden Beamten unverantwortlich.

Es ist einzuräumen, dass es sich um einen sehr erfahrenen Piloten handelte. Auch die Qualität der Kopilotin steht außerhalb jeden Zweifels. Die objektiven Gegebenheiten, insbesondere der dokumentierte Funkverkehr, geben für die genannten Spekulationen jedoch nichts her. Auch erfahrene Piloten sind in kritischen Situationen nicht vor folgenschweren Fehlern gefeit, die insbesondere dann vorkommen, wenn trotz schlechter Bedingungen unbedingt gelandet werden soll.

Auf eines sei daher noch hingewiesen: Irgendwelche Anhaltspunkte, dass Uwe Barschel den Piloten zu riskantem Tun veranlasst haben könnte, gibt es nicht. Diese Tatsache wird auch bestätigt durch einen unverdächtigen Zeugen, nämlich den verstorbenen *Spiegel*-Herausgeber Rudolf Augstein. Dieser ist häufig von dem verunglückten Piloten geflogen worden und hat gegenüber Gesprächspartnern eindeutig klargestellt, dass diesen selbstbewussten Piloten niemand dazu hätte bringen können, sich am Steuerknüppel in sein Verhalten hineinreden zu lassen. Und von Uwe Barschel ist bekannt, dass er solch selbständiges Handeln akzeptierte und respektierte. Dies berichtet nicht nur sein langjähriger persönlicher Referent Gerd-Harald Friedersen, sondern insbesondere auch sein Fahrer Prosch, der sich von Uwe Barschel beim Autofahren nichts sagen ließ.

Uwe Barschel scheint einen anderen Verdacht gehabt zu haben. Seine Schwester hat ihn in dieser Zeit gefragt, ob dies ein Anschlag auf ihn gewesen sei. Er hat geschwiegen. Er hat dies nicht direkt mit Ja beantwortet. Er hat aber gegenüber seiner Schwester von Angst gesprochen nach anonymen Anrufen in seinem Haus und selbst auf Gran Canaria. Er hat Vertrauen zu seiner Schwester, spricht zu ihr über seine Gefühle, nicht aber über Fakten des politischen Lebens.

Er scheint zu glauben, dass der Flugzeugabsturz ein missglückter Anschlag auf seine Person war. Seiner Schwester bestätigt er dies nicht direkt, wohl um sie nicht über Gebühr zu belasten. Anderen gegenüber wird er deutlich. Die Krankengymnastin, die ihn während des Klinikaufenthaltes täglich behandelt hat, berichtet dies später dem Untersuchungsausschuss. Die Flugleiterin aus dem Tower des Flughafens Lübeck-Blankensee, die den Absturz selbst mit angesehen hat, besucht ihn im Krankenhaus. »Das war der erste Versuch«, sagt Uwe Barschel zu ihr.

Und dann ist da noch ein Journalist, Peter Martell, Korrespondent der Deutschen Presseagentur (dpa) in Lübeck. Martell ist zugegen, als Uwe Barschel sich am 12. September 1987 mit Journalisten und politischen Freunden im Herrenhaus Steinhorst trifft. Dort erreicht ihn die Nachricht von dem *Spiegel*-Artikel vom nächsten Tag mit den Vorwürfen Pfeiffers. Martell schlägt Barschel vor: »Wenn es alles falsch ist, so sagen Sie doch: ›Erstunken und erlogen.‹« Und ebendies geschah dann ja auch auf der folgenden Pressekonferenz. Ebenso wenig wie zu der Flugleiterin hat Uwe Barschel persönliche Kontakte zu Peter Martell. Gleichwohl klingelt eines Abends das Telefon bei Martell, Uwe Barschel ist am anderen Ende der Leitung. »Ich fühle mich bedroht; ich habe Angst«, sagt er völlig ansatzlos zu dem überraschten Journalisten.

So rätselhaft und unbestimmt die Angstgefühle Uwe Barschels erscheinen – sein Überleben hat tiefen Eindruck bei ihm hinterlassen. Uwe Barschel ist überzeugt, dass er mit »Gottes Hilfe« überlebt habe. Auf seine Schwester – tief religiös wie Barschel selbst – wirkt er wie ein anderer Mensch, der sich jetzt selbstkritisch überprüfe, was früher nicht zu seinen Eigenschaften gehört habe.

Auch sein persönlicher Referent Friedersen, der ihn seit 1983 begleitet, verzeichnet deutliche Veränderungen bei Uwe Barschel: Er sei nachdenklicher geworden und orientiere sich stärker auf seine Kinder und seine Familie. Das Überleben bei dem Absturz bezeichnet Barschel Friedersen gegenüber als »Wunder«; das Leben sei ihm neu geschenkt worden.

Es drängt sich die Frage auf: Kann ein Mensch die innere Bereitschaft haben, ein zum zweiten Mal geschenktes Leben so kurze Zeit danach eigenhändig auszulöschen?

Barschel wird in Genf erwartet ...

Um 15.10 Uhr landet das Flugzeug aus Gran Canaria in Genf. Uwe Barschel wird dort erwartet. Die Illustrierte *Stern,* die auf Gran Canaria keinen Kontakt zu ihm herstellen konnte, will ein Interview. Da ihre eigenen Leute noch nicht in Genf sind, beauftragen sie den freien Journalisten Frank Garbely, dieses Interview zu führen, und den Fotografen der Agentur Keystone, Angelo Guarino, dazu Fotos zu machen. Auch dessen Kollege Max Vaterlaus ist auf dem Flughafen. Die Fotos gibt es; das letzte Foto, das Uwe Barschel lebend zeigt, wird auf dem Flughafen in Genf geschossen: Uwe Barschel ohne Gepäck in einem hellen Mantel, unter dem der weiße Hemdkragen und die Krawatte zu sehen sind. Gegenüber Garbely, der ihn auf Deutsch anspricht, gibt Uwe Barschel vor, ihn nicht zu verstehen, und antwortet auf Englisch. Er steigt in ein Taxi und fährt davon. Der Versuch, ihm zu folgen, scheitert.

Der weitere Verbleib Barschels bis zu seiner Ankunft im Hotel gegen 16.30 Uhr ist ungeklärt. Seiner Frau hat Barschel gesagt, er wolle sich ein preiswertes Hotel nehmen, da er es privat bezahlen muss. Dazu zählt das »Beau Rivage« kaum. Es ist ein Hotel mit plüschigem Pomp und dem Charme der frühen Jahre, wie es sie damals in Genf gab und sicher auch heute noch gibt. Warum er dieses Hotel gewählt hat, bleibt unbekannt.

Vom Hotel aus telefoniert Barschel mehrmals, vor allem mit seiner Familie. Um 17.41 Uhr mit seiner Ehefrau, um 18.01 Uhr mit seiner

Schwester, um 18.28 Uhr und 19.08 Uhr mit seinem Bruder Eike in Yens im Kanton Waadt.

Zunächst nimmt man später an, dass er mit Eike Barschel dreimal telefoniert hat, und hält seinen Bruder, da der nur zwei Telefonate einräumt, für einen Lügner. Dies ist Eike Barschel nicht. Der erste unterstellte Anruf beruhte auf einem Irrtum, was viel später im Rahmen des Ermittlungsverfahrens bei genauer Nachprüfung festgestellt wird; das registrierte Gespräch kommt nicht zustande, weil eine Ziffer nicht mitgewählt worden ist. Ein weiteres Telefonat wird zwischen 17 und 18 Uhr geführt: ein Anruf nach auswärts, der nicht rekonstruiert werden kann.

Uwe Barschel berichtet seiner Frau am Telefon von einem kurzen Treffen mit dem angeblichen »Roloff« noch im Flughafenbereich. Zuvor habe er den Journalisten der *Weltwoche* – Garbely – abgeschüttelt. Er ist gut gelaunt, kündigt seiner Frau an, danach seine Schwester in Kiel und seinen Bruder telefonisch kontaktieren zu wollen, was auch geschieht. Seiner Schwester sagt er, er wolle sich vielleicht noch abends mit der Familie in Genf treffen. Ein solches Treffen war von vornherein geplant gewesen. Auf jeden Fall werde er aber am nächsten Morgen gegen 9 Uhr oder 9.30 Uhr zum Frühstück erscheinen.

Keiner der drei Angehörigen bemerkt an der Stimmungslage von Uwe Barschel etwas Besonderes, nicht seine Ehefrau, die in gesteigertem Maße Gefühle und Stimmungslagen ihres Ehemannes beurteilen kann, nicht seine Schwester, die für Empfindungen von Uwe Barschel als persönliche Vertraute in schwierigen Lagen ein besonderes Gespür besitzt, und auch nicht sein Bruder, zu dem er kein enges, aber sehr gutes Verhältnis hat.

Gegen 18.30 Uhr ruft Uwe Barschel den Roomservice an. Er bestellt eine Flasche Beaujolais. Der Zimmerkellner Jean-Pierre Vergori erscheint mit einem Tablett, darauf die Flasche Rotwein auf einem Teller, dazu zwei Gläser, wie dies üblich ist. Er fährt mit dem Fahrstuhl zum dritten Stock, klopft an die Tür und präsentiert Barschel die Flasche. Der Kellner öffnet die Flasche vor seinen Augen. Uwe Barschel wartet neben ihm und erhält zunächst ein wenig im Glas, um zu kosten. Er sagt dem Kellner, der Wein sei gut. Darauf füllt der Kellner das Glas und zieht sich zurück. Sie sprechen englisch miteinander.

Uwe Barschel ist – so erinnert sich später der Kellner – mit einem Hemd ohne Krawatte und ohne Jackett bekleidet. Er macht auf den Kellner den Eindruck, als sei er ein Geschäftsmann, der einen anstrengenden Tag hinter sich hat und sich bei einem Glas Wein entspannen will. Möglicherweise hat er ihm auch den Rat gegeben, das Schild »Ne pas déranger« (Bitte nicht stören) an die Tür zu hängen. Der Zimmerkellner Vergori ist die letzte bekannte Person, die Uwe Barschel lebend gesehen hat.

Das Schild mit der Aufschrift »Ne pas déranger« hängt tatsächlich auf dem Türgriff. Diese Seite ist rot, die Rückseite ist grün. Sicher ist auch, dass der Anhänger am Vormittag des 11. Oktober nicht ständig mit der roten Seite nach außen zu sehen war. Um 11 Uhr betritt nämlich der Minibarkellner das Zimmer 317, sodass jedenfalls zu diesem Zeitpunkt das Schild mit der grünen Seite nach außen hing. Er sieht, dass in dem Minibarkühlschrank ein kleines Fläschchen Whisky Marke »Jack Daniels« fehlt, und stellt eine neue Flasche hinein. Die Badezimmertür ist geschlossen. An Weiteres kann er sich nicht erinnern. Um etwa dieselbe Zeit will das Zimmermädchen zum Aufräumen kommen, entschließt sich dann aber doch, erst Mittag zu essen. Als sie gegen 11.45 Uhr erneut zum Zimmer kommt, hängt das Schild mit der roten Seite nach außen an dem Türgriff. Sie betritt das Zimmer nicht.

Wer ist »Roloff«?

Falls Barschel »Roloff« treffen wollte, stand ihm dafür ein gewisser Zeitraum ab 19.15 Uhr zur Verfügung. Das letzte Telefonat ist beendet, und Frank Garbely hat das Hotel wieder verlassen. Hat Barschel den von ihm beschriebenen »Roloff« getroffen?

Im »Gesamtbericht« der Lübecker Staatsanwaltschaft vom 22. April 1998 heißt es dazu:

Die Feststellung, dass nach dem jetzigen Erkenntnisstand der Zimmerkellner die letzte bekannte Person war, die Dr. Barschel lebend gesehen hat, wird durch die Tatsache gestützt, dass Dr. Barschel sich mit überwiegender Wahrscheinlichkeit jedenfalls nicht mit der von ihm als »Roloff« (in seinen handschriftlichen Aufzeichnungen) bezeichneten Person getroffen hat, wobei nicht ausgeschlossen werden kann, dass ein Treffen oder zumindest telefonischer Kontakt zu einer weiteren, unbekannt gebliebenen und so nicht namhaft gemachten Person stattfand.

Die Staatsanwaltschaft Lübeck, die später Ermittlungen geführt hat, hat Ermittlungen auf Gran Canaria nicht mehr für sinnvoll erachtet, unter anderem wegen des Zeitablaufs. Auf der Grundlage anderweitig – insbesondere von Schweizer Ermittlungsbehörden – getroffener Feststellungen heißt es im »Gesamtbericht« weiter:

Dr. Barschel hat mit hoher Wahrscheinlichkeit kein Gespräch von Gran Canaria aus mit einem Informanten, der sich »Robert Roloff« nannte und den Dr. Barschel in Genf oder anderenorts treffen wollte, in der von ihm geschilderten Form geführt. Die Angabe der Zeugin Freya Barschel, wonach Dr. Barschel ihr bereits am Donnerstag, dem 8.10.1987, den Namen »Roloff« genannt hat, steht im Widerspruch zu den später von Dr. Barschel handschriftlich gefertigten Aufzeichnungen. Gemäß vorbezeichneter Aufzeichnungen »auf Flug LPA (Las Palmas) – Genf« will Dr. Barschel einen Anruf des »Roloff« erst am Freitag, dem 9.10.1987, erhalten haben. Dr. Barschel notierte dazu: »Anrufer gibt (sogar auch?) Namen preis. Robert Ro(h)loff.«

Dieser Widerspruch erscheint auch gerade deswegen erheblich, weil Dr. Barschel den Zeitpunkt des Gesprächs mit »Robert Roloff« mit objektiv nachvollziehbaren Ereignissen verband. Danach will er sich zum Zeitpunkt des Telefonanrufes gerade »wegen« des »Telex an Kribben« im Büro des Ferienkomplexes befunden haben. Zum Aufgabezeitpunkt des Telex ist festzustellen, dass dieses tatsächlich erst am Freitag, dem 9.10.1987, abgesandt wurde.

Andererseits ist sich die Zeugin Freya Barschel sehr sicher über den von ihr angegebenen Zeitpunkt des Gespräches, in dem der Name »Roloff«

genannt wurde. Sie hat ferner zu dieser Fragestellung bereits am 21.12.1987 – also sehr zeitnah – angegeben, dass ihr Mann ihr schon früher erzählt habe, er sei von einem »Herrn Roloff« angerufen worden, welcher ihm entlastende Informationen angeboten habe. Die Erzählungen seien bereits vor dem Abflug nach Gran Canaria geschehen. Aus den Worten Dr. Barschels habe die Zeugin Freya Barschel geschlossen, dass schon zum damaligen Zeitpunkt ein Treffen von dem »Roloff« vorgeschlagen worden war.

»Roloff« sei dann zunächst nicht weiter Thema gewesen; der Name »Roloff« sei dann erst auf Gran Canaria wieder, und zwar am Donnerstagnachmittag, von ihrem Mann erwähnt worden. Dabei habe Dr. Barschel ihr dann auch gleichzeitig mitgeteilt, dass er den »Roloff« in Genf treffen wolle.

In diesem Zusammenhang erscheint es auch ungewöhnlich, dass Dr. Barschel seiner Ehefrau am Freitag zwar von formulierten Telexen nach Deutschland berichtet, jedoch gleichzeitig das – aus seiner Sicht sehr wichtige – Telefonat mit »Roloff« verschweigt.

Sämtliche Zeugen, die zu den Tätigkeiten und Gegebenheiten im Büro der Ferienanlage vernommen worden sind, konnten sich nicht an einen wie von Dr. Barschel in seinen handschriftlichen Aufzeichnungen niedergelegten Anruf erinnern; demgegenüber haben sie zu diversen anderen Telefonaten Dr. Barschels präzise Angaben gemacht, wobei sie teils sogar die Namen der Fernsprechteilnehmer benennen konnten.

Weiter wird darauf hingewiesen, dass alle Ermittlungen, die zur Klärung einer »hier angesprochenen Person Roloff« angestrengt wurden, erfolglos verlaufen sind. Dies gilt bereits für Überprüfungen der Schweizer Ermittlungsbehörden. Spekulationen und Hinweise gab es vielfältige. So wurde berichtet, dass ein Schweizer Kaufmann namens Ottokar H. »bereits in den 60er-Jahren […] unter dem Decknamen ›Rohloff‹ geführt wurde« (Stern, 24/1994). Laut Focus soll es sich um den ehemaligen Stasi-Oberst Peter F. gehandelt haben (30.12.1994). Dieser wiederum bestreitet gegenüber der damaligen Illustrierten tango, Roloff gewesen zu sein, und verweist auf einen früheren Mitarbeiter des DDR-Devisenbeschaffers Alexander Schalck-Golodkowski, Artur Wenzel, der sich bereits 1992 in Untersuchungshaft erhängt hatte.

Mit Rücksicht darauf, dass die Schilderung eines vorgeblichen Treffens und eines zweiten geplanten Treffens mit diesem »Roloff« zentraler Gegenstand der letzten Notizen Uwe Barschels ist, hat sich auch der Sachverständige Professor Herrmann Wegener mit dieser Frage auseinandergesetzt. Nach seinem Gutachten gilt Folgendes:

Form und Inhalt widersprechen der Absicht des Schreibers, die vorliegenden Notizen als Unterlagen für die Anhörung in einem Untersuchungsausschuss angefertigt zu haben, und nach Form und Inhalt ist daher die Wahrscheinlichkeit, dass der Schreiber mit den vorliegenden Notizen der Nachwelt eine Mitteilung hätte zukommen lassen wollen, als gering zu erachten.

Weiter heißt es, dass das Motiv des Schreibers zur Abfertigung der vorliegenden Notizen offenbleibt; die Möglichkeit, eine »Legende für sich selbst zur späteren mündlichen Darstellung zu fixieren, ist sicherlich nicht völlig auszuschließen, doch erscheint es wenig plausibel, dass der Schreiber eine solche Phantasiegeschichte mit einer Reihe von persönlichen Details ausgeschmückt hätte«.

Und schließlich bleibt noch die Möglichkeit, dass jener »Roloff« der bekannte Hochstapler Gert Postel war, dessen Karriere als vermeintlicher Amtsarzt Dr. Dr. Clemens Bartholdy in Flensburg begann und der zum Bekanntenkreis Reiner Pfeiffers gehört. Bemerkenswert ist allerdings, dass dieser Postel sich nur gegenüber Journalisten als »Roloff« ausgab, nicht jedoch bei seiner staatsanwaltschaftlichen Vernehmung und auch nicht vor dem Untersuchungsausschuss des Landtages.

Ein hochrangiger Redakteur einer sehr großen deutschen Tageszeitung hat mich telefonisch gefragt, was ich denn von einer solchen Selbstbezichtigung halte. Unter Hinweis darauf, dass Postel dies in förmlichen Vernehmungen nicht erwähnt habe, gab ich ihm dafür die Erklärung: »Bei uns gibt es kein Geld.«

Vor dem Hintergrund all dieser Überlegungen erscheint es als glaubwürdig, Identität des und Treffen mit dem angeblichen »Roloff« als Legende zu qualifizieren. Mit Rücksicht darauf, dass es außer Barschels Erzählungen keinerlei Hinweise auf »Roloff« gibt und es bis heute keine bessere Erklärung gibt, verbleibt diese Variante ohne realistische Alternative.

Es gab eine Notwendigkeit, dass Uwe Barschel seine Anwesenheit in Genf sowohl gegenüber der Familie als auch gegenüber dem Untersuchungsausschuss plausibel darstellte, und diese hat er hier genutzt. Den markanten Namen »Roloff« kann Barschel in Anlehnung an einen realen »Roloff« gewählt haben, den er kurz zuvor kennengelernt hatte. In dem »Gesamtbericht« heißt es dazu:

> Es konnte jedoch festgestellt werden, dass Dr. Barschel bei zumindest drei Gelegenheiten Kontakt zu einer Person namens »Roloff« im Zeitraum kurz vor seinem Gran-Canaria-Aufenthalt hatte. Bei dieser Person handelt es sich um einen zum damaligen Zeitpunkt für eine deutsche Wochenzeitung *(Bild am Sonntag)* – freiberuflich – tätig gewesenen Fotoreporter, der anlässlich des Krankenhausaufenthaltes Dr. Barschels nach seinem Flugzeugabsturz sowie anlässlich einer Wahlkampfveranstaltung Aufnahmen des Ministerpräsidenten machte und darüber hinaus mindestens einmal die Gelegenheit hatte, mit Dr. Barschel zu speisen.
>
> Es ist daher nicht auszuschließen, dass die Begegnungen mit dem vorgenannten Roloff Dr. Barschel animiert haben, eine von ihm erdachte Person mit dem Namen »Roloff« zu versehen oder eine unbekannte Person, mit der er möglicherweise tatsächlich in Kontakt getreten ist, so zu benennen.«

Aber wenn Uwe Barschel diesen »Roloff« nicht getroffen hat, wenn »Roloff« eine Legende ist, wofür alles spricht, wen hat er dann getroffen? Uwe Barschel hat nicht von ungefähr in Genf Station gemacht. Er hat nicht von ungefähr am Tag seiner Ankunft seinen Bruder, seine Mutter und seine Kinder nicht besucht, sondern es muss dafür einen triftigen Grund gegeben haben. Und wer glaubt, dass Uwe Barschel Selbstmord begangen hat und vielleicht – nur – mit einem Sterbehelfer verabredet war, muss sich eine Frage stellen: Hätte er sich zielgerichtet für einen Selbstmord ausgerechnet dahin begeben, wo in nächster Nähe sein Bruder wohnt, wo gerade zu diesem Zeitpunkt seine vier Kinder zu Besuch sind, für die er Geschenke mitgebracht hat, und wo sich seine Mutter zu Besuch befindet, der er alles verdankt, die ihm unter härtesten Entbehrungen seinen Weg ins Gymnasium und zum Abitur ermöglicht hat?

Das Zimmer des Hotels »Beau Rivage« mit der Nummer 317, in dem Uwe Barschel gestorben ist, und die Situation, in der es sich befunden hat, werden im »Gesamtbericht« ausführlich beschrieben (s. a. Tatortskizze S. 34/35):

Die Tür wies keinerlei Spuren von Gewaltanwendung auf, das Schloss war funktionsfähig. Durch die rechts angeschlagene Tür gelangte man in einen Flur. Nach Durchschreiten desselben gelangte man in den Wohn-/Schlafbereich. Vom Flur führte zur linken Hand eine Tür in das Badezimmer. Hinter der Zimmereingangstür rechts befand sich eine Etagere.

Auf dem Teppichboden des Flurbereiches lag ein Hemdknopf, der von dem Oberhemd Dr. Barschels stammte. Dieser Knopf wurde gewaltsam vom Hemd gerissen. Es befand sich ein Geweberest in den Knopfbohrungen, der vom Faden stammte. Bei dem Oberhemd, mit dem Dr. Barschel bei der Auffindesituation bekleidet aufgefunden wurde, fehlte der zweite Knopf von oben. Der Knopf lag auf dem Weg zwischen Badezimmer und Wohnbereich, also nicht im unmittelbaren Eingangsbereich des Flures.

Dr. Barschel wurde bekleidet, jedoch ohne Schuhe aufgefunden. Die Schuhe befanden sich nicht beide an einem Ort, es befand sich vielmehr der rechte Schuh in geschnürtem Zustande im Flurbereich, ebenfalls auf dem Weg zwischen Badezimmer und Wohnbereich. Dieser rechte Schuh wies neben den üblichen Trage- und Abnutzungsspuren keine Besonderheiten auf.

Unmittelbar hinter der Etagentür befindet sich auf der rechten Seite eine Ablage (Etagere) zum Verstauen von Gepäckstücken. Neben einem dort abgelegten Koffer Dr. Barschels wurde ein vom Hotel stammendes Handtuch vorgefunden. Dieses Handtuch befand sich in einem »geknüll-

ten« Zustande und wies Verschmutzungen auf, auf die später näher eingegangen wird.

Im gesamten Bereich des Flures konnten an den Wandflächen bzw.
Zargen keine daktyloskopischen Spuren festgestellt werden, die auf ein
Abrutschen von Handflächen etwa durch Festhalten aufgrund von Gewalt-
einwirkung hindeuten. Verschmutzungen, Anhaftungen bzw. andere Auffälligkeiten konnten im Bereich des Bodenbelages des Flures nicht festgestellt werden.

Es ist im Nachhinein nicht mehr feststellbar, ob die Zugangstür vom Flur
in den eigentlichen Zimmerbereich vor dem Betreten des Raumes durch den
Stern-Journalisten Knauer geöffnet oder geschlossen gewesen ist.

Beim Eintreten in das Zimmer stand rechts auf dem Fußboden ein Abfallbehälter. Dann folgte ein Schreibtisch mit Stuhl. Auf dem Schreibtisch
befanden sich: eine Lampe, ein Aschenbecher, ein Schreibnecessaire des
Hotels, auf welchem ein Fernschreiben lag, dessen Adressat Staatssekretär [Hanns- Günther] Hebbeln war, rechts neben diesem Necessaire lag ein
Kugelschreiber mit der Aufschrift »Renata« mit blauer Mine. Hinten rechts
im Zimmer stand ein runder Tisch mit verschiedenen Schriftstücken und
einem Aschenbecher, der nicht benutzt worden war.

Ferner füllten zwei Sessel und eine Stehlampe die rechte hintere Ecke
aus. Gerade zu befand sich ein größeres Fenster. Das Fenster war geschlossen, die Gardinen waren zugezogen. Auf der linken Seite der Wand
befand sich mittig in das Zimmer hineinragend ein Bett. Dieses Bett war
von zwei Nachttischen auf der linken und rechten Seite flankiert.

Das Bett war unbenutzt und mit einer Tagesdecke überzogen.

Auf dem Bett lag aufgeschlagen das Buch *Gesammelte Erzählungen* von
Jean-Paul Sartre sowie ein Schlafanzug. Der Schlafanzug war unbenutzt,
er befand sich in einem zusammengelegten Zustand. Daneben lag eine an-
gebrochene Rolle mit »Mentos Peppermint«-Drops.

Auf dem rechten Nachttisch befand sich ein Genfer Telefonbuch; auf
dem linken Nachttisch befanden sich ein Telefon, ein vom Hotel zur Verfügung gestellter Bleistift sowie ein Briefblock »Büro aktuell« (karierte
Blätter) mit handschriftlich per Kugelschreiber vorgenommenen Aufzeich-

nungen. Darüber lag ein kleiner Block mit weißem Papier, welcher ebenfalls handschriftliche Notizen aufwies.

An der linken Wand stand ein Kleiderständer (stummer Diener). Daneben – also unmittelbar neben dem Eingang zum Zimmer auf der linken Seite – befand sich ein Fernsehgerät sowie die Minibar.

Im Übrigen befand sich der Wohnbereich in einem aufgeräumten, die Kleidungsstücke in einem geordneten Zustand.

Die Minibar war beim Eintreffen der Polizei voll aufgefüllt. Der Zimmerkellner [Ludovic] Erba hat dazu angegeben, die Minibar im Laufe des Morgens um eine fehlende Flasche des Whiskys der Marke »Jack Daniels« aufgefüllt zu haben.

Auch im Wohnzimmerbereich sind keine daktyloskopischen Spuren gesichert worden, die auf einen Kampf hindeuten könnten. Es sind keine Beschädigungen an dort befindlichen Gegenständen festgestellt worden; ferner wurden auch keine Auffälligkeiten im Bereich des Bodenbelages festgestellt. Verrückungen des Mobiliars wurden nicht festgestellt.

Im gesamten Bereich des Flures sowie des Zimmers konnte die Genfer Polizei keinen besonderen Geruch feststellen. Die Räume waren üblich temperiert.

Der Journalist Knauer hat angegeben, dass er sich zunächst in dem Wohnbereich aufhielt und erst dann das Badezimmer betrat. Nach seinem Bekunden sei die Badezimmertür angelehnt, jedoch so weit geöffnet gewesen, dass er an der links angeschlagenen Badezimmertür vorbei im Badezimmerspiegel etwas in der Badewanne habe liegen sehen können. Der Spiegel befand sich nach dem Betreten des Bades über zwei auf der rechten Seite angeordneten – als einheitlicher Waschtisch ausgestalteten – Waschbecken.

Auf dem Waschtisch befanden sich u. a. ein Stielglas und ein nicht verpacktes Zahnputzglas.

Unter dem Bereich des Waschtisches befand sich ein Abfallbehälter aus Kunststoff.

In dem Abfallbehälter befanden sich fast alle Teile eines zerbrochenen Stielglases, eine durchsichtige Plastikfolie sowie eine kleine geleerte

Whiskyflasche der Marke »Jack Daniels«. Die Flasche »Jack Daniels« stammte aus der Minibar. Ihr Verschluss befand sich auf dem Flaschenhals in wieder zugedrücktem Zustande. In der Flasche selbst konnte Flüssigkeit gesichert werden.

Bei dem Stielglas handelt es sich um ein Weinglas. Dieses Weinglas wurde Dr. Barschel von dem Zimmerkellner Vergori am Abend des 10. Oktober 1987 gegen 18:30 Uhr zusammen mit einem weiteren Weinglas und einer Flasche Beaujolais »Le Chat botte« serviert. Weitere Reste des zerbrochenen Weinglases befanden sich im Siphon des Abflusses des rechten Waschbeckens.

Die vorgefundene Plastikfolie rührte von der Verpackung eines Zahnputzglases her.

Im Bereich des Waschbeckens konnten keine daktyloskopischen Spuren, die auf ein Kampfgeschehen hinweisen würden, gesichert werden.

An der hinteren Wand des Badezimmers befanden sich in einem abgegrenzten Bereich das WC zur linken, ein Bidet zur rechten Seite. In diesem Bereich sind keine Auffälligkeiten festgestellt worden.

Auf der linken Seite hinter der nach links angeschlagenen Tür befand sich eine Badewanne, in der der Leichnam Dr. Barschels aufgefunden wurde. Der die Badewanne abgrenzende Duschvorhang war beim Eintreffen des Journalisten Knauer zurückgezogen. Vor der Badewanne befand sich ein Badewannenvorleger. Der Badewannenvorleger war verschoben und befand sich in einem ungeordneten Zustand. Ferner wies er erhebliche Verschmutzungen auf, auf die später näher einzugehen sein wird. Auf dem Badewannenvorleger befand sich der linke Schuh Dr. Barschels. Der Schuh war nicht geschnürt. Er wies über die üblichen Trage- und Abnutzungsspuren hinaus Spuren weiterer Einwirkung auf, auf die ebenfalls näher einzugehen sein wird.

Im Bereich des gesamten Fußbodens des Badezimmers sind keine Wasserspuren vorgefunden worden.

Der Leichnam Dr. Barschels befand sich in der bis ca. 10 cm unter den Rand mit Wasser gefüllten Badewanne. Das Wasser war klar. Die Temperatur des Wassers ist nicht festgestellt worden. Der bekleidete Leichnam

Dr. Barschels lag ausgestreckt auf dem Rücken mit dem Kopf zum Eingang hin in der Badewanne und war teilweise im Bereich der Beine von der ausgehakten Dusche samt Duschschlauch bedeckt. Der Wassermischer war auf 27 Grad eingestellt. Die Hähne waren geschlossen. Aus ihnen floss bei einer späteren Überprüfung in der beschriebenen Stellung des Wassermischers lediglich 23 Grad warmes Wasser.

Der Kopf des Leichnams ragte aus dem Wasser und war nach rechts gewandt. Er ruhte auf der rechten Hand, welche mit einem weißen, ebenfalls aus dem Hotel stammenden Handtuch umwickelt war. Die Augen waren geschlossen. Der linke Arm lag auf der Brust. Außer dem Kopf ragten noch die Fußspitzen aus dem Wasser. Die Haare des Leichnams waren nass, das Gesicht hingegen trocken.

An der Hose Dr. Barschels fanden sich nach Trocknung deutlich sichtbare, weiße Anhaftungen.

Was fällt noch weiter auf? Die Aufzeichnungen auf dem »Briefblock Büro aktuell« (karierte Blätter) per Kugelschreiber; neben den »Notizen auf Flugzeug [...]« befinden sich weitere Notizen auf dem karierten Block, und zwar die private Telefonnummer von Professor Erich Samson, der ihn vor dem Untersuchungsausschuss vertrat, sowie von seinen Familienmitgliedern, mit denen er telefoniert hatte – »Tel. Folke«, folgt Nummer, Anschrift »Eike Barschel [...] Yens/Schweiz« sowie weiter darunter die Telefonnummer seines Bruders, ferner: »Bahia Feliz« mit der Adresse seiner Frau auf Gran Canaria. Außerdem heißt es in dem Bericht der Lübecker Staatsanwaltschaft: »Darüber lag ein kleiner Block mit weißem Papier, welcher ebenfalls handschriftliche Notizen aufwies.«

Dies war ein Block des Hotels mit der geschwungenen Überschrift in etwas großspurigem Buchstabenzug »Hôtel Beau Rivage, Genève«. Hier hat Uwe Barschel Aufzeichnungen aus den Telefonaten mit Eike Barschel gemacht, nämlich »Circus Knie 8°°«, also das Ziel der Familie an dem Abend, zu dem Barschel hätte stoßen sollen. Ferner steht dort »Morgen 9.30 Yens Taxi: 1/2 h« mit den Plänen für das Frühstück des nächsten Morgens, das nicht mehr stattfinden sollte.

Spuren eines Kampfes gibt es in dem Zimmer nicht. Aber immerhin gibt es Merkwürdigkeiten: etwa der abgerissene Hemdknopf, der zweite von oben. Es ist zumindest ungewöhnlich, wenn man sich – etwa weil man ein Engegefühl am Hals hat – gerade auch noch den zweiten Knopf von oben abreißt. Wahrscheinlicher ist dies wohl ein Anzeichen diskreter Gewalt durch dritte Personen. Anzumerken ist auch der Sitz der Krawatte: Barschel trug sie korrekt hochgezogen in der Badewanne. Feststellungen darüber, ob unter der Krawatte der oberste Knopf geschlossen war, fehlen.

Der Zimmerkellner hat berichtet, dass Uwe Barschel keine Krawatte trug. Dies hat er zwar in seiner ersten Aussage so nicht erwähnt, er ist hierzu allerdings auch nicht gefragt worden. Nach dem Protokoll der zweiten Aussage war es eine spontane Bekundung aus der Erinnerung heraus. Dies darf nicht unterschätzt werden, zumal er als Interviewpartner den Medien so weit ersichtlich kaum zur Verfügung stand. Eine Verzerrung der Aussage durch überlagernde Erinnerungen an Interviews ist daher kaum zu befürchten, was sonst als Fehlerquelle von Zeugenaussagen nicht selten in Betracht zu ziehen ist.

Eine weitere Besonderheit sind die Schuhe. Sie stehen nicht zusammen. Der rechte Schuh liegt – geschnürt – im Flur und weist sonst »keine Besonderheiten auf«. Der linke Schuh steht im Bad auf dem Badewannenvorleger. Er ist »nicht geschnürt«. Er weist »Spuren weiterer Einwirkung auf [...]«. Der Badewannenvorleger befindet sich in einem »ungeordneten Zustand« und weist »erhebliche Verschmutzungen« auf. Kurz vor der Zimmertür liegt neben dem Koffer Dr. Barschels ein verschmutztes, »vom Hotel stammendes Handtuch [...] in einem ›geknüllten‹ Zustand«.

Auf dem Bett liegt das Buch mit dem Titel *Gesammelte Erzählungen* von Jean-Paul Sartre. Es ist aufgeschlagen und wurde daher vermutlich von Barschel in seinen letzten Stunden gelesen. Auch dieses Buch wird später Gegenstand von Spekulationen sein: Jean-Paul Sartre als Vertreter des Existenzialismus, der ja doch depressive Grundstimmungen habe und damit sehr gut in das psychische Schema eines Selbstmörders passe. Kein Detail wird später ausgelassen, um den Mythos vom Selbstmörder zu stützen.

Aber zum einen: Die These hat schon den falschen Ansatz. Existenzphilosophie verbindet negatives Denken mit positivem Handeln und war daher vor allem zu Zeiten des französischen Widerstandes gegen die deutsche Besetzung im Zweiten Weltkrieg von besonderer Bedeutung. Wer es nachlesen will: Die aufgeschlagene Geschichte aus den *Gesammelten Erzählungen* lautet »Das Zimmer« und kann vom Inhalt her nicht als Beleg für depressive Tendenzen herangezogen werden. Ein Zweites gilt es zu bedenken: Dieses Buch hat Uwe Barschel gar nicht selbst als Reiselektüre ausgesucht, sondern es ist ihm von seiner Ehefrau ins Gepäck gesteckt worden. Es ist auch nicht etwa in diesen Tagen gekauft worden, sondern war Bestandteil seiner privaten Bibliothek.

Weitere diskrete Spuren für das, was vor dem Tod Uwe Barschels geschehen ist, sind zwei Flaschen. Eine der beiden Flaschen fehlt: Die von dem Zimmerkellner servierte Flasche Beaujolais ist nicht auffindbar. Eine theoretische Möglichkeit für ihr Verschwinden wäre, dass der Minibarkellner, der am Vormittag das Zimmer betreten hat, sie routinemäßig gedankenlos mitgenommen hat, um sie zu entsorgen. Eine andere Möglichkeit ist, dass ein unbekannter Besucher (oder eine unbekannte Besucherin oder mehrere Personen) sie mitgenommen haben – zur Beseitigung als Spurenträger?

Die zweite Flasche liegt im Abfallbehälter des Badezimmers. Es handelt sich um die kleine Whiskyflasche aus der Minibar, Marke »Jack Daniels«. Sie ist zugedrückt mit dem ursprünglichen Verschluss. In ihr befinden sich Reste einer Flüssigkeit.

Nach ersten Ermittlungen, ersten Besprechungen, ersten Mutmaßungen und ersten Untersuchungsergebnissen stellte sich die Frage: Woran ist Uwe Barschel gestorben und vor allem, auf welche Art und Weise?

Die Obduktion ergibt keine nennenswerten äußeren Verletzungen. Später entdeckte Druckstellen, Hämatome und optische Unregelmäßigkeiten werden allerdings auf Fotos dokumentiert, die teilweise in der

Öffentlichkeit lanciert werden und aus denen weitreichende Schlüsse gezogen werden. Das ist nicht seriös. Die einzige feststellbare reale Verletzung ist ein Hämatom – nämlich »im rechten Stirnbereich 2,5 cm über der Augenbraue ein blasses Hämatom sowie im mittleren Stirnbereich eine ausgedehnte Rötung«. Nur dieses Hämatom kann als »praemortal«, entstanden vor Eintritt des Todes, interpretiert werden; alle anderen Veränderungen sind »postmortal«, nach Todeseintritt, verursacht worden.

Der Genfer Rechtsmediziner Dr. Oldrich Fryc interpretiert Hämatom und Rötung als »durch einen Stoß des Kopfes gegen die Badewanne bei einem Krampf entstanden«. Vor dem Hintergrund der zu diesem Zeitpunkt von den Schweizern bereits favorisierten Selbstmordtheorie eine verständliche Auslegung, die aber nicht überzeugen kann. Bei einer späteren Überprüfung weist der Lübecker Rechtsmediziner Professor Manfred Oehmichen diese Interpretation zurück, weil die im Körper Uwe Barschels aufgefundenen Substanzen krampflösende Wirkung hätten. Im Übrigen fehle ein Zungenbiss, und letztendlich sei es unwahrscheinlich, dass ein Krampf – wenn es ihn denn gegeben hätte – nur zu einem Hämatom führen würde.

Andererseits: Auch nach Professor Oehmichen handelte es sich um einen Anstoß, »der nicht geeignet war, die Verteidigungsbereitschaft zu mindern oder die Person gar kampfunfähig zu machen«. Also auch hier: allenfalls diskrete Gewalt.

Feststellungen zur Todesursache gab es sehr schnell, gesicherte Feststellungen über den Verursacher des Todes gibt es bis heute nicht. Vier Wirkstoffe sollen in der einen oder anderen Weise todesursächlich gewesen sein; sie wurden im Körper Uwe Barschels festgestellt, nämlich: Cyclobarbital, Diphenhydramin, Pyrithyldion und Perazin. Alle Wirkstoffe, die noch zu diskutieren sein werden, standen und stehen teilweise in unterschiedlicher Weise als Medikamente zur Verfügung; damals allerdings zum Teil nicht mehr in der Bundesrepublik Deutschland. Perazin gab es in Westeuropa lediglich in Dänemark und in der DDR. Alle Mittel wurden als Beruhigungs- oder Schlafmittel eingesetzt.

Klar ist, dass letztlich das Barbiturat Cyclobarbital den Tod verursacht hat und den anderen Wirkstoffen unterstützende Funktion zugeschrieben werden kann. Während der Text des Gutachtens der Genfer Gerichtsmedizin vom 26. November 1987 noch neutral ist – »Die Gesamtheit aller von uns zusammengefassten Gegebenheiten erlaubt es, den Tod des Herrn Uwe Barschel einer schweren Arzneimittelvergiftung zuzuschreiben« –, steuern die flankierenden Erläuterungen der Rechtsmediziner sowie die offiziellen Erklärungen darauf hin, dass es sich eigentlich nur um einen Selbstmord gehandelt haben könne.

Die Versäumnisse der Genfer Behörden

Vielfältig kritisiert wurden im unmittelbaren zeitlichen Umfeld und danach Versäumnisse der Ermittlungsbehörden und begutachtenden Stellen. Exemplarisch sei nur auf folgende Defizite hingewiesen:

- Mangelhafte kriminalistische Tatorterhebungen (keine Tatortfotos, kein Messen der Badewassertemperatur).
- Zögerliche kriminalistische Folgeermittlungen (Recherche nach dem Taxifahrer vom Flughafen zum Hotel, keine Überprüfung der unmittelbaren Vorgeschichte – Gran Canaria und Flug).
- Rechtsmedizinische Versäumnisse (keine exakte Dokumentation des Mageninhalts und Aufbewahrung nur eines geringen Teils davon, Sicherstellung nur einer geringen Menge Urin).
- Fragmentarische Folgeuntersuchungen (»die Flecke auf dem Badeteppich sind keine Rotweinflecke«, weiße Flecken auf der Hose von Uwe Barschel: vermutlich Talkumspuren des Präparators der Genfer Gerichtsmedizin).

Nach Meinung der Genfer Behörden handelte es sich bei Uwe Barschel zunächst einmal um einen deutschen Lokalpolitiker, dessen Tod in einem Genfer Hotel kein sonderliches Aufsehen erregte. Erst allmählich setzte sich das Bewusstsein der besonderen Bedeutung dieses Falles durch. Dabei schien das massive und robuste Auftreten der Medien die Schweizer Behörden nicht gerade zu beflügeln, sondern eher zu bremsen. Selbstmord bot sich da als einfach und naheliegend an, zumal die überwiegende deutsche Medienöffentlichkeit darauf positiv reagierte und sich in ihrem kollektiven Vorurteil nur bestätigt sah. Auf der Strecke blieb die Wahrheitsfindung, da erfahrungsgemäß Unterlassungssünden in unmittelbarer zeitlicher Tatnähe später kaum noch zu kompensieren sind.

Der verstorbene Kriminologe Armand Mergen analysiert in seinem Buch *Tod in Genf* bereits 1988 diese Defizite bei den Genfer Ermittlungen zum Tode Barschels und beschreibt – soweit erkennbar als Einziger – zusammenfassend die Situation in Genf zu dem Zeitpunkt, als Uwe Barschel zu Tode kam. Auch er weist darauf hin, dass der Privatdetektiv Werner Mauss, den man – vermutlich zu Unrecht – in Verbindung mit dem Tod Barschels gebracht hat, sich zu diesem Zeitpunkt ebenfalls in Genf aufhielt und in dem benachbarten Hotel »Le Richemond« wohnte. Mergen:

> Es passierte in der Stadt Genf, von der die *Schweizer Illustrierte* sagt, sie sei »Drehscheibe der Polit-Mafiosi, Flugzeugentführer und Killer«. In Genf trifft sich die »haute volée« des Waffenhandels. Zur Zeit, als Uwe Barschel in Genf in Cointrin landete, waren die Justizbehörden mit der eigenartigunangenehmen Affaire des Politmafioso Licio Gelli beschäftigt und in Bedrängnis. Gelli war es 1983 gelungen, aus dem sicheren Genfer Gefängnis Champ-Dollon, in dem er inhaftiert war, in die Freiheit zu marschieren.
>
> Jetzt, 1987, war er freiwillig zurückgekehrt, nicht etwa reumütig, sondern aus anderen Gründen, hatte sich bei den Justizbehörden gemeldet und ihnen Kopfzerbrechen bereitet. Zu den rechtlichen gesellten sich politische Probleme, und Gelli wäre man in Genf am liebsten los gewesen, Licio Gelli, ehemaliger Chef der italienischen Geheimloge P2, wurde Ende Dezember 1987 in Genf wegen Beamtenbestechung zu einer auf Bewährung ausgesetzten Gefängnisstrafe von 16 Monaten verurteilt. Damit stand seiner Auslieferung nach Italien nichts mehr im Wege. Genf war ihn los.

Zur gleichen Zeit wurde ein politischer Gegner des Ayatollah Khomeini, der iranische Pilot Ahmad Muhammad Tabeli, in Genf ermordet. Der Fall wurde nicht aufgeklärt. Man hatte Angst, Genf könne vom iranischen Terror als Drehscheibe benutzt werden. Die Angst war irgendwie begründet, denn Genfer Finanzinstitute waren maßgeblich in Geschäfte der illegalen Waffenhändler verwickelt. Die Millionen, welche der Iran aus dem Waffengeschäft mit Amerika an die Contras nach Nicaragua zahlte, flossen über Genfer Banken. Der Schiite, der eine Air-Afrique-Maschine gezwungen hatte, in Genf zu landen, und der einen französischen Passagier getötet hatte, konnte auf dem Flugplatz festgenommen werden. Auch er bereitete Kopfzerbrechen. Genf, die Stadt, in der man auf internationaler Ebene über Friede und Abrüstung zu verhandeln pflegt, ist im Geheimen auch die Stadt, in der internationale Waffenhändler über illegale Geschäfte und deren Finanzierung konspirieren.

Im Nachhinein mögen nicht alle Fakten in Mergens Buch einer kritischen Würdigung standhalten. Aber hier beschreibt ein namhafter Kriminologe das damalige Genfer Umfeld und die Atmosphäre des Geschehens.

Uwe Barschels
unaufhaltsamer Aufstieg

»Damp 2000« und Geschäfte mit Südafrika

Uwe Barschel kannte ich schon lange. Im Sommersemester 1964 beginne ich das juristische Studium an der Christian-Albrechts-Universität in Kiel, meiner Heimatstadt. Ich bin aufgewachsen in dem traditionellen Kieler Arbeiterviertel Kiel-Gaarden als Sohn einer Kriegerwitwe. Meine Mutter hat mir den Besuch des Gymnasiums ermöglicht. Als Schüler lag meine Stärke in Fächern wie Geschichte und Ähnlichem; die Entscheidung für das Studium der Rechtswissenschaft geschah mehr aus praktischen Überlegungen denn aus Überzeugung. An sich hätte ich Politologie bevorzugt, aber da schienen mir die Berufsaussichten weniger günstig.

Im selben Hörsaal wie ich sitzt Uwe Barschel, der ebenfalls das Studium der Rechtswissenschaft in Kiel beginnt. Für politisch Interessierte und Aufmerksame in Schleswig-Holstein war Uwe Barschel schon damals kein Unbekannter. Weiter rechts außen als er konnte man zu jener Zeit als Student kaum sein.

Beispielgebend: Großadmiral Dönitz

Bezeichnend für ihn und seine politische Position war ein Geschehnis, das weit über das Land Schleswig-Holstein öffentliches Interesse erregt hat: Uwe Barschel war Schülersprecher im Gymnasium der Kleinstadt Geesthacht bei Hamburg. Auf Anregung des Studienrates Dr. Heinrich Kock lud er den 71-jährigen früheren Großadmiral Karl Dönitz zu einer

Veranstaltung der Schule ein. Dönitz, der nach dem Tod von Adolf Hitler noch kurzfristig dessen Nachfolger geworden war, war ein glühender Verehrer seines Führers. Vom Nürnberger Kriegsverbrechertribunal wurde er zu zehn Jahren Gefängnis verurteilt. Schülersprecher Barschel hielt diesen Dönitz für geeignet, Geschichtsunterricht als Zeitzeuge zu geben.

Ausführlich berichtete die *Geesthachter Zeitung* über dieses Ereignis am 26. Januar 1963, mit Sätzen wie diesen: »Hier gaben ein Mann und eine Persönlichkeit ein Beispiel dafür, wie junge Menschen mit der jüngsten, so unseligen Vergangenheit Deutschlands auch vertraut gemacht werden können [...]. Für das Geesthachter Gymnasium war dieses Gespräch mit dem ehemaligen Staatsoberhaupt zweifellos ein Höhepunkt. Zugleich zeigte es aber auch eine bemerkenswerte Aktivität der Schülermitverwaltung dieser Schule. [...]«

Die Bürger von Geesthacht waren über den Entrüstungssturm der nationalen und internationalen Presse fassungslos, der über sie hereinbrach. *Der Spiegel* berichtete am 20. März 1963, dass der Direktor der Schule es ablehnte, »den schleswig-holsteinischen Landesbeauftragten für staatsbürgerliche Bildung, Dr. Ernst Hessenauer, vor dem gleichen Forum sprechen zu lassen, damit das von Dönitz beschädigte Geschichtsbild von demokratischer Hand restauriert werde«. Die nachfolgende Diskussion führte dazu, dass der Direktor Selbstmord beging.

Der milde Leser mag geneigt sein, die Dönitz-Episode als Jugendsünde zu verharmlosen. Nicht dazu passt allerdings die Anwesenheit Barschels beim Dönitz-Begräbnis im Jahr 1981.

Für mich waren dieses alles ungeheuerliche Vorgänge, zumal ich für meine Schule, das Gymnasium Kiel-Wellingdorf, als Leiter der politischen Arbeitsgruppe ebenfalls Politiker zu Schulveranstaltungen eingeladen hatte; allerdings demokratische Politiker, wie den damaligen Ministerpräsidenten Kai-Uwe von Hassel oder den Oppositionsführer der SPD, Wilhelm Käber.

Für mich als jungen Studenten war Uwe Barschel ein politischer Extremist. Als Vorsitzender des Rings christlich-demokratischer Studenten (RCDS) allerdings eher Ziel von Spott und Angriffen der Mehrheit der Studenten als ein kritischer Gesprächspartner. Doch das Klima an der Universität ist zu jener Zeit noch tolerant, man sprach noch miteinander. Es gab den »Historisch-Politischen Club«, in dem nicht nur Uwe Barschel Mitglied war, sondern beispielsweise auch der spätere SPD-Bundestagsabgeordnete und Oberbürgermeister von Kiel, Norbert Gansel. Ich selbst war eine Zeit lang Vorsitzender dieses Clubs.

1971 trat ich in die SPD ein, im Bundesland Schleswig-Holstein langjährige Oppositionspartei. In den 70er-Jahren wurde ich Vorsitzender des SPD-Ortsvereins Kiel-Wik, eines vergleichsweise konservativen Stadtteils. Hier war bis vor Kurzem der SPD-Oppositionsführer in Schleswig-Holstein, Jochen Steffen, Mitglied gewesen, langjährige Galionsfigur der Linken, der viele kritische Geister aus der Studentenbewegung an die SPD herangeführt hat. Norbert Gansel ist hier aufgewachsen. Und schließlich war Ratsherrin in Kiel-Wik Heide Simonis, die spätere Ministerpräsidentin von Schleswig-Holstein. Auch Heribert Ostendorf war einige Zeit Mitglied in meinem Ortsverein, jener Ostendorf, der später zunächst als Jugendrichter in Neumünster arbeitet, dann Professor an der Hamburger Universität und schließlich schleswig-holsteinischer Generalstaatsanwalt wird.

Die schleswig-holsteinische Opposition versuchte damals, sich im Bereich Innen- und Rechtspolitik gegenüber einer übermächtigen Regierungspartei CDU zu profilieren. Landesvorsitzender der Arbeitsgemeinschaft sozialdemokratischer Juristen (AsJ) wurde zunächst der Strafrechtsprofessor Dr. Erich Samson, damals noch SPD-Mitglied. Sein Nachfolger wurde dann 1974 der Landtagsabgeordnete und justizpolitische Sprecher der SPD, Dr. Klaus Klingner. Ich war von 1973 bis 1975 Kreisvorsitzender der AsJ in Kiel. Im März 1977 wurde ich AsJ-Landesvorsitzender. Diese Funktion behielt ich bis zum Herbst 1979 bei. Heribert Ostendorf wurde 1978 mein Stellvertreter.

Zur gleichen Zeit macht Uwe Barschel eine atemberaubende Karriere. Aufgewachsen ist er als Halbwaise und Flüchtlingskind in engen Verhältnissen. Bereits 1960 ist er als 16-Jähriger Mitglied der Jungen

Union geworden und 1962 auch der Mutterpartei. Von 1967 bis 1971 ist er Landesvorsitzender der Jungen Union. 1971 zieht er in den Landtag ein und wird stellvertretender Fraktionsvorsitzender der CDU. Zwei Jahre später übernimmt er den Vorsitz der CDU-Landtagsfraktion, 1979 avanciert er zunächst zum Finanzminister des Landes Schleswig-Holstein. Am 1. Juli 1979 wird er Innenminister; eine Funktion, die er bis zu seiner Wahl als Ministerpräsident am 14. Oktober 1982 beibehält.

In dieser Zeit geht die CDU knallhart machtpolitisch vor; sie sichert ihren Parteigängern und ihr nahestehenden Personen alle einflussreichen Positionen. Personalpolitischer Vordenker ist Uwe Barschel, von dem 1974 durch eine Indiskretion ein internes Strategiepapier zur Personalpolitik bekannt wird. In diesem heißt es: »In der Beförderungspraxis muss sichtbar – und zwar geräuschlos – werden, dass unsere Regierung CDU-Freunde am ehesten für geeignet hält, CDU-Politik an Ort und Stelle zu verwirklichen [...]. Dieser Wille darf nicht (nur) zu erahnen sein. Er muss sich eindeutig aus allen Erlassen und Richtlinien ergeben.«

Dies wird auch in der Justizpolitik deutlich, unter anderem dadurch, dass führende Funktionen, wie etwa die des Präsidenten des Verwaltungsgerichtes, durch Beamte aus dem Justizministerium besetzt werden. Bei der Staatsanwaltschaft Lübeck ist die Funktion des stellvertretenden Behördenleiters bereits 1971 durch den Regierungsdirektor Oswald Kleiner aus dem Justizministerium besetzt worden, der allerdings zuvor Staatsanwalt gewesen ist.

Da wir im AsJ-Landesvorstand feststellen mussten, dass die rigide Personalpolitik der CDU-Landesregierung auch bei der Einstellung neuer Bewerber nicht haltmachte, war es für mich klar, mich nach dem zweiten Staatsexamen für den schleswig-holsteinischen Justizdienst zu bewerben. Ich wurde im Mai 1975 Staatsanwalt in Itzehoe und im August 1976 an die Staatsanwaltschaft Kiel versetzt. Meinem neuen Chef dort, dem Leitenden Oberstaatsanwalt Lothar von Raab-Straube, einem weltoffenen Mann, bereitete es keine Schwierigkeiten, mich davon zu überzeugen, dass ich in der Abteilung für Wirtschaftskriminalität eingesetzt werden sollte, in der ich dann bis 1988 tätig war. Erst vor kurzem waren zur effektiven Verfolgung der Wirtschaftskriminalität bundesweit Schwerpunktstaatsanwaltschaften gebildet worden. Die Staatsanwaltschaft Kiel war auch für den Flensburger Bezirk zuständig, soweit es Wirtschaftskriminalität betraf. Für mich tat sich ein anspruchsvolles und interessantes Feld auf. »Da stimmt doch das Feindbild noch«, sagte von Raab-Straube zu mir.

Doch auch bei der Staatsanwaltschaft Kiel sollte ich bald dem Schatten meines früheren Studienkollegen und jetzigen Innenministers Uwe Barschel begegnen.

Ostseebad »Damp 2000«

Anfang 1979 erschien in der Illustrierten *Stern* ein Aufsatz über die Tätigkeit des Verwaltungsleiters der Ostseeklinik Damp, eines Herrn K., der im Streit aus dem Unternehmen ausgeschieden war. Grund war, dass nach Auffassung von K. die Ostseeklinik in großem Umfang Abrechnungsbetrug zulasten der gesetzlichen Krankenkassen beging, für den er nicht mitverantwortlich sein wollte. Die Kriminalisten des Fachkommissariats für Wirtschaftskriminalität in Kiel machten uns auf diesen Sachverhalt aufmerksam. Bei der Staatsanwaltschaft Kiel wurde ein entsprechendes Ermittlungsverfahren eingeleitet.

Die Zuständigkeit für dieses Verfahren lief auf mich zu, da meine Kollegen anderweitig fest eingeplant waren und ich nach Rückkehr aus einer längeren Fortbildung tatkräftig nach neuen Aufgaben suchte. Gerissen hatte ich mich um dieses neue Verfahren aber nicht. Das Ferienzentrum Ostseebad »Damp 2000« mit seinem medizinischen Bereich war ganz offenbar ein Prestigeprojekt der Schleswig-Holsteinischen Landesregierung, und allein die Tatsache meiner – öffentlich bekannten – engagierten SPD-Mitgliedschaft war aus meiner Sicht eine denkbar ungünstige Voraussetzung für eine reibungslose Arbeit.

Überall schossen in den 60er-Jahren Ferienzentren aus dem Boden –

auch an den Küsten Schleswig-Holsteins: Marina Wendtorf, Weißenhäuser Strand, Burgtiefe und Sierksdorf, um nur einige zu nennen. Anfang der 70er-Jahre folgte dann die Ostseebad Damp GmbH & Co. KG. Das Land Schleswig-Holstein beteiligte sich bei diesem Projekt in großem Umfang mit Landesbürgschaften. Der Landesrechnungshof merkte später kritisch an, das Land habe sich mit diesem Projekt praktisch auf Gedeih und Verderb verbunden, sodass sich die kalkulatorischen Risiken bei den Kosten, die sich schon bald herausschälten, zulasten des Landes Schleswig-Holstein auswirken mussten.

Weiterhin war kritisch die Verbindung zur politischen Gemeinde Damp zu sehen, früher unter dem idyllischen Namen Vogelsang-Grünholz bekannt. Hier war eine hundertprozentige kommunale Regiegesellschaft gegründet worden, die »Kurbetriebe Damp GmbH«. Die GmbH fungierte formal als Eigentümerin der Infrastrukturanlagen einschließlich Kurmittelhaus und Meerwasserwellenbad. Die Pacht des privaten Projektträgers bestand aus der Freihaltung von Zinsen und Tilgung der exorbitanten Kredite, die die Gemeinde selbst nicht aufbringen konnte, sodass auch hier praktisch eine unauflösbare Zwangsehe bestand. Die Verantwortung des Innenministers (Amtsvorgänger von Uwe Barschel hatten dieses Projekt mit aus der Taufe gehoben) war eine doppelte. Zum einen war sein Ministerium kommunale Aufsichtsbehörde für die überdimensionierte kommunale Gesellschaft. Zum anderen war der Innenminister auch für Fragen der Finanzierung durch den kommunalen Investitionsfonds zuständig. Das Finanzierungsvolumen bewegte sich im zweistelligen Millionenbereich.

Der schleswig-holsteinische Generalstaatsanwalt Gerhard Teschke übte einen beträchtlichen Einfluss aus, der mir durch meinen Behördenleiter und den Abteilungsleiter vermittelt wurde. Die Vollstreckung von Haftbefehlen, die ich gegen die beiden Hauptbeschuldigten erwirkt hatte, wurde mir vom Behördenleiter untersagt – nicht aus rechtlichen Bedenken, sondern mit der Begründung: »Was wird denn Herr Teschke dazu sagen.« Die Anordnung von Zwangs- oder Beugemaßnahmen gegen eine bestimmte Zeugin, falls diese nicht erscheinen oder aussagen würde, wurde mir von Vornherein von meinem Abteilungsleiter verboten.

Der Justizminister selbst erteilte über den Generalstaatsanwalt eine Weisung über den Verfahrensabschluss. Dabei ist Folgendes zu bedenken: Justizminister war zu dem Zeitpunkt Karl-Eduard Claussen, früher Innenminister und zur Gründungszeit von Damp Gesundheitsminister und damit zuständig für die infrage stehende Ostseeklinik Damp.

Letztendlich ging das Verfahren so aus wie manche Großverfahren der Wirtschaftskriminalität, bei denen die Tatbestände Betrug oder Untreue in Rede stehen: Rechtlich streitig wird, ob denn tatsächlich ein Schaden entstanden sei. Auch hier war dies der juristische Diskussionspunkt, der letztlich zur Einstellung des Verfahrens nach Paragraf 153a StPO führte.

Auch Innenminister Uwe Barschel interessierte sich für dieses Verfahren. Dies kam mir bereits im Jahre 1980 zu Ohren, als der Innenminister die Kieler Polizeidirektion Schleswig-Holstein Mitte in der Blumenstraße besuchte. Und wie es der Zufall so will, wollte er auch das Kommissariat für Wirtschaftskriminalität kennenlernen. Und wie es ein weiterer Zufall wollte, war hier besonders das Ermittlungsverfahren gegen Verantwortliche der Ostseebad Damp GmbH & Co. KG Gegenstand seines Interesses.

Die beschlagnahmten Unterlagen waren in einem geräumigen Büro im Dachgeschoss der Blumenstraße untergebracht, in dem sich zugleich mein zweiter Arbeitsplatz befand, sowie der Erfassungscomputer der Datentypistin zur Dokumentation der Unterlagen. Ich war bei Barschels Besuch in dem großen, aber eng zugestellten Büro anwesend. Barschel ließ sich über das Ermittlungsverfahren ausführlich informieren und begrüßte zu Beginn auch mich persönlich mit Handschlag: »Hallo, Heiner Wille.« Auf das Ermittlungsverfahren indes nahm er keinen merkbaren Einfluss.

Während ich noch mit der Abwicklung des Damp-Verfahrens befasst war, bahnte sich eine zweite Affäre mit weitreichender weltpolitischer Bedeutung an, die auch mich beschäftigen sollte: die Lieferung von Konstruktionszeichnungen für U-Boote nach Südafrika. Die Lieferung von U-Booten, Bauteilen dafür und Konstruktionszeichnungen war nach dem Außenwirtschaftsgesetz genehmigungspflichtig. Nachdem die UNO am 4. November 1977 mit der Resolution 418 die Apartheidpolitik Südafrikas verurteilt hatte, und zwar mit völkerrechtlicher Bindungswirkung für alle Mitgliedstaaten, konnte von Rechts wegen eine entsprechende Exportgenehmigung nicht mehr erteilt werden.

Gleichwohl strebten das Ingenieurkontor Lübeck (IKL) und die Howaldtswerke-Deutsche Werft AG (HDW) 1983 eine solche Lieferung an. Am 28. Oktober 1983 unterrichtete der Vorstandsvorsitzende der Salzgitter AG, zu der HDW gehörte, Ernst Pieper, den damaligen Bundesfinanzminister Gerhard Stoltenberg über dieses Projekt mit der Bezeichnung »IK 97«. Zugleich wurde der Bundesaußenminister Hans-Dietrich Genscher informiert. Tenor: Geplant sei die Lieferung von U-Boot-Bauteilen und Fertigungsunterlagen nach Südafrika, die im »Kundenland« gebaut werden sollten, wobei HDW und IKL »durch Entsendung von Spezialisten in begrenztem Umfang Bauhilfe geben« müssten. Die Unterlagen sollten konspirativ »als Mikrofilme im Diplomatengepäck über die Grenze« gehen.

Der aussichtslose förmliche Antrag auf Exportgenehmigung beim Bundesamt für Wirtschaft (BAW) sollte danach nicht gestellt werden, vielmehr reiche es aus, wenn »für den Fall, dass sich Schwierigkeiten ergeben würden [...] Rückendeckung zugesichert« werde: »Im Falle einer regierungsseitigen Zustimmung zu dem neuen Bedarfsfall würde es für IKL ausreichend sein, wenn ein leitender Beamter eine [...] Erklärung [...] abgeben würde.«

Dennoch wollten die Befürworter des Projekts die Genehmigung des Bundessicherheitsrates erreichen, wie aus einem Schreiben des bayerischen Ministerpräsidenten Franz Josef Strauß an Bundeskanzler Kohl vom 2. August 1984 hervorgeht. Strauß erinnerte daran, dass es mehrfach Gespräche darüber gegeben habe. Bei einem Besuch des südafrikanischen Premierministers Pieter Willem Botha hatte dieser ein Gespräch mit Helmut Kohl geführt, bei dem der Bundeskanzler dem Geschäft angeblich zugestimmt hatte. Darauf bezog sich Strauß jetzt.

Sand ins Getriebe kam erst, als Wirtschaftsminister Martin Bangemann eingeschaltet werden musste, weil es »nunmehr politische Schwierigkeiten für diese Ausfuhr« gäbe. Man beabsichtigte daher, den teilweise bereits abgewickelten Vertrag nunmehr über die Türkei laufen zu lassen. Anlässlich eines Gesprächs zwischen Vertretern des IKL und dem Wirtschaftsminister – zuständig für die Genehmigungsbehörde innerhalb des Bundesamtes für Wirtschaft (BAW) – sagte dieser jedoch klipp und klar, dass keine Genehmigungen erteilt würden, und zwar auch nicht über die Türkei.

Inwieweit es dann doch zur Abwicklung kam, ist nicht geklärt. Jedenfalls erhielt die Presse Wind von der Angelegenheit. Der Kieler Journalist Peter Höver berichtete in den *Kieler Nachrichten* vom 26. November 1986, dass »U-Boot-Pläne der HDW an Pretoria« geliefert worden seien, und zwar für »rund 46 Millionen Mark«.

Uwe Barschel fiel aus allen Wolken: Ihm sei von dem Vorgang nichts bekannt, obwohl das Land Schleswig-Holstein mit gut 25 Prozent an dem Unternehmen beteiligt war. Auch wenn das auf den ersten Blick unwahrscheinlich erscheinen mag, auch wenn Uwe Barschel gute schauspielerische Qualitäten zugesprochen wurden, erscheint diese Einschätzung letztlich doch überzeugend. Zu distanziert, ja letztlich zu gespannt war das Verhältnis des früheren Ministerpräsidenten und jetzigen Bundesfinanzministers Stoltenberg, der ja den Parteivorsitz in Schleswig-Holstein behalten hatte, zu Uwe Barschel, als dass der Bonner Minister den Landeskollegen Barschel in alle kritischen Angelegenheiten eingeweiht hätte.

Zu offenkundig war auch für Insider das gespannte Verhältnis Uwe Barschels zu dem Finanzstaatssekretär Carl-Hermann Schleifer, der für das Land Schleswig-Holstein im HDW-Aufsichtsrat saß und möglicherweise auch in diese Geschäfte eingeweiht war. Es wird berichtet, dass Barschel sich von Schleifer trennen wollte, was er jedoch wegen der starken Rückendeckung, die der Staatssekretär durch Stoltenberg hatte, nicht konnte.

Stoltenberg sorgte im Weiteren dann auch dafür, dass der »Ball flachgehalten« wurde:

- Über die Oberfinanzdirektion Kiel wurde lediglich ein Bußgeldverfahren eingeleitet, die Staatsanwaltschaft wurde zur Prüfung einer möglichen Straftat nicht eingeschaltet.
- Im Rahmen dieses Bußgeldverfahrens wurde keine Fahndungsprüfung bei den Firmen durchgeführt, sondern lediglich eine normale Außenwirtschaftsprüfung nach den Regeln allgemeiner steuerrechtlicher Betriebsprüfung.

Der Deutsche Bundestag setzte auf Antrag der SPD am 10. Dezember 1986 einen Untersuchungsausschuss ein, der Kieler Abgeordnete Norbert Gansel wurde zum Obmann der SPD-Abgeordneten bestimmt. Da für die Vorbereitung der Sitzungen nicht viel Zeit zur Verfügung stand, wurde ich gewissermaßen als »One-Dollar-Man« wissenschaftlicher Mitarbeiter Gansels für diesen Untersuchungsausschuss. Nach der Bundestagswahl 1987 wurde zur weiteren Aufklärung dieser Affäre erneut ein Untersuchungsausschuss eingesetzt.

Trotz der schlechten rechtlichen Position, die damals die Untersuchungsausschüsse hatten, erzielte der U-Boot-Ausschuss doch beachtliche Ergebnisse. Die strafrechtliche Verfolgung blieb letztendlich erfolglos, da für eine Straftat nach dem Außenwirtschaftsgesetz die »erhebliche Beeinträchtigung der auswärtigen Beziehung« entscheidend ist und die Staatsanwaltschaft Kiel ausgerechnet das Auswärtige Amt um eine gutachterliche Stellungnahme zu dieser Frage bat. Die Frage stellen hieß sie beantworten. Der Beamte, der durch seine Stellungnahme die Voraussetzung für die strafrechtliche Verfolgung des eigenen Ministers schafft, muss erst noch erfunden werden.

Als dann die Staatsanwaltschaft Kiel auf der Grundlage öffentlicher Reaktion – auch der Vereinten Nationen – dennoch die erhebliche Beeinträchtigung objektiv als gegeben ansah, stieß sie auf eine Strafkammer bei dem Landgericht Kiel, die dies anders beurteilte.

Als Beschwerdekammer für den beim Amtsgericht erwirkten Beschlagnahmebeschluss entschied sie, alle beschlagnahmten Unterlagen herausgeben zu lassen, da es keinen Anfangsverdacht gebe. Ein Ermittlungsverfahren ohne Zwangsmaßnahmen aber ist »tot«.

Auch hier: die Grenzen des Rechtsstaates. Ein vermutlich gravierender Fall von westdeutscher Regierungskriminalität, der seinesgleichen suchte, blieb ungeahndet. Einmal mehr konnte ich hautnah feststellen, dass konservative Spitzenpolitiker – in diesem Fall der Großteil der amtierenden Bundesregierung – bereit waren, die Werte, für die sie angeblich eintraten, zugunsten vordergründiger Vorteile aufzugeben. Eine verbindliche UNO-Resolution, die ein menschenverachtendes Apartheidregime ächtete, wurde verächtlich links liegen gelassen; die zur Umsetzung der Resolution geschaffenen Rechtsvorschriften des Außenwirtschaftsrechtes wurden missachtet. Der ursprünglich nicht eingeweihte Bundeswirtschaftsminister stellte sich dem in den Weg zu einem Zeitpunkt, als er nicht wusste, dass andere Kabinettsmitglieder, einschließlich des Bundesaußenministers, keinen entschiedenen Widerstand oder der Sache sogar Vorschub geleistet hatten. Einem gut informierten Kieler Journalisten blieb es vorbehalten, den Finger auf die Wunde zu legen.

Die SPD an der Macht

Alles soll anders werden ...

Nach guten Ergebnissen bei der Kommunalwahl sahen wir in Schleswig-Holstein für die Landtagswahl 1987 gute Chancen, die Verhältnisse für unser Bundesland durch einen Ministerpräsidenten Björn Engholm zu ändern. Ich selbst gehörte zwischenzeitlich mehrere Jahre dem Kreisvorstand der Kieler SPD sowie dem Bundesvorstand der AsJ an. Mit Heribert Ostendorf, inzwischen Strafrechtsprofessor in Hamburg, und anderen erarbeiteten wir in einer Kommission Grundsätze für eine Reform des Sexualstrafrechtes.

Auch hier waren wir natürlich zu idealistisch: Eine sachliche Diskussion über eine rationale Kriminalpolitik war mit der CDU des Landes nicht möglich. Das komplexe, ausführliche und wissenschaftlich gut fundierte Papier, das wir erarbeitet hatten, nahm sie vielmehr zum Anlass, Björn Engholm persönlich vorzuwerfen, er wolle »Sex mit Kindern« befürworten; eine böswillige Unterstellung, die nur per Gerichtsbescheid gestoppt werden konnte. Später war in dem Strategiepapier des Generalsekretärs der CDU, Rolf Rüdiger Reichardt, zu lesen, dass der Spitzenkandidat als Person in seiner Empfindlichkeit getroffen werden sollte, es also Wahlkampfstrategie der CDU war, einen Menschen in seiner Würde, seiner Ehre und seiner Persönlichkeit herabzusetzen und zu diffamieren.

Demgegenüber setzten wir im Wahlprogramm der SPD Akzente für eine liberale Rechts- und Innenpolitik. Auf einer Veranstaltung der SPD am 26. August 1987, dem Polizeiforum in Eutin, lernte ich den Rechtsanwalt und früheren stellvertretenden Chef des Bundesamtes für Verfassungsschutz, Dr. Stefan Pelny, kennen, der sich auch aktiv im Wahlkampf einsetzte. Ich machte gemeinsam mit meiner Frau wie in all den Jahren zuvor Wahlkampf vor Ort. Wir hatten das Gefühl, dass die CDU endgültig abgewirtschaftet hatte, und setzten darauf, dass auch die wahlberechtigten Bürgerinnen und Bürger dies erkennen würden. Die Affäre, die Bespitzelung Björn Engholms durch Detektive in seinem privaten Umfeld, nahm ich zunächst nur wie durch einen Schleier wahr. Am Sonntag, dem 13. September 1987, nach Erscheinen des ersten *Spiegel*-Artikels, waren meine Frau und ich auf der Wahlparty der SPD im Fraktionsbüro der SPD-Landtagsfraktion, als das Interview mit Reiner Pfeiffer über den Fernsehsender ging, in dem er Barschel als Auftraggeber seiner Intrigen beschuldigte. Trotz des insgesamt für uns positiven Wahlausgangs konnte eine rechte Freude nicht aufkommen. Eine Mischung aus ungläubigem Staunen und Abscheu hatte mich ergriffen; von all diesen Dingen wollte ich nichts mehr wissen.

Auch die Berichterstattung über den Tod Uwe Barschels konnte nicht mein Interesse wecken. Daher habe ich mir damals auch keine Meinung gebildet, ob es nun Selbstmord oder Mord war. Eine Anfrage aus dem Bereich der SPD-Landtagsfraktion, ob ich bereit sei, als wissenschaftlicher Mitarbeiter für die SPD in dem Untersuchungsausschuss mitzuwirken, der sich konstituierte, habe ich denn auch mit Nein beantwortet. Diese Funktion fiel dann Stefan Pelny zu.

Ganz allmählich realisierten wir, dass die über 36-jährige Regierung einer vermeintlichen Staatspartei zu Ende ging und der Weg zu einer weiteren Landtagswahl eröffnet wurde, die der SPD eine klare Mehrheit bringen sollte. Zwischenzeitlich wurde ich Leiter der sogenannten »G10-Kommission«, die vom Parlament eingesetzt wurde, um das Landesamt für Verfassungsschutz zu kontrollieren; eine Funktion, die ich gern wahrnahm.

Anfang 1988 erkrankte ich schwer, die Diagnose war unklar. Nach einer Odyssee bei mehreren Ärzten erinnerte ich mich an den genialen Leiter der Ostseeklinik Damp, den ich früher als Zeugen kennengelernt hatte, Professor Dr. Hannes Schoberth. Ohne diesen wäre es der Ostseebad Damp GmbH & Co. KG sicherlich nicht gelungen, den medizinischen Sektor so außerordentlich erfolgreich auf- und dann auszubauen, dass er letztlich die gesamte Anlage stützen konnte.

In jenen Tagen sprach mich Klaus Klingner an, der im neuen Kabinett Engholm als Justizminister vorgesehen war, als Referent in sein Ministerium zu kommen. Als Vorsitzender des ersten Untersuchungsausschusses hatte er einen guten Job gemacht. Ich bat mir in Anbetracht meiner gesundheitlichen Lage Bedenkzeit aus. Es bestand der Verdacht, dass ich möglicherweise nur noch wenige Jahre zu leben hatte. Professor Schoberth aber gab mir neue Zuversicht und kämpferische Impulse. Noch aus der Klinik rief ich Klingner an und sagte zu, in sein Ministerium einzutreten.

Referent im Justizministerium

Am 8. Mai 1988 sind erneut Landtagswahlen; die SPD gewinnt mit knapp 55 Prozent – ein Erdrutschsieg. Björn Engholm wird am 31. Mai 1988 zum Ministerpräsidenten gewählt und stellt seine neue Regierung vor. An der Seite von Justizminister Klaus Klingner wird der Verwaltungsrichter und Landtagsabgeordnete Uwe Jensen neuer Staatssekretär. Erster persönlicher Referent und späterer Personalreferent wird der Richter Dirk Stojan, jetzt Amtsgerichtspräsident in Lübeck.

Ich selbst – obwohl dringend benötigt – trat erst am 20. Juni meine Referentenstelle an, da ich in der Kieler Staatsanwaltschaft ein geordnetes Dezernat hinterlassen wollte und mich früher selbst über die arrogante Art vorgesetzter Dienststellen geärgert hatte, Personal von einem Tag auf den anderen abzuziehen, ohne Rücksicht darauf, ob die Betroffenen ihre aktuelle Arbeit noch abwickeln konnten. So wollte ich mich jedenfalls nicht von meiner alten Behörde verabschieden. Mein Behördenleiter freute sich aufrichtig über meine neuen Chancen, verabschiedete mich mit den besten Erfolgswünschen und den bedauernden Worten: »Ich habe Sie ja leider nicht fördern können.«

Im Ministerium erwartete mich ein Berg von Aufgaben. Zu 50 Prozent war ich Mitglied der Rechtsabteilung und dort zuständig für die Organisation der Staatsanwaltschaft sowie »strafrechtliche Einzelsachen«, hatte also die Fachaufsicht über die Staatsanwaltschaften. Dazu gehörte auch das Anfordern und Entgegennehmen von Berichten über die Verfahren, die zur Abwicklung der »Barschel-Affäre« noch in Bearbeitung waren. In dieser kleinen Rechtsabteilung traf ich auf einen Abteilungsleiter und sechs Referenten in einer fachlich anregenden kollegialen Atmosphäre.

Die andere Hälfte meiner Arbeitskraft gehörte meiner Funktion als Kabinetts- und Landtagsreferent. Hier lernte ich auch den früheren Fahrer von Uwe Barschel, Karl-Heinz Prosch, kennen, der jetzt Fahrer des Justizministers war. Die Sekretärin des Staatssekretärs Uwe Jensen hatte zuvor in der Staatskanzlei gearbeitet und war wie viele angetan von dem neuen offenen Arbeitsstil und der kollegialen Atmosphäre, die von den beiden Spitzen des Hauses ausging. Dies stand in einem starken Kontrast zur Atmosphäre in der Staatskanzlei, in der man nicht einmal laut lachen durfte, wie sie berichtete. Das neue offene Klima war gepaart mit einem unbändigen Elan und einer starken Dynamik bei der Bewältigung der anstehenden Aufgaben.

Über meinen Schreibtisch ging jede Kabinetts- und Landtagsvorlage und ich hatte dafür zu sorgen, dass bei Bedarf für die jeweiligen Tagesordnungspunkte Stellungnahmen – sogenannte Voten – der Fachreferenten eingeholt wurden.

Auch in der Personalpolitik wehte ein neuer Wind. Von konservativer Seite wurde geargwöhnt, dass nunmehr die alte schwarze durch eine rote Vetternwirtschaft ersetzt würde, und manche verdiente Genossen meinten auch, nun wären sie »einmal dran«. Für mich war es indes eine große Genugtuung, zu sehen, dass wirklich Eignung, Fähigkeit und Leistung maßgebliche Kriterien bei der Besetzung frei werdender Spitzenpositionen waren.

Als sich herausstellte, dass die Zusammenarbeit mit Generalstaatsanwalt Gerhard Teschke trotz besten Willens der Hausspitze nicht mehr möglich war, wurde Teschke in den einstweiligen Ruhestand geschickt; eine Entscheidung, die man gleich beim Regierungswechsel hätte treffen sollen. Neuer Generalstaatsanwalt wurde Heribert Ostendorf, ein

Garant für eine fortschrittliche und rationale Kriminalpolitik. Ostendorf forcierte das Instrument des Täter-Opfer-Ausgleichs ebenso wie etwa die entschiedene Verfolgung rechtsextremistischer und fremdenfeindlicher Straftaten durch Sonderdezernenten der Staatsanwaltschaft. Das Land Schleswig-Holstein übernahm in dieser Sache bundesweit eine Führungsrolle. Nach dem vorzeitigen Ruhestand des Leitenden Oberstaatsanwalts Oswald Kleiner, Behördenleiter in Lübeck, folgte auf ihn Oberstaatsanwalt Joachim Böttcher, sein Stellvertreter, als neuer Behördenchef, der die Geschicke der Lübecker Staatsanwaltschaft schon vorher wesentlich geprägt hatte.

Ich musste mich in der ersten Zeit meiner Tätigkeit doch wieder mit dem ungeliebten »Barschel-Thema« befassen. Es ging im Wesentlichen um die begleitende Beobachtung der Verfahren, die im Zusammenhang mit der Abarbeitung der Affäre anhängig waren; allesamt Verfahren von untergeordneter Bedeutung. Nur in einem Fall musste ich mich intensiver in die Problematik des Todesermittlungsverfahrens »zum Nachteil Barschel« einarbeiten; in einem zweiten Fall kam ich überraschend zu neuen Erkenntnissen.

Die Staatsanwaltschaft Lübeck hatte gleich nach dem Tode Barschels ein Todesermittlungsverfahren eingeleitet und im Zuge der Rechtshilfe einen Vorgang für die Schweizer Staatsanwaltschaft in Genf angelegt. In der Annahme, dass Unterlagen über die gesundheitliche Verfassung des Verstorbenen für die Ermittlungen in Genf hilfreich sein könnten, wurden Krankenunterlagen als Beweismittel teils beschlagnahmt, teils ohne gerichtlichen Beschluss sichergestellt. Nachdem es bereits einmal einen entsprechenden Beschluss des Ermittlungsrichters gegeben hatte, verlangte die Staatsanwaltschaft die Herausgabe medizinischer Unterlagen zum Teil auch ohne Gerichtsbeschluss.

Darüber kam es bereits 1988 zu einer Kontroverse mit dem Landesbeauftragten für den Datenschutz, die sich bis in den Herbst 1989 hinzog. Der Datenschützer, dessen Standpunkt damals bei der Landesregierung einen sehr hohen Stellenwert hatte, umschrieb seine Beanstandungen wie folgt:

Staatsanwaltschaft »bluffte« einen Arzt. – Von einem leitenden Arzt des Klinikums der Universität wurde der Landesbeauftragte auf einen Sachverhalt hingewiesen, bei dem man wohl ohne Übertreibung von einem »Bluff« sprechen kann. Anlass war das an den betreffenden Arzt gerichtete Ersuchen einer Staatsanwaltschaft, für Zwecke des Todesermittlungsverfahrens bezüglich des verstorbenen Ministerpräsidenten Dr. Barschel dessen medizinische Daten herauszugeben. (Un)missverständlich hieß es in dem Schreiben: »Um eine Durchsuchung und eine Beschlagnahme zu vermeiden, wird um freiwillige Herausgabe gebeten.«

Der Arzt, hin- und hergerissen zwischen der ärztlichen Schweigepflicht einerseits und seinen Loyalitätspflichten als Mitarbeiter der Universität andererseits, gab die Unterlagen heraus, wobei auch die Überlegung eine Rolle spielte, eine Weigerung habe doch keinen Zweck, da ihr die Beschlagnahme auf dem Fuße folgen würde. Der Landesbeauftragte hat ernste Zweifel an der Rechtmäßigkeit des Vorgehens der Staatsanwaltschaft und des Arztes.

Diese Bedenken trafen nicht zu, was ich mit Unterstützung des Generalstaatsanwalts herausarbeitete und auch persönlich vor dem Innen- und Rechtsausschuss des Landtags vertrat. Neben der Möglichkeit der Beschlagnahme durch einen gerichtlichen Beschluss können Beweismittel auch von der Staatsanwaltschaft nach § 95 Strafprozessordnung unmittelbar angefordert werden, wenn die Voraussetzungen für einen Beschlagnahmebeschluss gegeben sind. Dies war hier der Fall. Im Übrigen handelt es sich bei der Strafprozessordnung um ein Bundesgesetz, sodass die Zuständigkeit des Landesbeauftragten für den Datenschutz in Zweifel zu ziehen ist.

Ein zweites Mal kam ich eher beiläufig zu überraschenden Erkenntnissen über Vorgänge in der Anfangszeit des Lübecker Verfahrens. Für eine Festschrift zum 125-jährigen Bestehen der Staatsanwaltschaft verfasste ich einen Beitrag über das Weisungsrecht des Justizministers, das in der politischen Fachdiskussion durchaus streitig ist. Hierzu zog ich ein Beispiel aus dem Lübecker Verfahren heran, das als Landtagsdrucksache auf eine Kleine Anfrage des damaligen Abgeordneten Klaus Klingner publiziert worden war.

Die Staatsanwaltschaft Lübeck hatte auf der Grundlage beschlagnahmter Unterlagen über die Verordnung des Medikaments »Tavor« an Uwe Barschel ein Gutachten zur Beurteilung des Tablettenkonsums durch Barschel eingeholt. Der Sachverständige Professor Dr. Horst Dilling kam zu dem Ergebnis – ohne seinerzeit Uwe Barschel persönlich beurteilt zu haben –, dass von einem Medikamentenmissbrauch (nicht einer Medikamentenabhängigkeit) gesprochen werden müsse.

Hierzu hatte Generalstaatsanwalt Gerhard Teschke bei Justizminister Heiko Hoffmann am 7. Dezember 1987 vorgetragen, und laut der Landtagsdrucksache hatte der Minister »davor gewarnt, Erklärungen zum Inhalt des Gutachtens abzugeben«. Gleichwohl gab die Staatsanwaltschaft Lübeck am Vormittag des Folgetages hierzu eine Presseerklärung ab.

Ich hielt das Zögern des Justizministers für falsch und verfasste dazu folgende Stellungnahme:

Hier war es zu unterschiedlichen Auffassungen zwischen der Staatsanwaltschaft und dem Justizminister über die Pressepolitik gekommen. Die Ermittlungsgruppe der Staatsanwaltschaft Lübeck vertrat den Standpunkt, dass Informationen aus einem Sachverständigengutachten über den Gesundheitszustand des früheren Ministerpräsidenten öffentlich publiziert werden müssten. Der Justizminister vertrat den gegenteiligen Standpunkt. Gleichwohl hat er verzichtet, diesen durch eine klare Anweisung durchzusetzen.

Eine eindeutige Weisung wäre nach Ansicht des Verfassers hier wünschenswert gewesen. Dies gilt umso mehr, als sie keinen Eingriff in das Ermittlungsverfahren bedeutet hätte, sondern lediglich die Abwägung des Ministers zwischen öffentlichem Informationsinteresse und der Menschenwürde des Verstorbenen an die Stelle der Bewertung der Staatsanwaltschaft gesetzt hätte.

Gerade in Fällen, in denen der Justizminister sich nicht darauf verlassen kann, dass der Generalstaatsanwalt mit ihm übereinstimmt und auch ohne ausdrückliche Weisung Positionen umsetzen wird, trifft ihn beim Unterlassen der Weisung die volle Verantwortung dafür, dass staatsanwaltschaftliche Entscheidungen auch gegen seinen Willen ergehen. Bei unterschiedlichen Argumenten für verschiedene Verhaltensweisen kann es im Übrigen auch der Tätigkeit der Staatsanwaltschaft nur zuträglich sein, wenn nach Diskussion des Pro und Kontra eine verbindliche Entscheidung von verantwortlicher Seite getroffen wird, die sich dann auch der öffentlichen Diskussion zu stellen hat. Dies hätte hier auch zu einer Entlastung des Ermittlungsverfahrens selbst führen können.

Als ich vor der Veröffentlichung mein Manuskript meinem Abteilungsleiter Dr. Wolfdietrich Wendt zum Lesen gab, war ich über seine Reaktion überrascht. Dr. Wendt, der selbst bei dem Bericht des Generalstaatsanwalts zugegen war, rief spontan aus: »Aber er hat doch!« Anschließend wurde mir klar, was gemeint war: Minister Hoffmann hatte Generalstaatsanwalt Teschke die Weisung erteilt, von einer Publikation dieses Gutachtens abzusehen, aber die Staatsanwaltschaft Lübeck war dem nicht nachgekommen. Ob es Generalstaatsanwalt Teschke war, der die Weisung nicht weitergegeben hatte, oder Leitender Oberstaatsanwalt Kleiner die weitergeleitete Weisung nicht befolgt hatte, wurde zu diesem späten Zeitpunkt nicht mehr geklärt. Die Problematik der Kommunikation in diesem Verfahren wurde mir durch dieses Geschehnis im Nachhinein eindrucksvoll verdeutlicht.

In meine Arbeit als Referent kam mehr und mehr Alltagsroutine. Die deutsche Einheit führte zu einem beträchtlichen Arbeitsschub auch bei uns, da die Bundesgesetzgebung auch auf alle Länderministerien durchschlug. Justizministerien wie das kleine Haus in Schleswig-Holstein konnten die Aufgaben nicht verteilen wie größere Bundesländer, die Mehrarbeit traf direkt die Referenten. Verstärkt wurde der Druck noch dadurch, dass einige Mitarbeiter in die neuen Bundesländer gingen – der Karrierechancen wegen. Insofern leisteten wir, die die Arbeit der ausscheidenden Kollegen übernehmen mussten, indirekt auch »Aufbauhilfe Ost«.

Andererseits konnte man aber die Chance von Synergieeffekten nutzen, die ein so kleines Bundesland wie Schleswig-Holstein bot. So war etwa die Abstimmung zwischen Justizministerium und Innenministerium in kritischen rechtspolitischen Fragen durch die kurzen Wege und persönlichen Bekanntschaften deutlich leichter möglich als in großen Bundesländern.

Berufung zum Leiter der Staatsanwaltschaft Lübeck

Alles in allem war aber der Reformelan des Aufbruchs nicht mehr so ausgeprägt, dass es mich in dem Ministerium länger hätte halten können. Mein Ziel war, die Leitung der Staatsanwaltschaft in Lübeck nach dem altersbedingten Ausscheiden des Leitenden Oberstaatsanwalts Joachim Böttcher zu übernehmen. Den Vorschlag, mich doch aus dem Ministerium dorthin zu bewerben, habe ich ganz bewusst verworfen. Zum einen wollte ich es nicht so machen, wie es unter den früheren Verhältnissen üblich war. Zum anderen wollte ich mich noch einmal als Abteilungsleiter in der Praxis bewähren. So wurde ich im Mai 1992 Oberstaatsanwalt bei der Staatsanwaltschaft Kiel.

Die Bewerbung zum Leitenden Oberstaatsanwalt in Lübeck stand in Konkurrenz zu der Bewerbung des jetzigen Bundestagsabgeordneten der Linken Wolfgang Neskovic, der damals noch SPD-Mitglied war. Anders als Neskovic galt ich weniger als Querdenker und unbequemer Mitarbeiter. Vor der Personalentscheidung ging ich noch einmal persönlich zum Minister Klingner, um ihn ausdrücklich darauf hinzuweisen, dass ich als Behördenleiter nicht zwangsläufig bequemer sein werde, als dies von Wolfgang Neskovic erwartet wurde, worauf Klaus Klingner mir sagte, dessen sei er sich wohl bewusst.

Zu meiner Berufung als Behördenleiter in Lübeck kam es schneller und abrupter als geplant. Leitender Oberstaatsanwalt Joachim Böttcher erkrankte schwer, sodass man mit seiner Rückkehr vor der Pensionierung nicht mehr rechnen konnte. Im Lübecker Bezirk kam es am 23. November 1992 in Mölln zu einem spektakulären Brandanschlag, bei dem eine 51-jährige türkische Frau und zwei Mädchen im Alter von 14 und 10 Jahren ums Leben kamen; neun Menschen wurden verletzt. Der Generalbundesanwalt übernahm die Ermittlungen; gegen zwei Tatverdächtige erließ der Ermittlungsrichter des Bundesgerichtshofes Ende November Haftbefehle. Gegen beide war bei der Staatsanwaltschaft Lübeck bereits zuvor ein Ermittlungsverfahren aufgrund von anderen Brandanschlägen anhängig. Einen Antrag auf Haftbefehl der Staatsanwaltschaft Lübeck hatte das Amtsgericht Lübeck zurückgewiesen. Massive und aggressive Presseanfragen, ob der Anschlag in Mölln nicht hätte verhindert werden können, wenn die Haftbefehle früher erlassen worden wären, prasselten auf den stellvertretenden Behördenleiter nieder und führten dazu, dass dieser mit Herzbeschwerden ins Krankenhaus eingeliefert wurde.

Da der dienstälteste Oberstaatsanwalt in Lübeck sich nicht in der Lage sah, kurzfristig die Behörde zu leiten, erhielt ich vom Minister am 8. Dezember 1992 meine Ernennungsurkunde. Ich hatte keine Chance mehr, mein Feld in der von mir geleiteten Jugendabteilung der Staatsanwaltschaft Kiel noch so zu bestellen, wie ich es mir gewünscht hätte.

In Sachen Barschel

Beginn des Ermittlungsverfahrens in Lübeck

Mit Elan und Freude ging ich an die neue Aufgabe in einer Behörde, die ich zuvor noch nie betreten hatte. Nicht in einem Gerichtsgebäude, wie es sonst üblich ist, in dem die Staatsanwaltschaft gleichsam nur »Untermieter« ist, sondern als Hausherr in einem gelben Backsteinbau an der Travemünder Allee. Weit entfernt waren die Probleme der »Barschel-Affäre« und die Umstände, die mit seinem Tod zusammenhingen. Nur bei Durchsicht des Geschäftsverteilungsplanes stieß ich auf eine Spur, die mich stutzen ließ. In dem gültigen Geschäftsverteilungsplan für 1992 gab es Verfahrensklassen und einzelne Verfahren, für die kein Abteilungsleiter zuständig war; sie waren vielmehr »dem Behördenleiter unmittelbar zugeordnet«.

Dazu gehörte auch die »Rechtshilfe- und Todesermittlungssache 03 AR 269/87 und 705 Js 33247/87«. Als zuständiger Dezernent hierfür war Staatsanwalt Sönke Sela eingetragen. Auf Nachfrage bestätigte sich meine Ahnung: Dies war das Verfahren, das mit dem Tode Uwe Barschels zusammenhing. An sich hatte ich überhaupt keine Neigung, dafür zuständig zu werden. Andererseits wollte ich meine Tätigkeit als neuer Behördenleiter nicht damit beginnen, mir zugeordnete Aufgaben gewissermaßen abzudrücken, und schon gar nicht den Eindruck erwecken, ich würde die Verantwortung für diesen Vorgang etwa scheuen. Außerdem wusste ich letztlich auch nicht, wem ich diese Zuständigkeit hätte übertragen können. Mein Stellvertreter war im Krankenhaus, der dienstälteste Oberstaatsanwalt hatte sich außerstande gesehen, die Behörde zu leiten, und die anderen Oberstaatsanwälte waren mir bis auf eine Kollegin unbekannt. Im Übrigen gab ich mich damals noch mit voller Überzeugung dem Irrtum hin, dass diese Zuständigkeit zukünftig kaum je in nennenswertem Maße Arbeit und besonderen Einsatz erfordern würde. Ein folgenschwerer Irrtum, wie sich später herausstellte.

Alles in allem wurde ich mit sehr viel Offenheit und Unterstützung empfangen, die Staatsanwälte waren froh, dass die Behördenleitung an mich anstatt an den ungeliebten Richter Wolfgang Nescovic gefallen war; das Verwaltungsteam bereitete meine Entscheidungen in aller Regel ausgezeichnet vor.

Wenige Vorstellungsrunden in der wunderschönen Stadt Lübeck folgten, wobei das Gespräch bei den *Lübecker Nachrichten* besonders wichtig war. Der Chefredakteur und sein Leitungsteam begrüßten mich und nahmen mich sogleich ins Kreuzverhör, um festzustellen, mit wem sie es zu tun hätten. Auch Fragen zur »Barschel-Affäre« und seinem Tod waren dabei; offenbar konnte ich sie zur Zufriedenheit beantworten.

Einen Monat später erfolgte dann die offizielle Amtseinführung durch Minister Klaus Klingner und Generalstaatsanwalt Heribert Ostendorf. Beide betonten, dass die Behörde sich weiterhin auf die großen Aufgaben konzentrieren müsse – mit Schwerpunkt auf der Verfolgung besonders gefährlicher Kriminalität, vor allem rechtsextremistischer Gewalttaten, Gewalttaten gegen Frauen, Organisierter Kriminalität sowie Wirtschafts- und Umweltkriminalität. Auf der anderen Seite müsse auch über die Entkriminalisierung geringer Verstöße weiter nachgedacht werden.

Dies entsprach meinen Vorstellungen in vollem Umfang, ich fühlte mich eingebettet in eine Kriminalpolitik, die ich auch aus innerer Überzeugung umsetzen wollte. Neue Akzente wie Täter-Opfer-Ausgleich zur Sicherung des Rechtsfriedens sollten hinzukommen. In meiner Einführungsrede betonte ich, dass Strafjustiz nicht all die Aufgaben erfüllen könne, bei denen Gesellschaft und Sozialpolitik versagt hätten.

Im Übrigen war ich der erste Sozialdemokrat, der Behördenleiter einer Staatsanwaltschaft in Schleswig-Holstein wurde, nachdem Heribert Ostendorf Generalstaatsanwalt geworden war, und bin auch der Einzige geblieben.

Irgendwelche tiefschürfenden Überlegungen zu dem Barschel-Komplex stellte ich damals nicht an; dazu war keine Zeit, und dazu fehlte auch zunächst einmal jeder Anlass. Doch ohne dass ich es merkte, schlich sich das Verfahren allmählich wieder in die Realität hinein. Es begann damit, dass aufgrund von Presseberichten Zweifel aufkamen, ob die führenden SPD-Repräsentanten von den Aktivitäten des Medienreferenten Pfeiffer wirklich so wenig wussten, wie sie damals vorgegeben hatten.

Der »Schubladen-Ausschuss«

Dies führte am 10. März 1993 zur Einsetzung des ersten Untersuchungsausschusses der 13. Wahlperiode des Schleswig-Holsteinischen Landtages. Die Geldzahlungen des damaligen Sozialministers und früheren SPD-Landesvorsitzenden Günther Jansen an Reiner Pfeiffer gaben diesem Ausschuss die Zusatzbezeichnung »Schubladen-Ausschuss«, da Günther Jansen dieses Geld in seiner Schublade gesammelt haben wollte.

Am 23. März 1993 trat Jansen als Minister zurück. Ministerpräsident Björn Engholm, der als Kanzlerkandidat der SPD im Gespräch war, nutzte die Gelegenheit nicht, seine vergleichsweise geringfügige Verfehlung zu offenbaren: Engholm wusste früher von der Affäre, als er bisher zugegeben hatte. Am 3. Mai 1993 trat Engholm von allen politischen Ämtern zurück. Wenn auch die Ursache hierfür im Vergleich zu den Gründen des Rücktritts Uwe Barschels geringfügig war, scheinen beide Ereignisse doch eines gemeinsam zu haben: Sie sind Beispiele für verfehltes Krisenmanagement.

Mit der Zeit gab es Hinweise, die eine völlige Passivität der Staatsanwaltschaft Lübeck aus meiner Sicht nicht mehr zuließen. Schon Ende 1992 verdichteten sich Hinweise, dass bei der Gauck-Behörde Materialien über Reisen von Barschel in die vormalige DDR vorhanden seien. Als ich Staatsanwalt Sela zu mir bat, um mit ihm zu erörtern, wie die nötigen Überprüfungen durchzuführen seien, stellte er mir zunächst die für mich überraschende Frage: »Ja, darf ich das denn überhaupt?«

Es stellte sich heraus, dass Sela von meinem Amtsvorgänger das klare Signal erhalten hatte, die Staatsanwaltschaft Lübeck führe keinerlei Ermittlungen in diesem Zusammenhang mehr durch. Dies habe er sich im Ministerium ausdrücklich so »absegnen« lassen. Ich entgegnete, dass er selbstverständlich die erforderlichen Überprüfungen durchführen könne und müsse, und wurde zugleich ein wenig nachdenklich. Wie war es möglich, dass ich von dem Ermittlungsverbot nichts wusste? War ich doch als Referent im Justizministerium in der fraglichen Zeit für Entscheidungen dieser Art zuständig gewesen.

Andererseits konnte ich mich daran erinnern, dass Leitender Oberstaatsanwalt Böttcher im Justizministerium einmal zu einem Gespräch erschienen war, zu dem der Minister nur Generalstaatsanwalt Heribert Ostendorf, nicht aber mich hinzugezogen hatte. Möglicherweise war bei dieser Gelegenheit die von Staatsanwalt Sela genannte Entscheidung gefallen, der ich sicherlich deutlich widersprochen hätte, wenn ich dabei gewesen wäre.

In dem »Gesamtbericht« der Lübecker Staaatsanwaltschaft von 1998 heißt es dazu:

Eigene Ermittlungen der Staatsanwaltschaft Lübeck zur Aufklärung der Todesumstände von Dr. Uwe Barschel waren von Anfang an nicht Zweck des Todesermittlungsverfahrens. Wenn Zeugenvernehmungen durchgeführt wurden, wie beispielsweise die der Zeugin Folke Junker vom 12.10.1987, dann ausschließlich zu dem Zweck, diese Aussage den Genfer Ermittlungsbehörden für die dortigen Ermittlungen zur Verfügung zu stellen. Diese Position, keine eigenen Ermittlungen durchzuführen, und zwar auch nicht unter dem Gesichtspunkt von Vorermittlungen zur Herbeiführung einer Entscheidung, ob ein Antrag nach § 13a StPO beim Bundesgerichtshof zu stellen sei, wurde auch unter dem Nachfolger des Leitenden Oberstaatsanwalts Kleiner, dem Leitenden Oberstaatsanwalt Böttcher, konsequent beibehalten. Leitender Oberstaatsanwalt Böttcher hat dieses in einem Schreiben vom 18.07.1990 an Rechtsanwalt Dr. Warburg, der die Ehefrau, den Bruder und die Mutter des verstorbenen Dr. Uwe Barschel vertritt, deutlich zum Ausdruck gebracht.

In diesem Schreiben heißt es: »Wunschgemäß erkläre ich Ihnen noch einmal, dass die Staatsanwaltschaft Lübeck bezüglich des Todes von Herrn Dr. Barschel keine eigenen Ermittlungen führt. Todesermittlungen obliegen der Untersuchungsbehörde, die ihren Sitz am Ort des Geschehens hat. Dabei spielt es keine Rolle, ob das im Inland oder im Ausland ist. Die Beachtung dieser Regelung dient auch der Sache, da gleichzeitige Ermittlungen einer ortsfernen Behörde die Arbeit der zuständigen Behörde und damit die Erfolgsaussichten beeinträchtigen könnten. Es kommt der Staatsanwaltschaft Lübeck auch nicht zu, sich als Aufsichtsbehörde für eine Schweizer Untersuchungsstelle zu gerieren.

Das im Oktober 1987 hier registrierte Verfahren 705 Js 33247/87 betr. den Tod Dr. Barschels hatte den Zweck, im Wege der Rechtshilfe von der Schweizer Untersuchungsbehörde Auskunft über die Todesermittlungsergebnisse erbitten zu können. Eigene Todesermittlungen waren nicht beabsichtigt. Man hätte auf die gesonderte Registrierung als Todesermittlungssache auch verzichten können. Soweit Sie andeuten, die Staatsanwaltschaft Lübeck erfülle mit dem Unterlassen eigener Todesermittlungen eine Weisung, unterliegen Sie einem Irrtum. Eine Weisung irgendwelcher Art gibt es in dieser Sache nicht. Allerdings geschieht die hiesige Verfahrensweise im Einvernehmen mit dem Generalstaatsanwalt und dem Justizminister.«

So weit der »Gesamtbericht«. Wie war die Staatsanwaltschaft Lübeck überhaupt dazu gekommen, in diesem Komplex Ermittlungen durchzuführen? Sie hatte ja auch zunächst gegen Reiner Pfeiffer ermittelt, obwohl nicht sie, sondern die Staatsanwaltschaft Kiel in erster Linie zuständig war.

Das Ermittlungsverfahren gegen Reiner Pfeiffer bei der Staatsanwaltschaft Lübeck begann am 13. September 1987, dem Wahltag, an dem die *Spiegel*-Veröffentlichung des nächsten Tages bekannt wurde. Nachdem die ersten Meldungen am Sonnabend über das Radio gegangen waren, hatte sich vermutlich Leitender Oberstaatsanwalt Oswald Kleiner dazu entschieden, das Verfahren gewissermaßen durch einen ersten Zugriff an sich zu ziehen.

Zudem war bei der Staatsanwaltschaft Lübeck noch eine Strafanzeige des Oppositionsführers Björn Engholm vom 7. September 1987 anhängig, die die Tatsachen des *Spiegel*-Artikels vom selben Tage unter dem Gesichtspunkt der falschen Verdächtigung und Verletzung des Steuergeheimnisses zum Inhalt hatte und sich gegen Unbekannt richtete. Kleiner hatte den Journalisten Peter Martell gebeten, ihm ein Vorabdruckexemplar des *Spiegel* zu verschaffen. Dieses erhielt er am Vormittag des 13. September in seiner Privatwohnung. Anschließend erreichte ihn ein Anruf des Generalsekretärs der CDU, Rolf Rüdiger Reichardt, mit der Frage, ob eine Strafanzeige, die Ministerpräsident Dr. Barschel erstatten wolle, auch ihm sogleich vorgelegt werde.

Dies bejahte Kleiner; die Anzeige ging telegrafisch bei der Staatsanwaltschaft Lübeck ein und lag dem Behördenleiter gegen 12 Uhr vor. Mit Generalstaatsanwalt Teschke wurde telefonisch Einvernehmen hergestellt, dass die Staatsanwaltschaft Lübeck wegen der bereits vorliegenden Anzeige von Björn Engholm das Verfahren führen solle.

Ob der zuständige Staatsanwalt Sela bereits zu diesem Zeitpunkt von Oswald Kleiner mobilisiert war oder ob dies erst im Anschluss geschah, mag offenbleiben. Zur damaligen Zeit gab es noch keine mobilen Telefone, und die Kommunikation war daher schwerer herzustellen. Im Bereitschaftsfall hatte der jeweilige Staatsanwalt einen »Europieper«, auf dem ihn eben nur ein Piepsignal erreichte, was bedeutete, dass er das nächste Telefon aufzusuchen und von sich aus die Verbindung herzustellen habe.

In einem Interview mit dem RTL-Journalisten Michael Legband beschreibt Staatsanwalt Sönke Sela Anfang 1995 die Situation wie folgt: »Ich befand mich damals auf meiner kleinen Segeljacht und kreuzte durch die Lübecker Bucht, da erreichte mich ein Ton über den Europieper, der bedeutete, dass ich mich sofort mit dem Leitenden Oberstaatsanwalt in Lübeck in Verbindung setzen sollte. Dann habe ich die Segel heruntergenommen und bin mit dem Motor an Land, dort habe ich telefonisch erfahren, dass ich nach Lübeck kommen sollte. Dort nahm ich dann einen Vorabdruck der *Spiegel*-Ausgabe in Empfang, und das war also damals der Beginn der ganzen Ermittlungstätigkeit der sogenannten ›Barschel-Pfeiffer-Affäre‹.«

Der Behördenleiter bildete dann eine Ermittlungsgruppe innerhalb der Staatsanwaltschaft, die neben Staatsanwalt Sela aus einer Oberstaatsanwältin und vier weiteren Staatsanwälten bestand; sie stand unter unmittelbarer persönlicher Leitung des Behördenleiters. Über die umfangreichen folgenden Ermittlungen erfolgte eine enge telefonische Abstimmung mit dem Generalstaatsanwalt, wohingegen die Unterrichtung des Ministeriums erst nach entsprechendem Auftrag am 17. September erfolgte; ein ausführlicher Bericht wurde erst am 6. Oktober erstattet.

Ein Anfangsverdacht gegen Uwe Barschel wurde bis zu diesem Zeitpunkt nicht angenommen. Erst am Folgetag, nachdem der Eingang einer Durchschrift der anonymen Steueranzeige im Vorzimmer Uwe Barschels festgestellt worden war, kam die Staatsanwaltschaft zu einem Anfangsverdacht und beantragte umgehend die Aufhebung von Barschels Immunität beim Schleswig-Holsteinischen Landtag.

Die Ermittlungen wurden nach dem Tode Uwe Barschels fortgeführt. Die rechtliche Grundlage blieb allerdings recht schmal: Für ein eigenes Todesermittlungsverfahren war an sich kein Raum, da der Verstorbene den Tod im Ausland erlitten hatte. Die Einleitung und Durchführung waren in Anbetracht der wenig strengen rechtlichen Voraussetzungen zwar möglich, aber unüblich und nur aus dem engen Zusammenhang mit dem Rechtshilfevorgang verständlich und gerechtfertigt. Dieser wiederum ging deutlich über das hinaus, was üblicherweise Rechtshilfevorgänge prägt. Voraussetzung ist in aller Regel ein Rechtshilfeersuchen unter detaillierter Angabe dessen, was die auswärtige Justizbehörde an Rechtshilfe erbittet. Hier wurde der Rechtshilfevorgang in Verbindung mit dem Todesermittlungsverfahren zum Anlass genommen, in großem Umfang Ermittlungen durchzuführen, ohne dass diese konkret von der ersuchenden Schweizer Ermittlungsbehörde beantragt worden wären. Es handelte sich also gewissermaßen um Rechtshilfe in »Geschäftsführung ohne Auftrag« in der Annahme, dass diese Handlungen in der Schweiz als sachgerecht angesehen würden.

In der Sache war dieses Vorgehen sicherlich gerechtfertigt. Der Genfer Generalstaatsanwalt Bernard Bertossa, der zum Zeitpunkt des Todes von Uwe Barschel noch nicht zuständiger Generalstaatsanwalt war, kritisierte jedenfalls später die deutschen Behörden, weil sie nicht mehr Aktivität entfaltet hätten. Im *Stern* äußerte er sich im April 1992 wie folgt:

> Warum machen die Deutschen ihre Arbeit nicht? […] Die Barschel-Affäre ist eine deutsche Affäre und keine Schweizer Affäre. Herr Barschel ist, sagen wir zufällig, in Genf gestorben. Die Genfer Polizei kann nur ihr Möglichstes tun, die genauen Umstände, unter denen Herr Barschel gestorben ist, zu klären. Aber alle grundlegenden Umstände im Zusammenhang mit einem eventuellen Verbrechen oder Selbstmord sind natürlich in Deutschland zu suchen. Die Antwort liegt in Deutschland. Ich hätte von den deutschen Behörden etwas mehr Dynamik bei der Suche nach den eventuellen Motiven erwartet. […] Ich stelle fest, dass die Zeit vergeht und man immer weniger Chancen hat, [die] Wahrheit herauszufinden.

Die Gauck-Behörde und die Akte »Rostock AP 3274/90«

Der Kontakt zur Gauck-Behörde kam schwerfällig und schleppend zustande, bis schließlich Staatsanwalt Sela zur Gauck-Behörde nach Berlin fahren konnte.

Am 23. Juni 1993 wurden von Sela in Berlin bei der Gauck-Behörde die ihm dort zur Verfügung gestellten Unterlagen gesichtet. Es handelte sich um zwei Aktenbände, betitelt »Rostock AP 3274/90«. Von Staatsanwalt Sela wurde in einem ersten Auswertungsvermerk vom gleichen Tage »das Erforderliche aktenkundig gemacht«. Aus Selas Vermerk geht hervor, »dass für die Zeit […] ab Ende 1985 keine weiteren Materialien in diesen beiden Aktenbänden vorhanden sind«. Daran knüpfte sich die Erwartung, dass zu gegebener Zeit bei weiterer Auswertung der Unterlagen durch die Gauck-Behörde von dort mit Sicherheit weitere Informationen zu erwarten waren.

Die zum Teil mysteriöse Reisetätigkeit Uwe Barschels in die DDR war zu dieser Zeit bereits Gegenstand von Presseberichten gewesen, mithilfe des Fahrers von Uwe Barschel hatten Journalisten den Zielort Kavelsdorf rekonstruiert. Zeugenvernehmungen im Anschluss an diese Erkenntnisse wurden geplant und noch 1993 durchgeführt.

Aus dem Untersuchungsausschuss wurden ebenfalls Informationen in der Presse veröffentlicht, die an sich vertraulich waren und erneut Anlass für Spekulationen boten. So heißt es in den *Lübecker Nachrichten* vom 10. September 1993:

Der Ausschuss hat inzwischen streng vertrauliche Akten der Bonner Sicherheitsbehörden zugeleitet bekommen. In diesem Material befindet sich ein Hinweis des Bundesnachrichtendienstes (BND). Danach soll es am 9. Oktober 1987 in Genf zu einem Treffen Uwe Barschels mit einem Khomeini-Sohn gekommen sein, an dem noch drei bis vier weitere Personen teilgenommen hätten. Quelle des BND ist ein Verbindungsmann, der sich wiederum auf einen Leibwächter aus dem Khomeini-Clan stützt. Dieser Leibwächter habe berichtet, Barschel habe sich in der Runde mit irgendeiner Sache nicht einverstanden erklärt. Daraufhin sei erklärt worden, er müsse ausgeschaltet werden. Möglicherweise sei aber auch von ausgeschlossen geredet worden. Der Bonner BND hatte offenbar Zweifel an der Seriosität der Information. Er stufte sie als nicht gerichtsverwertbar ein.

In der *Welt* vom selben Tag heißt es:

Zu Barschels Kontaktpersonen soll auch der mutmaßliche Waffenhändler Messerer gehört haben. Auf eine etwaige Verbindung Barschels zu Messerer sei die Polizei bei einer (nicht näher datierten) Hausdurchsuchung in der Starnberger Wohnung des Waffenhändlers Messerer gestoßen: Sie fand einen Terminkalender mit Angaben über ein Treffen mit Uwe Barschel im Zeitraum vom 8./10. Oktober 1987 in Genf. Dort war Barschel am 11. Oktober in der Badewanne seines Zimmers im Luxushotel »Beau Rivage« tot aufgefunden worden.

In den *Kieler Nachrichten* wird berichtet, dass Messerers Terminkalender »unter dem Datum 10. Oktober die beiden Worte ›Barschel Ende‹ enthält«.

Am 23. September 1993 suchte mich der Journalist Klaus Wiendl vom Magazin *Report München* zu einem Gespräch auf. Er stellte ganz unverblümt die Frage, ob es denn wohl eine Verschwörung offizieller Dienststellen in Bund und Land und vielleicht auch im Ausland gebe, die eine Aufklärung des Falles Barschel verhindern wolle. Nachdem ich ihn darauf hingewiesen hatte, dass diese Frage eine abenteuerliche Unterstellung enthalte, sagte ich weiter: »Wenn es denn eine solche Verschwörung geben sollte, ist mir jedenfalls davon nichts bekannt, und jedenfalls bin ich dann auch kein Teil von ihr.«

Die weiteren Überprüfungen erfolgten vergleichsweise unaufgeregt und wenig spektakulär. *Der Spiegel* wusste Anfang 1994 zu berichten, dass innerhalb der CDU Überlegungen bestanden, sich der »Barschel-Affäre« für den Wahlkampf zu bedienen. Wolfgang Schäuble, damals CDU-Fraktionsvorsitzender, kritisierte die schleswig-holsteinische Justiz in diesem Zusammenhang. Im September 1994 wurde dann das Buch von Victor Ostrovsky *Geheimakte Mossad* veröffentlicht, das den israelischen Geheimdienst als verantwortlich für den Mord an Uwe Barschel schildert.

Wirklich Neues gab es erst durch ein Gutachten des Schweizer Rechtsmediziners Professor Dr. Hans Brandenberger. Das Gutachten, das der Genfer Untersuchungsrichterin bereits Ende Mai 1994 erstattet worden war, ging Ende September 1994 mit anderen Unterlagen bei der Staatsanwaltschaft Lübeck ein und untermauerte die bereits früher von Professor Brandenberger vertretene These, dass »das tödliche Schlafmittel Cyclobarbital wahrscheinlich später zur Anwendung gelangt sei als die anderen drei Schlaf- und Beruhigungsmittel« und dass es daher »sehr unwahrscheinlich« sei, dass Dr. Barschel bei der Zufuhr von Cyclobarbital noch handlungsfähig gewesen sei, mit anderen Worten, dass er dieses Mittel nicht mehr aus eigener Kraft hätte einnehmen können.

Dies trug ich am 29. September 1994 gemeinsam mit Staatsanwalt Sela am Rande einer Tagung in der Evangelischen Akademie in Bad Segeberg Generalstaatsanwalt Heribert Ostendorf, seinem Stellvertreter Henning Lorenzen und einem weiteren Oberstaatsanwalt vor. Der Generalstaatsanwalt drängte sogleich mit Nachdruck darauf, nunmehr den Anfangsverdacht eines Tötungsdeliktes anzunehmen und ein förmliches Ermittlungsverfahren einzuleiten, dem ich nachdrücklich widersprach. Das Gutachten eines Schweizer Sachverständigen, der unserer Staatsanwaltschaft keinerlei Rechenschaft schuldig ist, sei hierfür nicht ausreichend, es bedürfe noch einer Plausibilitätsprüfung durch einen Sachverständigen, der von der Staatsanwaltschaft Lübeck benannt werden müsste. Damit sollte ein renommierter Toxikologe von einer größeren rechtsmedizinischen Einrichtung beauftragt werden, die noch nicht mit der Angelegenheit befasst gewesen war.

Die Wahl fiel auf Professor Dr. Ludwig von Meyer aus München. In einer vorläufigen Überprüfung kam von Meyer zu dem Ergebnis, dass die Schlussfolgerungen von Brandenberger zwar möglich wären, dass es für sie aber »keine sicheren Hinweise« gebe. Der Anfangsverdacht einer strafbaren Handlung wurde von uns also noch nicht bejaht.

Dieses Ergebnis teilte ich am 5. Oktober der Presse mit. Das lebhafte Medienecho führte zu vielfachen neuen Spekulationen, die sich später überwiegend als unsinnig erwiesen. Der Koordinator der Geheimdienste im Bundeskanzleramt, Staatsminister Bernd Schmidbauer, schlug in der Presse vor: »Es könnte sinnvoll sein, dass sich alle zuständigen Experten an einen Tisch setzen und dass dort alles noch einmal diskutiert, abgewogen und allen offenen Fragen noch einmal nachgegangen wird.« Eine Anregung, der ich durch die Einladung zu einem »Runden Tisch« im Januar 1995 nachgekommen bin.

Auch der Bundesnachrichtendienst wurde aktiv. Er bombardierte die Staatsanwaltschaft Lübeck noch im November 1994 mit einer Reihe von Schreiben, die teilweise in der Presse angekündigt wurden, bevor sie die Staatsanwaltschaft erreichten. Besonders ein Schreiben vom 15. November 1994 enthielt Anhaltspunkte, dass Dienststellen des ehemaligen Ministeriums für Staatssicherheit der DDR am Tode von Uwe Barschel beteiligt gewesen sein könnten. Dies erinnerte mich an einen Artikel des *Spiegel* Anfang 1994, in dem es hieß: »Schäuble behauptet, er schließe Mord nicht mehr aus: ›Die Stasi weiß mehr.‹ Auch Schmidbauer setzt auf Wahlhilfe der Stasi. Die für elektronische Aufklärung zuständige Hauptabteilung III des Ostberliner Ministeriums für Staatssicherheit (MfS) habe mit Sicherheit in jenen Jahren aufschlussreiche Telefongespräche in Schleswig-Holstein mitgeschnitten [...]. Schmidbauer spekuliert darauf, dass rechtzeitig vor der Wahl eine der ehemaligen DDR-Größen auspacken und Neues über die Verwicklung des MfS in die Barschel-Affäre, vielleicht gar über eine Beteiligung der Stasi am Tode Barschels berichten kann.«

Kein einzelner der in dieser Zeit bekannt gewordenen Gesichtspunkte führte dazu, dass Staatsanwalt Sela und ich schließlich doch den Anfangsverdacht eines Kapitalverbrechens bejahten. Es war vielmehr die Gesamtheit aller Verdachtsmomente, die uns zu diesem Schluss brachten.

Unser Verdacht musste schriftlich begründet und als Antrag dem Bundesgerichtshof zugeleitet werden, damit dieser entscheiden konnte, ob wir für das Verfahren zuständig sein sollten.

Formal musste der Bundesgerichtshof eine Entscheidung über das zuständige Landgericht und über das zuständige Amtsgericht herbeiführen, was dann automatisch die Zuständigkeit der örtlichen Staatsanwaltschaft zur Folge haben würde. Der Vorgang lief reibungslos: Staatsanwalt Sela verfasste eine exzellente schriftliche Begründung und brachte sie persönlich zum Generalstaatsanwalt nach Schleswig und zum Generalbundesanwalt nach Karlsruhe. Beide schlossen sich jeweils der Bewertung der Staatsanwaltschaft Lübeck an, die in dem Gesamtbericht dokumentiert wird. Der Generalbundesanwalt stellte den erforderlichen förmlichen Antrag am 19. Dezember 1994, woraufhin der Bundesgerichtshof mit Beschluss von 22. Dezember 1994 die formelle Zuständigkeit der Staatsanwaltschaft Lübeck begründete.

Nachdem die Staatsanwaltschaft Lübeck nun die Zuständigkeit für das Ermittlungsverfahren wegen Verdachts des Mordes an Uwe Barschel hatte, galt es, die verschiedenen Handlungsstränge zu bündeln und voranzutreiben.

Eine wichtige Sache war das Verhältnis zur Familie Barschel und zu Rechtsanwalt Dr. Justus Warburg, der sie engagiert vertrat und allmählich erkannte, dass wir es ernst meinten. Zu klären war die Rolle des Bruders von Uwe Barschel, Eike Barschel. Zu nutzen waren die Erkenntnisse, die dieser bei eigenen Nachforschungen mithilfe eines Privatdetektivs gewonnen hatte. Anzuerkennen war das beharrliche Engagement in der Angelegenheit, das letztlich zu dem Gutachten von Professor Brandenberger geführt hatte. Die Klärung der Todesumstände setzte eine umfassende Bewertung aller rechtsmedizinischen Erkenntnisse voraus, die damals schon von mir angestrebt war und später dann in einem weiteren »Runden Tisch der Toxikologen« abgearbeitet wurde.

Die Mitwirkung der Familie Barschel war auch erforderlich, um alle Erkenntnisse nutzen zu können, die im Zusammenhang mit der Nachobduktion angefallen waren, die die Familie Barschel in der Hamburger Rechtsmedizin veranlasst hatte. Insbesondere mussten die Rechtsmediziner von der Verschwiegenheitspflicht entbunden werden.

Hiermit hatten Uwe Barschels Angehörige und ihr Anwalt Probleme, weil der Direktor des Hamburger Instituts für Rechtsmedizin, Professor Dr. Klaus Püschel, sich öffentlich zu dem Obduktionsergebnis geäußert hatte. Das Gutachten, das unter dem früheren Direktor Professor Dr. Werner Janssen am 4. Dezember 1987 fertiggestellt worden war, hatte keine Aussagen gemacht, dass es sich etwa um Selbstmord gehandelt habe. Nun aber war der damalige Oberarzt und jetzige neue Chef der Hamburger Rechtsmedizin Püschel vorgeprescht und hatte gegenüber dem *Hamburger Abendblatt* im März 1994 geäußert, dass Uwe Barschel »zweifelsfrei Selbstmord begangen« habe. *Der Spiegel*, dessen Autoren leidenschaftliche Anhänger der Selbstmordthese waren, schrieb dazu: »Nun wurde es dem Mediziner Püschel zu bunt. Der Arzt […] stellte am vorletzten Wochenende im *Hamburger Abendblatt* klar, dass das Ergebnis der Leichenschau eindeutig war: Barschel habe sich ›selbst mit Medikamenten getötet‹, daran gebe es ›nicht den geringsten Zweifel‹. Püschel: ›Der Fall Barschel steht für einen klassischen Suizid.‹«

Es bleibt das Geheimnis des Rechtsmediziners, was ihn zu diesem Zeitpunkt zu dieser Äußerung gebracht hat. Wissenschaftliche Distanz und Objektivität waren es sicherlich nicht. Zu bedenken ist auch, dass die entscheidenden Aussagen bei einer Tötung durch chemische Wirkstoffe von dem Toxikologen zu kommen haben und nicht von dem medizinischen Mitobduzenten, der der jetzige Chef der Rechtsmedizin damals gewesen war. Die Äußerungen des Hamburger Toxikologen Professor Dr. Achim Schmoldt, der sich später in die fachliche Diskussion bei der Staatsanwaltschaft Lübeck eingebracht hat, waren jedenfalls deutlich zurückhaltender, sachlicher und objektiver, was zur Ehrenrettung der Hamburger Rechtsmedizin festgehalten werden mag.

Püschels Verhalten führte indes dazu, dass auf absehbare Zeit eine Entbindung von der Verschwiegenheitspflicht für eine rechtsmedizinische Diskussion bei der Staatsanwaltschaft Lübeck von der Familie Barschel nicht erteilt wurde.

Auch fühlte sich Rechtsanwalt Warburg zurückgesetzt durch die Staatsanwaltschaft Lübeck, weil er zu dem »Runden Tisch«, der auf Anregung von Staatsminister Schmidbauer durchgeführt werden sollte, nicht eingeladen war. Geplant war von uns eine gemeinsame Dienstbesprechung mit den beteiligten öffentlichen Stellen, nämlich dem Bundesnachrichtendienst, dem Bundesamt für Verfassungsschutz, dem Bundeskriminalamt und der Gauck-Behörde. Das schloss die Anwesenheit von externen Rechtsanwälten aus.

Zu bedenken war weiter die polizeiliche Seite. Die Komplexität des Verfahrens, die Schwierigkeit jeglicher Ermittlungen mehr als sieben Jahre nach dem Todesfall und die sich abzeichnende diffuse Spurenlage sowie das große Fragezeichen, wer denn ein Mordmotiv gehabt haben könnte, machten deutlich, dass kompetente und engagierte kriminalistische Tätigkeit erforderlich sein würde. Zu dem Polizeichef Winfred Tabarelli, seit dem 1. April 1994 Leiter der Polizeidirektion Schleswig-Holstein Süd, bestand ein guter Kontakt. Schon vor der Polizeireform, die die organisatorische Zusammenlegung von Kriminal- und Schutzpolizei zum Inhalt hatte, war er Kripochef der Region gewesen.

Bereits vor unserer förmlichen Zuständigkeit gründete er am 1. Dezember 1994 eine Sonderkommission zu unserer Unterstützung mit kleiner, aber äußerst kompetenter und fähiger Besetzung. Leiterin war eine erfahrene Hauptkommissarin, die sich als Chefin des Staatsschutzes verdient gemacht hatte. Dabei waren weiter ein erfahrener Wirtschaftskriminalist, auf dessen besondere Fähigkeiten bei der Motivsuche zurückgegriffen werden konnte, sowie ein engagierter und erfahrener Kriminalbeamter. Das Landeskriminalamt wollte nicht nachstehen und verstärkte die Sonderkommission mit drei besonders befähigten Beamten, unter ihnen ebenfalls ein Staatsschutzexperte, der die Vernehmung der vielen Mitarbeiter des Stasi-Bereiches übernahm. Im Folgejahr stießen noch zwei Beamte der Zollfahndung hinzu, die mit Fragen des grenzüberschreitenden Warenverkehrs bestens vertraut waren.

Diese Sonderkommission, die später zur Ermittlungsgruppe »EG Genf« unter alleiniger fachlicher Verantwortung der Staatsanwaltschaft wurde, nahm ihre Arbeit unverzüglich auf. Sie war in den Folgejahren der Garant für eine anspruchsvolle und effektive kriminalistische Arbeit. Ihr ist es sicherlich nicht anzulasten, wenn am Ende des Verfahrens kein Täter überführt werden konnte.

Die Spuren in die DDR und in die ČSSR

Von besonderer Bedeutung waren auch die Kontakte zu Journalisten, die teilweise bereits umfangreiche Rechercheergebnisse angesammelt hatten. Der *Stern* hatte bereits im Heft 7 des Jahres 1993 einen ausführlichen Artikel der Autoren Rudolf Lambrecht, Leo Müller und Peter Sandmeyer veröffentlicht: »Die Mörder vom Dienst«, in dem ein ungenannt gebliebener Rechtsmediziner aus der DDR die Methoden schilderte, die die Stasi zur Tötung mit Gift entwickelt hatte. Speziell zu den toxikologischen Problemen des Barschel-Todes hatte dieser auch ein internes Exposé gefertigt, das uns zur Verfügung gestellt wurde.

Zu nennen ist in dieser ersten Phase der Ermittlung vor allem die Journalistin Christina Wilkening, die als freie Mitarbeiterin für den Westdeutschen Rundfunk arbeitete und aus ihrer Vergangenheit gute interne DDR-Kenntnisse hatte. Sie machte bereits im Dezember 1994 zunächst vertraulich eingestufte Angaben, die später als förmliche Zeugenvernehmungen von ihr freigegeben wurden. An der Zuverlässigkeit der Angaben dieser Journalistin bestanden zunächst keine Zweifel. Für mich war maßgeblich, dass die Vernehmungen und Befragungen ganz überwiegend von der erfahrenen und kompetenten Leiterin der Ermittlungsgruppe durchgeführt wurden, die Zweifel an der Glaubwürdigkeit sicherlich festgehalten hätte. Hinzu kam, dass die Zeugin auch durch ihre freie Mitarbeit beim öffentlich-rechtlichen Fernsehen einen gewissen Bonus mitbrachte. Auch die Offenheit, in der sie einige Dinge ansprach, und ihre offensichtliche Kenntnis der Verhältnisse in der ehemaligen DDR beeindruckten. Schließlich schien sie auch Informationsquellen zu haben, über die andere nicht verfügten. Bereits im Dezember verblüffte sie uns mit Unterlagen der Gauck-Behörde, die uns von dort noch nicht zugeleitet worden waren.

Im »Gesamtbericht« ist dazu Folgendes festgehalten worden:

Am 15.12.1994 wurde im Auftrage der Staatsanwaltschaft Lübeck eine Person zeugenschaftlich vernommen, der durch den Behördenleiter der Staatsanwaltschaft Lübeck, Herrn Leitenden Oberstaatsanwalt Wille, Vertraulichkeit zugesichert worden war. Die Zusage der Vertraulichkeit wurde im Einverständnis mit der betreffenden Person am 06.04.1995 aufgehoben. Bei der Person handelt es sich um die Journalistin Christina Wilkening [...].

In ihrer ersten vertraulichen Vernehmung hatte Frau Wilkening erklärt, dass sie sich beruflich u. a. mit Embargogeschäften befasse, die zwischen der damaligen DDR und der Bundesrepublik Deutschland getätigt worden sind. Frau Wilkening hatte im Auftrage des WDR einen Film über den damaligen Leiter der HA [Hauptabteilung] XVIII/8, Artur Wenzel, gedreht.

Bei ihren Recherchen will Frau Wilkening auf den Todesfall von Dr. Uwe Barschel und geschäftliche Beziehungen von Dr. Uwe Barschel in die damalige DDR gestoßen sein. In der vertraulichen Vernehmung vom 15.12.1994 erklärt Frau Wilkening auf Seite 1: »Mir ist bekannt, dass die Unterlagen von der HA XVIII/8 dem BND vorliegen. Aus diesen Unterlagen geht hervor, welche Personen und Firmen u. a. Embargogeschäfte mit der DDR abgewickelt haben. Aus den Unterlagen, die der BND besitzt, müsste u. a. auch hervorgehen, dass die Firma Wild-Leitz Vertrieb Deutschland GmbH in Frankfurt/Main (ehemaliges Vorstandsmitglied u. a. auch Dr. Eike Barschel) und die Firma Telemit Elektronik GmbH in München geschäftliche Kontakte zu der AHB IMES Import/Export GmbH unterhielten. Beide Firmen sollen sich mit der Herstellung u. a. optischer Elektronik für militärische Zwecke beschäftigt und dabei eng zusammengearbeitet haben. Geschäftspartner beider Firmen war in der DDR das Kombinat VEB Carl Zeiss Jena AHB bzw. Jena Optik GmbH.«

Auf Seite 2 der Vernehmung führt Frau Wilkening aus: »Eine weitere US-amerikanische Firma namens DEC, Digital Equipment Company, soll zusammen mit der Firma Telemit sog. Hochleistungsrechner Typ VAX 8600 für den Militäreinsatz an die NVA nach Ludwigsfelde geliefert haben.« Sie führt weiter aus, dass Dr. Eike Barschel vor seiner Tätigkeit bei der Firma Wild-Leitz für die Firma DEC gearbeitet haben soll.

Ebenfalls auf Seite 2 erklärt Frau Wilkening: »Die Firma Wild-Leitz war von den USA mit Metallaufträgen im SDI-Programm beauftragt worden. Unter anderem hatte die Firma den Auftrag,

- Parabolspiegel,
- Schichtenentwickler,
- CO_2,
- Laserwaffen,
- Röntgengläser

herzustellen.«

Frau Wilkening behauptet, dass derartige Geschäfte mit der Firma Wild-Leitz angeblich über einen sog. »Warnemünder Kreis« abgewickelt wurden. [...]

Weiter führte sie bereits am 15.12.1994 aus: »Mir ist bekannt, dass Dr. Uwe Barschel u. a. in der Zeit vom 24.04.1984 bis 26.04.1984 zu Besuch in Jena war. Er soll bei seinem Cousin Bernd Barschel in Jena übernachtet haben. So wie ich aus MfS-Kreisen gehört habe, führte Dr. Uwe Barschel den Decknamen ›Hecht‹. Angeblich wollte er seinen Stammbaum vervollständigen.

In Wirklichkeit hat er sich aber laut Angaben von MfS-Mitarbeitern mit dem Sektionsleiter für Laserphysik Dr. Schubert getroffen. Dr. Uwe Barschel wurde von Dr. Schubert direkt empfangen. Dafür soll es auch Zeugen geben. Zum damaligen Zeitpunkt war Dr. Schubert im Rahmen des SDI-Programmes mit der Erforschung der CO_2-Laser beauftragt.«

Auf Seite 3 erklärt Frau Wilkening: »Wie ich aus MfS-Kreisen gehört habe, wurde Dr. Uwe Barschel als Kurier für seinen Bruder Dr. Eike Barschel eingesetzt.«

Auf Seite 3 und Seite 4 ihrer Vernehmung erzählt Frau Wilkening, dass sich Dr. Uwe Barschel mehrfach im Hotel »Neptun« in Warnemünde aufgehalten haben soll.

Auf Seite 3 erklärt sie dazu: »Dr. Uwe Barschel soll sich im Hotel ›Neptun‹ u. a. mit Manfred Seidel getroffen haben. Die Geschäfte soll Dr. Uwe Barschel jedoch mit Peter Feuchtenberger abgewickelt haben. Peter Feuchtenberger war ein Geschäftspartner von Manfred Seidel.«

Auf Seite 4 erzählt sie: »Außerdem habe ich von MfS-Leuten gehört, dass sich Dr. Uwe Barschel im Hotel ›Neptun‹ mit seinen guten Beziehungen zu verschiedenen Geheimdiensten gebrüstet haben soll. Da im Hotel ›Neptun‹ meistens auch Geheimdienste logierten, sollen diese Bemerkungen von Dr. Uwe Barschel unangenehm aufgefallen sein.«

So weit der »Gesamtbericht«. Darüber hinaus wusste Frau Wilkening auch über die Reise Uwe Barschels in die Tschechoslowakei Angaben zu machen, die er mit seinem Freund, dem Berliner Bauunternehmer Rolf

Lechner, vom 22. Februar bis 5. März 1987 unternommen hatte. Die beiden wollten dort eine Kur machen. Rolf Lechner war auch Eigentümer des Bungalows in Bahia Feliz auf Gran Canaria, in dem Uwe Barschel seinen letzten Urlaub verbracht hatte. Dazu heißt es in dem »Gesamtbericht«:

»Im Dezember 1994 machte dann die Journalistin Christina Wilkening, zu der die Staatsanwaltschaft Lübeck über die EG Genf kurz zuvor in Kontakt getreten war, Angaben dahin gehend, Dr. Uwe Barschel hätte während der Zeit seiner Kur in dem Ort Piestany in dem nur etwa 30 Minuten entfernten Ort Slousovice Gespräche über Waffenlieferungen geführt bzw. auch Geschäfte über Waffen abgeschlossen. So erklärte die Zeugin Wilkening in ihrer Vernehmung vom 15.12.1994 u. a., dass der Kurort Piestany insofern interessant sei, da er nur etwa 30 Minuten entfernt vom Ort Slousovice gelegen sei, in dem es ein Jagdschloss gäbe, welches militärisch abgesichert sei. Dieser Ort Slousovice sei auf keiner Karte eingezeichnet. In dem Jagdschloss fänden die Treffen der internationalen Waffenhändler statt. Als Lechner und Dr. Barschel in der ČSSR kurten, sollen sie auch das Jagdschloss besucht haben. Außerdem sei ihr erzählt worden, dass auch Dr. Eike Barschel des Öfteren im Jagdschloss gewesen sein soll.

In einer weiteren zeugenschaftlichen Vernehmung vom 05.01.1995 erklärte die Journalistin Wilkening: »Uwe Barschel hatte in dieser Zeit vor allem mit konventionellen Waffengeschäften abgeschlossen. Er war dabei nicht wählerisch in der Wahl seiner Partner [...]. Die konventionellen Waffengeschäfte aber liefen nicht allein im ›Warnemünder Kreis‹ ab, sondern der zentrale Punkt für diese Geschäfte war die ehemalige ČSSR. Dabei traf man sich in dem Ort Piestany zur Kur und fuhr dann zum Abschluss der Geschäfte und zur Besichtigung von Waffenmustern in einen 40 km davon entfernten Ort.«

Kontakte zum BND und zur Staatsanwaltschaft Genf

Das Medienecho auf die Aufnahme der Mordermittlungen war überwältigend. Regionale und überregionale Tageszeitungen, insbesondere auch die Nachrichtenmagazine und natürlich die Rundfunksender waren voll von Berichten. Informationen aus dem Umfeld der Nachrichtendienste schienen – wie erwähnt – an Medien durchgesickert zu sein. Entsprechende Hinweise gab es etwa in der *Bild*-Zeitung, im Magazin *Focus* und der *Frankfurter Rundschau*. In Fernsehsendungen – insbesondere *Spiegel TV* und *Report München* – wurden in Faksimile VS-vertrauliche Schreiben des Bundesnachrichtendienstes an die Staatsanwaltschaft Lübeck gezeigt.

Meine kritischen Kommentare zu dem Ganzen liefen über den NDR, über RTL und andere Sender. Insgesamt äußerte ich die Kritik, »dass die Nachrichtendienste ihre Informationen nur scheibchenweise nach Salamitaktik übermitteln«. Die Mischung aus Indiskretionen und Übersendung vielfältigen, kaum gesichteten und nicht bewerteten Informationsmaterials sowie die schwerfälligen Kommunikationswege boten Grund, mit der Zusammenarbeit unzufrieden zu sein.

In meiner kritischen Einschätzung sowie in meinen offensiven öffentlichen Äußerungen fühlte ich mich durch den Minister Klaus Klingner unterstützt. Klingner äußerte sich in einem Rundfunkinterview auch kritisch über das Verhalten der Nachrichtendienste:

Frage: »Muss man denn angesichts dieser möglichen neuen Erkenntnisse sagen, dass es eine ja höchst reduzierte Bereitschaft zur Zusammenarbeit vonseiten der Dienste oder sagen wir genauer politisch des Bundeskanzleramts mit der Landesregierung in Kiel [...] bzw. auch der Lübecker Staatsanwaltschaft gegeben hat?«

Klingner: »Dieser Schluss liegt nahe. Denn die Dienste haben sich bis in die jüngste Vergangenheit außerordentlich zurückhaltend gezeigt. Das erste Mal ist 1992 durch eine mündliche Mitteilung etwas aus dem Bereich der Dienste an die Staatsanwaltschaft gelangt. Und wenn ich mich daran zurückerinnere, welcher Mühe es bedurfte, diese mündliche Information den Schweizer Behörden zugänglich zu machen, dann muss man eigentlich als Außenstehender den Kopf schütteln. Seinerzeit weigerte sich zunächst der Dienst, diese Erkenntnisse nun in das Verfahren hineinzugeben, und es bedurfte erst eines förmlichen Antrages auf dem großen Dienstweg von Lübeck über Generalstaatsanwalt/Justizministerium nach Bonn, damit diese Information freigegeben wird. Es musste auch noch nachgefasst werden, und dann ist diese Information nicht etwa zu den Akten gegeben worden, sondern das Bundeskanzleramt teilte dann mit, der Bundesnachrichtendienst habe diese Informationen seinem befreundeten Schweizer Dienst überstellt.«

Zum einen war dieses offensive Auftreten in den Medien natürlich darauf angelegt, den Koordinator der Nachrichtendienste im Bundeskanzleramt und die Dienste selbst unter einen gewissen Druck zu setzen, mit uns zusammenzuarbeiten. Die Konfrontation, so meine idealistische Hoffnung, sollte der Kooperation weichen.

Zum Zweiten war für mich besonders wichtig, dass ein klarer Einklang und Schulterschluss mit dem Minister bestand, mit anderen Worten: dass er in diesem zentralen Punkt das Ermittlungsverfahren voll und ganz unterstützte.

Wir waren damals der Überzeugung, dass die Vorgänge um Barschels Tod ganz wesentlich über die Stasi-Verquickungen aufgeklärt werden könnten. Diese Überzeugung stützte sich wesentlich auf die Informationen, die der Bundesnachrichtendienst uns bereits zur Verfügung gestellt hatte, ferner auf das umfangreiche journalistische Echo. In den Medien wurden mögliche Zeugen zum Teil mit vollem Namen genannt. Das war sicherlich nicht geeignet, die Aussagebereitschaft von Zeugen aus dem Stasi-Bereich zu erhöhen. Auch die parallel laufenden öffentlichen Vernehmungen von Zeugen aus dem Stasi-Bereich durch den Untersuchungsausschuss waren da nicht gerade hilfreich.

Allerdings hielt ich es zu diesem Zeitpunkt für ausgeschlossen, dass es von vorgesetzten Dienststellen Einflussnahmen auf das Verfahren geben könnte. Solcher Druck ist ohnehin die große Ausnahme. Der ganz überwiegende Teil aller Staatsanwältinnen und Staatsanwälte erlebt es sein ganzes Dienstleben lang nicht, dass versucht wird, politisch Einfluss auf ein Verfahren zu nehmen. Vielfach wird derartiger Druck auch nur indirekt und so diskret ausgeübt, dass der ermittelnde Staatsanwalt ihn gar nicht bemerkt. In Gesprächen gibt es in aller Regel keine Weisungen und keine klaren Anordnungen. Vielmehr wird nebenbei erwähnt, was erwartet wird.

Im Übrigen wird schon durch die Einteilung von Staatsanwältinnen und Staatsanwälten für Verfahren von politischer Bedeutung dafür gesorgt, dass karrierebewusste Juristen die richtigen Signale verstehen.

Diese Methoden der indirekten Einflussnahme führen manchmal zu Missverständnissen. Weisungen werden gelegentlich als »Bitte« vorgetragen, obwohl sie sehr wohl als Weisung gemeint sind. Dies gilt insbesondere im Schriftverkehr. So habe ich gelegentlich bei entsprechenden »Bitten« vorgesetzter Dienststellen meinen Folgebericht mit dem Satz begonnen: »Auf Ihre Bitte, die ich als Weisung verstanden habe [...].« Förmliche Weisungen werden in aller Regel nur dann erteilt, wenn die Weisungsberechtigten davon ausgehen müssen, dass die Untergebenen sich nach bloßen Hinweisen nicht von sich aus bemüßigt sehen, den Wunsch der Vorgesetzten umzusetzen.

Diese Erfahrung hatte ich in dem Damp-Verfahren mehrfach selbst machen dürfen. Dass mich in dem jetzt begonnenen Ermittlungsverfahren in Sachen Uwe Barschel bald Weisungen erreichen sollten, war für mich völlig unvorstellbar. Auf die Frage des NDR-Journalisten Ulrich Semler, ob ich politische Direktiven hätte, antwortete ich Ende 1994 mit voller Überzeugung und letztendlich naiv: »Also das möchte ich wirklich entschieden zurückweisen. Es gibt keine politischen Direktiven, es hat keine Versuche bisher gegeben, politisch auf das Ermittlungsverfahren Einfluss zu nehmen. Ich würde das auch weit von mir weisen und würde versuchen, alles zu tun, dies zu verhindern, wenn es denn versucht werden sollte.«

Trotz aller Aktivitäten boten der Jahreswechsel und ein anschließender kurzer Urlaub Gelegenheit, die ersten zwei Jahre meiner Zeit als Leiter der Staatsanwaltschaft Lübeck Revue passieren zu lassen. Ich hatte eine Aufgabe vor mir, die ich in jeder Hinsicht als Herausforderung ansah. Dazu gab es eine hochqualifizierte polizeiliche Ermittlungsgruppe und einen exzellenten Staatsanwalt, der ebenso erfahren wie durchsetzungsstark war, sodass ich mit Elan an dieses Verfahren gehen konnte.

Anfang 1995 konzentrierte ich mich zunächst darauf, die Zusammenarbeit mit den Schweizer Justiz- und Ermittlungsbehörden auf eine neue Basis zu stellen. Am 10. Januar besuchte ich deshalb Generalstaatsanwalt Bernard Bertossa in Genf. Er schilderte mir überzeugend die Ursachen seiner Verärgerung über deutsche Justizbehörden. Die Untätigkeit der Staatsanwaltschaft Lübeck in den vergangenen Jahren war für ihn nicht nachvollziehbar. Die Dinge, die er von der deutschen Justiz erhalten hatte, waren aus seiner Sicht unzureichend. Insbesondere die Vernehmung des Detektivs Werner Mauss im Wege der Rechtshilfe durch die Staatsanwaltschaft Stuttgart konnte ihn in ihrer Substanzlosigkeit nicht überzeugen. Das Verfahren der Schweizer Behörden in Sachen Barschel war schließlich immer noch offen.

Trotz der begrenzten Möglichkeiten der Genfer Justiz- und Ermittlungsbehörden schien er mir entschlossen, die Angelegenheit zu einem Ende zu führen, und sah in dem neuen Elan der Lübecker Staatsanwaltschaft auch für sein Verfahren eine Chance dazu. Die Untersuchungsrichterin Carole Barbey hatte bereits die Genfer Rechtsmediziner dazu gebracht, ihre Gutachten zu ergänzen und zu vervollständigen, nachdem Professor Brandenberger, mit dem sie eigentlich hatten zusammenarbeiten sollen, seinen Teil schon abgegeben hatte. Dieses ergänzende Gutachten lag dann am 13. Februar 1995 vor. Auch wurden im Februar 1995 den deutschen Ermittlungsbehörden für ergänzende Begutachtungen die noch vorhandenen Organ- und Gewebeteile sowie Körperflüssigkeiten zur Verfügung gestellt. Damit hatte ich überhaupt nicht mehr gerechnet. Hier sahen wir die Chance, mithilfe ergänzender Gutachten den Fall abschließend aufklären zu können. Generalstaatsanwalt Bertossa erklärte öffentlich, dass er niemals ausgeschlossen habe, »dass es sich bei dem Tod von Barschel auch um Mord handeln könnte«.

Über das Treffen mit Bertossa gab es folgende Presseerklärung:

Am 10. Januar 1995 fand in Genf ein Treffen statt zwischen Frau Carole Barbey – Untersuchungsrichterin in Genf –, Herrn Bernard Bertossa – Generalstaatsanwalt in Genf – und dem Leitenden Oberstaatsanwalt Heinrich Wille aus Lübeck in Bezug auf die Ermittlungsverfahren, welche anlässlich des Todes von Dr. Uwe Barschel anhängig sind. Bei dieser Gelegenheit wurde vereinbart, dass die in den beiden Ländern eröffneten Ermittlungsverfahren beibehalten werden und dass die Zusammenarbeit zwischen den Justizbehörden der beiden Länder hierbei verstärkt wird, um die Wahrheit über die Umstände dieses Todes festzustellen. Die Genfer Behörden bestätigten, dass sie den deutschen Behörden mit jeglichen nützlichen Informationen oder Ermittlungen zur Verfügung stehen werden. Weitere Erklärungen über den Inhalt der Besprechung werden nicht abgegeben.

Der erste Runde Tisch

Hohe Aufmerksamkeit der Medien fand der »Runde Tisch«, die gemeinsame Dienstbesprechung mit den Bundesbehörden BKA (Bundeskriminalamt), BND (Bundesnachrichtendienst), BfV (Bundesamt für Verfassungsschutz) und Gauck-Behörde am 12. Januar 1995 in Lübeck. In einem Fernsehinterview schilderte ich im NDR den Zweck dieser gemeinsamen Dienstbesprechung: »Der Runde Tisch soll die Kooperationsbereitschaft derjenigen, die dort teilnehmen, prüfen und soll uns weiterführen in den Ermittlungen.«

Mehrere Fernsehteams waren an dem Tage zugegen; *Spiegel TV* bereits im Morgengrauen, um Bilder von den Eintreffenden zu machen. Ein Staatsanwalt, der im Winter häufig einen schwarzen Hut trug, war besonders beliebtes Ziel der Fernsehkameras, da er so schön in das Klischee von den »Schlapphüten« passte. Dazu der NDR:

Bekannt ist nur der Gastgeber – Oberstaatsanwalt Wille. Seine Gäste wollen anonym bleiben. »Schlapphüte« aus Bonn, München und Berlin, allesamt Experten und Geheimnisträger in Sachen Barschel [...]. Kann der Tod noch aufgeklärt werden? Minister Klingner dazu: »Der Versuch muss gemacht werden. Die Dinge können nicht so im Raum stehen bleiben. Alle Welt spekuliert. Hier müssen jedoch sichere Fakten her. Und notfalls muss erkannt werden: Es gibt keine Fakten.« Möglicherweise eine realistische Einschätzung der Affäre Barschel. Denn niemand weiß, was in ihm vorging, mit wem er sich traf, warum er starb. War der Tote in der Badewanne Mitwisser dunkler Geschäfte? Die Bosse der Geheimdienste erscheinen nicht in Lübeck, sie hängen das Treffen bemerkenswert tief.

Die gemeinsame Dienstbesprechung verlief in einer kooperativen und entspannten Atmosphäre; das war mehr, als wir erwartet hatten. Inhaltlich gab es von allen Seiten die verbale Zusage zukünftiger Zusammenarbeit. Die Einigung auf eine abschließende gemeinsame Presseerklärung erfolgte problemlos. Sie lautete:

Die als »Runder Tisch« bezeichnete gemeinsame Dienstbesprechung hat heute Vormittag stattgefunden. Es wurden nützliche Gespräche geführt und die Grundlage für eine fruchtbare weitere Zusammenarbeit gelegt. Die Vertreter der Nachrichtendienste haben herausgestellt, dass sie entsprechend ihrem gesetzlichen Auftrag in diesem Zusammenhang keine zielgerichteten Ermittlungen durchgeführt haben.

Der Bundesnachrichtendienst hat die Aufgabe, Informationen zu beschaffen und auszuwerten, die von außen- und sicherheitspolitischer Bedeutung für die Bundesrepublik sind. Für Ermittlungen im Fall Dr. Uwe Barschel ist der BND nicht zuständig. Der BND erhielt jedoch einzelne Hinweise, die er unverzüglich an die Staatsanwaltschaft Lübeck gab. Der BND wird auch künftig Hinweise, die er erhält, unverzüglich an die Staatsanwaltschaft weiterleiten.

Im Rahmen der Aufarbeitung der ehemaligen Nachrichtendienste der DDR sind bei den Verfassungsschutzbehörden des Bundes und der Länder am Rande auch »Informationen« zu Dr. Barschel angefallen, die überwiegend das Interesse des MfS an Dr. Barschel als Zielperson erkennen ließen. Die in diesem Zusammenhang vereinzelt angefallenen, vagen und widersprüchlichen Hinweise auf einen möglichen MfS-Hintergrund des Todes von Dr. Barschel waren der Staatsanwaltschaft bereits übermittelt worden. Auch das BfV ist bereit, künftig anfallende Hinweise unverzüglich an die Staatsanwaltschaft Lübeck weiterzuleiten und seine

Sachverstand zum MfS (Funktion und Funktionsträger) zur Verfügung zu stellen.

Der Bundesbeauftragte für Stasi-Unterlagen steht der Staatsanwaltschaft gleichfalls weiterhin mit seinem Sachverstand zur Verfügung. Soweit sich bei der Auswertung der noch nicht erschlossenen Unterlagen neue Erkenntnisse zu dem Sachverhalt ergeben, wird er diese umgehend an die Ermittlungsbehörden weiterleiten. Das Bundeskriminalamt hat in dieser Sache entsprechend seiner gesetzlichen Zuständigkeit keine eigenen Ermittlungen geführt. Es wird aber im Rahmen seiner Zentralstellen- und Interpolfunktion – wie bisher schon – die Ermittlungen der Staatsanwaltschaft Lübeck unterstützen.«

Ich gab mich zu diesem Zeitpunkt noch der Illusion hin, dass die Nachrichtendienste auch aktiv mitwirken würden, den Sachverhalt aufzuklären.

Der »Runde Tisch« mit den Sicherheitsdiensten fiel in die Zeit, als darüber diskutiert wurde, die Nachrichtendienste auch bei der Verfolgung Organisierter Kriminalität einzusetzen. Eigentlich hätten die Dienste ein Interesse haben müssen, ihre von Fachleuten bezweifelte Fähigkeit hierzu bei einem solch spektakulären Verfahren unter Beweis zu stellen.

Entsprechende Hoffnungen weckte nicht zuletzt ein Gespräch zwischen Vertretern des BND, Staatsanwalt Sela, der Leiterin der Ermittlungsgruppe und mir.

Allerdings war dieses Gespräch wenig erfolgreich. Die Ermittlungsgruppe hatte bereits am 4. Januar 1995 einen, wie uns schien, wichtigen Stasi-Zeugen in Berlin vernommen. Dieser erklärte, er habe nach dem Tode von Artur Wenzel, Leiter der Hauptabteilung XVIII/8, Disketten, die in einem Panzerschrank gelagert waren, übernommen und sie im Mai 1990 dem BND übergeben. Hier soll das gesamte brisante Material ˈˡᵘⁿg abgespeichert gewesen sein. Der Zeuge Willi Koch erˌlich, »dass der BND aufgrund der vorliegenden Unterˌge sein müsste, darüber Auskunft zu geben, ob Dr. Uwe

Barschel [...] an Waffen- oder Embargogeschäften eventuell beteiligt gewesen sein könnten.« Er selber habe keinen Kontakt zu Barschel [...] gehabt.

Koch sagt in seiner Vernehmung wörtlich: »Wenn ich noch mal zu den Unterlagen befragt werde, die ich dem BND übergeben habe, so kann ich dazu nur nochmals betonen, dass diese Unterlagen alle brisanten Embargogeschäfte enthielten, die die damalige DDR abgewickelt hat. Die meisten Embargogeschäfte sind, und das möchte ich betonen, mit Zustimmung des BND gelaufen. Der BND war voll involviert. Sonst wären die meisten Geschäfte gar nicht zustande gekommen. Einige Geschäftspartner waren sowohl für die Stasi wie auch für den BND tätig. Wenn ich jetzt noch mal konkret gefragt werde, ob Unterlagen über eventuelle Embargogeschäfte von Eike oder Uwe Barschel vorhanden sein müssten, so kann ich dazu nur sagen, dass diese Unterlagen mit Sicherheit beim BND vorliegen müssten. Diese Embargogeschäfte waren garantiert im Panzerschrank von Artur Wenzel. Und wie ich schon betont habe, habe ich alle Unterlagen an den BND gegeben. Ich kann Ihnen deshalb nur den Rat geben, wenden Sie sich an den BND. Er müsste Unterlagen über diese Geschäfte vorliegen haben.«

Der Vertreter des BND, Abteilungsleiter Friedrich Foertsch, betonte beim »Runden Tisch« am 13. Januar 1995 in Lübeck dagegen, der BND verfüge über keine eigenen Erkenntnisse zu den Todesumständen von Dr. Barschel. Erkenntnisse, die aus früheren Quellen dem BND zur Kenntnis gelangt seien, seien der Staatsanwaltschaft Lübeck uneingeschränkt mitgeteilt worden.

Von unserer Seite wurde dem Abteilungsleiter Foertsch eröffnet, welche Ermittlungen im Zusammenhang mit dem Kuraufenthalt von Uwe Barschel in der Tschechoslowakei getätigt worden waren, und dass wir prüfen wollten, ob sich hier Hinweise auf ein Mordmotiv ergäben. Foertsch zeigte sich außerordentlich interessiert, ließ unsere bisherigen Erkenntnisse und Planungen ausführlich mitschreiben und machte uns glauben, der BND wolle in dieser Frage mit uns zusammenarbeiten. Konkrete Zusagen gab er aber nicht.

Im »Gesamtbericht« heißt es über das »Ende« der Spur in Richtung Tschechoslowakei:

Durch den Leiter einer Behörde in Prag, die in etwa die gleiche Aufgabe hat wie die Gauck-Behörde in Deutschland, einen Herrn [Vaclav] Benda, sei den *Stern*-Redakteuren gesprächsweise mitgeteilt worden, dass in der Registratur dieser Behörde der Name Dr. Uwe Barschel festgestellt worden sei. Es sei deshalb als sicher davon auszugehen, dass ein entsprechender Vorgang bestanden habe. Dies sei aber auch nicht weiter verwunderlich, da Dr. Uwe Barschel schließlich als Schleswig-Holsteinischer Ministerpräsident im Februar/März 1987 in der damaligen Tschechoslowakei zur Kur gewesen wäre. Dieser Vorgang sei im Jahre 1987 eröffnet und auch abgeschlossen worden. Das Eigenartige an diesem Vorgang sei, dass er sich laut Registratur in jenem Vorgang befunden haben müsse, der sich auf die SPD beziehe. Das sei bereits aufgefallen und werde auch überprüft. Nach den Akten betreffend Dr. Barschel aus den dortigen Beständen werde noch gesucht. Vermutlich seien die Unterlagen allerdings nach der Trennung der damaligen Tschechoslowakei in die Slowakei nach Bratislava gegangen. Die Kooperation zwischen Prag und Bratislava sei sehr schwerfällig. Es sei nahezu ausgeschlossen, mit einer Antwort aus Bratislava rechnen zu können.

Eigene Recherchen des *Stern* über einen befreundeten Journalisten in Bratislava hätten dann zu dem Ergebnis geführt, dass in Bratislava keine Akten betreffend Dr. Barschel vorhanden sein sollen.

Aus der Gesamtheit der durch die unterschiedlichen Ermittlungsansätze gewonnenen Erkenntnisse ergibt sich kein eindeutig festzustellendes Ergebnis bzgl. eines ausschließlich Kurzwecken dienenden Aufenthaltes von Dr. Barschel in Piestany oder aber eines dortigen Aufenthaltes, der – neben einer Kur – auch verdeckten Zwecken in Bezug auf Embargo- bzw. Waffengeschäften diente.

Auf einige »Merkwürdigkeiten« ist noch hinzuweisen:

– Nach Aussagen des tschechischen Polizeibeamten Dr. T. ist es im Frühjahr 1995 zu zwei Bränden in Slousovice gekommen. In einem Fall sei das Archiv neben der betriebseigenen Bank der ehemaligen LPG Slousovice vollständig niedergebrannt. In dem Archiv hätten sich vermutlich Bankunterlagen befunden. Ein zweites Archiv, das sich unweit von dem ersten befunden hätte, sei einige Wochen später ebenfalls abgebrannt.

- Mit Schreiben vom 5. Dezember 1995 teilte der tschechische Polizeibeamte Dr. T. mit, Ermittlungen im Archiv des Parkhotels »Vsemima« hätten ergeben, dass dort die Gästeliste für die Ausländer aus den nicht sozialistischen Ländern für die Zeit bis zum 31.12.1987 fehlt. Ansonsten seien die Meldeunterlagen bzgl. der untergebrachten Gäste vollständig.

Abschließend sei nur angemerkt, dass wir danach von Herrn Foertsch nichts mehr gehört haben.

Rückschlag

Besuch bei der Gauck-Behörde und die Folgen

Noch etwas verwunderte uns am Rande dieser Besprechung: Der Vertreter der Gauck-Behörde hatte Unterlagen dabei, ohne sie uns auszuhändigen. Dies stellten wir nur beiläufig – gewissermaßen beim Blick über seine Schulter – fest. Nachdem wir bereits vor einem Monat von der Journalistin Wilkening Unterlagen der Gauck-Behörde erhalten hatten, an die diese wie auch immer gekommen war, sahen wir vorsorglich davon ab, den Mitarbeiter direkt darauf anzusprechen, da uns diese Gegebenheit merkwürdig vorkam. Wenig später sahen wir in der Fernsehsendung »Report München« in einem Beitrag von Klaus Wiendl erneut uns unbekannte Unterlagen der Gauck-Behörde. In Faksimile wurde unter anderem eine sogenannte »Zielkontrollkarte« gezeigt, die über einen Besuch Uwe Barschels in Jena bei Carl Zeiss berichtete. Es folgte ein Kurzinterview mit dem Barschel-Fahrer Karl-Heinz Prosch. Dieser hatte ihn nach seiner eigenen Angabe dort abgesetzt und zwei Stunden später wieder aufgenommen.

Diese Gegebenheiten konnten wir nicht sicher einordnen. Klar schien zu sein, dass uns Unterlagen, die für das Verfahren als Beweismittel von Bedeutung sein konnten, vorenthalten wurden. Ob dies möglicherweise nur mit dem schleppenden Arbeitsstil in der Gauck-Behörde zusammenhing oder aber eine gezielte Aktion zur Behinderung der Ermittlungen war, blieb offen.

Die Gauck-Behörde hat mehr, als sie zugibt

Hinzu kam aber dann ein Ereignis, das unser zukünftiges Verhalten gegenüber der Gauck-Behörde bestimmte. Uns erreichte ein Schreiben der

Staatsanwaltschaft Berlin, wonach es Filmmaterial gebe, das die Gauck-Behörde abfotografiert habe. Es ging um das »Abfotografieren von einer Akte [...], die zu Herrn Barschel angeblich angelegt worden wäre«. Dies stand im Widerspruch zu einem Schreiben des Referatsleiters Z. der Gauck-Behörde an die Staatsanwaltschaft Lübeck zu meinen Händen, in dem es hieß: »Trotz weiterer intensiver Nachforschung ist es bisher nicht gelungen, andere als die bereits erwähnten Unterlagen zu Dr. Uwe Barschel [...] aufzufinden. Sollten bei der weiteren Erschließung der Bestände des ehemaligen MfS Hinweise auf Dr. Barschel aufgefunden werden, komme ich auf diese Angelegenheit zurück.«

Der Staatsanwaltschaft Lübeck waren nur zwei Aktenbände mit knapp 400 Blättern vorgelegt worden; nach Auskunft der Staatsanwaltschaft Berlin hätten noch zusätzlich weit über 1000 Blatt Aktenmaterial vorhanden sein müssen. Staatsanwalt Sela hielt es aus diesem Grunde für geboten, für die Amtsräume der Gauck-Behörde einen Durchsuchungsbeschluss zu beantragen sowie die Anordnung, das zurückgehaltene Aktenmaterial zu beschlagnahmen.

Zugleich wurde das Schreiben des Referatsleiters, in dem er die Existenz weiterer Unterlagen abstritt, als Grundlage für einen konkreten Verdacht genommen, dass das Aktenmaterial nicht in den Amtsräumen, sondern bei Z. zu Hause aufbewahrt werden könnte. Daher wurde auch ein Durchsuchungsbeschluss für den Haupt- und Nebenwohnsitz sowie das Fahrzeug von Z. beim Ermittlungsrichter des Amtsgerichts Lübeck beantragt. Der Beschluss sollte sich nur auf § 103 StPO – Durchsuchung bei Dritten, aber nicht Beschuldigten – stützen. Mit anderen Worten: Eine irgendwie geartete strafrechtliche Verantwortung wurde nicht gesehen. Der Beschluss des Amtsgerichts Lübeck wurde am 20. Februar 1995 erlassen.

Vorangegangen war eine sorgfältige rechtliche Prüfung unter Berücksichtigung des »Stasi-Unterlagen-Gesetzes«. Dieses »Gesetz über die Unterlagen des Staatssicherheitsdienstes der ehemaligen Deutschen Demokratischen Republik (Stasi-Unterlagen-Gesetz – StUG)« regelt die Einrichtung der Gauck-Behörde und ihre Arbeit. Das Gesetz wurde nach hektischen Diskussionen und vielem Hin und Her verabschiedet, ohne dass jede Einzelheit des Textes abgestimmt worden war. Dies hatte ich hautnah als zuständiger Referent im Schleswig-Holsteinischen Justizministerium mitbekommen. Natürlich hat dieses Gesetz auch eine Vorschrift über die Verwendung der Unterlagen zur Verfolgung von Straftaten. In erforderlichem Umfang dürfen die Stasi-Unterlagen danach auch zur Aufklärung eines Mordes verwendet werden.

Nun gibt es zwar eine besondere Verfahrenszuständigkeit, wenn der Bundesbeauftragte »ein Ersuchen einer Behörde um Mitteilung, Einsichtnahme oder Herausgabe« von Stasi-Akten ablehnt. In diesen Fällen entscheidet das Oberverwaltungsgericht per Beschluss. Mit dem strafrechtlichen Ermittlungsverfahren hat das nichts zu tun. Die Rechtslage schien uns so klar und eindeutig zu sein, dass gegen den Beschluss des Ermittlungsrichters bei dem Amtsgericht Lübeck keine ernsthaften Argumente sprechen konnten.

Im Übrigen hatten wir als erfahrene Ermittler diese Angelegenheit völlig undramatisch gesehen. Es gehört zum normalen professionellen Vorgehen eines Staatsanwalts in Fällen, in denen nicht mit einer völlig problemlosen Herausgabe von Beweismitteln gerechnet werden kann, einen Gerichtsbeschluss zu beantragen.

Hausdurchsuchung in Berlin

Die Aktion in Berlin wurde geplant. Neben Staatsanwalt Sönke Sela als Leiter waren noch zwei weitere Staatsanwälte mit von der Partie, der jüngere und engagierte Staatsanwalt Bernd Kruse und der erfahrene und entschlossene Staatsanwalt Hans-Jürgen Ehlers. Ferner sollten an der Unternehmung zehn Kriminalbeamte teilnehmen, Mitarbeiterinnen und Mitarbeiter der Ermittlungsgruppe Genf, verstärkt durch andere Kräfte. Staatsanwalt Sela sollte persönlich mit der Leiterin der Ermittlungsgruppe und vier Kriminalbeamten zur Gauck-Behörde gehen, die beiden anderen Staatsanwälte mit jeweils zwei Kriminalbeamten sich an den Wohnobjekten des Referatsleiters Z. zunächst nur bereithalten.

Die Information des Generalstaatsanwalts erschien in Anbetracht der Sensibilität des Objektes geboten. Das übernahm ich persönlich. Ich plante die Unterrichtung bei einem ohnehin vorgesehenen Treffen. Gelegenheit bot sich am Dienstag, dem 14. Februar, bei einem Gespräch zwischen dem Generalstaatsanwalt, einem Abteilungsleiter seiner Behörde und den beiden maßgeblichen Journalisten von RTL in Kiel. Als Besprechungsort hatte der Generalstaatsanwalt ein italienisches Restaurant vorgesehen, das ich – in Übereinstimmung mit den Journalisten – als denkbar ungeeignet ansah. Es handelte sich um das Restaurant »La Trattoria« in der Lutherstraße in Kiel.

Dies war seinerzeit der beste Italiener in der Nähe der Kieler Gerichte und daher natürlich von Richtern, Rechtsanwälten und Staatsanwälten gern besucht. Bei der Unterredung sollte besprochen werden, wie Reformprojekte der Justiz in den Medien vorgestellt werden könnten. Als ich in der »Trattoria« erschien, bestätigte sich meine Befürchtung natürlich sofort, als ich den mir bekannten Rechtsanwalt und Landtagsabgeordneten Wolfgang Kubicki traf. Gleichwohl fand ich eine Gelegenheit, dem Generalstaatsanwalt unter vier Augen mitzuteilen, wir würden in der nächsten Woche in die Gauck-Behörde gehen. Nachfragen hierzu gab es nicht, geschweige denn rechtliche Bedenken. Zu einer vertieften Erörterung wäre noch genügend Zeit geblieben, da die Durchsuchung erst am 23. Februar erfolgen sollte.

Es war von vornherein geplant, die Aktion im Einvernehmen mit der Leitung der Gauck-Behörde durchzuführen. Die Gerichtsbeschlüsse sollten dem Ersuchen den nötigen Nachdruck verleihen.

Entsprechend wurde auch verfahren. Staatsanwalt Ehlers erschien im Gebäude der Gauck-Behörde in der Französischen Straße. Staatsanwalt Sela ging mit einem Beamten zum Pförtner des Hauses Glienicker Straße 35, in dem der Leiter der Behörde, Joachim Gauck, sein Büro hatte. Unter Vorlegen der Dienstausweise baten die beiden Herren den Pförtner, Herrn Gauck mitzuteilen, dass sie ihn in einer dringenden

Angelegenheit unverzüglich sprechen möchten. Nach einer Viertelstunde vergeblichen Wartens bat Staatsanwalt Sela erneut, im Vorzimmer von Herrn Gauck anzurufen und mitzuteilen, dass das Anliegen dringend sei. Zugleich erklärte Staatsanwalt Sela, dass, sofern Herr Gauck selbst persönlich nicht anwesend sei, er mit seinem Stellvertreter sprechen möchte. Daraufhin wurde er in Begleitung eines Pförtners zum Dienstzimmer von Herrn Gauck gebracht, zugleich ließ er den Kriminalbeamten in der Französischen Straße mitteilen, dass die Durchsuchung beginnen könne.

In seinem Dienstzimmer traf Staatsanwalt Sela dann Joachim Gauck, zusammen mit seinem Stellvertreter Dr. Hansjörg Geiger, an. Geiger war ein Jurist aus Bayern. Inzwischen hatte Gauck bei mir in Lübeck angerufen und sich nach dem »überraschenden Besuch eines Lübecker Staatsanwaltes« erkundigt. Staatsanwalt Sela gab Herrn Gauck die nötigen Informationen und eine beglaubigte Ablichtung des Beschlusses des Amtsgerichts Lübeck über die Durchsuchung der Räume in der Französischen Straße 35. Beide Herren schauten nur kurz auf den Beschluss. Hansjörg Geiger erklärte sogleich, nach seiner Auffassung sei dieser Beschluss rechtswidrig. Es kam dann zu einem kurzen Meinungsaustausch über die Rechtslage, wobei Geiger in spöttischem Ton mitteilte, man hätte bei der Staatsanwaltschaft Lübeck wohl das »Stasi-Unterlagen-Gesetz« nicht bis zum Ende gelesen. In diesem Gesetz befinde sich eine Vorschrift, die die ausschließliche Zuständigkeit des Oberverwaltungsgerichts Berlin »für die Herausgabe von Akten« begründen würde.

Staatsanwalt Sela unterrichtete die Herren über den abweichenden Standpunkt der Staatsanwaltschaft Lübeck und des Ermittlungsrichters beim Amtsgericht Lübeck und erklärte dann den Grund für den Durchsuchungsbeschluss. Nach einem Telefonat mit seinem Mitarbeiter Z. erklärte Gauck, es handle sich bei den angeblichen Dokumenten um Fotografien der Akten, die Staatsanwalt Sela bereits im Juni 1993 eingesehen hätte. Dann stellte er noch die Frage, ob die Staatsanwaltschaft Lübeck die Presse über diese Aktion informiert habe; Staatsanwalt Sela verneinte und erklärte, dass die Staatsanwaltschaft Lübeck eine Presseerklärung darüber auch nicht abzugeben plane. Sela betonte, dass von einer förmlichen Beschlagnahme des Beweismaterials abgesehen werde, wenn die Gauck-Behörde die Unterlagen freiwillig herausgebe.

Weder Gauck noch Geiger wollten sich persönlich in die Räumlichkeiten der Französischen Straße begeben; sie hätten andere dienstliche Verpflichtungen. Daher wurde vereinbart, dass Staatsanwalt Sela sich nach der Aktion mit Gauck noch einmal zu einem abschließenden Gespräch treffen sollte.

Inzwischen hatten sich Staatsanwalt Ehlers und die Kriminalbeamten in der Französischen Straße in die Dienstzimmer der dortigen Mitarbeiterinnen und Mitarbeiter begeben. Der Referatsleiter Z. war überrascht und erregt und erklärte, er müsse seinen unmittelbaren Vorgesetzten unterrichten. Ehlers teilte ihm mit, der sei bereits durch Staatsanwalt Sela informiert worden. Insgesamt erschienen Ehlers die Erläuterungen des Referatsleiters über die Unterlagen plausibel und überzeugend. Die fraglichen Unterlagen wurden ihm vorgelegt. Z. zeigte sich kooperativ und offen, auch was seine Privatwohnungen betraf, sodass sowohl eine förmliche Durchsuchung der Diensträume als auch eine Beschlagnahme von Akten unterblieb.

Die Lübecker Beamten suchten dann das Wohnhaus und das Einfamilienhaus von Z. auf, nahmen aber nach Rücksprache mit der Einsatzgruppe in der Gauck-Behörde von einer Durchsuchung Abstand. Nach Durchsicht der Unterlagen kam es mit dem Referatsleiter Z. zu einer einvernehmlichen Regelung: Die vorgefundenen Beweisunterlagen sollten der Staatsanwaltschaft überlassen und nach Auswertung zurückgegeben werden. Bezeichnenderweise gab es kein Durchsuchungsprotokoll und keine Beschlagnahmeliste. Die Akten wurden vielmehr in einer förmlichen Ausleihliste auf den Formularen des Bundesbeauftragten für die Unterlagen des Staatssicherheitsdienstes der ehemaligen DDR aufgelistet. Anschließend unterrichtete Staatsanwalt Sela Gauck und seinen Stellvertreter.

Treibende Kraft der dann folgenden Konfrontation war nicht Joachim Gauck, sondern dessen Stellvertreter Geiger. Nach seinen Worten würde diese Angelegenheit für Staatsanwalt Sela »noch ein Nachspiel haben und im Übrigen müsste die ganze Angelegenheit öffentlich diskutiert werden«. Auf die Frage von Sela, ob dies bedeute, die Gauck-Behörde werde die Presse unterrichten, erklärte Gauck, dass dies nicht beabsichtigt sei. Man behalte sich jedoch juristische Schritte vor, insbesondere eine Beschwerde gegen den Durchsuchungsbeschluss. Sela beklagte sich später bei mir, anders als der sachliche Gauck sei sein Stellvertreter als »Wadenbeißer« aufgetreten. Staatsanwalt Sela unterrichtete mich am späten Nachmittag telefonisch ausführlich über die gesamte Aktion. Wir verabredeten eine Dienstbesprechung für den nächsten Morgen in Lübeck.

Die Einschätzung von Sela – aufgrund der Zusicherung von Gauck –, die Gauck-Behörde werde nicht die Presse unterrichten, war leider ein Trugschluss. Offenbar konnte Gauck sich gegenüber seinem übel gelaunten und auf Konflikt bedachten Stellvertreter nicht durchsetzen. Der Pressesprecher der Gauck-Behörde gab noch am selben Tag, dem 23. Februar, eine Erklärung ab. Darin wurde behauptet, dass die Privaträume eines Mitarbeiters durchsucht worden wären, was eindeutig falsch war.

Reaktionen seitens des schleswig-holsteinischen Justizministers oder des Generalstaatsanwalts gab es nicht, obwohl ich später erfuhr, dass Gauck den Minister bereits persönlich angerufen hatte. Mich erreichten die Reaktionen der Gauck-Behörde durch zwei Journalisten am Autotelefon. Beide berichteten von Angriffen des Pressesprechers der Gauck-Behörde, die ich zurückwies. Die *Lübecker Nachrichten* titelten am 24. Februar 1995: »Lübecker Justiz durchsucht Gauck-Behörde in Berlin [...] Fall Barschel: Kein Vertrauen in die Bundesbehörde.« Das war natürlich falsch, durchsucht hatten wir nicht, aber in dem Kommentar vom selben Tage hieß es, nach meinem Geschmack etwas zu flapsig: »Wille setzt eins drauf.«

Inzwischen waren mir die Kritikpunkte der Gauck-Behörde bekannt geworden: Abgesehen von der grundsätzlichen Kritik an der angeblichen Rechtswidrigkeit unserer Aktion wurde behauptet, wir hätten eine Durchsuchung durchgeführt – was letztendlich wohl auch zu der schiefen und unzutreffenden Berichterstattung nicht nur in den *Lübecker Nachrichten* führte. Außerdem habe (so dpa) »nach Schilderung von Gauck am Donnerstag zeitgleich [die Staatsanwaltschaft] Durchsuchungsbeschlüsse bei ihm und bei einem Referatsleiter, der für die Bearbeitung von Ermittlungsverfahren zuständig sei, vorgewiesen«.

Aufgrund der zahlreichen Anfragen aus den Medien entschloss ich mich, eine Pressemitteilung zu formulieren. Ich bestellte alle anfragenden Journalisten zu einem fixen Termin in die Behörde, um die Angelegenheit sozusagen in einem Durchgang abzuarbeiten. Dabei machte ich deutlich, dass dies keine Pressekonferenz im eigentlichen Sinne sei, da ich anschließend nicht für weitere Fragen und Informationen zur Verfügung stünde.

Welche »Bewegung« es im Bereich des Generalstaatsanwalts und des Justizministeriums gegeben hat, ist mir bis heute nicht bekannt. Jedenfalls wurde mir noch am 24. Februar vormittags vom Justizministerium ein Beschwerdeschreiben des Bundesbeauftragten Gauck an Minister Dr. Klingner zugefaxt, das bereits am Tag zuvor dort eingegangen war. Das Schreiben war jedoch nicht förmlich als Beschwerde gekennzeichnet, sondern nahm Bezug auf ein Telefonat mit Klingner. In dem Brief brachte Gauck seine »Verwunderung über eine Aktion der Staatsanwaltschaft Lübeck« zum Ausdruck. Zugleich bekundete er seine Bereitschaft zur Unterstützung der Staatsanwaltschaft und zur Übermittlung der zugänglichen Unterlagen.

Meine Presseerklärung, die ich am späten Vormittag an die anwesenden Journalisten verteilte, trug die Überschrift »Vorwürfe der Gauck-Behörde zurückgewiesen« und hatte folgenden Wortlaut:

Die Staatsanwaltschaft Lübeck hat gestern Akten des Bundesbeauftragten für Stasi-Unterlagen freiwillig ausgehändigt bekommen, die als Beweismittel in dem Verfahren wegen Verdachts des Mordes an Dr. Uwe Barschel infrage kommen. Sie hatte dazu vorsorglich einen Beschluss des Ermittlungsrichters beim Amtsgericht Lübeck erwirkt, da Grund zu der Annahme bestand, von einem Mitarbeiter der Gauck-Behörde würden Akten zurückgehalten. Die Staatsanwaltschaft führt die erforderlichen Ermittlungen gemeinsam mit der Kriminalpolizei sorgfältig, gewissenhaft, mit Augenmaß und unter strikter Beachtung des Prinzips der Verhältnismäßigkeit durch. Andererseits darf aber auch nicht der geringste Zweifel daran aufkommen, dass nötigenfalls die vom Gesetz vorgesehenen Mittel eingesetzt werden. Es darf bei einem Mordverfahren keine Tabuzonen geben. Auch das »Stasi-Unterlagen-Gesetz« setzt die Strafprozessordnung nicht außer Kraft. Der hier vorliegende Sachverhalt wird von diesem Sondergesetz nicht erfasst. Nachdem über die Aushändigung der Unterlagen bereits Einvernehmen erzielt war, ist es verwunderlich, dass nunmehr der Pressesprecher der Gauck-Behörde einen Streit darüber vom Zaune bricht. Bei der Sichtung der Unterlagen wurden Dokumente gefunden, die Dr. Barschel betreffen und sich dort offenbar schon länger befanden. Der Verdacht, dass Beweismittel vorenthalten wurden, hat sich damit bestätigt. Falsch ist auch die Auskunft des Pressesprechers der Gauck-Behörde, die Staatsanwaltschaft habe ohne Beschluss Privaträume eines Mitarbeiters durchsucht. Richtig ist, dass es einen Beschluss gab, der aus Gründen der Verhältnismäßigkeit nicht vollstreckt wurde. Zu hoffen bleibt, dass die Gauck-Behörde ihre schriftliche Zusage zur Unterstützung des Ermittlungsverfahrens in Zukunft einlöst und vorhandene Erkenntnisse ungefragt auch unverzüglich zur Verfügung stellt.

In einem Interview für RTL sagte ich dazu: »Wir wollen selbst prüfen, ob Unterlagen für das Verfahren relevant sind oder nicht. Wir wollen nicht durch die zensierende Vorprüfung von Sachbearbeitern in unserer Arbeitsweise gehindert werden, wenn ein Sachbearbeiter irrtümlich (möchte ich unterstellen), irrtümlich annehmen sollte, es ist für uns nicht relevant, dann kann das trotzdem falsch sein, weil er nicht die Informationen hat, die wir haben, und so müssen wir schon autonom prüfen, was als Beweismittel in Betracht kommt. Nur darum geht es.«

Außerdem äußerte ich mich im NDR: »Es gibt keine rechtsfreien Räume. Es gibt kein Sonderrecht, das die Strafprozessordnung außer Kraft setzt. Wenn wir einen Mord ermitteln, sind wir gehalten, alles zu tun, was nötig ist, und sei es vorsorglich, um an die Beweismittel zu kommen, die wir brauchen, und das haben wir hier gemacht. Wir haben vorsorglich Beschlüsse erwirkt bei dem Ermittlungsrichter des Amtsgerichts in Lübeck, wie es sich nach unserer Rechtsauffassung gehört und wie es zulässig ist. Wir haben das sehr sorgfältig geprüft, ungeachtet einer anderen Rechtsauffassung des Bundesbeauftragten für Stasi-Unterlagen, und haben, das möchte ich betonen, im Prinzip im Einvernehmen die Sachen ausgehändigt bekommen. Dass hinterher darüber jetzt so gestritten wird, verstehe ich gar nicht.«

Unerwartete Komplikation

Diese schnelle und entschiedene Reaktion brachte uns gegenüber der Gauck-Behörde aus der Defensive. Was ich nicht bedacht hatte, waren die Reaktionen im Justizministerium und beim Generalstaatsanwalt. Offenbar war man bei den vorgesetzten Dienststellen aufgewacht und hatte versucht, mich telefonisch zu erreichen, während ich mich bereits bei den Journalisten befand. Von meinem Vorzimmer kam dann die Auskunft: »Herr Wille ist nicht zu sprechen, der befindet sich in der Pressekonferenz.«

Nun hatte ich wirklich andere Dinge im Kopf, als eine Sprachregelung für meine Sekretärin zu entwerfen, damit sie beruhigend auf meine Vorgesetzten einwirken konnte. Das war eine Fehleinschätzung. Sicherlich wäre es klüger gewesen, entsprechende Anrufe vom Generalstaatsanwalt und aus dem Ministerium stärker in die Überlegungen einzubeziehen. Zum einen ging es darum, einen beträchtlichen Mediendruck aufzufangen, zum anderen, die Rechtsauffassung der Staatsanwaltschaft zu vertreten und klarzumachen, dass sie entschlossen war, die rechtsstaatlich gegebenen Mittel auch zielgerichtet und entschlossen einzusetzen, wenn es um die Aufklärung eines Mordverdachts ging.

Maßgebliches Motiv für mein Handeln war, meine Mitarbeiter vor ungerechtfertigten Angriffen in Schutz zu nehmen. Zudem fühlte ich mich in einer trügerischen Sicherheit, da ich mich bis dahin im Einvernehmen mit dem Generalstaatsanwalt wähnte. Allerdings hatte ich auch den Einfluss von Joachim Gauck unterschätzt. Gauck war gerade für SPD-Politiker so etwas wie eine Ikone, die man nicht ungestraft berühren geschweige denn verletzen durfte, wie ich es gewagt hatte.

Ob der Generalstaatsanwalt versuchte mich zu erreichen, habe ich nicht rekonstruieren können. Das Justizministerium versuchte um 12 Uhr, mich telefonisch zu erreichen.

Das Medienecho war im Sinne der Staatsanwaltschaft erfreulich positiv: *Bild*-Zeitung: »Toter Barschel Razzia! Geheime Akten entdeckt!«; *Lübecker Nachrichten:* »Erfolgreicher Rechtsbruch? Streit zwischen Berliner Gauck-Behörde und Lübecker Staatsanwaltschaft«; *Die Welt:* »Gauck-Behörde protestiert gegen Durchsuchungen«; *Frankfurter Rundschau:* »Durchsuchungsaktion in Stasi-Akten-Behörde empört Gauck – Lübecker Ermittler sehen Verdacht bestätigt, dass das Berliner Amt Beweismaterial zum Fall Barschel zurückgehalten hat«; *Kieler Nachrichten:* »Wille: Verdacht bestätigt«; *tageszeitung:* »Gauck: Lübecker Gericht verstieß gegen Gesetz«; *Frankfurter Allgemeine Zeitung:* »Die Gauck-Behörde protestiert«; *Süddeutsche Zeitung:* »Gauck-Behörde hält Beweise zurück – Stasiakten-Verwalter: Die Anschuldigung ist ein dicker Hund«. Alles Schlagzeilen vom 25. Februar.

Nicht ahnend, in welchem Maße ich die Empfindlichkeiten meiner Vorgesetzten durch diese entschiedene und schnelle Reaktion tangiert hatte, und zunächst einmal auch nicht ahnend, welche Folgen sich daraus für das Ermittlungsverfahren insgesamt ergeben könnten, war ich noch zuversichtlich und sah mich bestätigt in dem Elan, mit den Mitteln des Strafprozessrechtes dieses schwierige Ermittlungsverfahren zu einem erfolgreichen Ende zu führen. Es sollte nach meiner Ansicht vor aller Öffentlichkeit deutlich werden, dass ich mich nicht scheute, mit den engagierten Staatsanwälten und Ermittlern der Kriminalpolizei die nötigen Maßnahmen zu ergreifen, wenn die rechtlichen Voraussetzungen dies zuließen. Auch die weiteren Entwicklungen führten mich zunächst noch nicht zu der Einsicht, dass Generalstaatsanwalt Ostendorf und Justizminister Klingner und vor allem auch dessen Staatssekretär Pelny dieses Maß an Entschlossenheit zur Aufklärung des Barschel-Todes nicht teilten – aus Gründen, die mir bis heute nicht erklärbar und nachvollziehbar sind.

Der Kniefall vor der Ikone Gauck

Das Unheil nahm seinen Lauf. Der Generalstaatsanwalt verhandelte hinter dem Rücken der zuständigen Lübecker Staatsanwaltschaft und über meinen Kopf hinweg mit der Gauck-Behörde über eine »Einigung«, die mit einem Kniefall vor der Ikone Gauck endete. Rechtliche Argumente der Staatsanwaltschaft Lübeck spielten keine Rolle mehr. Warum, das weiß ich auch bis heute nicht.

Beiläufig berichteten Presseorgane weiter über den Vorgang, die *Lübecker Nachrichten* texteten am 1. März: »Noch eine Beschwerde«; am 8. März kündigte sich in einer kurzen Nachricht die Wende an: »Gauck-Behörde will Ostendorf einschalten [...]. Gegen die verantwortlichen Staatsanwälte und Polizisten werde beim Generalstaatsanwalt Heribert Ostendorf Dienstaufsichtsbeschwerde eingelegt.«

Mit Schreiben vom 2. März 1995 legte die Gauck-Behörde durch eine große Berliner Rechtsanwaltskanzlei förmlich Beschwerde gegen den Durchsuchungs- und Beschlagnahmebeschluss des Amtsgerichts Lübeck ein, mit einer ausführlichen, elf Seiten langen Begründung. Wir waren intern zu der Überzeugung gekommen, dass wir die Entscheidung des Landgerichts nicht zu scheuen brauchten. Der Justizminister ging auch von einer gerichtlichen Klärung der unterschiedlichen Standpunkte aus, was zum einen in einem Rechtsstaat normal gewesen wäre und zum anderen die objektive Klärung der unterschiedlichen Positionen ermöglicht hätte.

Nicht so der Generalstaatsanwalt. Nach einem Entwurf der geplanten gemeinsamen Presseerklärung Ostendorfs und der Gauck-Behörde sollten »die Staatsanwaltschaften in Schleswig-Holstein [...] künftig den

Rechtsstandpunkt der Gauck-Behörde respektieren und von Zwangsmaßnahmen nach der Strafprozessordnung absehen. Dafür würde die Gauck-Behörde auch auf die Durchführung der Rechtsbehelfe verzichten. Der von dem Leitenden Oberstaatsanwalt in Lübeck erhobene Vorwurf, der Bundesbeauftragte habe Unterlagen, die für das Ermittlungsverfahren [...] bedeutsam seien, bewusst zurückgehalten, wird nicht mehr erhoben.« Im Übrigen werde der Bundesbeauftragte wie bisher auf eine »gute kooperative und entgegenkommende Zusammenarbeit mit der Staatsanwaltschaft Lübeck achten; das gilt insbesondere für die Aufhellung der Todesumstände im Fall Dr. Dr. Barschel«.

Dieser Entwurf erreichte uns am 22. März 1995; sodann die endgültige Erklärung per Fax am 24. März 1995 um 8.02 Uhr »zur Kenntnisnahme und mit der Anheimgabe, bis 11 Uhr eine Stellungnahme abzugeben«. Dies geschah dann sogleich; die Stellungnahme umfasste 57 Seiten und wurde per Telefax an den Generalstaatsanwalt übermittelt, Beginn der Übermittlung um 10.46 Uhr. Die Übermittlung dauerte insgesamt bis 11.23 Uhr. Bereits kurz vor 11 Uhr hatte ich ein Telefonat mit dem Stellvertreter des Generalstaatsanwalts, Leitender Oberstaatsanwalt Henning Lorenzen, in anderer Sache geführt und auf die Stellungnahme hingewiesen, die per Fax unterwegs sei.

Bei dieser Gelegenheit wurde klar, dass die Übermittlung der Stellungnahme nicht registriert worden war und der Generalstaatsanwalt persönlich ohnehin nicht zugegen war, da er sich in einer Prüfung befand. Für meinen Stellvertreter Oberstaatsanwalt Schultz, Staatsanwalt Sela und mich erschien vor diesem Hintergrund die Anforderung der Stellungnahme nicht ernst gemeint, zumal die Frist unvertretbar kurz war.

Unsere Stellungnahme enthielt bei allen grundsätzlichen Bedenken Formulierungsvorschläge, die es der Staatsanwaltschaft ermöglicht hätten, ihr Gesicht zu wahren. Ich habe darauf hingewiesen, dass andernfalls die Verfahrensautorität nachhaltig beeinträchtigt werden könnte und negative Auswirkungen auf den Verlauf des Verfahrens befürchtet werden müssten. Auch hätten die kritikwürdigen Äußerungen des

Pressesprechers der Gauck-Behörde keinen Niederschlag gefunden, da dieser wahrheitswidrig behauptet hatte, es wären Privaträume eines Mitarbeiters ohne Beschluss durchsucht worden. Ich wies zudem darauf hin, dass die Erklärung das Amtsgericht Lübeck herabsetze. Dieses stünde einer Ermittlungsbehörde nicht zu.

Zwar gibt es nach meiner Überzeugung kein Tabu, dass eine Justizbehörde nicht etwa eine andere kritisieren darf, wenn sie anderer Auffassung ist. Dies setzt aber voraus, dass man die jeweilige Position des anderen Justizpartners angemessen zur Geltung kommen lässt. Das war bei dem Vorgehen des Generalstaatsanwalts in keiner Weise der Fall, die Dimension indirekter Kritik an einer Gerichtsentscheidung wurde offenbar nicht erkannt oder bewusst ignoriert.

Das Letztere nahm ich zum Anlass, noch am selben Tage ein Schreiben an die Präsidentin des Amtsgerichts Lübeck zu richten. In diesem stellte ich klar, dass ich das Vorgehen des Generalstaatsanwalts bedaure, da es die Entscheidung des zuständigen Ermittlungsrichters abqualifiziere, mir seien aber die Hände gebunden, da der Generalstaatsanwalt die Öffentlichkeitsarbeit in vollem Umfang an sich gezogen habe. Der Stellvertreter des Generalstaatsanwalts, Leitender Oberstaatsanwalt Henning Lorenzen – sein Chef war ja in einer Prüfung –, hatte bereits am Mittag desselben Tages schriftlich mitgeteilt, dass die Staatsanwaltschaft Lübeck von Presseauskünften, Pressetelefonaten und dergleichen Abstand zu nehmen habe. Damit war die erste Verfügung getroffen, die in der Presse als »Maulkorb« beschrieben wurde.

Beginn der Wende

Die ganze Angelegenheit hatte noch eine weitere Dimension. In Berlin hatte eine Gruppe von Staatsanwälten und Kriminalbeamten, unter Leitung von Staatsanwalt Sela, eine rechtlich einwandfreie Aktion durchgeführt unter strikter Beachtung des Prinzips der Verhältnismäßigkeit. Ungeachtet unterschiedlicher Rechtsauffassungen über den Grund des

Eingreifens, ging es auch um die Art und Weise der Durchführung und insbesondere um die Tatsache, dass aus Gründen der Verhältnismäßigkeit die beiden vorliegenden Durchsuchungsbeschlüsse zu den Privatwohnungen des zuständigen Mitarbeiters der Gauck-Behörde nicht vollstreckt worden waren. Dies hatte die Gauck-Behörde einschließlich ihres Leiters in einer bundesweiten Presseaktion anders behauptet und damit – bewusst oder irrtümlich – öffentliche Kritik an den Mitarbeitern und insbesondere am Leiter der Aktion, Staatsanwalt Sela, geübt, die ich mit der Presseerklärung der Staatsanwaltschaft Lübeck zurückgewiesen hatte. Für mich war es selbstverständlich, in einer solchen Situation unberechtigte Vorwürfe gegen Mitarbeiter öffentlich zurückzuweisen.

Genauso selbstverständlich schien es aber dem Generalstaatsanwalt und den Spitzen des Justizministeriums zu sein, diesen Akt der Fürsorgepflicht gegenüber Mitarbeitern zu ignorieren. Welche Zugzwänge politischer oder anderer Art sie dazu bewegten, ist mir bis heute rätselhaft geblieben. Staatsanwältinnen und Staatsanwälte sind ebenso wie Beamtinnen und Beamte der Polizei darauf angewiesen, dass der Dienstherr seiner Fürsorgepflicht Genüge tut. Es lag hier eine förmliche Dienstaufsichtsbeschwerde der Gauck-Behörde vor, die zurückzuweisen selbstverständliche Pflicht der Dienstvorgesetzten gewesen wäre. Es sollte nicht das letzte Mal sein, dass in diesem Verfahren mit der Fürsorgepflicht des Dienstherrn zurückhaltend umgegangen wurde.

Die Dynamik des Tagesgeschehens versperrte uns zu diesem Zeitpunkt noch die Einsicht in die Bedeutung und Tragweite des geschilderten Vorganges. Für mich persönlich kam die Vielzahl von Aufgaben hinzu, die ich als Behördenleiter gleichzeitig zu bewältigen und zu erledigen hatte. Erst ganz allmählich im Verlauf des weiteren Ermittlungsverfahrens und erst recht aus der kritischen Distanz zu den Vorgängen wurde mir klar: Ab diesem Zeitpunkt gab es keine realistische Chance mehr, in dem Ermittlungsverfahren zu einem Erfolg zu gelangen.

Die Ermittlungsbehörden waren darauf angewiesen, nicht nur offen und konventionell wie immer zu ermitteln, sondern auch vertrauliche

Informationen aufzunehmen und umzusetzen. Jedem möglichen Hinweisgeber war jedoch bereits zu diesem Zeitpunkt bewusst, dass die Staatsanwaltschaft Lübeck nicht – nicht mehr? – das Vertrauen der vorgesetzten Dienststellen, des Justizministeriums und der Generalstaatsanwaltschaft, hatte.

Das musste zwangsläufig zur Folge haben, dass Hinweisgeber, die sich möglicherweise durch offene Aussagen in persönliche Gefahr hätten begeben können oder aber auch nur Nachteile wirtschaftlicher oder gesellschaftlicher Art befürchten mussten, nicht mehr bereit waren, Informationen an die Staatsanwaltschaft und die Kriminalbeamten zu geben. Bereits zwei Monate nach förmlicher Aufnahme der Ermittlungen waren wir also an einem Punkt angekommen, an dem ihr erfolgloses Ende von den vorgesetzten Dienststellen vorprogrammiert war. Wie viele Hinweise hätten wir erhalten können, wenn wirklich die Vertraulichkeit sichergestellt worden wäre und wir als Ermittlungsbehörde das Verfahren auch dynamisch und kreativ hätten gestalten können – ohne die Behinderungen, denen wir in Zukunft ständig ausgesetzt sein sollten.

Neben der Notwendigkeit, in einem Verfahren dieser Dimension verdeckte und vertrauliche Hinweise zu erhalten, gab es noch eine weitere Besonderheit, die gerade in der ersten Verfahrensphase von Bedeutung war: Es ging darum, in großem Umfang verfahrensrelevante Aussagen aus dem Bereich früherer Mitarbeiter der Staatssicherheit der DDR zu erhalten. Die Hinweise des BND und von Journalisten machten intensive Ermittlungen in diese Richtung erforderlich, die auch kontinuierlich und engagiert durchgeführt wurden. Ein Großteil der in diesem Umfeld befragten Zeugen hatte Vorbehalte gegen unsere Ermittlungstätigkeit und war sicherlich nicht überzeugt, dass die Staatsanwaltschaft Lübeck objektiv und vorurteilsfrei die Wahrheit suchte. Hinzu kam, dass wir in dieser ersten Verfahrensphase noch der Überzeugung waren – nicht zuletzt aufgrund von Hinweisen der Journalistin Christina Wilkening –, dass die Täter im Bereich der früheren Stasi zu suchen waren.

All das musste bei vielen Zeugen Vorbehalte wecken, die eine rückhaltlose und umfangreiche Aussage zumindest erschwerten.

Kriminaltaktisch war die Angelegenheit für uns ein Fiasko. Bei Beantragung der Beschlüsse hatten wir nicht im Auge, auch kriminaltaktische Vorteile aus einer solchen Aktion ziehen zu können, zumal sie ja als diskrete Aktion ohne öffentliche Resonanz geplant war und die öffentliche Reaktion nur durch die Gauck-Behörde selbst provoziert worden war. Andererseits hätte die nun einmal bekannt gewordene Aktion in den Reihen ehemaliger Stasi-Angehöriger sicherlich ein klares Indiz für die Entschlossenheit der Staatsanwaltschaft sein können, die möglichen Stasi-Verwicklungen von Uwe Barschel aufzuklären, auch gegen Widerstände gerade aus der Behörde, der diese Personengruppe nicht gerade freundschaftlich gesinnt war.

Wenn man denjenigen Mitbürgerinnen und Mitbürgern, die dem alten DDR-Regime in besonderer Weise verbunden waren, durch ein solches Beispiel die Objektivität eines rechtsstaatlichen Verfahrens hätte vor Augen führen können, hätte dies nach meiner Überzeugung nicht nur die Kooperationsbereitschaft steigern können. Es wäre sicherlich auch ein hilfreicher Ansatz gewesen, sich mit dem neuen Staatswesen zu identifizieren. Das offenkundige Einknicken der Ermittlungsbehörde vor dem einseitigen Rechtsstandpunkt der Gauck-Behörde musste den umgekehrten Effekt haben.

Dass dieser Kotau vor der Gauck-Behörde auch ein Indikator für die mangelnde Bereitschaft des Generalstaatsanwalts und des Justizministers war, das Ermittlungsverfahren zu unterstützen, war mir zu diesem Zeitpunkt noch nicht klar. Ich nahm das Ganze vielmehr als ein bedauerliches, aber vorübergehendes Ereignis wahr, das Episode bleiben würde. Die Realität war eine andere.

Alltag in der Staatsanwaltschaft Lübeck

Projekte, Gefährdung, Untersuchungsausschuss

Das Ermittlungsverfahren wegen Mordes an Dr. Dr. Uwe Barschel hatte allmählich von mir Besitz ergriffen und sollte mich drei weitere Jahre nicht loslassen. Ich war zuvor dabei gewesen, meine Vorstellungen von Behördenorganisation und Arbeit einer Staatsanwaltschaft umzusetzen, dabei neue Ideen zu entwickeln und zu realisieren. Das hat das Barschel-Verfahren verhindert. Ich wollte den Elan des Aufbruchs, der durch Björn Engholm geprägt worden war und der starke Impulse der Erneuerung in das Land gegeben hatte, in meinem eigenen Bereich aufnehmen.

Die Staatskanzlei veranstaltete unter der Bezeichnung »Expertentreffen der Denkfabrik Schleswig-Holstein« am 4. März 1993 einen Kongress »Der öffentliche Sektor der Zukunft«. In seiner Einführungsrede sagte Björn Engholm: »Wir brauchen eine zielgerichtete Verwaltungspolitik. Verwaltungsreform ist kein einmaliger Kraftakt und keine einmalige Reorganisation, sondern eine zielgerichtete Abfolge kleiner und größerer Veränderungsschritte, ein ständiger Prozess, eine ›permanente Revolution‹. Wer etwas ändern will, braucht ein Leitbild, das aussagt, wohin die Reise gehen soll.« Die von Engholm gegründete Projektgruppe zur Verwaltungsreform sollte »konkrete Modellvorhaben für unser Land vorschlagen und deren Durchführung begleiten«.

Nach dem Rücktritt von Björn Engholm am 3. Mai 1993 wurde diese Projektgruppe unter der neuen Ministerpräsidentin Heide Simonis weitergeführt. Die Landesverwaltung wurde aufgefordert, sich an der Diskussion zu beteiligen. Trotz hoher Belastung der Staatsanwaltschaft durch die ihr gestellten Aufgaben ging ich daran, bei der Staatsanwaltschaft Lübeck die Voraussetzungen für eine solche Beteiligung zu schaffen. Ich rief eine behördeneigene Projektgruppe mit kreativen Mitarbeiterinnen und Mitarbeitern ins Leben. Danach wollte ich die Organisation der Behörde unter Mitwirkung auswärtiger Experten untersuchen. Die Zielsetzung lautete: »Die Auswirkungen vielfältiger Zielkonflikte auf die Arbeitsweise sollen nach rationalen Gesichtspunkten analysiert werden. Es geht beispielsweise um: Spezialisierung oder Generalisierung, Zuständigkeit nach örtlichen oder sachlichen Kriterien, Ausbau der Abteilungsleiterfunktion [...], Entwicklung rationaler Effizienzkriterien für die Tätigkeit aller Bereiche [...]. Dabei soll dem Gesichtspunkt der Mitarbeitermotivation und der Wechselwirkung zwischen der konkreten Arbeit und dem Berufsbild (Leitbild) besondere Bedeutung zugemessen werden.«

Als ich im Oktober 1993 dieses Konzept dem zuständigen Referatsleiter in der Staatskanzlei, Dr. Göttrik Wewer, vorab übermittelte, äußerte er mir gegenüber am Telefon zwar seine inhaltliche Zustimmung und Bereitschaft, ein solches Projekt zu unterstützen, zeigte sich aber gleichzeitig skeptisch; er erwarte Widerstände innerhalb der Justiz: »Wenn Sie das mal bei sich durchkriegen [...].« Er sollte recht behalten. In einem internen Gespräch machte mir Generalstaatsanwalt Ostendorf eindeutig klar, dass für das von mir angestrebte Projekt kein Raum sei und ich davon Abstand zu nehmen hätte. Er wollte stattdessen ein Projekt »Staatsanwaltschaft 2000«, das die Einführung von laufbahnübergreifenden Abteilungsbesprechungen und die flächendeckende Einführung von Serviceeinheiten zum Inhalt hatte. Darüber hinausgehende Diskussionen, die den Kern staatsanwaltschaftlicher Tätigkeit beträfen, müssten ausgeklammert bleiben: »Das ist Kriminalpolitik. Das müssen wir uns selbst vorbehalten.«

Damit waren tiefgreifende Reformziele erst einmal auf Eis gelegt. Erst zehn Jahre später konnte ich unter dem Etikett »Qualitätsmanagement« den Faden wieder aufnehmen.

Projekt Opferschutz

Ein weiteres Projekt hätte ich gerne durchgesetzt. Es bot sich die Möglichkeit, in einem leer stehenden Gebäude einen Betriebskindergarten der Staatsanwaltschaft einzurichten. Im Verlauf des Jahres 1994 war es möglich, die Finanzierung zu sichern, nicht zuletzt dank der großzügigen Unterstützung einer Lübecker Stiftung.

Diese hatte sich durch das vorgelegte Konzept beeindrucken lassen. Es sollte nicht einfach ein Betriebskindergarten werden, der sicherlich nicht besonders förderungswürdig gewesen wäre. Vielmehr sollte dieser Kindergarten auch die Kinder von straffällig gewordenen Frauen betreuen und die Resozialisierung der Mütter fördern. Lübeck hat die einzige Strafanstalt Schleswig-Holsteins, in der auch Frauen einsitzen.

Die Planung war bis Ende Dezember 1994 abgeschlossen. Doch die Stadt Lübeck war nicht in der Lage, die Auslastung des Kindergartens durch Kinder der Umgebung zu garantieren. Für eine besondere Bedarfsanalyse im Justiz- und Verwaltungsbereich sowie bei den Rechtsanwälten, die ich hätte organisieren müssen, hatte ich im Schatten des Barschel-Verfahrens keine Zeit mehr, und auch nicht die Energie, bei Politikern für das Projekt zu werben. Dass es mir nicht gelungen ist, diesen Kindergarten durchzusetzen, empfinde ich immer noch als besonders schmerzlich.

Ein weiteres Vorhaben konnte ich dagegen wenigstens vorübergehend zum Erfolg führen. Aus ABM-Mitteln hatte ich ein »Projekt Opferschutz« eingerichtet, besetzt mit einem Sozialpädagogen und einer Psychologin. Von Dezember 1994 bis Ende 1996 kümmerte sich das Projekt erfolgreich um Opfer von Straftaten, die nirgendwo sonst Hilfe fanden. Ein solches Projekt ist heute in Zeiten der Sparzwänge wohl kaum noch realisierbar. Meine Intention damals habe ich so formuliert: »Die Autorität staatlichen Strafens wird auf Dauer wesentlich davon abhängen, wie der Staat mit den Opfern strafbarer Handlungen umgeht. [...] Die Menschenwürde des Opfers zu achten und auf seine sozialen Belange Rücksicht zu nehmen, ist zudem ein Gebot der Humanität und des Grundgesetzes.«

Die Fortführung des Projektes wurde mir nach intensiven Diskussionen zunächst vonseiten der SPD-Landtagsfraktion 1996 zugesichert. Doch die Finanzierung scheiterte in den Haushaltsberatungen. Das Justizministerium konnte oder wollte die nötigen Mittel nicht aus dem eigenen Etat aufbringen. Die Prioritäten waren andere. Was bleibt, ist Bedauern und ein *Handbuch Opferschutz* (Haupt/Weber), das eine weitere Verbreitung verdient hätte.

Notgedrungen muss die Staatsanwaltschaft sich auf ihre Kernaufgaben konzentrieren und kann wünschbare und wichtige Zusatzaufgaben praktisch nicht übernehmen. Eine Behörde mit rund 200 Mitarbeiterinnen und Mitarbeitern, davon knapp 50 im Bereich Staatsanwälte und rund 15 im Bereich Amtsanwälte, in einem Bezirk mit 800 000 Einwohnern, muss für ihre eigentliche Arbeit fit gehalten werden.

Die damalige Zeit war auch geprägt von der Verfolgung rechtsextremer Gewalttaten. Das vom Generalbundesanwalt geführte Verfahren wegen des Brandanschlages in Mölln wurde von der Staatsanwaltschaft Lübeck durch die Abordnung eines Staatsanwalts unterstützt. Im März 1993 kam es in Mölln zu einem weiteren Brandanschlag auf die Asylbewerberunterkunft. Besonders einschneidend war der Brandanschlag auf die Lübecker Synagoge am 25. März 1994. Auch hier führte der Generalbundesanwalt, unterstützt durch einen Staatsanwalt der Lübecker Behörde, das Verfahren. Des Weiteren prägten zwei große Wirtschaftsstrafverfahren diese Jahre sowie die engagierte Bekämpfung von Schwerkriminalität, insbesondere von Organisierter Kriminalität und von Drogenkriminalität.

Aber es gab auch Dinge, die mir ungeteilte Freude bereiteten. Die großzügigen Eingangsräume in der Staatsanwaltschaft Lübeck luden dazu ein, in ihnen Gemälde und Skulpturen zu präsentieren. Die »Anschubfinanzierung« hierfür konnte ich mir Ende 1993 durch einen »Haushaltsrest« in dem zuständigen Ministerium verschaffen.

Die Kunstausstellungen sollten natürlich den Mitarbeiterinnen und Mitarbeitern der Behörde Impulse für die tägliche Arbeit geben. Zugleich sollte sich die Behörde als weltoffen präsentieren. Außerdem war ich davon überzeugt, für die Ausstellungsstücke, die wir vorstellten, einen angemessenen und schönen Bereich im öffentlichen Raum zu bieten, von denen es immer noch zu wenig gibt.

Die erste erfolgreiche Ausstellung wurde vom Justizminister persönlich am 24. November 1993 eröffnet und regte ihn seinerseits an, auch im Justizministerium Kunstausstellungen zu zeigen. Anfang Februar 1995 eröffneten wir bereits die zweite Ausstellung, »Die Antwort der Puppe« – eine künstlerische Aufarbeitung des schwierigen Themas Kindesmisshandlung. Für Ende März 1995 war eine große Ausstellung des 2006 verstorbenen Bildhauers und Malers Rolf Goerler vorgesehen. Auf die Freude an diesen künstlerischen Aktivitäten fiel bald ein dunkler Schatten.

Am 23. Januar 1995 veröffentlichte die Staatsanwaltschaft Lübeck eine Pressemitteilung mit der Überschrift »Brandanschlag auf das Wohnhaus der Familie Barschel in Mölln«. Sie lautete:

In der Nacht zum 21.01.1995 ist auf das Wohnhaus der Familie Barschel in Mölln ein Brandanschlag verübt worden. Unbekannte Täter haben gegen zwei Uhr einen brennenden Autoreifen gelegt, der von Frau Barschel infolge starker Rauchentwicklung wenig später entdeckt werden konnte. Ein Sachschaden ist nicht entstanden. Weder zu Motiv noch zu möglichen Tätern ist zurzeit eine Aussage möglich. Es hat im Vorwege keinerlei Hinweise auf eine derartige Tat gegeben. Ein Zusammenhang mit den von der Staatsanwaltschaft Lübeck geführten Ermittlungen zur Klärung des Todes des ehemaligen Ministerpräsidenten Dr. Dr. Uwe Barschel kann lediglich vermutet werden.

Die Tat konnte nicht aufgeklärt werden. Neben diesem öffentlich bekannt gewordenen Vorfall gab es noch andere. So versuchten beispielsweise zwei Männer, deren Identität nie ermittelt werden konnte, unter einem Vorwand Zugang zur Staatsanwaltschaft Lübeck zu bekommen, wobei das Barschel-Verfahren eine Rolle spielte. Sie wurden später nie mehr gesehen und konnten auch anhand der gefertigten Phantombilder nicht gefunden oder identifiziert werden.

Das Landeskriminalamt analysierte die Vorfälle und kam zu einer »Gefährdungslagebeurteilung«:

Im Zusammenhang mit dem bei der StA in Lübeck geführten Ermittlungsverfahren zur Aufklärung des Todesfalles Barschel hat es z. N. von

– LOStA Wille, Heinrich [...]

– Staatsanwalt Sela, Sönke [...]

Gefährdungsaspekte gegeben, die nach gegenwärtiger Informationslage zu den nachfolgenden Gefährdungseinstufungen/Schutzmaßnahmen geführt haben. Einzelheiten zum Gefährdungshintergrund werden den Leitern der betroffenen Polizeiinspektionen unmittelbar übermittelt [...].

Das traf uns wie ein Schlag. Die »normale« Gefährdung, die mit dem Beruf als Staatsanwalt untrennbar verbunden ist, bildete für uns kein Problem. Das Neue und Bedrückende war die Vorstellung, dass auch die Familie, und vor allem die Kinder, gefährdet waren. Dies galt für Staatsanwalt Sela in gleicher Weise. Wir wurden von Experten der Kriminalpolizei besucht und beraten, wie wir uns verhalten sollten. Auch das Kindergartenpersonal und die Schulleitungen mussten informiert werden. Sehr hilfreich war in diesem Zusammenhang vor allem das Gespräch mit Polizeichef Winfred Tabarelli.

Sehr bald reifte in meiner Frau und mir der Entschluss, zu unserem Schutz eine Schusswaffe zu tragen, um uns notfalls verteidigen zu können, bis Unterstützung durch die Polizei käme. Ich war 49 Jahre alt und hatte in meinem Leben noch nie eine Schusswaffe in der Hand gehalten. Als Kriegerhalbwaise war ich von der Bundeswehr befreit. Am 6. April begannen meine Frau und ich mit dem Schießtraining auf dem Schießstand der Lübecker Polizei im Keller des Behördenhochhauses. Die polizeilichen Trainer verstanden es ausgezeichnet, uns mit den Waffen und deren Gebrauch vertraut zu machen. Im Juni 1995 wurde uns eine »Ersatzbescheinigung für einen Waffenschein« ausgestellt mit der Berechtigung, eine Schusswaffe zu führen »auch in öffentlichen Veranstaltungen«.

Wir führten das wöchentliche Schießtraining intensiv fort. Meine Frau konnte später bei ihrer Arbeit in der Justizvollzugsanstalt ihre männlichen Kollegen mit ihren Schießkünsten beeindrucken. Für mich waren die gewonnenen Erfahrungen in der Zukunft auch als Behördenleiter wichtig, da sie doch eine deutlich bessere Basis für die Beurteilung polizeilichen Schusswaffengebrauchs bildeten als die bloße Theorie.

Bemerkenswert ist, dass diese neue Gefährdung von den Vorgesetzten praktisch nicht zur Kenntnis genommen wurde. Auch hieran konnte man erkennen, dass das Barschel-Verfahren besondere Gesetzmäßigkeiten hatte und Dinge, die an sich selbstverständlich erschienen wie die Fürsorgepflicht des Dienstherrn, gewissermaßen ausgeklammert schienen. Die einzige Beachtung, die der spätere Staatssekretär Wulf Jöhnk der Situation schenkte: Nach Ablauf der Frist sorgte er persönlich dafür, dass der Waffenschein nicht verlängert wurde, da zu diesem Zeitpunkt sicherlich eine akute Gefährdung nicht mehr vorlag und eine latente Gefahr ihm nicht ausreichend erschien.

... nicht klüger als jetzt, aber das auf einem höheren Niveau

Das Nebeneinander unserer Arbeit und derjenigen des Parlamentarischen Untersuchungsausschusses, des sogenannten »Schubladen-Ausschusses«, stellte von Anfang an das erwartete Problem dar. Dies zeigte sich bereits 1994, als ich erstmals in vertraulicher Sitzung des Ausschusses über das Vorprüfungsverfahren berichtete, das auf dem Wege zu einem förmlichen Ermittlungsverfahren war. Aus dieser vertraulichen Sitzung berichtete Ludger Fertmann in den *Lübecker Nachrichten* am 10. Dezember 1994: »Tatsächlich [wird] die Frage der Todesursache so intensiv ermittelt wie nie zuvor […]. Wille räumte ein, dass das Schweizer Gutachten ein Grund für die intensiven kriminalistischen Tätigkeiten ist. Ein weiterer Grund sind streng vertrauliche Unterlagen. Wille berichtete, dass seine Behörde vom Bundesnachrichtendienst Informationen erhalten hat, obwohl die Bundesbehörden das Vorliegen jedweden Materials bislang dementieren.«

Damals prägte ich den von mir mehrfach verwendeten Satz, der einerseits Optimismus signalisieren und andererseits die Erwartungen nicht zu hoch schrauben sollte: Es könne durchaus sein, dass man am Ende nicht klüger sei als jetzt, aber »das auf einem höheren Niveau«. Auch der *Spiegel* übernahm diese Formulierung im ersten Heft des Jahres 1995, in dem er – beachtlich für die Vorgeschichte – immerhin schon »Haarrisse des Zweifels, ob der Christdemokrat sich wirklich getötet hat« feststellte.

Dem Untersuchungsausschuss wurden in der Folgezeit von uns auf Anforderung weitere Informationen aus dem inzwischen laufenden Ermittlungsverfahren zugeleitet. Darunter waren auch Protokolle von Zeugenaussagen ehemaliger Stasi-Mitarbeiter. So wurde dem Vorsitzenden des Untersuchungsausschusses – unter der strikten Auflage der Geheimhaltung – das Protokoll einer Vernehmung des Dietrich L. vom 26. Januar 1995 übermittelt. Dabei kam es erneut zu eine nachweisbaren Indiskretion: Über den Inhalt dieser Vernehmung wurde ausführlich im *Spiegel* berichtet, und zwar unter voller Namensnennung. Der Zeuge, der nach einer Umschulung bei einer Softwarefirma fest angestellt war, wurde fristlos gekündigt.

In der Folgezeit stand der Untersuchungsausschuss selbst im Zentrum der Berichterstattung, da Journalisten Telefongespräche von Ausschussmitgliedern abgehört und diese auch publiziert hatten.

Die Ermittlungen im ehemaligen Stasi-Bereich wurden intensiv und engagiert fortgeführt. Wenn auch die Informationen vom Bundesnachrichtendienst, die in den letzten beiden Monaten des Vorjahres so überaus sprudelten, nunmehr nur noch sehr schleppend eingingen, kamen doch aus dem Medienbereich – jedenfalls was überregionale Medien anging – vermehrt Hinweise. Dies galt insbesondere für die Journalistin Christina Wilkening, die uns berichtete, dass sie im Auftrag des WDR einen Film über die tschechoslowakische Spur drehte und darüber hinaus Hinweise zu einem Mann gab, der als Täter oder Mittäter an einem möglichen Barschel-Mord in Betracht kam. Dies führte zu der Annahme, dass wir kurz vor einem Zugriff stehen könnten. Am 10. April 1995 war die Journalistin mit einem Fernsehteam bei der Staatsanwaltschaft und erklärte ihre Bereitschaft, uns das gedrehte Rohmaterial zur Verfügung zu stellen. Zugleich bat sie mich um ein kurzes Interview für diesen Film.

Nach anfänglichem Zögern sagte ich zu, unter zwei Bedingungen: Der Interviewtext dürfe auf keinen Fall so geschnitten werden, dass mein kurzes Statement als Qualitätsbeweis für die Recherche der Journalistin verstanden werden könnte. Zum Zweiten verlangte ich, rechtzeitig den Sendetermin mitgeteilt zu bekommen, damit ich die vorgesetzten Dienststellen unterrichten könnte. Beides sicherte mir Frau Wilkening zu.

Ich war beruhigt und machte endlich am 19. und 20. April 1995 mit meiner Familie einen zweitägigen Kurzurlaub im Legoland in Billund/ Dänemark. Das Unheil nahm seinen Lauf. Ausgerechnet am 20. April sollte in der »Monitor«-Sendung des WDR der geplante Beitrag laufen. Die Absprache über die vorherige Unterrichtung war also gebrochen worden und, wie ich später feststellte, auch die zweite Zusicherung hinsichtlich der Platzierung des Interviews. Klaus Bednarz, der selbst über gute russische Sprachkenntnisse verfügt, hatte bei den auf Russisch geführten Interviews der Journalistin Wilkening gravierende Fehler entdeckt und daher den Gesamtfilm gekippt. Gleichwohl bastelte er aus dem Wilkening-Material einen Beitrag für sein Magazin »Monitor«.

Die Vorabmeldung des WDR zu diesem »Monitor«-Beitrag lautete am 19. April 1995 wie folgt:

Bei Recherchen in Moskau hat »Monitor« in der KGB-Zentrale eine Akte über Uwe Barschel gefunden und einsehen können. Sie wurde von der GRU, dem militärischen Abschirmdienst der ehemaligen Sowjetunion, angelegt und besteht aus einem roten Kennungsheft zur Person Barschels und zwei grauen Ordnern, in denen Berichte über angebliche Aktivitäten Barschels enthalten sind. Das berichtet das ARD-Magazin »Monitor« in seiner morgigen Sendung.

Nach dieser Akte hat Barschel schon 1979 in Potsdam einen Abgesandten der Waffenaußenhandelsfirma des damaligen sowjetischen Verteidigungsministeriums getroffen. Laut Akte hatte Barschel den Decknamen »Graf«. »Graf« habe sich unter anderem am 6. Juni 1984 mit einem Hans Werner Welp in Potsdam getroffen und eine Liste mit Aufträgen für den Kauf konventioneller Waffen übergeben. Hans Werner Welp beschaffte nach »Monitor«-Recherchen für die DDR Hightech-Produkte und war auch im Waffenhandel tätig. Er betrieb seine Geschäfte in der Gemeinde Angersdorf bei Halle. Dort arbeitete er als selbständiger Unternehmer und genoss umfangreiche Privilegien.

Ein ehemaliger Mitarbeiter von Welp erinnert sich: »Unter dem Decknamen »Graf« wurde der Herr Barschel geführt. Diese Person »Graf« hat Herrn Hans Werner Welp eine größere Summe im mehrstelligen Millionenbereich in bar übergeben. Für dieses Geld sollte Hochtechnologie eingekauft werden. Im Tausch gegen Waffen für die Dritte Welt, insbesondere im arabischen Raum.«

Andere Spuren im Fall Barschel führen in die Waffenschmieden von Tschechien und der Slowakei. Der Leitende Oberstaatsanwalt Heinrich Wille, der in Lübeck die Ermittlung im Fall Barschel führt, sagte gegenüber »Monitor«: »Es spricht insgesamt gesehen mehr für Mord als für Selbstmord. Andernfalls, da können Sie sicher sein, würden wir nicht in dieser Intensität seit Ende Dezember Ermittlungen durchführen. Es gibt sehr viel, was hier noch aufzuklären ist.« Wenn es ein Motiv für einen Mord an Barschel gäbe, sei es, so Wille, »am ehesten im Bereich des ehemaligen Embargo-Handels zu suchen [...]. Es geht um Geld, um sehr viel Geld, und es geht um sehr handfeste Interessen.«

Medienkampagne und Maulkorb

Die Berichterstattung in den Printmedien war am 20. April noch vergleichsweise sachlich. Es wurde lediglich geschrieben, dass »in den Kreisen des Kieler Schubladen-Untersuchungsausschusses« der »neue Verdacht als auch die Wille-Äußerungen« mit Kopfschütteln aufgenommen wurden. Auch *Kieler Nachrichten* und *Schleswig-Holsteinische Landeszeitung* berichteten noch vergleichsweise zurückhaltend.

Allerdings hatte der *Holsteinische Kurier* bereits »aus Justizkreisen […] erfahren, dass Wille zumindest bislang weder den Generalstaatsanwalt noch das Ministerium über eine überraschende Wende der Ermittlungen informiert hat. Dies wäre aber seine Pflicht gewesen.« Die überregionalen Medien bleiben sachlich und neutral.

Mich selbst erreichte die Meldung bei der Rückfahrt aus dem Legoland im Autoradio. Mit gelindem Entsetzen sah ich mir abends den Fernsehbeitrag an. Diese vergleichsweise banale Sache enthielt mehr Sprengstoff, als objektiv vorstellbar war. Als Vorwand für Pressionen schien sie jedenfalls gut genug zu sein. Die Reaktion höheren Ortes kam denn auch prompt. Am nächsten Tage erreichte mich noch zu Hause in meinem Kurzurlaub ein Fax von meinem Stellvertreter Oberstaatsanwalt Klaus-Dieter Schultz, in dem die Reaktion des Generalstaatsanwalts vom selben Tage zu finden war. Immerhin konnte ich so bereits am Freitag, dem 21. April 1995, erfahren, was in den Wochenendausgaben der Zeitungen dann publiziert wurde: »Maulkorb für den Oberstaatsanwalt« *(Lübecker Nachrichten)*.

In den Zeitungen des Freitags – angefangen bei den *Kieler Nachrichten* – standen bereits Mitteilungen an mich, die mich auf direktem Wege noch gar nicht erreicht hatten, obwohl ich durchaus telefonisch zu erreichen war und mein Faxgerät funktionierte.

Mysteriös blieb für mich, woher die *Kieler Nachrichten* die Schlagzeile hatten: »Justiz-Spitze fordert Erklärung für Willes Mord-Ermittlungen«. Im Fax des Generalstaatsanwalts war zu lesen, dass er und sein Pressesprecher weder gegenüber einem Journalisten noch gegenüber dem Justizministerium eine entsprechende Forderung formuliert hätte. Die *Landeszeitung* sah mich bereits am Freitag »unter Druck«. Auch dpa wusste zu berichten, dass die »Staatsanwaltschaft unter Druck« sei. Dieser in den Medien aufgebaute Druck war bei mir zu diesem Zeitpunkt noch nicht angekommen.

Am Vormittag des 21. April erreichte mich per Fax das Verbot jeglicher öffentlicher Äußerung. Es wurde von dem Stellvertreter des Generalstaatsanwalts, Henning Lorenzen, auch prompt verbreitet. Dpa meldete: »Maulkorb für Lübecker Oberstaatsanwalt im Fall Barschel. – Im Fall Barschel darf der Leiter der ermittelnden Lübecker Staatsanwaltschaft, Heinrich Wille, auf Anweisung von Generalstaatsanwalt Heribert Ostendorf zunächst keine öffentlichen Erklärungen mehr in eigener Verantwortung abgeben. Wille sei aufgefordert worden, bis auf Weiteres auf Presseerklärungen und jegliche andere Information der Medien zu verzichten, sagte der Pressesprecher des Generalstaatsanwalts, Henning Lorenzen, am Freitag der dpa.«

In Kontrast zu der allgemein immer noch eher sachlichen Berichterstattung stand bereits Ludger Fertmann im *Hamburger Abendblatt* mit der schadenfrohen Formulierung »Rapport statt Rampenlicht« und einer Mischung von Nachricht und Kommentar, die der Regenbogenpresse würdig war und anonyme Vorwürfe gegen mich, angeblich aus den Reihen der Lübecker Behörde, enthielt. In einem nicht gedruckten Leserbrief hierzu schrieb ich per Fax an das *Hamburger Abendblatt:* »Auf solche Kritik sachlich einzugehen, wäre ich gern bereit. Da Ihr Artikel aber nicht ein einziges Beispiel, geschweige denn Belege dafür enthält, fällt der Vorwurf auf die mangelnde Sorgfalt des Verfassers bei seiner Recherche – falls überhaupt vorhanden – zurück. Gelegenheit zur Stellungnahme wurde jedenfalls nicht gegeben. Der angemessene Platz für solche anonymen Vorwürfe sollte ein Papierkorb sein. Sie im Artikel eines bislang von mir geschätzten Journalisten wiederzufinden, ist – das räume ich gern ein – durchaus enttäuschend.«

Den Gipfel bot die Ausgabe der *Welt* vom Wochenende. In dem Artikel hieß es: »Unmut über den Chefermittler«, in dem der Satz stand: »Äußerst verschnupft über den Chefermittler ist auch das Justizministerium.« Freundlicherweise wurde dann noch die Frage aufgeworfen, ob ich nicht ein Selbstdarsteller sei.

In späteren Jahren sprach ich bei einer Veranstaltung der Landespressekonferenz in Gegenwart von Journalisten den ehemaligen Justizminister Dr. Klaus Klingner auf die Geschehnisse an und stellte ihm die Frage, ob er nach der »Monitor«-Sendung mich »zum Abschuss freigegeben hätte«, woraufhin er antwortete: »Es gab da Signale.«

Um all dies verstehen zu können, muss man einen Gedanken an die Strukturen der Landespolitik und ihrer öffentlichen Wahrnehmung verlieren. So wie in Schleswig-Holstein verhält es sich wahrscheinlich auch in allen anderen Bundesländern, und zwar umso mehr, je kleiner und provinzieller das Bundesland ist. Es gibt eine Anzahl von Journalisten, die Mitglieder der Landespressekonferenz in der Landeshauptstadt sind und sich hauptsächlich mit der Berichterstattung über Landespolitik befassen. Ihre berufliche Existenz hängt gewissermaßen von den Landespolitikern ab, über die sie berichten, und von ihrer Fähigkeit, die landespolitischen Gegebenheiten möglichst interessant und spannend darzustellen. Andererseits gibt es Landespolitiker, die man ohne diese Journalisten wahrscheinlich überhaupt nicht wahrnehmen würde. Daraus ergibt sich in gewisser Weise eine Symbiose zwischen Politik und Medien, ein Aufeinanderangewiesensein der besonderen Art.

Für mich blieb die Erkenntnis: Absprachen mit den Medien setzen voraus, dass die Personen, mit denen man sie trifft, sie auch tatsächlich einhalten können. Zum anderen wuchs in mir die Einsicht, dass es in diesem Verfahren längst nicht mehr wichtig war, welche politischen Wege man gemeinsam gegangen war und welche gemeinsamen Überzeugungen die handelnden Akteure prägten. Ich würde mich zudem in Zukunft darauf einstellen müssen, dass auch eine persönliche Freundschaft wie die, in der ich mich mit dem Generalstaatsanwalt seit langen Jahren verbunden wähnte, vor dem Hintergrund dieses Verfahrens zu Staub zerfiel.

Ich brauchte einige Zeit, um das zu begreifen, und die Situation an diesem Aprilwochenende hat sicherlich dazu beigetragen. Auf der einen Seite gab es Signale, die praktisch eine Kampagne gegen mich in den regionalen Medien wenn nicht einleiteten, so doch begünstigten. Vergleichbare Inszenierungen von Vorgesetzten gegen Untergebene sind mir bis heute nicht bekannt geworden.

Auf der anderen Seite wurden mir öffentliche Äußerungen untersagt und damit auch die Möglichkeit genommen, mich adäquat gegen öffentliche Angriffe zu wehren. Ich saß gewissermaßen in der von meinen Vorgesetzten inszenierten Zwickmühle. Die gesetzliche Fürsorgepflicht des Dienstherrn wurde so erneut zur Fiktion. Mir blieb die Hoffnung, mit guten Nerven trotzdem die mir gestellten Aufgaben zu erfüllen.

Die Vorgesetzten stehen selbst in der Kritik

Bei all diesen Entwicklungen hatte ich eines nicht hinreichend in Betracht gezogen, und ich bin mir auch nicht sicher, ob es meine Aufgabe war, dies in Betracht zu ziehen: Alle drei Akteure, die meine Vorgesetzten waren – Minister, Staatssekretär und Generalstaatsanwalt –, standen in gewisser Weise selbst in der Kritik, und das so massiv, dass man sie möglicherweise als angeschlagen betrachten konnte.

SAT1 berichtete am 17. Januar 1995 unter der Schlagzeile »Klaus Klingner seit Monaten unter Druck«, über die Vorwürfe: Klingner habe zahlreiche Pannen zu verantworten und er habe den politischen Schulterschluss mit der Staatsanwaltschaft gesucht, »MP Simonis hält sich bisher noch ziemlich zurück – bisher! Zwar waren die Rücktrittsforderungen von CDU und FDP sicherlich Anlass genug, seine Position zu stärken, wie es üblicherweise die politischen Rituale sind. Aber immerhin: Sie haben sicherlich Spuren hinterlassen. Die permanenten kritischen Äußerungen mit Rücktrittsforderungen der jeweiligen justizpolitischen Sprecher waren nicht ohne.«

Besonders schmerzlich für Klingner war sicherlich, dass ein Reformvorhaben, das dem Minister vor allem am Herzen lag, notleidend wurde: die von ihm vorgesehene Zusammenlegung der »Sozialen Dienste der Justiz«, nämlich der Bewährungshilfe, die bei dem Landgericht angesiedelt war, und der Gerichtshilfe, die zu den Staatsanwaltschaften gehörte. Während Bewährungshelfer vor allem die sozialpädagogische Begleit- und Kontrollfunktion bei Straftätern haben, die auf Bewährung zu Freiheitsstrafen verurteilt sind, haben Gerichtshelfer vielfältige Aufgaben im Ermittlungsverfahren, von der Analyse der sozialen Situation des Beschuldigten bis hin zur Strafvollstreckung.

Die betroffenen Mitarbeiterinnen und Mitarbeiter protestierten heftig, die Gewerkschaft stellte sich gegen das Reformprojekt, und ausgerechnet der Lübecker Landgerichtspräsident und meine Wenigkeit äußerten als Gewerkschaftsmitglieder Kritik an dem Reformvorhaben. Vom Befürworter dieses sinnvollen Projektes war ich zum Gegner geworden, weil die Art und Weise der Umsetzung für mich nicht diskutabel war. In diesem sensiblen Feld musste man stärkere Versuche machen, die Mitarbeiter mitzunehmen und die Integration schonender durchzuführen, als dies im Ministerium geplant war.

Hinzu kam die Tatsache, dass der Parlamentarische Untersuchungsausschuss in einigen Punkten doch immerhin auf dem Wege war, Korrekturen zu den Ergebnissen des ersten Parlamentarischen Untersuchungsausschusses der »Barschel-Affäre« zu fixieren, für dessen Ergebnisse seinerzeit der Vorsitzende und heutige Minister Klingner wesentlich verantwortlich zeichnete. Staatssekretär Pelny, einst im Zentrum der Macht als Chef der Staatskanzlei, fühlte sich als Justizstaatssekretär degradiert.

Der Generalstaatsanwalt schließlich war in seiner Position geschwächt, weil das Verhältnis zur Ministerpräsidentin Heide Simonis nicht gerade konfliktfrei war. Es hatte sogar eine Phase gegeben, in der öffentlich über seine Absetzung diskutiert wurde und ausgerechnet ich mich genötigt sah, mich aktiv für meinen direkten Chef einzusetzen und in Gesprächen mit wichtigen Meinungsträgern seine Verdienste und seine Qualitäten hervorzuheben, was Heribert Ostendorf nicht verborgen blieb und wofür er sich auch bedankte. Im Ergebnis hatte ich mir mit diesem Engagement zwar einen Bärendienst erwiesen; es entsprach jedoch meiner vollen Überzeugung zum damaligen Zeitpunkt.

Es war mir sicherlich nicht genügend bewusst, inwieweit ich für alle drei Vorgesetzten und für jeden Einzelnen mit meiner knallharten Umsetzung des Ermittlungsauftrages im Fall Barschel eine Provokation bedeuten musste. Ich hatte auch nicht die Ruhe, darüber nachzudenken.

Die Leitung der Staatsanwaltschaft war etwas, was ich konnte. Doch ich hatte nicht die Zeit, die einzelnen Mitarbeiterinnen und Mitarbeiter kennenzulernen, ihre persönlichen Sorgen, Nöte, Befindlichkeiten zu erfahren und entsprechend meinen so gewonnenen Kenntnissen die Behördenorganisation zu optimieren.

»Management by walking around« war nicht drin; über die Gänge schlurfen, den Kollegen auf die Schulter klopfen, Lob und Tadel verteilen und fragen, wie denn die Befindlichkeit sei, war in einer Behörde, in der man kaum jemanden persönlich kannte, durchaus ein Problem.

Für die Zusammenarbeit mit Gerichten und Rechtsanwälten sowie Behörden erwies sich dies als durchaus positiv, da es niemanden gab, der meinte, ich sei ihm aus irgendwelchen Gründen in der Vergangenheit etwas schuldig geblieben. Aber ich selbst hätte mir gewünscht, über Fähigkeiten und Kompetenzen der einzelnen Mitarbeiter persönlich Bescheid zu wissen, um sie besser einschätzen und würdigen zu können. Vor allem Staatsanwältinnen und Staatsanwälte etwa meines Alters fühlten sich möglicherweise von mir nicht genügend akzeptiert.

Stasi-Akten und »K.-o.-Tropfen«

Wachsender Druck auf die Barschel-Ermittler

Wer geglaubt hatte, die Meinungsverschiedenheiten mit der Gauck-Behörde wären durch die denkwürdige Intervention des Generalstaatsanwalts beendet und man könnte zur Tagesordnung übergehen, sah sich getäuscht. In der Zwischenzeit war im Gefolge des Untersuchungsausschusses etwas geschehen, was die positive Beurteilung des Leiters der Gauck-Behörde und deren gesamter Arbeit ins Wanken gebracht, wenn nicht sogar teilweise ins Gegenteil verkehrt hatte.

Es ging um die Frage, ob die Unterlagen der Gauck-Behörde, bei denen es sich in wesentlichen Passagen um Protokolle abgehörter Telefongespräche handelte, im Untersuchungsausschuss Verwendung finden durften. Bereits beim Besuch der Staatsanwaltschaft Lübeck in der Gauck-Behörde waren die entsprechenden Unterlagen zum großen Teil bereitgestellt worden; sie wurden wenig später dem Vorsitzenden des Untersuchungsausschusses zugeleitet. Während die Opposition und auch der Ausschussvorsitzende Heinz-Werner Arens (SPD) die Stasi-Akten nutzen wollten, legten die SPD-Mitglieder mehrheitlich ihre Bedenken dar, unterstützt vom Landesbeauftragten für den Datenschutz Helmut Bäumler. Der argumentierte: »Die Rechtsprechung der Bundesrepublik ist meiner Ansicht nach in dieser Frage eindeutig: Illegal erworbene Daten dürfen nicht benutzt werden.« Bis zur Klärung dieser Frage wurden die 800 Blatt Akten beim Ausschuss nicht ausgewertet; »Stasi-Akten bleiben vorerst im Panzerschrank«, schrieben die *Kieler Nachrichten*.

Vor allem Staatssekretär Stefan Pelny wehrte sich vehement gegen die Verwendung der Unterlagen, in denen auch er selbst vorkam. Pelny unterstellte der Gauck-Behörde »nachträgliche Kumpanei mit der Stasi« und forderte Behördenchef Gauck auf, die ihn betreffenden Unterlagen vom Untersuchungsausschuss zurückzufordern.

Stefan Pelny, Björn Engholm und der SPD-Fraktionsvorsitzende Gert Börnsen zogen vor das Bundesverfassungsgericht, um die Verwertung der Akten durch den Untersuchungsausschuss zu verhindern. Ihr Antrag auf einstweilige Anordnung wurde jedoch abgelehnt und der Streit an das Amtsgericht Kiel verwiesen. Inzwischen wehrte sich Joachim Gauck gegen die Polemik Pelnys, dessen Vorwurf der »nachträglichen Kumpanei mit der Stasi« er als Pöbelei ansah. Pelny habe damit »die Grenze des Hinnehmbaren überschritten«.

Die Frage der Verwertbarkeit von Stasi-Unterlagen

Dies alles geschah in den ersten drei Wochen des April 1995. Und nun stand am 25. April 1995 mein Vortrag im Justizministerium über die weitere Verwendung der Gauck-Unterlagen für das Ermittlungsverfahren zum Tode Uwe Barschels an. Mir war inzwischen genehmigt worden, eine inhaltsleere Presseerklärung abzugeben: dass die Stasi-Unterlagen bei uns sicher verwahrt seien.

Welche Unterlagen hatten wir von der Gauck-Behörde? Teilweise waren es Unterlagen, die bereits bekannt waren, teilweise waren es Unterlagen, die wir ohnehin erhalten sollten, und zum Dritten Unterlagen, die im Zusammenhang mit dem Besuch von Barschel in Karl-Marx-Stadt von besonderem Belang sein konnten und die uns nur zum Teil durch die Journalistin Wilkening bekannt waren. Es ging unter anderem um einen Aufenthalt von Uwe Barschel im Bezirk Karl-Marx-Stadt 1984.

Maßgeblich ist nach der Strafprozessordnung nicht, ob die Unterlagen als Beweismittel in Betracht kommen – maßgeblich ist die potenzielle Beweisbedeutung. Diese war zweifelsfrei gegeben. Gerade zur damaligen Zeit bestand die feste Überzeugung, dass im Stasi-Bereich

weitere Ermittlungen erfolgversprechend seien. Die Verwertbarkeit von Unterlagen hätte letztendlich erst dann konkret eine Rolle gespielt, wenn tatsächlich das Ermittlungsverfahren mit einem Erfolg geendet hätte. Dann wäre es um die Verwertung in einem Gerichtsverfahren gegangen. Eine Feststellung, ob sämtliche Unterlagen verwertbar oder nicht verwertbar waren, konnte demgemäß nicht getroffen werden.

Ich hatte keine Zweifel, dass die Unterlagen für das Ermittlungsverfahren wegen Verdachts des Mordes weiterhin verwertbar waren und blieben, wovon im Übrigen ja auch Joachim Gauck ausging, den lediglich die Art und Weise der Beschaffung störte. Mit dem Landesbeauftragten für den Datenschutz, Helmut Bäumler, der mir gut bekannt war, erörterte ich die Rechtslage und erhielt telefonisch seine Zustimmung zu der differenzierenden Bewertung: Was nach seiner Rechtsauffassung der Untersuchungsausschuss nicht durfte, stand der Staatsanwaltschaft im Rahmen eines Verfahrens dieser Dimension zu. Meine schriftliche Anregung gegenüber dem Justizministerium, den Landesbeauftragten für den Datenschutz förmlich zu beteiligen, wurde natürlich nicht akzeptiert; sie wurde – wie manch anderes auch – ignoriert.

Die Beschwerde der Gauck-Behörde gegen den Durchsuchungs- und Beschlagnahmebeschluss des Amtsgerichts Lübeck hätte die Chance eröffnet, durch eine zweitinstanzliche Entscheidung des Landgerichts Lübeck die Rechtslage auch hinsichtlich der Verwendung der Unterlagen klarzustellen. Dies wäre in einem Rechtsstaat der angemessene Weg gewesen. Diese Möglichkeit hatte der Generalstaatsanwalt verhindert. Trotz allem war ich wegen der Eindeutigkeit der Rechtslage zuversichtlich, dass das Ergebnis der Erörterung im Ministerium nur in meinem Sinne ausfallen konnte.

Am Vortag, dem 24. April 1995, besuchte ich nachmittags meine alte Abteilung im Justizministerium, um die Lage zu sondieren. Als ehemaligen Referenten ließ man mich an der turnusmäßigen Dienstbesprechung teilnehmen. Zu meiner großen Überraschung musste ich erfahren, dass eine Beteiligung der Rechtsabteilung an der vorgesehenen Besprechung am nächsten Tage nicht geplant war. Weder der Abteilungsleiter Dr. Wolfdietrich Wendt noch der brillante Öffentlichrechtler Ministerialrat Gunter Schwelle sollten hinzugezogen werden. Dieses Signal war eindeutig.

Am nächsten Tag erschien ich zu der Besprechung etwas früher. Vor dem Justizministerium hatte sich bereits ein Fernsehteam des ZDF aufgebaut und fragte mich, ob ich für ein kurzes Interview bereit sei. Da ich sah, dass gerade in diesem Moment auch der Minister sich dem Hause näherte, verneinte ich nicht sofort, sondern antwortete: »Das weiß ich nicht. Fragen Sie dazu doch bitte den Minister persönlich.« Da der Minister direkt in die Fernsehkamera kein Nein sagen wollte, genehmigte er das Interview. Meine Antworten waren klar und deutlich. Meines Wissens ist dieses Interview aber vom ZDF nicht gesendet worden.

Die Besprechung selbst verlief nach dem von mir befürchteten Muster. Wortführer war Staatssekretär Pelny, der nach meinem Dafürhalten aufgrund seiner persönlichen Interessenlage an dieser Besprechung überhaupt nicht hätte teilnehmen dürfen. Es hätte zumindest für ihn selbstverständlich sein müssen, wenn er schon anwesend war, sich bei der Diskussion zurückzuhalten. Wie später aus der Presse zu erfahren war, war auch Justizminister Klaus Klingner persönlich betroffen, da auch über ihn Unterlagen im Panzerschrank des Untersuchungsausschusses lagen, die von der Gauck-Behörde stammten.

Wortführer war weiter der Generalstaatsanwalt, dessen Stellvertreter in seiner vorher eingereichten schriftlichen Stellungnahme noch juristisch abgewogen und zurückhaltend argumentiert hatte, wovon jetzt jedoch nichts mehr zu spüren war.

Noch am selben Tag wurde über das »intensive Fachgespräch« eine Presseerklärung herausgegeben, in der es hieß:

Stasi-Unterlagen werden von der Staatsanwaltschaft Lübeck zurückgeschickt. Heute hat eine seit Längerem geplante Dienstbesprechung zum Thema »Ermittlungsverfahren wegen Mordes zum Nachteil von Dr. Uwe Barschel« im Justizministerium stattgefunden, an der u. a. Justizminister Dr. Klaus Klingner, Generalstaatsanwalt Prof. Dr. Heribert Ostendorf und Leitender Oberstaatsanwalt Heinrich Wille von der Staatsanwaltschaft Lübeck teilgenommen haben. Zur Frage der Verwertbarkeit der Stasi-Unterlagen über abgehörte Telefonate hochrangiger Politiker aus Schleswig-Holstein hat es ein intensives Fachgespräch gegeben. Zur Beantwortung dieser Frage gibt es in der Bundesrepublik bislang noch keinen Präzedenzfall. Ein Großteil der Unterlagen ist für das Ermittlungsverfahren wegen Mordverdachts offensichtlich irrelevant. Soweit Informationen aus diesen Telefongesprächen evtl. Bedeutung haben könnten, gibt es erhebliche rechtliche Bedenken gegen eine Verwertbarkeit. Aus diesen Gründen sollen alle Unterlagen an die Gauck-Behörde zurückgeschickt werden und nur über die Telefonate, die möglicherweise relevant sein könnten, ein formales Verzeichnis angelegt werden, wer wann mit wem telefoniert hat und was im Allgemeinen Gegenstand dieses Gespräches war. Einzelheiten werden nicht aufgezeichnet. Sollte es hierauf später für weitere Ermittlungsansätze ankommen, muss die Grundsatzfrage erneut diskutiert und beantwortet werden. Prof. Ostendorf: »Wir müssen uns den Kopf nicht über etwas zerbrechen, wenn es hierauf möglicherweise gar nicht ankommt.«

»Schlechtes Kabarett«

Dieser Formelkompromiss, der schwer verständlich erschien, stieß auch auf Unverständnis in der Öffentlichkeit. Der rechtspolitische Sprecher der CDU Thorsten Geißler nannte die Argumentation »schwer nachvollziehbar«. Der FDP-Sprecher Bernd Buchholz sprach von »schlechtem Kabarett«.

Für mich gab es zwei Gründe für diese Entscheidung, die Justizminister, Staatssekretär und Generalstaatsanwalt ganz offenbar so schon vorbereitet hatten. Zum einen dominierte die Betroffenheit der beiden Justizpolitiker, zum anderen fehlte es an der für ein Ermittlungsverfahren dieser Art erforderlichen Entschlossenheit, klare rechtliche Positionen zu beziehen, an denen sich die Ermittlungsbehörden orientieren konnten und die der Öffentlichkeit die Überzeugung vermittelt hätten, dass man es mit den Ermittlungen ernst meint.

Dies wurde wohl auch gesehen, die Presseerklärung des General-staatsanwalts enthielt dazu eine salvatorische Formel:

Die Staatsanwaltschaft Lübeck hat einen Anfangsverdacht wegen Mordes zum Nachteil von Dr. Barschel angenommen; diesem Anfangsverdacht wird mit Nachdruck weiter nachgegangen. Hierzu gehört insbesondere, dass ein Obergutachten zur Feststellung der Todesursache von Dr. Barschel eingeholt wird.

Die Bezeichnung des Gutachtens als »Obergutachten« findet zwar in Rechtsvorschriften keinerlei Grundlage, war aber geeignet, besondere Aktivitäten scheinbar zu belegen. Im Übrigen wurde mit einer fingierten Einigkeit, die tatsächlich nicht gegeben war, der »Maulkorb« für mich bekräftigt: »Hinsichtlich der Information der Öffentlichkeit über das laufende Ermittlungsverfahren bestand zwischen dem General-staatsanwalt und dem Leitenden Oberstaatsanwalt Übereinstimmung, dass Erklärungen nur abgegeben werden, wenn neue Erkenntnisse vor-liegen.«

Nun hatte mich ein Ritual eingeholt, das der Justiz in früheren Zeiten eigen war, von dem ich hoffe, dass es für immer der Vergangenheit angehört: Die Entscheidungsträger der höchsten Ebene einigen sich zu-vor auf ein Ergebnis und zelebrieren es vor dem weisungsabhängigen Untergebenen zur Vermeidung einer förmlichen Weisung, die es letzt-endlich aber darstellt. Durch die überlegene Anzahl der Vorgesetzten, die an diesem Gespräch beteiligt sind, erhält die vorgegebene Entschei-dung dann auch noch den Ritterschlag einer Mehrheitsentscheidung. Die völlige Chancenlosigkeit der Auflehnung gegen ein solches Ritual war mir von Vornherein klar und erfüllte mich doch mit einer gewissen Bitterkeit.

Die Krönung des Ganzen war eine Erklärung des stellvertretenden Generalstaatsanwalts und Pressesprechers Henning Lorenzen, »dass Untersuchungsausschüsse eben größere Rechte haben als Staatsanwalt-schaften«. Letztendlich sah ich mich in meinem Verdacht bestätigt: Die Annahme eines Anfangsverdachtes für ein Kapitalverbrechen schien mehr und mehr formaler Natur, soweit es meine Vorgesetzten anging. Die innere Überzeugung, dass Uwe Barschel wohl doch Selbstmord begangen habe, überlagerte die Bereitschaft, dieses Verfahren wie jedes andere Verfahren wegen Verdachts eines Kapitalverbrechens anzusehen. Dies verführte selbst einen so exzellenten Rechtskenner wie den Leitenden Oberstaatsanwalt Lorenzen dazu, dem Journalisten Ludger Fertmann eine rechtlich unhaltbare Erläuterung des Verhältnisses Untersuchungsausschuss/Staatsanwaltschaft zu geben. Fertmann textete dann in unnachahmlicher Weise wieder seine Schlagzeile: »Schlappe für Wille«, was mich nicht weiter gestört hätte. Was mich nachhaltig störte und das Ermittlungsverfahren weiterhin nachhaltig beeinträchtigte, war die Tatsache, dass es sich hier letztlich um eine »Schlappe« für den Rechtsstaat handelte.

Neue Herausforderungen

Die Polizeibehörden und die Staatsanwaltschaft im Lübecker Bezirk standen vor neuen Herausforderungen, die jedes Maß übersteigen sollten. Es begann damit, dass schon drei Wochen nach dem Urteil des Schleswig-Holsteinischen Oberlandesgerichts zum ersten Brand der Synagoge in Lübeck am 7. Mai 1995 ein erneuter Brandanschlag verübt wurde. In den folgenden Monaten und Jahren sahen sich die Ermittlungsbehörden durch schwerwiegende Straftaten unterschiedlicher Art vor Aufgaben, die die Kraft aller auf das Äußerste strapazierten. Dies galt im besonderen Maße für meinen Stellvertreter, Oberstaatsanwalt Schultz, der zunächst einmal die organisatorische Arbeit und die Pressearbeit zu bewältigen hatte, aber in verstärktem Maße auch für mich.

In dem Barschel-Verfahren respektierten die Journalisten meine Zurückhaltung, was nicht ausschloss, dass in überregionalen Medien auch Hinweise und Rechercheergebnisse erschienen, die das Verfahren förderten. Die *Lübecker Nachrichten* (LN) brachten in einer Artikelserie über Lübecker Persönlichkeiten einen groß aufgemachten Bericht über mich, unter der Überschrift »Ein Mann wider den Strom« in dem ich mich auch zum Barschel-Verfahren allgemein äußerte:

»Leitbild ist die Gerechtigkeit. Wir werden sie nie erreichen, aber es gilt sie anzustreben. Wir leben in einer Zeit, in der man Utopien braucht, mehr als sonst, denn die Leute verarmen geistig.«

Was ist die Antriebsfeder seiner Arbeit? [fragten die *Lübecker Nachrichten*.] Da macht er eine lange Pause. Darüber hat er sich noch keine Gedanken gemacht. Er lacht. Der Antrieb ist eben vorhanden.

LN: Was für ein Menschentyp sollten Juristen sein?

Wille: Richter und Staatsanwälte sollten weniger angepasst sein als andere Menschen. Sie brauchen viel Zivilcourage. Der Staatsanwalt muss sich notfalls mit Gott und der Welt anlegen, wenn es darum geht, seine Aufgaben zu erfüllen. Ich möchte keine grauen Mäuse und auch keine Duckmäuser.

Nach dem erneuten Brandanschlag auf die Lübecker Synagoge, verlieren Sie da nicht den Glauben an die Gerechtigkeit?

Gerade in Zeiten, in denen andere diese Ideale so nachhaltig verletzen, brauchen wir Leitbilder zur Orientierung.

Wie haben Sie sich gefühlt, als Sie die Nachricht vom Anschlag erhielten?

Ein sehr beklemmendes Gefühl. Ich hatte schon die ganze Zeit davor Angst, dass etwas passieren könnte. In den letzten Monaten war es ja relativ ruhig.

Wie sollen Justiz und Gesellschaft mit solchen Ereignissen umgehen?

Die Frage der Gesellschaft kann ich nicht beantworten. Und die Justiz: Die macht ihre Arbeit. Ich selbst habe zu meiner Kieler Zeit bei einer ganzen Reihe rechtsextremistischer Anschläge Verurteilungen erzielt. Gerade in Schleswig-Holstein wird da sehr viel getan. Es müssen Zeichen gesetzt werden. Es ist schon komisch (er stutzt kurz). Durch diese Fälle wird man plötzlich zum Hardliner.

Ihr wichtigster Fall?

Was auf mich im Zusammenhang mit Barschel zukommen würde, habe ich mir nicht träumen lassen. Ich habe mir den Fall nicht ausgesucht, sondern vorgefunden. Es ist eine Frage der Pflichtausübung. Das massive Me-

dieninteresse habe ich nicht in diesem Ausmaß absehen können. Der Fall
fordert nun aber einen Großteil meiner Arbeitskraft.

Die unendliche Geschichte?

Schwer zu sagen, wie lange das noch geht. Jede Prognose müsste korrigiert werden. Es bestehen zwar gute Aussichten auf Aufklärung. Aber es darf sich auch niemand wundern, wenn es nicht klappt. Wir können nur engagiert den Spuren nachgehen. Jedoch dürfen wir nicht immer alles sagen, was wir wissen.

Hat der Fall Barschel Ihr Leben verändert?

Ich denke schon. Allein, dass ich immer darüber nachdenken muss, auch wenn ich nicht mehr im Dienst bin, etwa beim Sonntagsspaziergang.

Die mir aufgezwungene restriktive Öffentlichkeitsarbeit im Barschel-Verfahren trieb bald seltsame Blüten. Die Ermittlungen wurden zwar intensiv fortgesetzt. Dazu gehörte auch die Arbeit des toxikologischen Sachverständigen, Professor Ludwig von Meyer in München. So wurde er beispielsweise von Staatsanwalt Sela auf eine Passage in dem Gutachten von Professor Brandenberger hingewiesen, in der es hieß:

> Persedon ist seit vielen Jahren nur noch in wenigen Ländern im Handel (Osten). Aus Fahndungsgründen dürfte es interessieren abzuklären, woher 1987 ein mit Methyprylon verunreinigtes Pyrithyldion in Verkauf gewesen ist.

Von Meyer beschäftigte sich in der Folgezeit daher auch intensiv damit, inwieweit Methyprylon noch nachweisbar war. Diese Überprüfung gewann bald eine besondere Brisanz, weil es sich bei diesem Mittel um die früher sogenannten »K.-o.-Tropfen« handelte. Im Zusammenhang mit dem Trinken von Alkohol können diese kurzfristig zur Bewusstlosigkeit führen. Am Beginn der letzten vollen Augustwoche kündigte uns von Meyer ein Gutachten an, das aufgrund dieser Tatsache von besonderer Brisanz sein würde. Auch wenn im Blut kein Alkohol nachzuweisen gewesen sei, habe er in anderen Körperflüssigkeiten Alkohol nachweisen können und in der Galle hohe Konzentrationen von Methyprylon.

Meyer erweckte den Eindruck, die beschriebene Wirkung könnte beim Tod von Uwe Barschel eine Rolle gespielt haben.

Am 23. August besuchte der Justizminister nachmittags persönlich die Behörde, um kurz vor seinem Urlaub noch einmal nachzufragen, ob es denn in dem Barschel-Verfahren etwas Neues gebe. Wir unterrichteten ihn von den telefonischen Ankündigungen von Professor von Meyer.

Am Folgetage war ich mit dem Journalisten Hubert S. verabredet, der mir brisante Unterlagen in Aussicht gestellt und mit dem ich mich zur Übergabe dieser Papiere verabredet hatte. Das erwartete Gutachten ging an diesem Tage ein, äußerte sich zu der kritischen Fragestellung jedoch ungenau und jedenfalls nicht so, wie der Professor es uns angekündigt hatte. Per Fax schickten wir umgehend entsprechende Nachfragen an von Meyer.

Der Nachweis von Alkohol wurde laut Gutachten durch die Identifizierung von weniger flüchtigen Inhaltsstoffen des Alkohols geführt, Methyprylon wurde geringfügig im Blut und in hoher Konzentration in der Galle nachgewiesen, dazu hieß es: »Nach Aufnahme von Methyprylon in Kombination mit Alkohol kann es zu plötzlich eintretendem Bewusstseinsverlust kommen. Der Eintritt des Todes von Herrn Dr. Barschel lässt sich somit als Folge der Aufnahme von Pyrithyldion, Methyprylon [...] erklären.«

Die Nachfragen sollten klären,

- ob die Hinweise, dass der Wirkstoff Methyprylon vor den übrigen vier Wirkstoffen [...] aufgenommen worden ist, eindeutig sind,
- wie groß gegebenenfalls der zeitliche Mindestabstand zwischen der Aufnahme von Methyprylon und den anderen Wirkstoffen ist sowie
- ob die festgestellte Menge Methyprylon allein zum Bewusstseinsverlust geführt haben könnte.

In der Presse kochte die Sache hoch. Ganz offensichtlich erwarteten die Medienleute eine Sensation. Deutlich wurde dies im *Hamburger Abendblatt* vom nächsten Tag, in dem der gewöhnlich über Kieler Ereignisse gut informierte Ludger Fertmann schrieb: »Nach Informationen des

Hamburger Abendblattes geht der Staatsanwaltschaft Lübeck in diesen Tagen ein Gutachten des Toxikologen Professor Ludwig von Meyer von der Münchner Universität mit der Aussage zu: Uwe Barschel kann in der Nacht zum 11. Oktober 1987 im Genfer Hotel ›Beau Rivage‹ das tödliche Medikament nicht selbst genommen haben; er lag bereits im Koma.« Dieser früheren Schlussfolgerung von Professor Brandenberger schließe sich, »wenn auch teilweise auf der Basis der Bewertung anderer Chemikalien, ausgerechnet der Rechtsmediziner an, der Zweifel methodischer und logischer Art angemeldet hatte«.

Wie verabredet, traf ich mich am 24. mit dem Journalisten Hubert S. Wegen der Sensibilität der Unterlagen, die er mir geben wollte, begaben wir uns in meine damalige Wohnung, dort nahm ich die Sachen in Augenschein. Es handelte sich um ein vertraulich eingestuftes Exposé des Bundesamtes für Verfassungsschutz über »Staatsterrorismus im Iran«, das vom Staat organisierte kriminelle Handlungen zu belegen schien.

Das Exposé beeindruckte mich zunächst einmal sehr stark, zumal es im Zusammenhang mit Informationen über den Ablauf des Todestages in Genf (Anwesenheit des Sohnes des Ayatollah Khomeini) auch für unser Verfahren von erheblicher Brisanz sein konnte. Später stellte sich heraus, dass diese Brisanz doch nicht so groß war wie vermutet: Es handelte sich um Unterlagen, die in den Gerichtsakten des Prozesses in Sachen »Mykonos« in Berlin ebenfalls zu finden waren.

Kurz darauf erreichte mich unter meiner Geheimnummer ein Anruf des Generalstaatsanwalts Ostendorf, in dem er mir erklärte, ich müsste noch heute Abend zu der fraglichen Sache der Presse Informationen geben. Er habe meine Geheimnummer an mehrere Journalisten weitergegeben, die mich anrufen würden. Dieser Bruch der Vertraulichkeit durch die Weitergabe meiner Telefonnummer war nicht die erste Überraschung, die ich vom Generalstaatsanwalt in diesem Verfahren erlebte, und es sollte nicht die letzte bleiben. Ich bestätigte den anrufenden Journalisten die Existenz eines neuen Gutachtens und dementierte nachhaltig die in diesem vermutete Tendenz. Ich informierte natürlich auch Hubert S., der seinerseits dann das ZDF anrief, damit dieses die entsprechende Nachricht noch senden konnte.

Die Gier der Medien nach einer sensationellen Nachricht in Sachen Barschel schien unersättlich. Die hochgestochenen Erwartungen, die von dritter Seite geweckt waren, konnte ich nicht erfüllen. Die Enttäuschung der Journalisten richtete sich natürlich nicht gegen die Quelle ihrer »guten« Information, sondern – wie konnte es auch anders sein – gegen den Leitenden Oberstaatsanwalt in Lübeck. Selbst Journalisten, die sich sonst durch Sachlichkeit auszeichneten, verstiegen sich zu dreisten Spekulationen. Unter Bezugnahme auf meinen »Maulkorb« hieß es: »Wille behauptet, er habe sich daran gehalten. Dennoch ist sicher nicht ohne Zutun seiner Lübecker Staatsanwaltschaft wieder einmal ein Wochenende mit großen Spekulationen und wenig konkreten Informationen über den Tod Uwe Barschels ins Land gegangen [...]. Aber irgendwo muss seine Behörde ein Leck gehabt haben.« Der Verfasserin Cornelia Bolesch von der *Süddeutschen Zeitung* schrieb ich dazu: »Bislang glaube ich mit Sicherheit behaupten zu können, dass die Ermittlungsgruppe und die Behörde ein solches Leck nicht hat.«

»Dass die Akte Barschel auch eine politische ist, ist klar«

Für den 28. August berief der Generalstaatsanwalt eine Pressekonferenz ein, an der ich immerhin teilnehmen durfte, und verteilte an alle anwesenden Journalisten das zwölfseitige Gutachten von Professor Ludwig von Meyer, meine Nachfragen und die umgehend erfolgte Antwort, dass der Zeitrahmen der Einnahme des Methyprylon von mehreren Stunden bis hin zu Tagen betragen könne.

Die Äußerung von Staatssekretär Stefan Pelny in Richtung der Lübecker Staatsanwaltschaft, diese habe »eine im höchsten Maße unprofessionelle Informationspolitik« betrieben, war nur eine der Absurditäten am Rande des Geschehens. War Pelny doch maßgeblich an dem »Maulkorb« für die Staatsanwaltschaft beteiligt, sodass die Pressepolitik vom Minister in dessen urlaubsbedingter Abwesenheit von ihm selbst und dem Generalstaatsanwalt gemacht wurde. Die Frage des NDR-Kommentators Werner Junge war sicherlich berechtigt: »Dass die Akte Barschel auch eine politische ist, ist klar. Welche Politik hinter der Öffentlichkeitsarbeit der Staatsanwaltschaften steht, das – bitte – ist einmal zu erklären.« Ich konnte diese Frage jedenfalls nicht beantworten, da die Veröffentlichung der Schriftstücke aus dem Verfahren ohne meine Kenntnis und Zustimmung erfolgte.

Den für mich unerfreulichsten Kommentar veröffentlichte Thomas Schunck vom Schleswig-Holsteinischen Zeitungsverlag (SHZ) im *Flensburger Tageblatt* unter der Überschrift »Verrannt?« – immerhin noch mit einem Fragezeichen. Herr Schunck zitierte »Kreise hoher schleswig-holsteinischer Juristen, die sorgenvoll Willes mehrfach öffentlich geäußerte Sympathie für die Mordthese beobachten und dieses mit den Worten abtun: Der Mann hat sich verrannt«.

Ob mein Dienstvorgesetzter oder sein Stellvertreter selbst zu diesen »hohen Juristen« gehörten, blieb mir unbekannt. Jedenfalls wollte ich mich erneut nicht auf deren Fürsorgepflicht verlassen und schrieb einen Leserbrief, der sogar gedruckt wurde. In dem Brief wies ich darauf hin, dass gerade meine kritische Rückfrage bei Professor von Meyer ausschlaggebend für die Offenheit bei der Bewertung des Gutachtens war, ob es sich um Mord oder Selbstmord gehandelt habe. »Auf die Objektivität unserer Ermittlungen«, betonte ich, »wird sich die Öffentlichkeit auch in Zukunft verlassen können. Mehr Objektivität als Basis von Pressekommentaren wäre bei der Wahrheitsfindung sicher ebenfalls förderlich.«

Den Vogel schoss Wolfgang Schmidt ab, der ausgerechnet für die an sich der Objektivität verpflichtete Deutsche Presseagentur (dpa) einen Artikel schrieb, den ausgerechnet die *Lübecker Nachrichten* auf der ersten Seite veröffentlichten. Im Nachhinein kann man dies schon als publizistische Vorbereitung der Verfahrenseinstellung durch den Einfluss vorgesetzter Dienststellen werten. Herr Schmidt nimmt »wachsenden Druck auf Barschel-Ermittler« wahr, vermeldet »Erklärungsnot für die

Fortsetzung der Mordermittlungen« und zitiert die berühmten »Justiz-kreise«, nach denen über eine Einstellung des Verfahrens entschieden werden müsse, »falls die ausstehenden kriminaltechnischen Untersuchungen und die noch fehlenden Analysen von Resten aus Barschels Mageninhalt nichts Fassbares in Richtung Mord bringen«.

Dpa-Schmidt stellt eine Frage und gibt auch gleich eine Antwort: »Was könnte passieren, wenn der Lübecker Chefermittler im Beharren auf der Mordthese weitermachen möchte und der Generalstaatsanwalt das anders sieht? Antwort aus dem Justizministerium: Ostendorf könnte das Verfahren an sich ziehen oder einer anderen Staatsanwaltschaft übertragen. Er könnte Wille aber auch die Einstellung anweisen, was auch Justizminister Klaus Klingner (SPD) tun könnte.«

Vor dem »Schubladen-Untersuchungsausschuss«

Der Medienkampagne zweiter Teil

Kaum waren die Aufregung und das Medienspektakel Anfang September 1995 verrauscht, kündigte sich das nächste »öffentliche Ereignis« an. Der Parlamentarische Untersuchungsausschuss ging in die Endphase. Er wollte in seinem Schlussspurt noch einmal einen Abgleich mit dem Ermittlungsverfahren machen. Zu diesem Zweck sollte ich dem Ausschuss Bericht erstatten, was ich am 25. September in vertraulicher Sitzung tat. Vor Beginn dieser Sitzung wurde ich von Journalisten – ironisch oder ignorant – gefragt, warum ich im Barschel-Verfahren keine Öffentlichkeitsarbeit mehr betreibe, worauf ich antwortete: »Meine Öffentlichkeitsarbeit liegt darin, dass ich in vertraulicher und geheimer Sitzung dem Parlamentarischen Untersuchungsausschuss Bericht erstatte.«

Eine Tischvorlage

Wie recht ich damit hatte, war mir in diesem Augenblick noch nicht klar. In Wahrheit waren Kopien meiner 13-seitigen Tischvorlage nebst längerem Anhang bereits an die draußen wartenden Journalisten verteilt worden, bevor ich überhaupt mit meinem Vortrag angefangen hatte.

Anschließend wurde ich dann anhand dieser vertraulichen Tischvorlage von Journalisten mit Fragen bombardiert. Die mittlerweile allseits bekannte Vorlage hatte folgenden Wortlaut:

Tischvorlage

für den mündlichen Bericht des Leitenden Oberstaatsanwalts der Staatsanwaltschaft Lübeck an den 1. Untersuchungsausschuss der 13. Wahlperiode des Landes Schleswig-Holstein zum Ermittlungsverfahren 705 Js 33247/87 anlässlich der Anhörung durch den Ausschuss am 25.09.1995.

I.

Vorbemerkung: Die nachfolgende summarische Darstellung betreffend das Ermittlungsverfahren 705 Js 33247/87 StA Lübeck ergeht unter dem Vorbehalt, dass nur solche Aspekte des Ermittlungsverfahrens mitgeteilt werden können, durch deren Kenntnisnahme an einen größeren Personenkreis der Ermittlungszweck nicht gefährdet wird. Daraus ergibt sich, dass der nachfolgende Bericht keinen vollständigen Überblick über die gesamte Ermittlungsarbeit und die Ermittlungsansätze sowie -ergebnisse geben kann.

II.

Weitere Vorbemerkung: Aufgrund einer Entscheidung des damaligen Leitenden Oberstaatsanwalts Kleiner und seines Nachfolgers, Leitenden Oberstaatsanwalt Böttcher, wurden – in Abstimmung und mit Billigung der vorgesetzten Behörden – in der Todesermittlungssache zum Nachteil Dr. Dr. Barschel zunächst von der Staatsanwaltschaft Lübeck keine eigenen Ermittlungen geführt. Bei der Staatsanwaltschaft Lübeck zu den Akten gelangte Ermittlungsunterlagen wurden jeweils unverzüglich der zuständigen Untersuchungsrichterin in Genf weitergeleitet. Einzelne von hier vorgenommene Ermittlungshandlungen, so z. B. die Vernehmung der extra aus Österreich angereisten Zeugin Rosemarie H. am 20.10.1988, wurden in vermutetem Interesse der Genfer Untersuchungsrichterin durchgeführt und unverzüglich an diese weitergeleitet.

Sich aufdrängenden Ermittlungsansätzen wurde insbesondere seit 1993 intensiv nachgegangen.

a) So wurden bezüglich einer immer wieder behaupteten Fahrt des Dr. Barschel von Warnemünde zu einem angeblichen Waffenlager der damaligen DDR die ehemaligen Fahrer von Dr. Barschel vernommen. In Anwesenheit eines dieser Fahrer wurde nach dessen Angaben die damalige Fahrstrecke, soweit erinnerlich, abgefahren. Das Objekt wurde nicht gefunden.

b) Im Juni 1993 wurden durch den Dezernenten bei der Gauck-Behörde in Berlin die zur Verfügung gestellten Stasi-Unterlagen aus den Aktionen »Hecht« und »Ebene« eingesehen. Zudem wurden umfangreiche von der ZERV übersandte Unterlagen ausgewertet.

c) Im Februar 1993 wurde eine Diskette, die auf dem Gelände der Christian-Albrechts-Universität aufgefunden worden war und die nach ihrer Beschriftung einen Bezug zum Tod des Dr. Barschel vermuten ließ, sachverständig untersucht. Informationen enthielt die Diskette jedoch nicht.

d) Ebenfalls im Februar 1993 wurde die Vernehmung eines in der JVA Siegburg einsitzenden Mannes veranlasst, der angab, Angaben zur Beteiligung des Dr. Barschel an Waffengeschäften und zu dessen Tötung machen zu können. Die Angaben sind, auch nach erneuter Überprüfung im Sommer 1995, als nicht glaubhaft anzusehen.

e) Im Februar 1994 wurde auf hiesige Veranlassung durch das LKA Magdeburg eine Person aus dem Bereich des ehemaligen MfS, die angeblich Kenntnisse über die Tötung von Dr. Barschel haben sollte, vernommen. Diese Vernehmung ergab keine sachdienlichen Angaben.

Im Herbst 1994 wurden dann seitens der Staatsanwaltschaft Lübeck eigene Vorermittlungen in verstärktem Umfange und unter Bildung einer Ermittlungsgruppe aufgenommen mit dem Ziel, festzustellen, ob zureichende tatsächliche Anhaltspunkte für das Vorliegen einer verfolgbaren Straftat i.S.v. § 152 Abs. 2 StPO vorhanden sind, dies wurde Mitte Dezember 1994 seitens der Staatsanwaltschaft Lübeck bejaht.

Mangels bisheriger eigener Zuständigkeit wurde der Antrag auf Bestimmung der Zuständigkeit gemäß § 13a StPO gestellt. Mit Beschluss vom 22.12.1994 bestimmte der Bundesgerichtshof das Landgericht Lübeck als zuständiges Gericht i.S.v. § 13a StPO. Die Ermittlungen werden geleitet von dem nach dem Geschäftsverteilungsplan zuständigen Dezernenten, Staatsanwalt Sela. Er wird aus dem staatsanwaltschaftlichen Bereich seit Frühjahr d. J. durch einen weiteren Kollegen, Staatsanwalt Kruse, unterstützt, der insoweit von seinem übrigen Dezernat zur Hälfte entbunden ist. Bereits im Herbst 1994 wurde die »Ermittlungsgruppe Genf« (EG Genf) gebildet, der zunächst drei Kriminalbeamte angehörten. Der Umfang der Ermittlungsgruppe Genf ist zwischenzeitlich auf sechs Kriminalbeamte und zwei Beamte der Zollfahndung aufgestockt. Drei der Kriminalbeamten gehören der Ermittlungsgruppe Genf von Anfang an an. Bei anderen Beamten waren aus polizeiinternen Gründen zwischenzeitlich Wechsel nicht zu vermeiden.

III.

Tatort Genf: Die Ermittlungen waren, wie oben ausgeführt, zunächst ausschließlich von den Strafverfolgungsbehörden in Genf geführt worden. Von hier aus wurde es dann für notwendig erachtet, weitere Ermittlungen in Genf bzw. anderen Orten der Schweiz vorzunehmen. Einem hiesigen Rechtshilfeersuchen vom 17.05.1995 an die Untersuchungsrichterin in Genf wurde entsprochen. Daraufhin begaben sich in der Zeit vom 05. bis 10. und 26. bis 30.06.1995 jeweils zwei Beamte der EG Genf nach Genf, um dort an den erbetenen Ermittlungshandlungen teilzunehmen. Es wurden etliche Zeugen, teils erneut, vernommen. Weitere Ermittlungsunterlagen wurden den Beamten zur Verfügung gestellt. Unter den vernommenen Personen befanden sich insbesondere auch solche, die zur Tatzeit im Hotel »Beau Rivage« Dienst taten. Die entsprechenden Vernehmungen der beiden Nachtportiers [Alain] Di Natale und [Ramush] Ramadani sind dem Untersuchungsausschuss mit Schreiben vom 07. und 18.07.1995 samt Übersetzung in die deutsche Sprache zur Kenntnis gebracht worden.

Aus dem Personalbereich des »Beau Rivage« wurde zudem eine weitere, jetzt in Spanien lebende Zeugin ermittelt, die möglicherweise noch vor dem *Stern*-Reporter im Zimmer 317 war und Angaben zur Lage des Leichnams machen kann. Der Umstand, dass diese Zeugin sich seinerzeit nicht bei der Genfer Polizei gemeldet hat, kann darin liegen, dass diese Zeugin sich damals illegal in der Schweiz aufhielt, da gegen sie bereits eine rechtskräftige Ausweisungsverfügung bestand.

Die Zusammenarbeit mit den Strafverfolgungsbehörden in Genf war gut und verläuft auch weiterhin reibungslos. Nach Sachlage ist nicht auszuschließen, dass ein weiterer Aufenthalt zu Ermittlungszwecken in Genf notwendig sein wird. Im Oktober 1995 werden in Lübeck anlässlich eines Arbeitsbesuches des Generalstaatsanwalts von Genf und der dort zuständigen Untersuchungsrichterin weitere gemeinsam interessierende Fragen besprochen werden.

IV.

Genfer Asservate: Nachdem die Genfer Strafverfolgungsbehörden bei einem Arbeitstreffen am 10.01.1995 in Genf gegenüber Leitenden Oberstaatsanwalt Wille die Bereitschaft zu erkennen gegeben hatten, sämtliche dort lagernden Asservate, an die hiesige Staatsanwaltschaft herauszugeben, wurden diese Asservate, und zwar einschließlich der im gerichtsmedizinischen Institut in Genf befindlichen medizinischen Asservate, aufgrund eines dann von hier gestellten Rechtshilfeersuchens am 20.02.1995 an zwei Beamte der EG Genf übergeben.

Die gerichtsmedizinischen Asservate, die sich aus Seite 1 des dort auch vorliegenden toxikologischen Gutachtens von Prof. Dr. von Meyer vom 24.08.1995 ergeben, wurden diesem sodann für seine Untersuchungen zur Verfügung gestellt. Der mit Flecken versehene Badezimmerteppich, deren Herkunft bislang nicht geklärt werden konnte, und die Hose, an der sich bislang nicht geklärte weiße Anhaftungen befanden, wurden dem kriminaltechnischen Institut des Landeskriminalamtes Kiel zur Untersuchung übergeben. Die Untersuchungen sind noch nicht abgeschlossen.

Im Zimmer 317 des »Beau Rivage« vorgefundenes Schriftmaterial (8 Seiten handschriftliche Aufzeichnungen), welches von Dr. Barschel stammen soll, wurde mit Vergleichsmaterial dem kriminaltechnischen Institut des Bundeskriminalamtes zur Überprüfung der tatsächlichen Urheberschaft der Schrift übersandt. Die entsprechende Untersuchung ist noch nicht abgeschlossen.

Ob noch weitere Asservate kriminaltechnischen Untersuchungen zu unterziehen sind, werden die Erfordernisse der weiteren Ermittlungen ergeben.

V.

Toxikologisches Gutachten und Zusatzgutachten: Das von hier beim Institut für Rechtsmedizin der Universität München in Auftrag gegebene toxikologische Gutachten ist durch die Professoren [Ludwig] von Meyer und [Wolfgang] Eisenmenger am 24.08.1995 erstattet worden. Dieses Gutachten, das durch eine bedauerliche Indiskretion vorschnell der Presse zur Kenntnis gelangte, wirft eine Reihe von Fragen auf, die noch im Einzelnen mit dem Gutachter zu besprechen sein werden, so unter anderem die in der fachwissenschaftlichen Literatur unterschiedlichen Angaben zu den Halbwertzeiten von Methyprylon. Erst nach einer Abklärung aller noch offenen Fragen werden die Schlüsse aus dem Gutachten gezogen werden können.

Eine frühere Abarbeitung der noch offenen Fragen war mangels urlaubsbedingter Abwesenheit des Gutachters nicht möglich. Fest steht jedoch durch neue Untersuchungen, dass Dr. Barschel vor seinem Tode noch alkoholische Getränke in Form von Whisky und/oder Rotwein zu sich genommen hat. Die entsprechende Untersuchung des Urins, die zu diesem Ergebnis geführt hatte, war von den Genfer Gerichtsmedizinern nicht vorgenommen worden. Des Weiteren wurde mit dem Methyprylon ein Wirkstoff vorgefunden, der bei den Voruntersuchungen in der nunmehr festgestellten Konzentration nicht festgestellt worden war.

Durch ein DNA-Zusatzgutachten war vorher geklärt worden, und zwar mit Hilfe des Vergleichsmaterials Haarwurzel aus der Haarbürste von Dr. Barschel, dass es sich bei den zu untersuchenden Asservaten um solche von Dr. Barschel handelt.

Im Rahmen eines weiteren Zusatzgutachtens wurde der Mageninhalt einer mikroskopisch-morphologischen Untersuchung unterzogen. Bei dieser Untersuchung fanden sich mikroskopisch kleine Reste pflanzlicher Lebensmittel. So ließen sich kristalline Strukturen, wie sie bei Bohnen vorkommen, nachweisen, wofür auch ein aufgefundenes pflanzliches Haar sprechen würde. Weiter ließ sich quer gestreifte Muskulatur im Mageninhalt nachweisen, wie man sie nach dem Genuss von Muskelfleisch findet. In größerer Menge wurden im Mageninhalt auch Stärkekörner vorgefunden, die nach Form und Größe von den Getreidesorten Roggen oder Weizen stammen können. Die Frage nach dem zeitlichen Abstand der Nahrungsaufnahme und dem Eintritt des Todes ist bislang nicht beantwortet worden. Das Institut für Rechtsmedizin der Universität in München wurde gebeten, auch insoweit sachverständige Feststellungen zu treffen.

VI.

Aufenthalt auf Gran Canaria/Rückflug nach Genf: Die letzten Tage vor seinem Tod verbrachte Dr. Barschel mit seiner Frau auf Gran Canaria im Hause des Rolf Lechner in der Ferienanlage »Bahia Feliz«. Seitens der Genfer Ermittlungsbehörden sind bereits im November 1987 im Rahmen eines internationalen Rechtshilfeersuchens Ermittlungen auf Gran Canaria durchgeführt worden. Aufgrund der dort durchgeführten Ermittlungen steht beispielsweise fest, dass Dr. Barschel am 08.10.1987 vom Betriebsarzt der Anlage »Bahia Feliz« wegen Schlafstörungen ein Schlafmittel mit der Markenbezeichnung Noctamyd verschrieben wurde. Dieses Medikament wurde noch am gleichen Tage auch in einer Apotheke für Dr. Barschel abgeholt. Der chemische Wirkstoff dieses Medikaments ist Lormetazepan, 1 mg. In der Packung befanden sich 20 Tabletten. Die vorgenannten Tabletten befanden sich nicht unter den im Zimmer 317 des »Beau Rivage« sichergestellten Gegenständen.

Wie sich aus dem als Anlage 1 beigefügten Ablaufplan ergibt, der am 13.10.1987 von dem deutschen Kriminalbeamten KHK Hüsgen erarbeitet wurde, ist Dr. Barschel am 10.10.1987 um 10:30 Uhr von Las Palmas abgeflogen. Nach Aussagen von Frau Freya Barschel hat er sich etwa 2 1/2 Stunden vorher von ihr im Haus in der Ferienanlage »Bahia Feliz« verabschiedet. Es ist bekannt, dass Dr. Barschel das Flugzeug erst erreichte, als dieses schon startklar war. Sein Verbleib während der Zeit zwischen der Verabschiedung und der Ankunft bei der Maschine ist bislang ungeklärt.

Widersprüchliche Angaben liegen auch vor im Hinblick auf die Umstände bei der Abholung des Flugtickets am 09.10.1987 auf Gran Canaria. Während Frau Freya Barschel angibt, sie hätte das Flugticket zusammen mit ihrem Mann abgeholt, erklärte ein Angestellter der Reiseagentur bei einer Vernehmung am 12.11.1987, dass Dr. Barschel sich in Begleitung eines spanischen Mannes in der Agentur meldete, um das Flugticket abzuholen.

Es ist beabsichtigt, die bezüglich des Aufenthaltes auf Gran Canaria bestehenden Unklarheiten mittels eines an die spanischen Justizbehörden zu richtenden Rechtshilfeersuchens aufzuarbeiten, soweit dies nach etwa acht Jahren noch möglich ist.

VII.

Ermittlungen zu Abhörmaßnahmen durch das ehemalige Ministerium für Staatssicherheit (MfS): Da es Anhaltspunkte dafür gab, dass das Autotelefon des Dienstwagens von Dr. Barschel durch das MfS abgehört worden war, und nicht ausgeschlossen werden konnte, dass durch die Kenntnisnahme solch abgehörter Gespräche sich sachdienliche Hinweise für den Ermittlungsgegenstand ergeben könnten, wurden sämtliche hier bekannte frühere Mitarbeiter des MfS, die an solchen Abhöraktionen beteiligt gewesen sein könnten, vernommen. Insgesamt wurden bislang diesbezüglich 70 ehemalige Mitarbeiter des MfS durch die EG Genf vernommen. Soweit sich aus den Vernehmungen Sachverhalte ergeben haben, die für den Untersuchungsausschuss von Relevanz sein könnten, wurden die diesbezüglichen Vernehmungen unverzüglich dem Untersuchungsausschuss zur Kenntnis gegeben.

Der Schlussbericht vom 21.09.1995 zu diesem Ermittlungskomplex ist diesem Bericht als Anlage 2 beigefügt.

VIII.

Hinweise auf Waffenhandel im Bereich der ehemaligen DDR bzw. in anderen damaligen Ostblockstaaten:

a) Im November 1994 war der Staatsanwaltschaft Lübeck eine vertraulich eingestufte Mitteilung vom BND zugegangen, in der berichtet wurde, dass ein Personenkreis in Halle zu der Arbeitsgruppe Mielke/Sicherheit (AGM/S) gehören soll und diese Gruppe mit dem Tod von Dr. Uwe Barschel in Verbindung stehen soll. Die in dieser Mitteilung genannten Personen wurden Anfang Dezember 1994 zunächst in Halle vernommen. Ausführlichere Vernehmungen unter weiteren Vorhalten wurden im Januar 1995 bei der Staatsanwaltschaft Lübeck durchgeführt. In diesen Aussagen wurde eine Person dahin gehend belastet, dass sie als Mitglied der AGM/S mit dem Tode Dr. Barschels in Verbindung stehen könnte. Diese Person wurde auf Ersuchen der Staatsanwaltschaft Lübeck durch das BKA in der ersten Februarhälfte eine Woche lang observiert. Am letzten Tag der Observierung wurde ein zwischenzeitlich beim Amtsgericht Lübeck erwirkter Durchsuchungs- und Beschlagnahmebeschluss vollstreckt. Diese Durchsuchung führte nicht zur Auffindung beweiserheblicher Unterlagen. Diese Person war hier zwar als Tatverdächtiger, nicht jedoch als Beschuldigter eingestuft worden. Nach Durchführung der erfolglos verlaufenden Durchsuchung ist diese Person dann zeugenschaftlich vernommen worden. In der zeugenschaftlichen Vernehmung bestätigte diese Person die Aussagen, die sie am 20.04.1995 in einer »Monitor«-Sendung gemacht hatte, nämlich, dass Dr. Barschel den Decknamen »Graf« gehabt haben soll.

Dieses hätte der Zeuge aus einem Gespräch herausgehört, an dem ein DDR-Bürger, ein Tscheche und ein Russe teilgenommen hätten und in dem es um ein Geschäft über Waren aus dem Bereich der Hochtechnologie gegangen sei.

b) Die Mitautorin des vorgenannten Berichtes in der Sendung »Monitor«, Frau Wilkening, wurde mehrfach durch die Staatsanwaltschaft Lübeck angehört. Frau Wilkening hat Angaben darüber gemacht, dass es im Archiv des russischen Geheimdienstes GRU drei Akten geben soll, die Dr. Uwe Barschel betreffen. Die Journalistin hat erklärt, sie hätte diese Akten selbst einsehen können. Aus diesen soll sich ebenfalls ergeben, dass Dr. Barschel unter dem Decknamen »Graf« geführt worden sei.

Aus den eingesehenen Unterlagen soll sich ergeben, dass es zu Geschäften im Bereich des Waffenhandels gekommen sein soll.

Nach Angaben von Frau Wilkening soll es auch zu Gesprächen über Waffenhandel bzw. Technologietransfer anlässlich des Kuraufenthaltes von Dr. Barschel im Februar 1987 in der damaligen Tschechoslowakei gekommen sein. Solche Gespräche über Waffenhandelsgeschäfte in der Tschechoslowakei werden auch durch einen weiteren Zeugen bekundet. Die von diesem benannte Person, die unmittelbar an diesen Gesprächen beteiligt gewesen sein soll, hat dieses allerdings in einer zeugenschaftlichen Vernehmung bestritten.

Den Hinweisen bzw. Behauptungen, dass Dr. Barschel in der Tschechoslowakei an Gesprächen über Waffengeschäfte beteiligt gewesen sein soll, und zwar ggf. unter dem Decknamen »Graf«, soll durch weitere Ermittlungen in der Tschechischen Republik nachgegangen werden. Ein entsprechendes Rechtshilfeersuchen ist dem Justizministerium im Entwurf am 22.08.1995 zur Entscheidung über die Teilnahme von zwei Ermittlungsbeamten an den erbetenen Untersuchungshandlungen in der Tschechei gemäß Nr. 140 RiVASt übermittelt worden. Über diesen Antrag hat das Justizministerium am 21.09.1995 positiv entschieden.

c) Die Zeugin Wilkening hat auch Angaben dahin gehend gemacht, dass Dr. Barschel an einem sog. »Warnemünder Kreis« teilgenommen haben soll, der im Hotel »Neptun« in Warnemünde tagte. Bei diesen Gesprächen soll es u. a. auch um Waffengeschäfte bzw. Technologietransfer/Embargogeschäfte gegangen sein. Es sind insoweit drei zum Hotel »Neptun« gehörende Zeugen sowie drei Zeugen aus dem Bereich der früheren DDR-Firmen IMES und WITRA vernommen worden, die die Behauptungen der Zeugin Wilkening jedoch nicht bestätigten.

d) Zur Abklärung aus dem Bereich der Embargogeschäfte ist aus von der Gauck-Behörde zur Verfügung gestellten Übersichten aus Diskettenausdrucken ein Auszug derjenigen Materialien erstellt worden, die möglicherweise für das vorliegende Verfahren von Bedeutung sind. Diese Unterlagen sind bei der Gauck-Behörde Ende August 1995 angefordert worden. Im Übrigen wird im Rahmen der ermittlungsrelevanten Notwendigkeiten auch der Koko-Ausschuss des Deutschen Bundestages um die Übersendung bzw. Einsichtnahme einzelner Unterlagen gebeten werden.

IX.

Hinweise auf Waffengeschäfte mit einer Gräfin: Es liegen bei der Staatsanwaltschaft Hinweise vor, nach denen Dr. Barschel Kontakte mit einer Gräfin gehabt haben soll, bei denen es um Waffengeschäfte gegangen sein soll. Bisherige Ermittlungen haben insoweit ergeben, dass die Gräfin durch rechtskräftiges Urteil des Landgerichts Hamburg wegen versuchter unerlaubter Vermittlung eines Vertrages über Kriegswaffen in drei Fällen zu einer Gesamtfreiheitsstrafe von zwei Jahren verurteilt wurde, deren Vollstreckung zur Bewährung ausgesetzt wurde. Die Ermittlungen bezüglich dieser Spur dauern an.

X.

Hinweise auf Treffen von Waffenhändlern in Genf am Wochenende 10./11.10.1987: Bereits Ende 1987 wurde der Staatsanwaltschaft Lübeck bekannt, dass am Wochenende 10./11.10.1987 ein Treffen von Waffenhändlern in Genf stattgefunden haben soll. Hinweisgeber war der in Starnberg beheimatete Messerer, der insoweit im Rahmen einer Verkehrsordnungswidrigkeitensache seinen Terminkalender bei der Polizei vorgelegt hatte. Aus diesem war zu entnehmen, dass er sich am Freitag, dem 09.10.1987, mit den nachfolgend genannten Personen in Genf getroffen haben will:

– Professor Chong Li,
– Rafig-Dust,
– Mohajedi,
– Ahmad Khomeini.

Unmittelbar und ohne freien Zwischenraum unter dem Namen Ahmad Khomeini stand der Name Barschel und rechts neben diesem war ein Pfeil gezeichnet, der auf den danebenstehenden Tag 10.10.1987 wies. An der hier endenden Pfeilspitze war das Wort »Ende« geschrieben.

Messerer hat in einer zwischenzeitlich durchgeführten Vernehmung angegeben, der Name Barschel sei ohne Bezug zu den anderen Personen geschrieben worden. Er hätte dies erst nachträglich geschrieben als Merkpunkt für den dann später bekannt gewordenen Tod von Dr. Barschel.

Es gibt Erkenntnisse, dass am 09.10.1987 in Genf eine Gesprächsrunde zusammengetreten sei, bei der es um Waffenhandel gegangen sei; es hätten fünf oder sechs Personen teilgenommen, darunter der Sohn Khomeini und Dr. Barschel. Barschel habe sich mit irgendeiner Sache nicht einverstanden erklärt. Daraufhin sei erklärt worden, er müsse dann ausgeschaltet werden.

Nach den Ermittlungen ist davon auszugehen, dass Dr. Barschel sich am 09.10.1987 auf Gran Canaria befunden hat. Der BND hat auf hiesige Anfrage vertraulich mitgeteilt, ihm sei nicht bekannt, ob am 10./11.10.1987 ein Treffen von Waffenhändlern in Genf stattgefunden hat.

XI.

Aufenthalt des Privatdetektivs Werner Mauss am 10./11.10.1987 in Genf: In den Medien tauchen immer wieder Spekulationen bzw. Berichte auf, in denen der Privatdetektiv Werner Mauss mit den hier interessierenden Ereignissen am Wochenende 10./11.10.1987 in Genf in Verbindung gebracht wird. Diesen Hinweisen wird durch die Staatsanwaltschaft Lübeck nachgegangen.

So sind erst kürzlich die beiden Piloten durch die Staatsanwaltschaft Lübeck vernommen worden, die Mauss am 09.10.1987 nach Genf und dann in den Folgetagen geflogen haben. Weitere Ermittlungen werden sich anschließen. Die Vernehmung des Werner Mauss ist aus ermittlungstaktischen Gründen erst für einen späteren Zeitpunkt geplant. Im Übrigen ist darauf hinzuweisen, dass Mauss bei einer früheren Vernehmung durch die Staatsanwaltschaft Stuttgart, die auf Ersuchen der Untersuchungsrichterin in Genf stattfand, eingeräumt hat, an jenem Wochenende in Genf gewesen zu sein, jedoch im Hotel »Richemond«. Im Hinblick auf den Bericht in der ZDF-Sendung »Frontal« am 05.09.1995, in der der Rechtsanwalt Professor Wenzel als Rechtsvertreter für Mauss angab, Mauss sei am 10.10.1987 abends in der Bar des »Beau Rivage« gewesen, ist anzumerken, dass Professor Wenzel seine diesbezügliche Äußerung zwischenzeitlich selbst als irrig darstellt. Professor Wenzel gibt insoweit an, einem Irrtum unterlegen zu sein.

XII.

Anonyme Hinweise auf ausländische Konten/Vermögensverwalter: Der Staatsanwaltschaft Lübeck war im Februar 1995 ein Hinweis zugegangen, wonach eine anonyme Person gegenüber der Lübecker Steuerfahndung Angaben dahin gehend gemacht hatte, dass bei einer Hamburger Bank ein Konto bestehen soll, auf dem Dr. Barschel in erheblichem Umfang Geldeinzahlungen getätigt hat. Nach Erwirkung eines entsprechenden Durchsuchungs- und Beschlagnahmebeschlusses sind von der bezeichneten Bank die entsprechenden Kontounterlagen zur Verfügung gestellt worden. Die Auswertung dieser Kontounterlagen hat für den behaupteten Sachverhalt keinerlei Beweise ergeben. Auch durch weitere Ermittlungen, insbesondere Zeugenvernehmungen, konnte der behauptete Sachverhalt nicht erhärtet werden.

Ein weiterer anonymer Hinweisgeber behauptete, dass ein in der Schweiz ansässiger Vermögensberater als Vermögensverwalter von Dr. Barschel eingesetzt sei zur Verwaltung erheblicher Bankeinlagen sowohl in der Schweiz als auch in Österreich. Diese Person ist im Rahmen des an die Schweizer Justizbehörden gerichteten Rechtshilfeersuchens vernommen worden. Diese Person hat den Sachverhalt bestritten. Sie hat angegeben, niemals mit Dr. Uwe Barschel zusammengetroffen zu sein. Insgesamt bleibt derzeit festzustellen, dass sich keine Beweise dafür gefunden haben, dass Dr. Barschel Gelder in erheblichem Umfange auf ausländischen Konten angelegt hat.

XIII.

Abschließende Bemerkungen: Anknüpfend an meine Vorbemerkung darf ich nochmals in Erinnerung rufen, dass die vorstehende Darstellung nur einen Teilaspekt des Ermittlungsverfahrens wiedergeben kann. Ich muss um Verständnis dafür bitten, dass einige Ermittlungsbereiche sich aus ausschließlich ermittlungstaktischen Gründen und infolge der Sensibilität der zu ermittelnden Sachverhalte einer Darstellung in einem größeren Kreise entziehen müssen. Des Weiteren wurde, um den Umfang dieses Berichtes nicht unnötig auszudehnen, auf die Darstellung bereits abgearbeiteter Ermittlungsansätze verzichtet, die sich nach Durchführung aller erforderlichen Ermittlungen, die teilweise zeitintensiv waren und mit hohem Personalaufwand durchgeführt werden mussten, als für das Verfahren nicht relevant erwiesen haben.

Insbesondere handelte es sich dabei um die Behauptungen einer aus Rumänien stammenden Person, die vom Landgericht München im Jahre 1992 wegen Mordes in Tateinheit mit Raub mit Todesfolge sowie wegen versuchten Mordes in Tateinheit mit versuchtem Raub mit Todesfolge zu einer lebenslangen Freiheitsstrafe verurteilt wurde. Diese Person, von der feststeht, dass sie im Geheimdienstmilieu eines Ostblocklandes angesiedelt war, hatte Angaben dahin gehend gemacht, dass Dr. Barschel durch einen Agenten des bulgarischen Geheimdienstes ermordet worden sein soll.

Neben den etwa 70 Vernehmungen aus dem Bereich der Abhörer des ehemaligen MfS sind etwa 100 weitere Personen, teils mehrfach, vernommen bzw. angehört worden. Nach jetzigem Verfahrensstand sind noch eine größere Anzahl von Personen zu vernehmen. Dazu gehören u. a. auch Dr. Eike Barschel und Frau Freya Barschel sowie hochgestellte Personen aus dem Bereich des früheren MfS, wie Markus Wolf und Werner Großmann sowie Schalck-Golodkowski.

Die Zeitpunkte der Vernehmungen werden ausschließlich unter ermittlungstaktischen Gründen und der Verfügbarkeit der betreffenden Zeugen festgelegt. Insbesondere bei den Zeugen aus dem Bereich des ehemaligen MfS, gegen die derzeit noch Strafverfahren anhängig sind, ist darauf hinzuweisen, dass diese aufgrund der gegen sie anhängigen Ermittlungsverfahren noch jederzeit die Möglichkeit haben, Angaben zur Sache nach Maßgabe des § 55 StPO zu verweigern.

Beiakten in erheblichem Umfange sind bereits ausgewertet worden bzw. befinden sich in der Auswertung.

Eine Prognose über die zeitliche Dauer des Ermittlungsverfahrens ist derzeit nicht möglich. Insbesondere ist die zeitliche Dauer der Erledigung von Rechtshilfeersuchen an ausländische Staaten nicht vorhersehbar. Sollten die durchgeführten Ermittlungen zwar dazu führen, dass von einem gewaltsamen Tod des Dr. Barschel auszugehen ist, der oder die Täter jedoch nicht ermittelt werden können, wird das Verfahren nach § 170 Abs. 2 StPO einzustellen sein. Da seitens der Familie Barschel Strafanzeige wegen Mordes erstattet worden ist, ist die Einstellung mit einem begründeten Einstellungsbescheid zu versehen, gegen den die Anzeigenden das Recht haben, Beschwerde einzulegen. Auf die vorstehend geschilderte Gesetzeslage habe ich deshalb besonders hingewiesen, da in der Berichterstattung der Medien in jüngster Zeit der Eindruck vermittelt wurde, das Ermittlungsverfahren könne jederzeit auf Weisung der vorgesetzten Dienstbehörden eingestellt werden.

Störfaktor Landespolitik

So weit mein Bericht an den Untersuchungsausschuss. Bereits im Vorfeld meiner »vertraulichen« Anhörung vor dem Untersuchungsausschuss ging die Pressekampagne weiter. Einmal mehr war es dem Schleswig-Holsteinischen Zeitungsverlag *(Flensburger Tageblatt, Schleswig-Holsteinische Landeszeitung)* vorbehalten, die Messer zu schärfen. Unter der Überschrift »Willes Antworten sind gar keine« sammelte Erich Maletzke kritische Äußerungen der Untersuchungsausschussmitglieder ein, die fraktionsübergreifend die Staatsanwaltschaft und mich persönlich kritisierten. In einem Leitartikel setzte Thomas Schunck noch einen drauf und bemängelte ausgerechnet die Tatsache, dass wir den Hochstapler

Gert Postel nicht noch einmal förmlich vernommen hatten. Es heißt dann weiter:

> Der Generalstaatsanwalt des Landes, Heribert Ostendorf, muss sich fragen lassen, wie lange er sich dieses Laienspiel noch ansehen will. Wie lange will man Heinrich Wille, dem man in hohen Justizkreisen nachsagt, er habe sich beim Fall Barschel »in einer diffusen Geheimdienstsoße verrannt«, gestatten, ohne Berichtspflicht munter vor sich hin zu ermitteln? Die Anhörung Willes vor dem Ausschuss – in einer der nächsten Sitzungen geplant – muss endlich Fakten bringen. Wenn Wille dazu nicht in der Lage ist, gibt es nur zwei Möglichkeiten: Der Leitende Oberstaatsanwalt hat seine Schularbeiten nicht gemacht oder das Todesermittlungsverfahren Barschel muss abgeschlossen werden. Weil nichts gegen Selbstmord spricht.

Auf die kritischen Äußerungen der Ausschussmitglieder durfte ich mit einer Presseerklärung antworten. Darin wies ich auf das Primat des Ermittlungsverfahrens hin. Informationen könnten dem Untersuchungsausschuss wie auch sonst bei gleichzeitigem Ermittlungsverfahren und Parlamentarischem Untersuchungsausschuss nur insoweit gegeben werden, als dadurch die Ermittlungen nicht gefährdet werden. Weiter wies ich darauf hin, dass die Informationsangebote der Staatsanwaltschaft vom Parlamentarischen Untersuchungsausschuss (PUA) nicht einmal voll genutzt wurden: »Seit vier Monaten«, erklärte ich, »gibt es das Angebot der Staatsanwaltschaft, den Vorsitzenden des PUA und seinen Stellvertreter unmittelbar über das Verfahren zu unterrichten. Ende Juni hat der PUA angekündigt, er werde auf dieses Angebot zurückkommen. Dies ist bis heute nicht geschehen. Vor über zwei Monaten hat die Staatsanwaltschaft einen Fragenkatalog des PUA nach dem damaligen Erkenntnisstand schriftlich beantwortet. Rückfragen dazu gab es bis heute nicht. Der PUA hat mich gebeten, ihn am 25.09. zu informieren. Es wäre hilfreich, nicht nur über das *Flensburger Tageblatt* die Erwartungen des PUA erfahren zu können.«

Immerhin lenkte der Vorsitzende des Ausschusses, Heinz-Werner Arens, ein: »Ich habe keinen Anlass, mich über mangelnde Kooperationsbereitschaft der Staatsanwaltschaft zu beschweren.« Von einer »grundsätzlichen Störung« des Verhältnisses zu sprechen, sei aus seiner Sicht »zumindest überzogen, wenn nicht falsch«.

Auf Anweisung des Generalstaatsanwalts habe ich nochmals Bericht erstattet und den vergeblichen Versuch gemacht, den Gesichtspunkt der Fürsorgepflicht anzusprechen, unter anderem in folgenden Formulierungen:

Bei der Überprüfung der Reaktion auf die Presseveröffentlichung – hier dürfte es sich um den Kommentar mit der Überschrift »Laienspiel« handeln – bitte ich auch noch weitere Gesichtspunkte zu berücksichtigen. Nicht zum ersten Mal unternehmen interessierte Pressekreise den Versuch einer Kampagne gegen den Unterzeichner, damit aber zugleich gegen die mit der Bearbeitung dieses Ermittlungsverfahrens befassten Landesbediensteten unter Berufung auf angebliche abfällige Äußerungen aus Justizkreisen; hier: »hohe Justizkreise«. Der ersten entsprechenden Kampagne habe ich mich aus eigener Kraft entgegenstellen können. Der jetzt anlaufenden Kampagne, die auch im Zusammenhang mit einer Veröffentlichung des Herrn Schmidt von dpa-Kiel zu sehen ist, habe ich zunächst mit einem Leserbrief entgegnet. Dieser hat ganz offensichtlich nicht gefruchtet, sondern die Kampagne einer Zeitungskette, angeführt vom *Flensburger Tageblatt,* noch verschärft. Die Art und Weise der Berichterstattung, die von dem hier infrage stehenden Kommentar des Schunck flankiert wird, lässt sich in ihrer Gesamtheit nur als unfair kennzeichnen: Der Chefkommentator dieser Kette, Herr Erich Maletzke, veröffentlichte am 15.09.1995 in großer Aufmachung einen vierspaltigen Artikel, der durch einen Aufmacher auf der ersten Seite noch besonders hervorgehoben wurde. Der Raum für die abgestimmte Presseerklärung als Entgegnung darauf, der in dieser Zeitungskette eingeräumt wurde, betrug zeilenmäßig gezählt weniger als ein Zehntel der Kritik, wenn man den Kommentar außer Acht lässt. Nach den Schlusssätzen des Kommentars zielt diese Kampagne darauf ab, ein Meinungsklima herzustellen, das zur Verfahrenseinstellung führen soll, und benutzt als Instrument dazu auch die persönliche und fachliche Diskriminierung. Bei der Bewertung dieser Angelegenheit bitte ich daher auch den Gesichtspunkt der Fürsorge mit einzubeziehen, und zwar sowohl der fachlichen Fürsorge für eine ungestörte Fortführung der Ermittlungen als auch der persönlichen Fürsorge gegen unberechtigte öffentliche Angriffe.

Erwartungsgemäß wurden meine Zeilen ignoriert. Eine entsprechende Adresse an Minister Dr. Klingner schien vor diesem Hintergrund ebenfalls nicht erfolgversprechend. Zum einen sprach das Verhalten Klingners in der Vergangenheit dagegen, zum Zweiten war die Position des Ministers durch das sich abzeichnende Ergebnis des »Schubladen-Ausschusses« weiter geschwächt. Zu offenkundig wichen dessen Feststellungen über die Verantwortlichkeit Uwe Barschels von denen des früheren Untersuchungsausschusses ab, dem er selber vorgesessen hatte.

Hinzu kam, dass ein von dem Minister sehr hoch angesiedeltes Reformprojekt über die Integration der Sozialen Dienste der Justiz gescheitert war. Ausgerechnet am 13. September 1995 berichtete der NDR in seinem »Schleswig-Holstein-Magazin« darüber, ebenso wie über die Tatsache, dass die Gewerkschaft ÖTV unter Beteiligung des Lübecker Landgerichtspräsidenten Hans-Ernst Böttcher und des Leitenden Oberstaatsanwaltes Heinrich Wille dabei eine maßgebliche Rolle gespielt hatte.

Zum Dritten waren die Äußerungen, die Klingner selbst öffentlich abgab, nicht gerade sehr ermutigend. Laut den *Lübecker Nachrichten* hatte er zwar gesagt, die Staatsanwaltschaft müsse »jeder Spur nachgehen, alle Hinweise abklopfen. Wenn sich allerdings dann der Anfangsverdacht für ein Fremdverschulden nicht erhärten lässt, dann müssen die Ermittlungen aus rechtlichen Gründen eingestellt werden.«

Mein Ziel musste es also sein, wie bisher den politischen Druck auf die Arbeit der Ermittlungsgruppe abzufedern und die praktische Ermittlungsarbeit von äußeren Einflüssen möglichst abzuschirmen. Dazu diente der klare Hinweis am Rande der Sitzung, dass ein Ende der Ermittlungen nicht abzusehen sei. Dem diente auch eine nachfolgende Presseerklärung von mir, mit der zwar einerseits die weitreichenden öffentlichen Spekulationen über das Verfahren eingedämmt wurden, andererseits aber die Komplexität des Ermittlungsverfahrens und die Vielzahl der Spuren, denen noch nachzugehen war, dokumentiert wurden.

Im Nachhinein habe ich den Eindruck gewonnen, dass zwischen meinen Vorgesetzten und mir schon längst eine Art Pokerspiel begonnen hatte und es auf jeden Fall darauf ankommen würde, die Nerven zu behalten. Ich sah mich bedingungslos dem Legalitätsprinzip verpflichtet, ebenso wie die Mitglieder der Ermittlungsgruppe.

Es galt, alle Möglichkeiten auszuschöpfen, die zur Aufklärung des Barschel-Todes zur Verfügung standen. Zunächst ging es darum, unterlassene Ermittlungen der Vergangenheit nachzuholen, weiter die vorhandenen Spuren abzuarbeiten und dabei die zur Verfügung stehenden Zeuginnen und Zeugen zu vernehmen. Neben dieser Sisyphusarbeit waren die wissenschaftlichen Untersuchungen voranzutreiben, und zwar einerseits in der Rechtsmedizin, andererseits bei den Tatortspuren. Dabei hoffte ich, dass der in Kürze in Aussicht stehende Abschluss des »Schubladen-Ausschusses« mehr Ruhe in die Angelegenheit bringen würde.

Die Aufgeregtheit der Landespolitiker in allen Bereichen war und blieb leider auch später ein Störfaktor ohnegleichen für das Barschel-Verfahren. Die Spaltung der SPD-Fraktion in dieser Frage in diejenigen, die die Schuld Uwe Barschels als weniger schwer, und diejenigen, die sie als gewichtiger ansahen, war offenkundig. Auch in der CDU sorgte der Fall Barschel nach wie vor für zwiespältige Gefühle. Einerseits sah man sich auf dem Wege zu einer Rehabilitation des früheren CDU-Ministerpräsidenten, andererseits wog die Schuld derjenigen Parteifreunde, die ihn damals zum Rücktritt und – wie es manchen schien – zum Selbstmord getrieben hatten, dadurch umso schwerer.

»Unter uns: Glauben Sie, dass es Mord war?«

In diese Zeit fiel auch ein Interview mit dem Journalisten Kai-Uwe Drews von den *Kieler Nachrichten*. Dieser hatte besondere Kompetenz nicht nur als Polizeireporter, sondern auch bei theoretischen Problemen des Polizeirechts und allen damit zusammenhängenden Fragen. Drews erklärte mir, dass das Interview meine Sicht des Barschel-Verfahrens und damit zusammenhängende Grundsatzfragen zur Geltung bringen sollte. Er habe sich das vom Chefredakteur absegnen lassen. Es bestand Einigkeit, dass nur Fragen allgemeiner Art gestellt und Verfahrensdetails nicht zur Sprache kommen würden. Das gesamte Interview wurde auf Kassette aufgezeichnet und unverändert gedruckt.

Unter der Überschrift »Barschel-Ermittlungen: Wille wehrt politische Kritik ab« hieß es in dem Interview:

Unter uns: Glauben Sie, dass es Mord war?

Für Glaubensfragen bin ich nicht zuständig. Dass ich eine persönliche Meinung habe, ist bekannt. Eine Publikation derselben halte ich nicht für sehr förderlich.

Haben Sie noch ausreichend Distanz zum Verfahren?

Selbstverständlich. Ich habe immer Distanz zu dem Fall gehabt, den ich im Übrigen von meinem Vorvorgänger übernommen habe.

Selbst CDU und FDP werfen Ihnen vor, mit der Stange im Nebel zu stochern. Wie werten Sie das?

Es ist nicht Aufgabe von Politikern, die Veröffentlichung von Ermittlungsergebnissen zu fordern. Sie haben kein Recht auf eine Antwort. Wir führen kein offenes Verfahren. Wenn Politiker meinen, an unserer Arbeit herummäkeln zu müssen, dann sollen sie sich fragen lassen, ob das ihr richtiges Staatsverständnis ist.

Vielleicht will man Sie provozieren, kurz vor der Wahl mit Brisantem herauszurücken?

Jeder, der meint, er könne mit diesem Verfahren ein politisches Süppchen kochen, den wird diese Meinung irgendwann als Irrtum einholen. Wir suchen hier die Wahrheit und orientieren uns nicht daran, was politisch opportun ist.

Es gibt einen bösen Spruch: Wo ein Wille ist, ist auch ein Mikrofon. Ärgert Sie diese Kritik an Ihrer Öffentlichkeitsarbeit?

Ich bin Behördenleiter und nicht Oberermittler, wie fälschlich angenommen. Als solcher bin ich gegenüber der Presse zur Auskunft verpflichtet, wenn keine gewichtigen Gründe dem entgegenstehen. Das ist die Rechtslage [...].

Halten Sie es für möglich, dass man Ihnen den Fall Barschel entzieht?

Nein, das lässt die Rechtslage nicht zu, solange wir unsere Pflichten erfüllen. Politisch opportunistische Gesichtspunkte, steuernd in Verfahren einzugreifen, sind nicht zulässig.

These: Sie sind ein politischer Machtfaktor in Schleswig-Holstein. Einverstanden?

Das möchte ich ausschließen. Ich halte die Ergebnisse unserer Arbeit, wie immer sie auch aussehen werden, für politisch neutral.

Ist das nicht naiv?

Ein jeder wird versuchen, die Ergebnisse in seinem Sinne zu interpretieren. Damit muss ich leben.

Wann werden die Ermittlungen abgeschlossen sein?

Darüber denke ich etwas, aber sage nichts. Die Situation wird später sicherlich einmal so sein, dass diejenigen, die meinen, wir hätten nichts in der Hand, eines Besseren belehrt werden können.

Das klingt optimistisch.

Unsere Chance ist einmalig. Ich habe nicht vor, mir irgendwann vorwerfen zu lassen, etwas versäumt zu haben. Dass ich vielleicht hier und da etwas zu viel gemacht habe, damit kann ich als Staatsanwalt leben.

Gibt es politischen Druck auf Ihre Mannschaft?

Es ist gelungen, das Verfahren von politischem Druck freizuhalten.

Dieses Interview wurde am 3. Oktober 1995 veröffentlicht. Die Herbstferien standen bevor, in denen auch ich einen Erholungsurlaub machte und wohl auch machen musste. In dieser Zeit sah ich den Kennedy-Film mit Kevin Costner als Staatsanwalt, der in unglaublich beeindruckender Weise versuchte, Licht in das Dunkel des Kennedy-Mordes zu bringen. Letztlich ließ er sich von seiner Arbeit so vereinnahmen, dass seine eigenen Kinder ihn kaum noch kannten.

Ich schwor mir, dass mir dies nicht passieren würde, und versuchte, nach diesem Motto zu leben. Aber letztlich kann man immer nur hoffen, dass es gelingt.

Wir flogen mit unseren drei Kindern in die Herbstferien nach Kreta und machten einen wunderbaren gemeinsamen Urlaub.

Kriminalistische Nacharbeit in Genf

Wer war Stoffberg?

Ein wesentlicher Teil der bereits durchgeführten und noch durchzuführenden Ermittlungen war die kriminalistische Nacharbeit in Genf. Es mussten Versäumnisse der früheren Ermittlungen kompensiert und die Ermittlungsansätze vor Ort ausgeschöpft werden. Mit meinem ersten Besuch in Genf bereits im Januar 1995 war dafür die Basis geschaffen; ein weiterer Besuch im Mai konkretisierte die Planung im Einzelnen und führte dann zu zwei Dienstreisen der Ermittlungsgruppe im Juni nach Genf.

Unter Nacharbeit fiel insbesondere die Vernehmung von denkbaren Zeugen, die seinerzeit nicht angehört worden waren. Zum Zweiten ging es um die Überprüfung von Spuren, die durch Zeugenaussagen in der Zwischenzeit neu aufgetaucht waren und gegengecheckt werden mussten. Schließlich waren auch Fragen abzuklären, die im Zusammenhang der gerichtsmedizinischen Untersuchung aufgetreten waren. So wurde beispielsweise geprüft, ob auf Fotos dokumentierte postmortale Hämatome des Verstorbenen etwa beim Transport der Leiche entstanden sein konnten. Auch wurden die Örtlichkeiten im Hotel »Beau Rivage« in Augenschein genommen, um die Abläufe im zeitlichen Umfeld des Barschel-Todes einschätzen zu können. Dabei war die Zusammenarbeit mit der Genfer Kriminalpolizei vorbildlich. Die Genfer Polizei entfaltete großen Ehrgeiz, die noch bestehenden Ermittlungsmöglichkeiten auszuschöpfen und der deutschen Kollegin und den Kollegen jedwede Unterstützung zu geben.

Generalstaatsanwalt Bertossa schilderte mir die Genfer Gegebenheiten, die begrenzten Möglichkeiten, über die er verfügte, und machte die Kritik verständlich, die er an der Passivität der deutschen Behörden hatte. Meinerseits ging es um die Beschleunigung der Rechtshilfe und die Verbesserung der Kommunikation, die Bertossa in vorbildlicher Weise veranlasste und von der die Kriminalisten bei ihrer Arbeit vor Ort sehr profitierten. Zudem war mit Carole Barbey eine tatkräftige und erfahrene Untersuchungsrichterin mit von der Partie.

Der Wunsch nach einer besseren Kommunikation der Ermittlungsbehörden beruhte durchaus auf Gegenseitigkeit, zumal das Genfer Verfahren zur Aufklärung des Todes von Uwe Barschel auch noch nicht förmlich abgeschlossen war. So kamen Generalstaatsanwalt Bertossa und die Untersuchungsrichterin Barbey am 4. Oktober 1995 nach Lübeck zur Erörterung des weiteren Vorgehens. Bis heute ist mir allerdings nicht ganz klar geworden, wie sich in der französischen Schweiz allgemein und im Kanton Genf insbesondere das organisatorische und rechtliche Geflecht zwischen Staatsanwaltschaft und Untersuchungsrichter darstellt, das jedenfalls deutlich enger ist als im deutschen Recht. Nach Abschluss der Gespräche aßen wir gemeinsam in der »Schiffergesellschaft«, in Lübeck ein Muss. Auf die Frage nach einer lokalen Spezialität wies ich auf Labskaus hin, den sich Bernard Bertossa auch bestellte und tapfer verzehrte. Ich bin bis heute nicht sicher, ob diese Empfehlung richtig war – vor allem in Erinnerung an das exzellente Mittagsmenü, das ich mit ihm gemeinsam in Genf genossen hatte.

Ärgerlich war, dass die Indiskretionen über meinen Auftritt vor dem PUA ausgerechnet geplante Ermittlungen zu Genf betrafen. Die Hotelangestellte, die sich möglicherweise außer den bereits bekannten Personen zur tatrelevanten Zeit im Hotelzimmer aufgehalten hatte, war möglicherweise in Spanien ermittelt worden und sollte zu ihren Beobachtungen vernommen werden. Die Presseresonanz war beträchtlich: *Focus:* »Zimmermädchen verzweifelt gesucht!«, *Bild:* »Wer war die Frau im Todeszimmer?«, *Frankfurter Rundschau:* »Hinweise auf eine weitere Zeugin im Fall Barschel«.

Doch zwischendurch richtete sich das öffentliche Interesse mehr auf den Abschlussbericht des PUA. Wir hatten daher gute Hoffnung, dass die Berichte die Ermittlungen nicht gefährden würden, zumal die Wahrscheinlichkeit, dass die Zeugin im Vorfeld der geplanten Vernehmung deutsche Zeitungen lesen würde, doch als eher gering einzuschätzen war.

Erschwerte Zeugenvernehmungen

Ansonsten waren gerade wegen der langen zeitlichen Abstände zwischen einzelnen Ermittlungssträngen und Tatgeschehen die negativen Einflüsse der Medien auf mögliche Zeugen beträchtlich. Die Wahrscheinlichkeit, dass besonders medienungewohnte Personen bei Interviews unzutreffende Angaben machen – sei es, dass sie sich wichtig machen wollen, sei es, dass sie unbewusst die Erwartungen des Interviewers erfüllen wollen und keine Erinnerungen, sondern Dinge berichten, von denen sie nur meinen, dass sie Erinnerung wären –, ist groß.

Ein gutes Beispiel dafür ist der 1999 von Stefan Lamby in der Sendung »ProSieben History« interviewte Taxifahrer Pietro Gattuso, der – entgegen den Ermittlungen und seiner eigenen Zeugenaussage – den *ProSieben*-Leuten erzählte, er habe Uwe Barschel vom Flughafen in das Hotel gefahren. Bereits in einem Interview der Illustrierten *Quick* hatte Gattuso im Oktober 1987 angegeben, Uwe Barschel gefahren zu haben. Gegenüber dem *Quick*-Reporter Wolfgang Partz, der ihm Fotos von Uwe Barschel vorgelegt hatte, sagte Pietro Gattuso damals: »Ja, diesen Mann habe ich gefahren. Die erste Tour zwischen 15.30 und 15.45 Uhr, die zweite gegen 17.50 Uhr. Beide Fahrten vom Flughafen aus.« Die Angaben über die zweite Fahrt widersprechen aber den festgestellten Tatsachen, wonach Uwe Barschel um 17.41 Uhr mit seiner Ehefrau und um 18.01 Uhr mit seiner Schwester telefoniert hatte.

Im »Gesamtbericht« der Lübecker Staatsanwaltschaft heißt es dazu: Ein möglicher Geschehensablauf, wonach sich Dr. Barschel noch in Genf unmittelbar nach seiner Ankunft in Besitz der todbringenden Medikamente gebracht hat, konnte auch durch die Bekundungen des mit hoher Wahrscheinlichkeit Dr. Barschel am Flughafen aufnehmenden Taxifahrers, des Zeugen Beauvert, nicht weiter aufgeklärt werden. Dazu ist festzustellen, dass nach dem jetzigen Ermittlungsergebnis es als wenig wahrscheinlich anzusehen ist, dass der Zeuge Gattuso, welcher in den Medien als »Taxifahrer Dr. Barschels« dargestellt worden ist, Dr. Barschel am 10.10.1987 überhaupt gefahren hat. Der Zeuge Gattuso hat letztlich angegeben, dass die »Geschichte«, bei der zwei Journalisten einem Taxi folgen wollten, ihn nicht beträfe. Er habe vielmehr von einem Kollegen gehört, dass ebendieser sich gegenüber Journalisten geweigert habe, einem anderen Taxi zu folgen. Dabei habe es sich nicht um sein Fahrzeug gehandelt. Seiner Auffassung zufolge heiße der Fahrer, der die Fahrt verweigert habe, Al Kaar. Derjenige, der habe verfolgt werden sollen, sei – jedoch nicht sicher – sein Kollege Beauvert gewesen.

Bereits am 21. Oktober 1987 hat der Zeuge Al Kaar gegenüber der Genfer Kriminalpolizei angegeben, dass ihn zwei Personen, von denen der eine mehrere Fotoapparate bei sich hatte, baten, einem anderen Taxi zu folgen. Aufgrund eines Missverständnisses, welchem Taxi zu folgen sei, sei es dann letztlich nicht zu der von den Personen gewünschten Verfolgung gekommen. Der Zeuge Beauvert konnte sich nicht an eine Fahrt mit Dr. Barschel erinnern. Es ist nicht davon auszugehen, dass der Zeuge unrichtige Angaben gemacht hat. Die Fahrt vom Flughafen in die Stadt stellt sich als gewöhnliches Ereignis für einen am Flughafen tätigen Taxifahrer dar; im Gegensatz dazu dürfte eine Situation wie die von dem Zeugen Al Kaar beschriebene, nämlich die Aufforderung, einem anderen Taxi zu folgen, als ungewöhnliches Ereignis einzustufen sein; jedenfalls in dem hier geschilderten zeitlichen Zusammenhang, der sich mit der Ankunftszeit Dr. Barschels nahtlos in Einklang bringen lässt, kann festgestellt werden, dass es mit hoher Wahrscheinlichkeit Dr. Barschel war, der das Taxi des Zeugen Beauvert bestieg und dann das Flughafengelände verließ.

Dazu ist letztlich festzustellen, dass Dr. Barschel dann jedoch nicht auf direktem Wege zum Hotel »Beau Rivage« gebracht worden sein dürfte, da die Aufzeichnungen des Tachometers vom Taxi des Zeugen Beauvert für den in Betracht kommenden Zeitraum mangels Entsprechung der Wegstrecke vom Flughafen Cointrin zum Hotel »Beau Rivage« eine solche Wertung nicht zulassen.

Aber auch andere Gegebenheiten führten dazu, dass einzelne Ermittlungsschritte erfolglos blieben. Dies wurde besonders deutlich in einem speziellen Rechtshilfefall, der durch Vermittlung der Genfer Untersuchungsrichterin an die örtliche Bezirksanwaltschaft für den Kanton Zürich weitergeleitet wurde. Ausgangspunkt dieses Ermittlungsschrittes waren anonyme Anzeigen, die bereits kurze Zeit nach dem Tode Uwe Barschels an verschiedenen Stellen gleichlautend eingegangen waren, nämlich beim Amtsgericht Mölln, der Staatsanwaltschaft Lübeck, den Finanzbehörden und auch bei der Illustrierten *Stern*. In dieser sehr differenzierten Anzeige wurde behauptet, Uwe Barschel habe in der Schweiz und in Österreich über nicht unbeträchtliche Geldsummen verfügt, die ein Beat L. in Hinteregg (bei Zürich) als Treuhänder verwaltet habe.

Die Vernehmung von Beat L. blieb ergebnislos, sicherlich auch, weil ihm sämtliche Fragen vorher schriftlich zugeleitet worden waren und er sich daher die Antworten »bequem zurechtlegen konnte«, wie die Genfer Polizei festhielt. Allerdings hatte auch der *Stern* bereits diesen Zeugen aufgesucht und entsprechende Fragen gestellt, wohingegen deutsche Behörden keine zeitnahen Überprüfungen in diese Richtung angestellt hatten.

Der »Gesamtbericht« schildert den Ermittlungsstand wie folgt:

Ebenfalls durch einen Mitarbeiter der Steuerfahndung Lübeck wurde der Staatsanwaltschaft Lübeck am 13.02.1995 davon Kenntnis gegeben, dass im Jahre 1988 beim Finanzamt Lübeck ein anonymes Schreiben eingegangen sei, in dem behauptet worden sei, der verstorbene Dr. Dr. Barschel hätte Konten in der Schweiz und in Österreich unterhalten. Auf einem Schweizer Konto sollten sich 1,3 Millionen Schweizer Franken befunden haben, auf verschiedenen österreichischen Konten insgesamt etwa 2 Millionen Schilling. [...]

Aus den beigezogenen und ausgewerteten Steuerakten ergibt sich, dass die von der Steuerfahndung Kiel durchgeführten Ermittlungen zu keinem konkreten Ergebnis geführt haben. Das Verfahren wurde eingestellt. Maßgeblich für diese Entscheidung war u. a. die Tatsache, dass in steuerrechtlichen Angelegenheiten ein Rechtshilfeverkehr mit der Schweiz nicht möglich ist. Im Rahmen der von der Steuerfahndung in Kiel geführten Ermittlungen wurde Frau Freya Barschel über ihren Steuerberater mit dem Vorwurf bekannt gemacht. Frau Freya Barschel hat erklären lassen, nichts von irgendwelchen Konten in der Schweiz oder in Österreich zu wissen.

Die Staatsanwaltschaft Lübeck ist dieser Spur dadurch weiter nachgegangen, dass sie im Rechtshilfeersuchen vom 17.05.1995 um zeugenschaftliche Vernehmung des – angeblichen – Vermögensverwalters Beat L. nachgesucht hat. Diesem Ersuchen wurde entsprochen. Beat L. wurde am 29.06.1995 im Beisein deutscher Kriminalbeamter in Zürich vernommen. Er hat angegeben, Dr. Dr. Uwe Barschel nicht zu kennen.

Bezüglich des Aussagewertes der Aussage des Beat L. ist ergänzend hinzuweisen auf den Vermerk der schweizerischen Kriminalbeamten Kohler und Sanchez vom 13.08.1995. In diesem Vermerk wird auf Seite 6 angeführt, dass die zuständige Staatsanwältin in Zürich dem Zeugen L. mit der Ladung eine gesamte Kopie des Lübecker Rechtshilfeersuchens übersandt hatte, sodass dieser in der Lage gewesen sein dürfte, sich auch über die weiteren Ermittlungsersuchen ein Bild zu machen. Es ist nicht auszuschließen, dass er durch Rückschlüsse auf die Thematik seiner eigenen Vernehmung schließen konnte.

Zugezogen wurde auch eine Vernehmung des Privatdetektivs Jean-Jacques Griessen vom 22. April 1992. Bei ihm handelte es sich um einen Privatdetektiv, den Eike Barschel beauftragt hatte, Ermittlungen im Zusammenhang mit dem Tod seines Bruders anzustellen. Jean-Jacques Griessen war am 9. November 1992 in Zürich verstorben. Eine weitere Überprüfung der Schweizer Spuren sollte dann in der ersten Märzhälfte 1996 erfolgen.

Ein anderer möglicher Zeuge war ebenfalls inzwischen verstorben. Es handelte sich um den südafrikanischen Waffenhändler Dirk Stoffberg, der auch in anderen Zusammenhängen von sich hatte reden machen. Er wurde etwa mehrfach in Verbindung gebracht mit dem Anschlag auf die südafrikanische Freiheitskämpferin Dulcie September in Paris. Er war einer der Waffenhändler, die nicht ausschließlich im »weißen Kragen« auftreten, sondern der durchaus in der Lage war, seine eigenen Interessen auch persönlich nachdrücklich umzusetzen. Auf die Frage in einem Fernsehinterview, ob er bei seinen Waffengeschäften noch nie betrogen worden sei, hatte er dies verneint und es mit einer besonderen »Psychologie« begründet. Er habe sich jeweils, wenn erforderlich, »Verpflichtungserklärungen« unterschreiben lassen, dass die Vertragspartner gegebenenfalls ein Ohr oder einen Finger verlieren könnten. Auf die Frage, ob er denn Waffen getragen hätte, antwortete er mit einem modifizierten Nein: »Ich habe ja mein Messer.«

Dieser Dirk Stoffberg kam am 20. Juni 1994 ebenso wie seine damalige deutsche Lebensgefährtin unter bislang nicht vollständig geklärten Umständen in Südafrika zu Tode. Der »Gesamtbericht« kennzeichnet Stoffberg wie folgt:

> Dass Stoffberg einerseits im geheimdienstlichen Milieu und andererseits auch als Waffenhändler tätig war, kann als gegeben angesehen werden. So wurden in der Vergangenheit deutsche Zollfahndungsbehörden von US-amerikanischen Dienststellen um verdeckte Ermittlungen gegen Dirk Stoffberg ersucht. Dieser sollte versucht haben, im iranischen Auftrag Zünder für Raketen des Typs »Tow« zu beschaffen, die auch Liefergegenstand im Rahmen der »Iran-Contra-Affäre« waren. Die Rolle Stoffbergs ergibt sich auch aus einem im südafrikanischen Fernsehen gesendeten Fernsehbeitrag der Sendereihe »Agenda« vom 21.11.1993 und anderen Publikationen.

Kurz vor Stoffbergs Tod 1994 war in einer deutschen Zeitung ein Interview mit ihm vorgesehen, zu dessen Vorbereitung er eine eidesstattliche Versicherung abgab. Zu dieser heißt es in dem »Gesamtbericht«:

In diesem Entwurf einer eidesstattlichen Versicherung erklärt Stoffberg u. a., dass J. ihm gegenüber Angaben dahin gehend gemacht hätte, dass Barschel von Robert Gates, dem späteren CIA-Direktor, nach Genf bestellt worden sei. Barschel hätte mit Enthüllungen gedroht, durch die Regierungen und an Waffengeschäften beteiligte Geschäftsleute in große Verlegenheit gebracht worden wären. Von J. sei auch die Person benannt worden, die mit der Ermordung von Dr. Uwe Barschel beauftragt worden sei. In dem Entwurf dieser eidesstattlichen Versicherung wird dazu Folgendes ausgeführt:

»J. und ich sprachen über Personen, die in den internationalen Waffenhandel verwickelt waren. Dabei berichtete mir J., dass Robert Gates Barschel angerufen habe, um ihn nach Genf zu bestellen. Weiter sagte er, dass er sich inzwischen mit Barschel getroffen hätte, um ihn zu warnen. J. erzählte mir, dass Barschel mit Enthüllungen gedroht habe, durch die Regierungen und an Waffengeschäften beteiligte Geschäftsleute in große Verlegenheit gebracht worden wären. Bei einem neuen Treffen mit J. – ich glaube, dass es am Sonntagabend war – erfuhr ich von ihm, dass Ross Wood (alias Tom Sunde) ›seine Aufgabe erledigt‹ habe. Er meinte damit, dass Wood Barschel ermordet habe. Ich selbst kenne Wood aus geheimdienstlichen Operationen in Fernost (Hongkong) und weiß, dass er ein ›hitman‹ für amerikanische Geheimdienste (CIA, NSA) war. Das bedeutet, dass W. im Auftrag von Nachrichtendiensten die Beseitigung von missliebigen Personen organisiert hat. Das Gespräch mit J. fand im Hotel ›Splügenschloss‹/Genf statt.

Am Wochenende, als Uwe Barschel ermordet wurde, fanden in Genf zwei Meetings von Waffenhändlern statt. Die Konferenzen fanden im ›Hilton‹ statt. An einem der beiden Gespräche nahm ich selbst teil.

Aus meiner Kenntnis der Hintergründe der damals aktuellen Geschäfte von Uwe Barschel bin ich sicher, dass der Politiker als Vermittler von Nukleartechnologie für den Iran und den Irak tätig war. Der CIA war nach meiner Kenntnis beunruhigt darüber, dass Barschel die Wege der Atomgeschäfte offenlegen und Regierungsvertreter und Länder nennen wollte, die in die Deals verwickelt waren.

J. konnte wissen, dass Wood Barschel getötet hat. Er war Leiter der Firma »Adler Research«/Boston, USA, und Wood gehört zu seinen Mitarbeitern. Bei diesem Unternehmen handelt es sich um eine Tarnorganisation des CIA, die Killer-Aufträge ausgeführt hat. Durch die enge Beziehung zu J. war ich darüber informiert, dass die Adler-Gruppe Mordaufträge für den CIA ausführt. J. selbst hat mir berichtet, dass er Barschel unter dem Decknamen Rolf König angerufen hat – in Genf.

Ich weiß, dass Uwe Barschel viele Waffengeschäfte vermittelt hat. Dabei ging es auch um Panzer, die von der Firma »asco« (Hauptsitz in Brüssel, Tochterfirma in La Valetta/Malta) verkauft wurden. Abnehmer waren unter anderen der Iran und der Irak.«

Die Abgabe dieser eidesstattlichen Versicherung durch Stoffberg war von einem deutschen Printmedium gefordert worden in Vorbereitung der Veröffentlichung eines Artikels, der auf den Angaben des Stoffberg beruhen sollte. Der Umstand, dass es beim Entwurf der eidesstattlichen Versicherung blieb und keine unterschriebene eidesstattliche Versicherung vorliegt, ist nach journalistischen Angaben dadurch bedingt, dass Stoffberg ebenso wie seine damalige deutsche Lebensgefährtin Susanne Tanzer am 20. Juni 1994 unter bislang nicht geklärten Umständen zu Tode gekommen ist. In Verfolgung der Angaben des Stoffberg wurde der Staatsanwaltschaft Lübeck aus journalistischen Kreisen bekannt, dass Stoffberg im April 1992 einem deutschen Journalisten ein Interview gegeben hat, das auf Videoband aufgezeichnet wurde.

Diesem Journalisten wurde seinerzeit nach sorgfältiger Prüfung Vertraulichkeit zugesichert. Zwischenzeitlich hat er erklärt, dass eine Bindung an diese Vertraulichkeit nicht mehr erforderlich sei, sodass er namentlich genannt werden kann: Es handelt sich um Peter F. Müller, Mitautor des schon erwähnten Berichtes aus dem Jahre 1992, in dem erstmals über die Fahrt des Uwe Barschel nach Kavelstorf berichtet wurde. Seinerzeit wurde der inhaltsgleiche Film dazu, dessen Autor er war, in *Stern TV* ausgestrahlt.

Der Film- und Buchautor Peter F. Müller übergab der Staatsanwaltschaft ein überspieltes Band der Videoaufzeichnung des Interviews mit Stoffberg zur Auswertung.

Weiter heißt es in dem »Gesamtbericht« dazu:

Dieses Interview, das in englischer Sprache geführt wurde, wurde durch einen Mitarbeiter der EG Genf, der für den Zollbereich über die Befähigung zum Englischlehrer verfügt, in die deutsche Sprache übersetzt.

In diesem Interview macht Stoffberg Angaben, warum Dr. Uwe Barschel nach Genf bestellt worden sei, dass er in Waffengeschäfte verwickelt gewesen sei, und bezüglich der Tötung des Dr. Uwe Barschel. Er führt dazu u. a. Folgendes aus:

Es sei kein Zufall gewesen, dass Dr. Uwe Barschel nach Genf gekommen sei. »Er wurde gerufen, um an dem Treffen teilzunehmen [...]. Uwe Barschel musste nach Genf kommen, um ein[ig]e Probleme auszuräumen, das war auch eine sehr sensible Situation und Uwe Barschel hatte auch Angst [...]. Ja, Uwe Barschel hatte sehr aufdringliche Drohungen vom CIA erhalten [...]. Uwe Barschel hatte die Absicht, darüber zu sprechen, er wurde bedroht, er wollte umfangreiche Fälle von Korruption in der deutschen Regierung aufdecken, die von den Amerikanern kontrolliert wurden [...]. Barschel war in verschiedene Waffenhandelsgeschäfte verwickelt, sogar mit unserem Land hier.

Er konnte mit seinem Gewissen nicht länger die amerikanische Außenpolitik vereinbaren, die darin bestand, Kontrolle über bestimmte Personen in der Deutschen Regierung auszuüben, er wollte diese Bedrohung, die über ihm schwebte, abwerfen und bestimmte Enthüllungen machen, die einige Politiker der Regierungen bloßgestellt hätten. Im Waffenhandelsgeschäft macht man so etwas nicht, und es ist die Vorgehensweise aller Geheimdienste, dass Menschen, die aus der Reihe tanzen, so wie es auch in der Mafia-Politik gehalten wird, eliminiert werden [...]. Barschel hätte zu viel über Waffenhandelsgeschäfte gewusst und gedroht, diese aufzudecken […]. Uwe Barschel wurde nach Genf zitiert, um einige Fragen zu beantworten, man hatte den Eindruck, dass er eine Bedrohung für die Sicherheit war, weil Geheimnisse über Waffengeschäfte mit bestimmten Staaten an ihn weitergegeben worden waren. Er wollte sich nicht länger erpressen lassen, er wollte der Presse und seinen Angehörigen gegenüber ein Geständnis ablegen, was auch immer seine Rolle war […].«

Auf die Frage von Peter F. Müller, ob Dr. Barschel zufällig am Wochenende in Genf gewesen sei bzw. wer ihn nach Genf bestellt hätte, antwortet Stoffberg: »Nein, er bekam einen Telefonanruf, es war etwas mehr als eine Einladung von einem hochrangigen CIA-Offizier.« Auf die Frage des Interviewers, ob Robert (Bob) Gates Uwe Barschel nach Genf gerufen hätte, erklärt Stoffberg: »Die Amerikaner werden nicht mögen, wenn ich das sage, aber wir können sagen: Ja.«

Stoffberg erklärt dann weiter, dass dieser Anruf von Gates Barschel auf Gran Canaria erreicht hätte. Es wird dann ausdrücklich durch Stoffberg bestätigt, dass es Gates gewesen sei, der angerufen hätte. Im weiteren Verlauf des Interviews wird von Stoffberg dann nochmals bestätigt, dass Barschel von Gates nach Genf beordert worden sei. Auf die Frage nach dem Grund für die Bestellung des Barschel nach Genf erklärt er: »Uwe Barschel war zu diesem Zeitpunkt sehr nervös, er wollte einige Enthüllungen machen, die sehr unangenehme Dinge über die deutsche Regierung beinhalteten und die amerikanische Regierung und viele andere. Er wurde zu einem sehr hohen Grade erpresst. Er hatte das Gefühl, den Druck nicht länger ertragen zu können. Außerdem war Barschel ein sehr habgieriger Mann, er wollte aus der Bedrängnis herauskommen, er wollte nach Kanada weggehen, er brauchte Geld und ich glaube, er ging deshalb dort hin, um diese Probleme zu lösen.«

Stoffberg wird in diesem Interview auch befragt, ob er glaube, dass es sich um einen Selbstmord gehandelt habe bzw. wer ansonsten für den Tod von Dr. Barschel verantwortlich sei. Er führt dazu aus: »Meine persönliche Meinung ist, soweit ich in der Vergangenheit selbst darin verwickelt war, nein, es war kein Selbstmord, es war, nennen wir es ›ein amerikanischer Entscheidungsfeldzug‹.« Die Amerikaner seien in den Tod Barschels verwickelt gewesen, »wie sie in viele Ermordungen in der ganzen Welt verwickelt waren«.

Auf die Frage, ob der CIA oder ein diesem Nahestehender die Ermordung des Dr. Barschel durchgeführt habe, erklärt Stoffberg: »Vertraulich gesagt, ja.«

Er führt dann weiter dazu aus: »Nun, es gibt in der internationalen Presse genug Spekulationen über Killerschwadronen, sogar beim CIA, man sollte mit dem Finger in diese Richtung zeigen.«

Auf die Frage nach einem möglichen Täter verweist Stoffberg auf den sogenannten »Spinnen-Mann«, mit dem man reden könne.

Auf entsprechende Frage erklärt Stoffberg weiter, er gehe davon aus, dass Uwe Barschel in den U-Boot-Deal zwischen Deutschland und Südafrika verwickelt gewesen sei.

Befragt, ob Mauss in den Tod des Dr. Uwe Barschel verwickelt gewesen sei, antwortet Stoffberg sinngemäß, dass er dazu keine Angaben machen wolle, dass es sich aber um eine gute Frage handele.

Insgesamt können die Ausführungen des Stoffberg im Interview mit Peter F. Müller wie folgt summarisch zusammengefasst werden:

a) Dr. Uwe Barschel wurde durch den CIA, und zwar vermutlich durch den Robert Gates, telefonisch nach Genf beordert.

b) Grund dafür war, dass der CIA befürchten musste, dass Dr. Uwe Barschel öffentlich Angaben über sein Wissen betreffend illegale internationale Waffengeschäfte machen wollte.

c) Da er auch nach in Genf mit ihm geführten »Gesprächen« weiterhin als Sicherheitsrisiko hätte angesehen werden müssen, sei er getötet worden, wobei der CIA an seiner Tötung zumindest beteiligt gewesen sei.

Da Stoffberg infolge seines inzwischen eingetretenen Todes nicht mehr vernommen werden kann, wurde Prof. Dr. Dr. Wegener beauftragt, eine gutachterliche Stellungnahme zur Videoaufzeichnung des Interviews abzugeben. Professor Dr. Dr. Wegener stand dazu die schriftliche deutsche Übersetzung des in englischer Sprache geführten Interviews zur Verfügung. Er hatte außerdem Gelegenheit, am 26. Oktober 1995 mit Peter F.

Müller bei der Staatsanwaltschaft Lübeck zusammenzutreffen. Er befragte ihn dabei nach den Umständen des Interviews. Außerdem wurde sodann in Gegenwart von Peter F. Müller das Videoband des Interviews vorgespielt. In seinem 23-seitigen Gutachten vom 13. November 1995 kommt Prof. Dr. Dr. Wegener in seiner aussagepsychologischen Beurteilung u. a. zu folgenden Feststellungen:

»Inhaltsanalytisch sind die Angaben des S. während des Interviews durch eine ausreichende Detaillierung gekennzeichnet: Namen, Organisationen, Ziele und Vorgänge werden in größerer Zahl genannt. Die Darstellung der Waffenhändlerszene und der Geheimdienstaktivitäten erscheint in seiner Darstellung konsistent und ohne Widersprüche innerhalb des gezeichneten Bildes. Die eigene Kompetenz als Kenner der Situation wird durch mehrfache Erwähnung eigener Teilnahme an Aktivitäten, durch die Erwähnung von Freunden aus verschiedenen Diensten und durch den Hinweis auf das angeblich zu Unrecht erfolgte Beschuldigtwerden untermauert. Die deutliche Verdeckungstendenz und die Tendenz zu einer streng zensierten Selektion im Antwortverhalten erscheinen angesichts der Thematik und der Gesamtsituation verständlich und der Erwartung entsprechend. Der Befragte hat diese Tendenz mehrfach offen zum Ausdruck gebracht. Eine Tendenz zur Dramatisierung und zur Extremisierung wird nicht deutlich, vielmehr bleibt die Darstellung insgesamt sachlich und ohne erkennbare affektbedingte Verschärfung.

Während die Angaben des S. über die Gesamtsituation in Genf durch die Darstellung eigener Teilnahme und durch konkret und bestimmt dargestellte Vorgänge und Beteiligte angereichert sind, werden alle Angaben betreffend B. auffallend distanziert und unpersönlich abgegeben.

An keiner Stelle wird von persönlichen Kontakten mit B. gesprochen, vielmehr wird auf andere Informanten oder auf das allgemeine Wissen verwiesen. Auch hinsichtlich der Todesumstände werden keine präzisen Darstellungen bestimmter Umstände gegeben, vielmehr nur Vermutungen und Hinweise auf parallel liegende andere Todesfälle.

Diese auffallende Diskrepanz zwischen der Darstellung von Details aus der Waffenhändler- und Geheimdienstszene einerseits und den Aussagen, die B. betreffen, lässt sich einerseits durchaus aussagepsychologisch positiv interpretieren:

Offensichtlich ist S. nicht der naheliegenden Versuchung erlegen, angesichts des besonderen Interesses des Interviewers an dem Verhalten und den Todesumständen des B. persönliche Beziehungen, Gespräche oder Beobachtungen über B. zu konfabulieren. Angesichts seiner umfangreichen Kenntnisse des Milieus in Genf und der Eloquenz wäre dies dem Befragten wahrscheinlich ohne große Schwierigkeiten möglich gewesen. Er hat von dieser Möglichkeit keinen Gebrauch gemacht und damit Zurückhaltung und Verzicht auf sensationelle Dramatisierung bewiesen.

Andererseits legt dieses Antwortverhalten jedoch die Annahme nahe, dass die Informationen über B. nicht auf eigene direkte Beobachtungen des B. zurückgehen, sondern Berichten Dritter entstammen. Diese Annahme wird auch gestützt durch die oben genannte widersprüchliche und inkonsistente Darstellung der Anreisemotive des B. nach Genf.

Insgesamt wird aussagepsychologisch daher davon ausgegangen, dass S. in seinen Angaben während des Interviews keine Falschinformationen vorsätzlich eingeführt hat, sondern um eine Beschränkung auf tatsächlich Erlebtes oder Gehörtes bedacht war.

Die Angaben betreffend B. gehen jedoch mit großer Wahrscheinlichkeit nicht auf eigene Beobachtungen, sondern auf Informationen von dritter Seite zurück. Eine vorsätzliche Entstellung dieser Informationen durch S. erscheint wenig wahrscheinlich.«

Nach dem Ergebnis der gutachterlichen Stellungnahme des Prof. Dr. Dr. Wegener ist also davon auszugehen, dass Stoffberg in dem Interview keine vorsätzlich falschen Angaben gemacht hat. Des Weiteren ist darauf hinzuweisen, dass der Gutachter die auffallende Diskrepanz zwischen der Darstellung von den teils aus der Waffenhändler- und Geheimdienstszene einerseits und den Aussagen andererseits, die Barschel betreffen, aussagepsychologisch durchaus positiv interpretiert.

Dieses war im Zwischenbericht des Generalstaatsanwaltes an den Justizminister vom 27.10.1997 nicht auch in hinreichendem Maße zum Ausdruck gekommen. In jenem Zwischenbericht wird eine aussagepsychologisch durchaus positiv zu bewertende distanzierte Darstellung des Stoffberg so dargestellt, als würden sich daraus geradezu notwendig Vorbehalte gegen eine wahrheitsgemäße Darstellung durch Stoffberg ableiten lassen.

Von Stoffberg wird die Person des Robert (Bob) Gates benannt, die Dr. Uwe Barschel telefonisch nach Genf bestellt haben soll. Robert Gates war nach hiesigen Erkenntnissen zur damaligen Zeit ein hochgestellter Mitarbeiter des CIA, später wurde er Direktor des CIA.

So weit der »Gesamtbericht«.

Wer hat welches Motiv?

Die Begutachtung des Interviews eines Toten auf seine Glaubwürdigkeit ist sicherlich Neuland, und die Ergebnisse sind mit einem gewissen Vorbehalt zu betrachten. Andererseits ist der Interviewer Peter F. Müller in die Begutachtung mit einbezogen worden; er wurde nach den Begleitumständen und dem Ablauf des Interviews sorgfältig befragt. Schließlich handelt es sich bei dem Gutachter um eine anerkannte Kapazität, was dem Ergebnis dann doch wieder Gewicht verleiht.

Die Einschränkungen sind natürlich offenkundig: Auch nach eigenen Angaben war Dirk Stoffberg kein unmittelbarer Zeuge, sondern nur ein Zeuge vom Hörensagen. Zudem mag er in einem Punkt etwas übertrieben haben, nämlich was die Belastung des CIA angeht, mit der er selbst ein »Hühnchen zu rupfen« hatte.

Andererseits gab es ein Indiz für seine Glaubwürdigkeit, das leicht übersehen werden konnte: Er sagte, Uwe Barschel wollte ja nach Kanada. Diese eher beiläufige Bemerkung war es, die mich beim Ansehen des Videobandes elektrisierte. Denn tatsächlich gab es entsprechende Pläne Uwe Barschels, die nur seinem engsten Familienkreis und seinem persönlichen Referenten bekannt waren. Stoffbergs Bemerkung ließ Rückschlüsse auf profunde Insiderkenntnisse zu. Bei allen Fragezeichen aufgrund der Persönlichkeit Stoffbergs wäre allein dies Anlass gewesen, seinen Angaben eine hohe Beachtung zu schenken; sie hätten nach einer nochmaligen intensiven Befragung wichtige Ermittlungsansätze bieten können. Die weiteren Versuche der Ermittlungsgruppe, dieser Spur nachzugehen und im Wege der Rechtshilfe den Gesprächspartner von Stoffberg, »J.«, zu vernehmen, blieben erfolglos. Dies stellt der »Gesamtbericht« wie folgt dar:

Im Schreiben vom 30.05.1996 war ebenfalls um Auskunft über ggf. vorhandene Erkenntnisse bzgl. Stoffberg und J. gebeten worden. Insoweit teilt der CIA mit Schreiben vom 09.12.1996 mit: »Aus grundsätzlichen Erwägungen wird der CIA irgendwelche Behauptungen über geheime Beziehungen weder bestätigen noch dementieren.«

Zur weiteren Abarbeitung der Hinweise des Stoffberg erschien es zunächst notwendig, den vielfach von Stoffberg benannten J. zu vernehmen. J. hält sich derzeit unter einer der Staatsanwaltschaft bekannten Adresse in Australien auf.

Er ist deutscher Herkunft. Nach vorliegenden Informationen war er u. a. von der philippinischen Regierung damit beauftragt, die möglicherweise in der Schweiz befindlichen »Marcos-Millionen« wiederzubeschaffen.

Der Journalist Peter F. Müller, der auch Stoffberg interviewt hat, hat in den Jahren 1995/1996 mehrfach direkten Kontakt mit J. in Australien gehabt. Über diese Kontakte hat Müller der Staatsanwaltschaft Lübeck berichtet. Bei diesen Kontakten hat Müller gegenüber J. auch zum Ausdruck gebracht, dass die Staatsanwaltschaft Lübeck an seiner Vernehmung betreffend seine Erkenntnisse über die Geschehnisse im Zusammenhang mit dem Tode von Dr. Uwe Barschel am Wochenende 10./11.10.1987 in Genf interessiert sei. J. hat über Müller erklären lassen, dass er zu einer direkten Vernehmung/Anhörung durch den zuständigen Dezernenten bereit sei. Im Hinblick darauf, dass seine Angaben von erheblicher Brisanz seien, möchte er jedoch vorher in einem informellen Gespräch mit dem zuständigen Dezernenten Fragen, die auch seine persönliche Sicherheit betreffen, klären.

Letzte telefonische Kontakte zwischen dem Dezernenten und Peter F. Müller haben im November/Dezember 1996 stattgefunden. Bei diesen telefonischen Kontakten hat Müller erklärt, dass er seit Monaten keinen persönlichen Kontakt mehr mit J. in Australien gehabt habe, mit diesem jedoch noch in telefonischem Kontakt stehen würde. Bei dieser Gelegenheit wurde dem Dezernenten von Müller auch mitgeteilt, dass dieser durch J. Kenntnis davon habe, dass das gegen J. gerichtete Auslieferungsbegehren der Vereinigten Staaten von Amerika durch das zuständige australische Gericht rechtskräftig abgewiesen worden sei. Soweit er, Müller, wisse, wäre J. auch nach wie vor bereit, sich anhören bzw. vernehmen zu lassen. Trotz der Entscheidung des australischen Gerichtes, J. nicht an die Vereinigten Staaten von Amerika auszuliefern, hat sich die rechtliche Situation bezüglich einer Einreise des J. in die Bundesrepublik Deutschland im Hinblick auf die insoweit erfolgte Darstellung im Bericht vom 29.04.1996 nicht geändert. Insoweit darf noch einmal auf Folgendes kurz hingewiesen werden:

Gegen J. ist am 29.03.1991 durch das US-Distrikt-Gericht für den südlichen Distrikt von Florida in Miami Haftbefehl erlassen worden, und zwar wegen Beihilfe zur Einfuhr von Rauschgift (Haschisch). Infolge einer internationalen Ausschreibung zur Festnahme wurde J. am 30.01.1993 bei seiner Einreise in die Bundesrepublik Deutschland festgenommen. Aufgrund des Beschlusses des Oberlandesgerichtes Frankfurt am Main – 2 Ausl. I 8/93 – wurde J. am 03.02.1993 gemäß § 16 IRG in vorläufige Auslieferungshaft genommen. Mit Beschluss des Oberlandesgerichtes Frankfurt am Main vom 10.03.1993 wurde J. sodann vom weiteren Vollzug der Untersuchungshaft verschont. Durch Beschluss des Oberlandesgerichtes Frankfurt vom 20.06.1993 wurde dann entschieden, dass der Verschonungsbeschluss aufrechterhalten bleibt. Nachdem sich J. dann Mitte August 1993 – vermutlich auf die Philippinen – abgesetzt hatte, wurde der Verschonungsbeschluss vom 10.03.1993 am 15.09.1993 durch das Oberlandesgericht Frankfurt am Main wieder aufgehoben und der Auslieferungshaftbefehl wieder in Vollzug gesetzt. J. müsste also bei einer Wiedereinreise in die Bundesrepublik Deutschland – ohne die Zusicherung freien Geleites – davon ausgehen, wieder in Auslieferungshaft genommen zu werden.

Der sonstige Rechtshilfeverkehr zwischen der Bundesrepublik Deutschland und Australien erfolgt vertragslos. Australien ist auch nicht Vertragsstaat des Europäischen Rechtshilfeübereinkommens, sodass auch kein freies Geleit nach Artikel 12 des Europäischen Rechtshilfeübereinkommens möglich ist.

Das freie Geleit müsste J. deshalb nach der Rechtsprechung des BGH ausdrücklich zugesichert werden.

Mit dem Zeugen J. ist im April 1997 brieflich Kontakt aufgenommen worden. Der Zeuge J. hat über den Rechtsanwalt Dr. David A. Chaikin aus Sydney antworten lassen. Im Schreiben des Rechtsanwalts Dr. Chaikin vom 21.05.1997 teilt dieser für den Zeugen J. mit, dass dieser nicht bereit ist, sich von offiziellen australischen Behörden in dieser Sache vernehmen zu lassen. Als Grund für diese Weigerung werden Gefährdungsgesichtspunkte für den Zeugen und dessen Familie angeführt. Der Zeuge J. weist weiter darauf hin, dass er allerdings bereit sein würde, in einem »informellen Interview« Angaben zu machen. Seiner Auffassung nach wäre eine solche Vorgehensweise im Rahmen der internationalen Rechtshilfe in Strafsachen möglich. Im Übrigen weist der Zeuge J. darauf hin, dass er nur indirekte Kenntnisse in dieser Angelegenheit habe. Aufgrund der Äußerungen des Stoffberg war bislang davon ausgegangen worden, dass der Zeuge J. über eigenes Wissen verfügt.

Der geführte Schriftwechsel lässt nur den Schluss zu, dass der Zeuge im Ergebnis weder für eine förmliche Vernehmung noch für ein informelles Gespräch zur Verfügung steht. Eine förmliche Vernehmung in Australien lehnt der Hinweisgeber ab, da er davon ausgeht, dass eine vor australischen Stellen gemachte Aussage »ihren Weg in die Hände anderer Regierungen finden würde« und ihm oder seiner Familie dann Gefahr droht.

Bei realistischer Betrachtungsweise lässt sich dies aber auch dann nicht ausschließen, wenn eine Anhörung des Zeugen in der von ihm vorgeschlagenen Form – »informelles Interview« in Australien oder aber in Deutschland – durchgeführt werden würde. Jedenfalls könnte von der Staatsanwaltschaft Lübeck keine Zusage des Inhalts abgegeben werden, dass Dritte keine Möglichkeit bekommen werden, von dem diesbezüglichen Ermittlungsergebnis Kenntnis zu nehmen. Nur hierdurch hätten die Bedenken des Zeugen hinsichtlich der von ihm angenommenen Gefährdungssituation ausgeräumt werden können.

Im Übrigen widerspräche eine solche Vorgehensweise – ein »informelles Interview« in Australien in Abwesenheit australischer Stellen – gerade dem Sinn und Zweck der internationalen Rechtshilfe in Strafsachen, nämlich Ermittlungshandlungen für fremde Staaten zu ermöglichen, ohne dabei die eigene Souveränität aufzugeben.

Danach kann dahinstehen, ob J. tatsächlich nur mittelbare Erkenntnisse von den Vorgängen hat, denen geringer Beweiswert zuzubilligen wäre, oder ob er dieses u. a. mit Rücksicht auf die umfänglichen Indiskretionen auch über seine Schweizer Quelle nur vorgibt. Jedenfalls ist mit einem verfahrensfördernden Beitrag nicht mehr zu rechnen, sodass weitere Ermittlungen nicht durchgeführt wurden.

Nicht nur durch diese Spur wurde unser Augenmerk auf einen möglichen Zusammenhang des Falles Barschel mit der »Iran-Contra-Affäre« gelenkt. Auch der Journalist Hubert S. hatte bereits darauf hingewiesen. Wir beschafften uns die offiziellen Unterlagen hierzu. Zunächst einmal schien es durchaus vorstellbar, dass es einen direkten Bezug des Todes Uwe Barschels zu der »Iran-Contra-Affäre« hätte geben können.

Denn möglicherweise lag das Motiv für einen Mord an Uwe Barschel im Bereich des internationalen Waffenhandels. Dabei ist der Begriff »Waffenhandel« zu vordergründig und zu spektakulär, geprägt wurde er von den Medien. Es ging nämlich nicht nur um Waffen, sondern schlechthin um den Handel mit Embargogütern, also Gütern, die laut UN-Beschlüssen oder anderen politischen Entscheidungen nicht in bestimmte Regionen und an bestimmte Länder geliefert werden durften.

Barschels Reisen
in die DDR

Stasi, BND und internationaler Waffenhandel

Die vielfältigen Hinweise auf den ehemaligen Stasi-Bereich hatten zu keinen gesicherten Erkenntnissen geführt. Was bleibt, sind indirekte Hinweise und vor allem die Reisetätigkeit Uwe Barschels in den Bereich des damaligen Ostblocks; neben der Tschechoslowakei natürlich vor allem die DDR. Diese Reisetätigkeit lässt sich nicht mit der Funktion eines westdeutschen Landespolitikers erklären. Paradigmatisch dafür sind zwei Reisen, die im »Gesamtbericht« ausführlich dokumentiert worden sind, da sie weder Transitreisen waren noch Besuchszwecken dienten:

Beide Reisen sind – zumindest in den der Staatsanwaltschaft Lübeck durch die Gauck-Behörde zugänglich gemachten Unterlagen – nicht enthalten. Es wurde insoweit gesondert ein Abgleich mit den zur Verfügung stehenden Avisierungsunterlagen und den Posteingangsbüchern aus dem Arbeitsbereich General Dr. [Gerhard] Neiber [Stellvertreter von Stasi-Chef Erich Mielke] vorgenommen. Auch diese Auswertung ergab keine Anhaltspunkte auf die beiden Reisen, auf die nachstehend genauer einzugehen ist. Vorab sei jedoch darauf hingewiesen, dass das Fehlen von Avisierungs- bzw. Überwachungsunterlagen keinen Indizcharakter dafür hat, dass diese Reisen nicht stattgefunden haben. Vielmehr ist aufgrund der Erkenntnisse aus den zur Verfügung gestellten Unterlagen davon auszugehen, dass es Reisen von Nicht-DDR-Bürgern in die damalige DDR gegeben hat, die sowohl von der Überwachung als auch von jeglicher Kontrolle bei der Einreise in die damalige DDR ausgenommen waren. Nach der MfS-Dienstanweisung Nr. 2/72 waren Kontrollbefreiungen bis hin zur völligen

Befreiung von Pass- und Zollkontrolle einschließlich der Löschung des Nachweises erfolgter Ein- oder Ausreisen an den Grenzübergangsstellen möglich. Voraussetzung für eine solche Befreiung war allerdings, dass die entsprechende Reise jeweils von ganz überragender Bedeutung für politische bzw. wirtschaftliche Interessen der damaligen DDR war.

Der Zweck beider Reisen, der von hier aus bislang mit hinreichender Sicherheit nicht ermittelt werden konnte, sowie die jeweiligen Umstände, unter denen diese Reisen stattgefunden haben, macht es erforderlich, im Rahmen des Gesamtberichtes umfassender darauf einzugehen:

Mit Schreiben vom 15.11.1993 teilte der damalige Justizminister des Landes Schleswig-Holstein, Dr. Klingner, dem Unterzeichner mit, »am Rande der letzten Landtagssitzung wurde mir mitgeteilt, Herr Horst Rißmann, 1982/83 Fahrer des damaligen Ministerpräsidenten Dr. Dr. Uwe Barschel, heute noch Fahrer der Landesregierung, wolle Aussagen machen zu Fahrten in die DDR und den Umständen dieser Fahrten [...]«.

Der Zeuge Rißmann wurde daraufhin am 20.12.1993 vernommen. Im Rahmen dieser Aussage, bei der er u.a. auch erklärte, er sei sich völlig sicher, nicht habe verlauten zu lassen, im Zusammenhang mit Dr. Barschel eine Aussage machen zu wollen, berichtete der Zeuge Rißmann von einer Fahrt mit Dr. Barschel nach Rostock, wobei von dem Zeugen der Zeitraum, in dem diese Reise stattgefunden hat, zunächst zwischen dem 18.10. und 01.12.1982 angegeben wurde, da er nur in dieser Zeit Fahrer bei Dr. Barschel gewesen sei und in diese Zeit die Fahrt in die damalige DDR falle. Von dem Zeugen Rißmann wurde berichtet, dass für ihn besonders bemerkenswert gewesen sei, dass er Dr. Barschel zwar nach Rostock gefahren habe, dass dieser dann allerdings in Rostock geblieben sei und er allein nach Schleswig-Holstein hätte zurückkehren müssen. Er hätte Dr. Barschel zum Marktplatz in Rostock fahren müssen. Dort sei Dr. Barschel dann ausgestiegen und hätte ihn, Rißmann, angewiesen, auf ihn zu warten. Nach ca. 1 bis anderthalb Stunden sei dann ein ihm nicht bekannter Mann, Alter ca. 55 Jahre, erschienen, der im Auftrage von Dr. Barschel mitgeteilt hätte, er solle nach Schleswig-Holstein zurückfahren, was er auch getan hätte.

Nachdem der Staatsanwaltschaft dann im Sommer 1996 aus journalistischer Quelle die Mitteilung zugegangen war, dass es Personen gibt, die bekunden, Dr. Uwe Barschel hätte sich bei einem Aufenthalt in Rostock mit einem hochrangigen Vertreter des MfS und einem führenden deutschen Industriellen aus Schleswig-Holstein getroffen – die Identitäten dieser Auskunftspersonen sind der Staatsanwaltschaft Lübeck nach wie vor nicht bekannt –, wurde eine erneute zeugenschaftliche Vernehmung des Rißmann durchgeführt. In dieser Vernehmung vom 20.08.1996 heißt es u.a. wie folgt: »Meine Vernehmung vom 20.12.1993 in der genannten Sache wurde mir inhaltlich bekannt gegeben. Der dort geschilderte Sachverhalt ist richtig. Meine Erinnerung an den zur Rede stehenden Sachverhalt aus dem Jahre 1982 ist noch ganz gut. Ich bin bereit, ergänzende Angaben zu meiner damaligen Vernehmung zu machen:

Frage: Herr Rißmann, in Ihrer damaligen Vernehmung haben Sie eine gemeinsame Reise mit Herrn Dr. Uwe Barschel nach Warnemünde/Rostock geschildert. Können Sie sich heute noch daran erinnern, unter welchen Voraussetzungen Sie damals Kenntnis von der anstehenden Reise erhalten haben?

Antwort: Zur damaligen Zeit waren Herr Prosch und die Polizeibeamten in einer ehemaligen Kaserne in Mölln untergebracht, damit sie Herrn Dr. Uwe Barschel ständig zur Verfügung stehen konnten. Ich kann mich daran erinnern, dass ich am späten Nachmittag des betreffenden Tages einen Anruf vom dortigen Pförtner erhalten habe. Dieser Mann informierte mich darüber, dass ich zu Dr. Barschel nach Hause kommen sollte. Wenn ich hier nach dem genauen Datum gefragt werde, so muss ich angeben, dass das Anfang 1982 gewesen sein muss, nämlich in der Zeit, als Dr. Uwe Barschel gerade Ministerpräsident des Landes Schleswig-Holstein geworden war. Ich habe mich unmittelbar nach diesem Anruf mit dem gepanzerten Fahrzeug zu der Wohnung von Dr. Uwe Barschel begeben. Bei dem Anruf hatte man mir nicht mitgeteilt, ob es sich um eine mehrtägige oder eine kurze Reise handeln sollte. Aus diesem Grunde hatte ich keinerlei Gepäck bei mir, als ich bei Herrn Dr. Uwe Barschel eintraf. Ich habe mich dann, wie immer, bei Herrn Dr. Barschel gemeldet. Etwa 10 Minuten später stieg er zu mir ins Fahrzeug. An Gepäckstücken führte er lediglich eine schwarze Aktentasche mit sich.

Also wie immer verließ ich nun zunächst das Grundstück von Herrn Dr. Uwe Barschel durch den Wald, und erst nachdem wir das Grundstück verlassen hatten, teilte Herr Dr. Barschel mir mit, wohin die Reise eigentlich gehen sollte. Als Fahrtziel hatte er mir nur gesagt, dass ich Richtung Lübeck fahren solle. Diese Fahrtzielangaben waren bei ihm eigentlich nichts Ungewöhnliches, das machte er eigentlich ständig so.

Ich fuhr dann mit Herrn Dr. Uwe Barschel alleine, ohne Personenschutz, in Lübeck bis zum Kreisverkehr in der Nähe des Gerichtsgebäudes. Dort teilte er mir mit, dass ich in Richtung Grenze fahren sollte. Ich bin dann zum Grenzübergang Schlutup gefahren. Mit meinem vorherigen Chef, Dr. Stoltenberg, habe ich in vorherigen Zeiten öfter diesen Grenzübergang passiert. In den Fällen, in denen ich mit Dr. Stoltenberg in die DDR gefahren war, war es so, dass wir die Diplomatenspur benutzten und dann, auf für mich normale Weise, abgefertigt wurden. Das heißt, dass wir unsere Pässe vorweisen mussten und nach der Passkontrolle dann weiterfahren konnten. Es war auch üblich, dass der Begleitschutz, der Dr. Stoltenberg dort bewachte, an der Grenze umkehren musste, weil die ihre Waffen mithatten.

An diesem Tage nun, als ich mit Herrn Dr. Uwe Barschel an die Grenze kam, war es also ganz anders. Es verhielt sich so, dass wir nicht die Diplomatenspur, sondern die ganz normale Spur nutzten. An dieser Spur stand schon ein Grenzbeamter, der das von mir geführte Fahrzeug durchwinkte. Wir brauchten nicht anzuhalten. Es erfolgte auch keine Passkontrolle. Nachdem wir die Grenze passiert hatten, teilte Herr Dr. Uwe Barschel mir mit, dass ich Richtung Rostock zu fahren hätte.

Frage: Herr Rißmann, sind Sie auf direktem Wege nach Rostock gefahren, oder haben Sie unterwegs angehalten oder evtl. sogar andere Ziele angelaufen?

Antwort: Also, ich bin mir heute absolut sicher, dass wir in eins bis Rostock durchgefahren sind. Ich kann heute allerdings nicht mehr angeben, ob wir zuvor möglicherweise noch in Warnemünde gewesen sind.

Frage: Herr Rißmann, hat Dr. Uwe Barschel auf der Fahrt zur Grenze oder auf dem Gebiet der ehemaligen DDR aus dem Fahrzeug heraus irgendwelche Telefonate geführt?

Antwort: Ich bin mir absolut sicher, dass er aus dem Fahrzeug heraus keine Telefonate geführt hat. Auf dem Gebiet der ehemaligen DDR war das auch gar nicht mehr möglich. In Warnemünde oder kurz vor Rostock, so genau weiß ich das heute nicht mehr, erhielt ich dann die Anweisung, in Rostock den Rathausmarkt anzulaufen. Auf dem Marktplatz in Rostock hielt ich etwa in Höhe des dort befindlichen Rathauses an. Ich konnte beobachten, dass etwa 30 Meter von meinem Haltepunkt entfernt vor dem Rathaus eine große Personengruppe stand. Soweit ich mich erinnern kann, handelte es sich um eine reine Männergruppe. Ich habe dort keine Frau beobachten können.

Nachdem ich das Fahrzeug angehalten hatte, stieg Herr Dr. Uwe Barschel aus, nahm die von ihm mitgeführte Aktentasche und begab sich über den Platz zu der von mir bereits geschilderten Personengruppe, von der er offensichtlich begrüßt wurde.

Im Hinausgehen fragte ich ihn noch, wie lange das in etwa dauern würde. Herr Dr. Uwe Barschel gab mir daraufhin keine Antwort, sondern schlug lediglich die Fahrzeugtür zu.

Dieses Verhalten, das er mir gegenüber hier in Rostock zeigte, war nichts Außergewöhnliches. So verhielt er sich mir [gegenüber] eigentlich immer. Die Tasche, die Herr Dr. Uwe Barschel mit sich führte, möchte ich wie folgt beschreiben: Es handelte sich um einen schwarzen Aktenkoffer mit zwei Zahlenkombinationsschlössern. Ich kann heute nicht mehr angeben, ob dieser Koffer aus Leder oder aus Kunststoff bestand. Diesen Koffer kannte ich. Das war ein Gepäckstück, das Herr Dr. Barschel eigentlich ständig mit sich führte.

Frage: Herr Rißmann, wie haben Sie sich verhalten, nachdem Dr. Uwe Barschel ausgestiegen war?

Antwort: Ich bin zunächst mal ausgestiegen und habe in meiner Verzweiflung erst mal eine Zigarette geraucht. Ich war total verzweifelt darüber, dass Herr Dr. Barschel mich wie immer hier total hängen ließ und ich nicht wusste, wie es weitergehen sollte. Die Personengruppe, die Dr. Uwe Barschel begrüßt hatte, habe ich nicht weiter beobachtet, sodass ich konkret nicht sagen kann, was sich dort abgespielt hat.

Nach etwa 15 Minuten, so genau kann ich mich heute daran nicht mehr erinnern, kam aus Richtung dieser Personengruppe vor dem Rathausplatz eine männliche Person, die ich wie folgt beschreiben möchte: männlich, zwischen 50 und 60 Jahre alt, korpulent, ich bin heute der Meinung, dass der Mann einen Bart trug, diesen kann ich aber heute nicht näher beschreiben. Auch zu weiteren Einzelheiten seines Gesichts kann ich heute keine Angaben mehr machen.

Ich bin mir sicher, dass der Mann einen Anzug trug, an weitere Einzelheiten kann ich mich nicht mehr erinnern.

Auf Frage: Ob dieser Mann tatsächlich aus der Personengruppe um Dr. Uwe Barschel kam, weiß ich nicht. Er kam aber zumindest aus der Richtung. Ich hatte mich zu diesem Zeitpunkt halb in das Fahrzeug gesetzt und rauchte meines Wissens noch eine Zigarette. Dieser Mann kam gezielt auf mich zu und sprach mich namentlich an. Soweit ich mich heute erinnern kann, sagte er wörtlich zu mir: ›Herr Rißmann, Sie können nach Schleswig-Holstein zurückfahren, den Ministerpräsidenten bringen wir zurück.‹

Da mich dieser Mann namentlich ansprach, war für mich die ganze Angelegenheit glaubwürdig, und ich war auch froh, dass ich wieder zurückfahren konnte, denn mein Verhältnis zu Dr. Uwe Barschel war ohnehin nicht allzu gut.

Vorhalt: Herr Rißmann, Sie als verantwortlicher Fahrer der Landesregierung Schleswig-Holstein lassen den Ministerpräsidenten des Landes Schleswig-Holstein auf Anordnung einer Ihnen unbekannten Person im Hoheitsgebiet der ehemaligen DDR zurück, ohne sich davon zu überzeugen, ob die Person autorisiert war, eine derartige Anordnung zu erteilen, zumal sie noch im eindeutigen Widerspruch zur Anweisung des Ministerpräsidenten stand. Wie stellen Sie sich dazu?

Antwort: Die Tatsache, dass er mich namentlich ansprach, war für mich ausreichend, und im Übrigen war mir Dr. Uwe Barschel ganz egal, da ich ein sehr gespanntes Verhältnis zu ihm hatte. Hinzu kommt, dass mir in der Zwischenzeit eingefallen ist, dass ich diesen Mann, der mir auf dem Marktplatz von Rostock diese Anweisung gab, später noch einmal wiedergesehen habe. Zu diesem Sachverhalt möchte ich Folgendes sagen:

Etwa eine Woche oder 14 Tage nach diesem Vorfall habe ich Dr. Uwe Barschel auf dem Flughafen in Hamburg abgesetzt. Er kam aus Kiel und wollte nach meiner Erinnerung nach Bonn fliegen. Kurz bevor er in Hamburg das Fahrzeug verließ, übergab er mir eine Tasche und ordnete an, dass ich diese Tasche mit schmutziger Wäsche nach Mölln zu bringen hätte. Es handelte sich um eine kleine schwarze Reisetasche ohne Schloss. Da Herr Dr. Uwe Barschel am darauffolgenden Tage zurückkehren wollte und ohnehin von mir dann nach Mölln gefahren worden wäre, schlug ich ihm vor, dass wir also am darauffolgenden Tag die schmutzige Wäsche mit nach Mölln nehmen könnten und ich jetzt nicht extra dort hinunterzufahren bräuchte. Es wäre nämlich für mich ein riesiger Umweg gewesen, im Feierabendverkehr von Hamburg nach Mölln zu fahren.

Herr Dr. Uwe Barschel wies mich also eindeutig darauf hin, dass er der Ministerpräsident des Landes Schleswig-Holstein wäre und ich seinen Anordnungen Folge zu leisten hätte. Ich habe daraufhin die Tasche nach Mölln gefahren. Als ich vor der Wohnung eintraf, war es bereits dunkel. Unmittelbar auf der Zufahrt vor dem Haus, bereits auf dem Grundstück, erhielt ich von einer männlichen Person, die dort auf dem Weg stand, Handzeichen, anzuhalten. In dieser Person habe ich diesen Mann wiedererkannt, der mir seinerzeit in Rostock die Anweisung gab, wieder zurückzufahren. Da bin ich mir zu 96 % sicher. Nachdem mir dieser Mann das Haltezeichen gab, hielt ich an und öffnete die Fahrertür. Der Mann trat an das Fahrzeug heran und sagte mir fast wörtlich: ›Die Tasche können Sie mir geben.‹ Ich war froh, dass ich diese Tasche endlich los war, und übergab sie diesem Mann. Nach der Übergabe habe ich vor dem Haus gewendet und bin wieder zurück nach Kiel gefahren.

Auf Frage: Ich kann nicht mehr angeben, was dieser Mann mit der Tasche gemacht hat. Ich kann auch keine Angaben über seinen Verbleib machen. Diese Angelegenheit ist auch zwischen Dr. Barschel und mir nie zur Sprache gekommen. Heute vermute ich, dass dort keine schmutzige Wäsche drin war. Ich selbst kann aber dazu keine genauen Angaben machen, denn ich habe dort nicht reingesehen.

Ich möchte jetzt wieder auf die Geschehnisse auf dem Platz in Rostock zu sprechen kommen. Nachdem mir der Mann dort in Rostock auf dem Marktplatz die Anweisung gegeben hatte, zurück nach Schleswig-Holstein zu fahren, habe ich dieses also auch unmittelbar danach getan. Ich habe auf der Rückreise ohne anzuhalten den Grenzübergang Selmsdorf-Schlutup genutzt. Bei der Ausreise bin ich, genau wie bei der Einreise, ohne Kontrolle durchgefahren. Es stand am Grenzübergang ein Volkspolizist, der mich durchwinkte. Eine Passkontrolle wurde, wie bereits bei der Einreise, nicht vorgenommen. Da ich beim deutschen Zoll auch nicht kontrolliert wurde, nehme ich an, dass auch dort bereits eine Anmeldung vorlag. Das war beim deutschen Zoll aber nichts Besonderes. Ich bin dann mit dem Dienstwagen wie üblich unmittelbar nach Hause, nach Altenholz, gefahren. Am darauffolgenden Tage habe ich mich wieder in die Staatskanzlei begeben. Herrn Dr. Uwe Barschel habe ich an diesem und auch an den darauffolgenden Tagen nicht gesehen. Ich hatte in dieser Zeit keinen Kontakt zu ihm.

Frage: Herr Rißmann, haben Sie unmittelbar nach diesem Ereignis in Rostock mit irgendjemandem darüber gesprochen, dass Sie Herrn Dr. Barschel in Rostock auf dem Marktplatz zurückgelassen haben?

Antwort: Nein.

Frage: Ist es nicht üblich, ein derartiges Ereignis bei einer zuständigen Dienststelle zu melden?

Antwort: Auf jeden Fall spricht man ein derartiges Ereignis mit der Sekretärin ab, aber in dem Fall von Dr. Uwe Barschel war mir das vollkommen egal. Eine derartige Sache ist mir in 30 Jahren nicht passiert. So was passierte damals nur bei Dr. Uwe Barschel. Von daher war mir die Sache vollkommen egal.

Frage: Herr Rißmann, haben Sie zu einem späteren Zeitpunkt mit anderen Personen mal über dieses Ereignis gesprochen?

Antwort: Nein, das habe ich nicht. Dieses ist eine Vertrauenssache, und es ist also vollkommen üblich, dass man derartige Dinge für sich behält.

Frage: Herr Rißmann, haben Sie von anderen Fahrern oder anderen Personen einmal gehört, dass es ähnliche Vorkommnisse mit Dr. Uwe Barschel gegeben hat?

Antwort: Nein.

Frage: Herr Rißmann, haben Sie mit Dr. Uwe Barschel Fahrten durchgeführt, die Sie »vergessen« sollten?

Antwort: Es gab keine Fahrten, die ich vergessen sollte. Aber mir fällt in diesem Zusammenhang ein, dass speziell diese Fahrt nach Rostock, die ich eben geschildert habe, nicht im Fahrtenbuch erscheinen sollte.

Frage: Herr Rißmann, wer hat Ihnen die Anordnung erteilt, dass diese Fahrt nicht im Fahrtenbuch erscheinen sollte?

Antwort: Diese Anordnung hat Dr. Uwe Barschel mir persönlich erteilt, und zwar auf der Fahrt nach Rostock. Ich kann heute allerdings nicht mehr angeben, zu welchem Zeitpunkt das war.

Frage: Herr Rißmann, haben Sie sich dann auch an diese Anordnung gehalten?

Antwort: Ja, natürlich, sicherlich.

Frage: Herr Rißmann, gab es noch andere Fahrten, die nicht im Fahrtenbuch erscheinen sollten?

Antwort: Ja, es gab noch einige Fahrten, von denen Dr. Barschel anordnete, dass sie nicht im Fahrtenbuch erscheinen sollten. Ich kann mich aber heute nicht mehr konkret an einzelne Fahrten erinnern. Ich kann aber mit Gewissheit sagen, dass keine dieser Fahrten in die DDR durchgeführt wurde.

Frage: Herr Rißmann, können Sie sich heute noch daran erinnern, welchem Zweck diese Fahrten gedient haben?

Antwort: Das kann ich heute nicht mehr.

Der Zeuge Prosch, der über viele Jahre Cheffahrer bei Barschel war, hat im Rahmen einer zeugenschaftlichen Vernehmung am 15. Dezember 1993 über eine Reise mit Dr. Barschel nach Rostock im Jahre 1983 Folgendes angegeben:

»An einem Tage des Aufenthaltes dort, jedoch nicht am Anreisetag, wohnten wir im Hotel ›Neptun‹ in Warnemünde. Es war vormittags, und wie Dr. Barschel mir gesagt hatte, hatten wir erst für nachmittags wieder etwas vor.

Ich hielt mich beim Wagen (einen BMW 728i) auf dem Parkplatz vor dem Hotel auf. Für mich überraschend kam Dr. Barschel mit zwei mir unbekannten männlichen Personen mittleren Alters aus dem Hotel. Die beiden Männer waren zivil gekleidet. Ich kann sie nicht näher beschreiben. Die beiden Männer stiegen in einen auf dem Parkplatz stehenden braun-beigen Pkw Lada, in welchem eine männliche Person am Steuer gewartet hatte. Auch der Fahrer war zivil gekleidet. Irgendwelche Auffälligkeiten an den drei Personen oder dem Pkw kann ich nicht erinnern.

Dr. Barschel stieg zu mir in den Wagen und wies mich an, dem Pkw Lada zu folgen. Die Fahrt ging über eine Landstraße, nach meiner Meinung in Richtung Bad Doberan. Ich glaube, dass wir ca. 20 Minuten unterwegs waren. Noch vor Bad Doberan bogen wir nach rechts von der Landstraße ab. Wir befuhren zuerst einen Sand-, dann einen Plattenweg. Es war dort ziemlich einsam. Ich glaube, nur zwei oder drei Siedlungshäuser rechter Hand gesehen zu haben. Wir gelangten an ein mit Maschendraht umzäuntes Gelände. Innerhalb der Umzäunung befand sich eine große, aus Eternit gebaute Halle. Außerhalb der Umzäunung, in der Nähe der Einfahrt, stand eine Holzbaracke, die seltsam blau, weiß und gelb in senkrechten Teilungen gestrichen war. Dieses Anwesen wirkte auf mich nicht unbedingt militärisch. Eher wie eine LPG, ohne dass jedoch landwirtschaftliches Gerät zu sehen war. Auf dem Gelände hielten sich mehrere männliche Personen in Zivil auf.

Dr. Barschel ging mit den beiden Männern aus dem Pkw Lada in die Halle. Der Fahrer verblieb, so wie ich auch, in seinem Fahrzeug. Da ich wusste, dass solche Leute nicht mit Westpersonen sprechen durften, unternahm ich auch keinen Kontaktversuch. Unser Fahrzeug stand links neben der Halle, sodass ich nicht durch das große geöffnete Tor in die Halle hineinsehen konnte.

Nach ca. 20 Minuten kam Dr. Barschel mit den beiden Begleitern aus der Halle, und wir traten die Rückfahrt zum Hotel ›Neptun‹ an, wobei wir wie auf der Hinfahrt durch den Pkw Lada gelotst wurden.

Auf Frage: Dr. Barschel hat mir nie, auch nicht hinterher, über diesen Vorfall etwas gesagt. Während der Fahrt und danach wirkte er wie immer. Er schien also nicht besonders aufgeregt oder ärgerlich oder so was zu sein.

Zu diesem Vorkommnis möchte ich noch sagen, dass 1992 Leute vom Fernsehen aus München an mich herangetreten sind und mich baten, mit ihnen zusammen die damalige Fahrt nachzuvollziehen. Sie hatten sich eine Aussagegenehmigung des Innenministers für mich ausstellen lassen. Trotz meiner Bemühungen, die Fahrt vor Ort nachzuvollziehen, ist es mir nach meiner Meinung nicht gelungen, das damalige Objekt in der Nähe Rostocks wieder aufzufinden. Wir landeten dann, nicht zuletzt auf Betreiben der Fernsehleute, bei einem militärischen Objekt in Kavelstorf. Auch dieses Objekt ist nicht unbedingt als Militärobjekt zu erkennen. Ich weiß aber aus der Fernsehberichterstattung, dass zu DDR-Zeiten dort ein Waffenlager gewesen sein soll. Ich möchte aber verdeutlichen, dass ich nicht glaube, dass Kavelstorf der Ort war, an dem Dr. Barschel und ich seinerzeit waren.«

Aufgrund der Angaben des Zeugen Prosch wurde, mit dem Ziel, das von diesem benannte Objekt doch noch aufzufinden, mit diesem am 16.03.1994 im Beisein des zuständigen Dezernenten vom Hotel ›Neptun‹ aus eine Fahrt in die Umgebung von Rostock nach den Angaben und Erinnerungen des Zeugen Prosch durchgeführt. Es wurden dabei alle auch nur entfernt in Betracht kommenden Nebenwege der von dem Zeugen Prosch angegebenen Strecke zwischen Warnemünde und Bad Doberan abgefahren. Es wurde kein Objekt aufgefunden, von dem der Zeuge Prosch aus seiner Erinnerung hätte sagen können, dass es sich um dasjenige Objekt handele, das er 1983 zusammen mit Dr. Barschel aufgesucht hatte. Dies mag auch daran liegen, dass das betreffende Objekt zwischenzeitlich nicht mehr existent ist.

Insoweit ist auf eine Information eines *Stern*-Journalisten hinzuweisen, der seinerseits mit dem Zeugen Prosch nach diesem Objekt gesucht hat. Dieser hat Folgendes mitgeteilt: Man sei seinerzeit vom Hotel ›Neptun‹ in Warnemünde losgefahren. Bereits kurz nach der Abfahrt, als man eine Rechtskurve gefahren sei, um in Richtung Bad Doberan zu kommen, hätte Prosch damals geäußert, dass er meine, seinerzeit diese Fahrtrichtung nicht gewählt zu haben. Nach einer längeren vergeblichen Suche im gesamten Bereich um Bad Doberan herum sei man dann zusammen mit Prosch nach Kavelstorf gefahren. Dort hätte Prosch, als man zu dem dort befindlichen Lager gekommen sei, ganz spontan geäußert, dass es dieses Objekt sein müsse. Lediglich zwei dort befindliche Häuser hätte er nicht wiedererkennen können. Er hätte gemeint, dass diese Häuser damals nicht dort gewesen seien. Nachforschungen des Journalisten hätten dann auch ergeben, dass diese beiden Häuser erst nach 1983 errichtet worden seien. Der Journalist hätte damals den Eindruck gehabt, Prosch sei sich hinsichtlich des Wiedererkennens des Objektes sicher gewesen.

Anlässlich einer weiteren zeugenschaftlichen Vernehmung vom 28.03.1995 hat der Zeuge Prosch mit Hilfe seines Passes aufgrund der darin enthaltenen Stempel eine Aufstellung über damalige Reisen in die DDR bzw. Transitreisen gefertigt. Danach kommt für diese Reise nach Rostock nur der Zeitraum 08. bis 10.09.1983 in Betracht.

Nach der Darstellung des Zeugen Prosch in seiner zeugenschaftlichen Vernehmung vom 15.12.1993 war diese Fahrt zu dem Lager auf jeden Fall nicht am Anreisetag. Aus den von der Gauck-Behörde nach hier übersandten Unterlagen ergibt sich eine Reise vom 08. bis 09.09.1983 in die Bezirke Rostock, Schwerin, Potsdam und Ost-Berlin. Aus den Unterlagen über diese Reise, die von der Gauck-Behörde zur Verfügung gestellt wurden, ergibt sich, dass das Reiseprogramm an den beiden Tagen derart eng war, dass während dieser Zeit die von dem Zeugen Prosch bekundete Fahrt zu einem Lager, sei es in der Nähe von Bad Doberan oder in Kavelstorf, nicht möglich gewesen sein kann. Da andererseits aber auch keine Anhaltspunkte dafür vorhanden sind, dass der Zeuge Prosch bzgl. dieser Fahrt mit Dr. Uwe Barschel zu einem Lager die Unwahrheit gesagt hat, besteht auch hier die Möglichkeit, dass diese Fahrt während einer Reise stattgefunden hat, bzgl. der von der Gauck-Behörde keine Unterlagen nach hier übersandt wurden.

Geht man also davon aus, dass die Zeugen Rißmann und Prosch bzgl. der von ihnen beschriebenen Reisen wahrheitsgemäße Angaben gemacht haben – Anhaltspunkte für eine gegenteilige Annahme sind nicht erkennbar –, ist festzustellen, dass es zwei Fahrten in die ehemalige DDR gibt, die

a) nicht den politischen Charakter wie sonstige Reisen hatten,

b) in den von der Gauck-Behörde zur Verfügung gestellten Unterlagen der Dienststellen der früheren DDR nicht enthalten sind.

Wie bereits vorstehend dargestellt, sind die von dem Zeugen Rißmann geschilderten Umstände anlässlich der Einreise in die damalige DDR nach der damaligen Vorschriftenlage der DDR durchaus möglich. In der bereits erwähnten Dienstanweisung Nr. 2/72 des Ministerrates der Deutschen Demokratischen Republik – Ministerium für Staatssicherheit – vom 12.06.1972 »Avisierung und Durchsetzung von Ausnahmeentscheidungen bei der Kontrolle von Personen, Gütern und Transportmitteln im grenzüberschreitenden Verkehr« heißt es u.a.: »Die Gesamtheit der Außenbeziehungen der DDR und ihre ständige Erweiterung bedingen ein stetiges Wachstum des Umfanges des grenzüberschreitenden Personen- und Güterverkehrs. Daraus entsteht für die Kontrollorgane der DDR zugleich die Notwendigkeit, die im Interesse der Sicherheit und des Schutzes des sozialistischen Staates und seiner Bürger beim Grenzübertritt durchzuführenden Kontrollhandlungen stärker nach politischen, ökonomischen und polit-operativen Gesichtspunkten zu differenzieren.

Ausnahmeentscheidungen zur völligen oder teilweisen Kontrollbefreiung oder zur bevorzugten Abfertigung von Personen oder Sachen an den Grenzübergangsstellen sind nur zulässig, wenn

– ihre Notwendigkeit zuvor durch die verantwortlichen Leiter allseitig und verantwortungsbewusst geprüft wurde,

– eine solche Entscheidung aus politischen, ökonomischen oder politisch-operativen Gründen tatsächlich erforderlich ist.

Politische Gründe können sein:

– Die Bedeutung der Persönlichkeit des Reisenden für die DDR, die sozialistische Staatengemeinschaft oder die internationale kommunistische Arbeiterbewegung;

- außenpolitische Interessen der DDR, die eine besondere Behandlung bestimmter Personen oder Personengruppen notwendig und angemessen erscheinen lassen [...].

Ökonomische Gründe können sein:
- Außenwirtschaftliche Interessen der DDR an der Erschließung bestimmter Außenmärkte, die durch die bevorzugte Abfertigung der Vertreter dieser Gebiete gefördert werden sollen;
- die materiell-technische Absicherung bedeutsamer Objekte durch zusätzliche Ex- oder Importe innerhalb oder außerhalb des Planes und die personelle Absicherung derartiger Vorhaben;
- die Herstellung und Unterhaltung außenwirtschaftlich bedeutsamer Verbindungen zu wichtigen Personenkreisen [...].

Politisch-operative Gründe können sein:
- Die vorgangsmäßige Bearbeitung von Personen oder Objekten, in deren Verlauf Kontrollbefreiungen oder bevorzugte Abfertigungen Bestandteil politisch-operativer Maßnahmen sind;
- die politisch-operative Absicherung anderer Maßnahmen im grenzüberschreitenden Verkehr;
- die Grenzpassage von Personen und Sachen, deren Abdeckung durch andere operative Mittel nicht möglich ist.«

Es wird dann weiter in der Dienstanweisung ausgeführt, dass sich die Kontrollbefreiungen auf die völlige oder teilweise Befreiung von Personen, Gütern und Transportmitteln von der Zollkontrolle erstrecken und dass diese völlige oder teilweise Befreiung von Personen auch für die Passkontrolle gelten kann.

So weit der »Gesamtbericht« der Lübecker Staatsanwaltschaft von 1998.

Im Übrigen gab es noch eindeutige Hinweise darauf, dass Uwe Barschel in seiner Funktion als Notar Geschäfte nach Libyen »beurkundet« hatte beziehungsweise dies auch weiterhin plante – soweit es nicht um

Waffen ging. In dem »Gesamtbericht« wird dies geschildert, wobei in diesem Falle auch Namen geschwärzt wurden. Es geht um zwei Vorgänge aus den 70er-Jahren, die wie folgt dokumentiert worden sind:

Zum einen handelt es sich um einen Hinweis des Herrn Dr. [Erich] Röper vom 01.07.1996. Herr Dr. Röper ist seit 1976 Fraktionsgeschäftsführer der CDU-Fraktion im Landesparlament von Bremen. Dr. Röper teilte am 01.07.1996 Folgendes mit: In seiner Funktion als Fraktionsgeschäftsführer hätte er auch regelmäßig an den Konferenzen der Vorsitzenden der CDU/CSU-Fraktionen der Deutschen Landtage teilgenommen. Diese Konferenzen würden ein- bis zweimal jährlich stattfinden. Während seiner Zeit als Fraktionsvorsitzender der CDU-Fraktion des Schleswig-Holsteinischen Landtages hätte Dr. Uwe Barschel auch an diesen Konferenzen teilgenommen. Aufgrund der Fernsehsendung, die am Vorabend im ZDF gesendet worden sei und die sich mit dem Tode von Dr. Uwe Barschel beschäftigte, sei ihm eingefallen, dass Dr. Uwe Barschel sein Fehlen auf einer dieser Konferenzen im Kreise mehrerer Konferenzteilnehmer damit begründet hätte, er könne nicht teilnehmen, weil er den Verkauf von Lastkraftwagen nach Libyen protokollieren müsste. Herr Dr. Röper ergänzte seine Informationen dahin gehend, dass zum damaligen Zeitpunkt von Personen, die diese Äußerung Dr. Barschels gehört hätten, sinngemäß geäußert worden sei, »Libyen sei nicht die beste Adresse«. Es soll sich um Geschäfte im Umfange von etwa 25 Lastkraftwagen gehandelt haben. Auf Nachfrage erklärte Herr Dr. Röper, dass er sich ziemlich sicher sei, dass damals der Begriff »protokollieren« gefallen sei und nicht der Begriff »beurkunden«.

Aufgrund des Hinweises des Dr. Röper sind über die Konrad-Adenauer-Stiftung in St. Augustin Ermittlungen bzgl. der jeweiligen Teilnehmer der Konferenzen der Fraktionsvorsitzenden von CDU/CSU für die Jahre seit 1976 getätigt worden, in denen Dr. Barschel Fraktionsvorsitzender der CDU-Fraktion im Schleswig-Holsteinischen Landtag war. Die Konrad-Adenauer-Stiftung hat mit Schreiben vom 19.11.1996 mitgeteilt, dass die Protokolle und die unterschriebenen Teilnehmerlisten für die Fraktionsvorsitzendenkonferenzen der betreffenden Jahre nicht lückenlos vorliegen würden. Dieses würde daran liegen, dass nicht alle Landesverbände, die jeweils federführend seien, die Unterlagen an die Konrad-Adenauer-Stiftung übergeben würden. Aus den vorliegenden Unterlagen würde sich jedoch auf jeden Fall ergeben, dass Dr. Barschel an der Konferenz vom 03. bis 05.03.1976 in Stuttgart laut gedruckter Teilnehmerliste nicht teilgenommen hätte. Bezüglich der Tagung vom 02. bis 04.03.1977 in Rottach-Egern sei die Teilnahme unbestimmt. Laut »endgültiger« Teilnahmeliste sei von einer Teilnahme auszugehen, auf einem weiteren Exemplar sei der Name Dr. Barschel jedoch von Hand ausgestrichen worden.

Weiter heißt es in dem »Gesamtbericht«,

... ist Frau Freya Barschel am 27.05.1997 durch einen Beamten der Ermittlungsgruppe Genf ergänzend befragt worden [...]. Frau Barschel gab an, dass ihr Mann vor seiner Berufung zum Finanzminister, also 1979, eine kurze Zeit als Notar tätig gewesen sei. Das Notariat habe Dr. Barschel überwiegend von zu Hause aus ausgeübt.

Frau Barschel erinnerte sich, dass ihr Mann einmal von einer »lukrativen« Beurkundung erzählt habe. Diese Beurkundung dürfte im Zusammenhang mit ehemaligen Bekannten aus Pogeez gestanden haben. Inhalte dieser Beurkundung seien ihr von ihrem Mann nicht mitgeteilt worden. Frau Barschel erinnerte sich jedoch, dass es mit Staaten aus dem Nahen Osten zusammenhing – es könnten die Staaten Israel oder Libyen genannt worden sein. Später hätte ihr Mann erwähnt, dass diese Beurkundung geplatzt sei. Die Gründe dafür seien ihr nicht mitgeteilt worden.

Politischer Druck auf die Staatsanwaltschaft

Hier zeigte sich einmal mehr die besondere Problematik dieses Ermittlungsverfahrens. Die Nacharbeit von Vorgängen, die längere Zeit zurücklagen, erwies sich als außerordentlich zeitaufwendig und schwierig. Eine wirkliche Würdigung dieser anspruchsvollen und aufwendigen Ermittlungstätigkeit durch vorgesetzte Dienststellen ist nie – wenn man den späteren Generalstaatsanwalt Erhard Rex einmal ausnimmt – erfolgt. Dies gilt für die politische Spitze im Ministerium ebenso wie für die Spitze der Generalstaatsanwaltschaft. Heribert Ostendorfs kurzfristige Tätigkeit als Jugendrichter konnte natürlich keine Erfahrungsbasis für eine angemessene Würdigung einer Ermittlungstätigkeit dieser Art bilden. Sein Stellvertreter Henning Lorenzen hatte ebenfalls nur einen kurzen Ausflug in die staatsanwaltschaftliche Praxis gemacht und war seit Jahrzehnten Rechtstheoretiker auf dem Stuhl eines Abteilungsleiters beim Generalstaatsanwalt in Schleswig. Die Wertschätzung, die ich nicht nur aufgrund meiner staatsanwaltschaftlichen Praxis der Arbeit von Staatsanwalt Sönke Sela und Staatsanwalt Bernd Kruse ebenso wie der kriminalistischen Tätigkeit der Ermittlungsgruppe entgegenbrachte, wurde höheren Orts nicht geteilt.

Meine Formulierung in dem Interview der *Kieler Nachrichten* Anfang Oktober 1995, dass es gelungen sei, »das Verfahren von politischem Druck freizuhalten«, war gleichwohl zutreffend, weil die Ermittlungen selbst davon unberührt blieben, was aber andererseits natürlich nicht hieß, dass es keinen politischen Druck gegeben hat.

Vor uns lag immer noch eine gewaltige Arbeit. Es ging unter anderem um:

• Die Aufarbeitung der rechtsmedizinischen Gutachten unter Berücksichtigung der unterschiedlichen wissenschaftlichen Standpunkte sowie unter Ausschöpfung aller vorhandenen Erkenntnismöglichkeiten. Ziel war hier ein »Runder Tisch«, also ein wissenschaftliches Kolloquium zur direkten Gegenüberstellung der verschiedenen Standpunkte und der wissenschaftlichen Diskussion dieser Standpunkte.

Dieses Kolloquium konnte aufgrund der umfänglichen Vorarbeiten sowie der Verzögerung bei der Entbindung von der Verschwiegenheitspflicht des Rechtsanwalts Dr. Justus Warburg durch die Familie Barschel erst später erfolgen als ursprünglich vorgesehen.

• Die abschließende Begutachtung der Spuren auf dem Badewannenvorleger und dem Handtuch in dem Todeszimmer Uwe Barschels.

Hier war eine Begutachtung beim Landeskriminalamt in Kiel in Auftrag gegeben worden.

- Zudem mussten vorhandene Spuren, zu denen Zeugen gehört worden waren, weiter auf- und abgearbeitet werden, wozu ergänzende Überprüfungen und Vernehmungen nötig waren. Neue Spuren mussten bewertet, gewichtet und abgeklärt werden. Desinformationen mussten in Betracht gezogen werden, seien es bewusste oder fahrlässige, was für die Ermittlungen selbst keinen Unterschied darstellte; Trugspuren mussten ausgeschlossen werden, was nicht immer ohne Weiteres möglich erschien.

Besonders ausgeprägt waren die Ermittlungsschwierigkeiten bei Informationen aus dem Bereich der »Waffenhändler« sowie dem geheimdienstlichen Bereich im engeren und weiteren Sinne. Der Zeuge Josef Messerer, der bereits frühzeitig vernommen worden war und später noch intensiver befragt werden sollte, ist ein gutes Beispiel dafür. Personen aus diesem Bereich scheinen in gewisser Weise an einem Zwiespalt zu leiden: Auf der einen Seite haben sie – jedenfalls in ihrer eigenen Weltsicht – eine verantwortungsvolle und schwierige Tätigkeit, die sie in besonders hervorragender Weise zu meistern glauben und die etwas Besonderes darstellt. Auf der anderen Seite ist die Art und Weise dieser Tätigkeit nicht für öffentliche Erörterungen geeignet, sodass im Grunde keiner merkt, wie »toll« sie in Wirklichkeit sind. Dies kann bei Vernehmungen zu einem Schwall von Informationen führen, deren Wahrheitsgehalt sehr schwer nachprüfbar ist. Nicht zuletzt zum Selbstschutz werden falsche und übertriebene Informationen übermittelt, die gepaart und durchmischt sind mit Halbwahrheiten. Manche Angaben erscheinen auf den ersten Blick schon so unwahrscheinlich und übertrieben, dass dadurch auch der Rest der Informationen, der durchaus zutreffende Tatsachen enthalten kann, in Zweifel gezogen wird. Die Schwierigkeit liegt darin, geeignete Kriterien zu finden, um den Wahrheitsgehalt zuverlässig bestimmen zu können. Dieses wird meistens nicht möglich sein.

Auch hier waren in der ersten Phase des Ermittlungsverfahrens und kurz davor, insbesondere im Herbst 1994, journalistische Informationen verschiedenster Quellen über den Stasi-Bereich nützlich, die vom BND eingespeisten Informationen zu bestätigen und abzurunden. Mehr und mehr wuchsen Zweifel, ob der Zeitaufwand für die »Kontaktpflege« mit Journalisten noch in vernünftiger Relation zu dem stand, was tatsächlich in den Medien publiziert wurde.

Dies galt etwa für Christina Wilkening, die die Staatsanwaltschaft am 27. November 1995 in Begleitung der WDR-Ressortchefin Elke Hockerts-Werner besuchte. Bei dieser Gelegenheit schilderte sie engagiert ihre Kontakte in den Bereich der russischen Geheimdienste und bemerkte in ihrem Elan zu spät, dass sie sich in Widerspruch zu einer anderen früheren Schilderung setzte, bei der sie ihre entsprechenden Kontakte in völlig anderer Weise beschrieben hatte. Ähnliches galt auch für den Journalisten Hubert S., der nach der ZDF-Nachrichtensendung über die »K.-o.-Tropfen« keine erkennbaren journalistischen Aktivitäten mehr entfaltete und irgendwann sang- und klanglos verschwand – bei der bekannten Telefonnummer meldete sich niemand mehr.

Die Schwierigkeiten im eigentlichen Stasi-Bereich waren bekannt. Von den deutschen Nachrichtendiensten gab es – wie bereits geschildert – keine aktive Unterstützung, Anfragen wurden zwar beantwortet, aber die Qualität der Antworten schien zunehmend zweifelhaft. Die Informationen wurden immer von einem auswärtigen BND-Residenten persönlich vorbeigebracht, der selbst den Inhalt der Schreiben, die er uns überbrachte, nicht kannte. Wir haben dann in aller Regel in seiner Anwesenheit das Schreiben geöffnet und ihn gelegentlich auch mit dem Inhalt konfrontiert. Besonders eindrucksvoll war die Angabe des BND, keine Erkenntnisse über den internationalen Waffenhändler Adnan Kashoggi zu haben, dessen Rolle beispielsweise in der »Iran-Contra-Affäre« sogar Gegenstand von Buchveröffentlichungen war. Also konnte man in der Klatschpresse bis hin zur bunten Illustrierten mehr über Herrn Kashoggi erfahren, als der BND angab zu wissen.

Unsere Versuche, Verbindung mit dem CIA aufzunehmen, blieben ebenfalls erfolglos. Uns war bekannt, dass der CIA in frühen Jahren Kontakt zu Uwe Barschel hatte, wie möglicherweise auch zu anderen Innenministern der Bundesrepublik Deutschland, von denen man sich eine gute Kooperation erhoffte. Das galt offenbar nicht für alle. Eine Nachfrage bei dem mir persönlich bekannten Bremer Innensenator Volker Kröning ergab, dass ihm die Ehre eines CIA-Kontaktes nie zuteilgeworden war. Der BND weigerte sich, einen direkten Kontakt zum CIA herzustellen, sodass wir auf den komplizierten Dienstweg angewiesen waren, bei dem wir in einem Fall über ein halbes Jahr warten mussten, ehe wir überhaupt eine nichtssagende Antwort erhielten.

Überlastung der Lübecker Staatsanwaltschaft

Die Belastung der Staatsanwaltschaft Lübeck stieg auch ohne das Barschel-Verfahren überproportional an, wohingegen die personelle Situation sich ständig verschlechterte.

In der Abteilung Kapitalverbrechen, zu der auch Brandstiftung gehörte, erforderte das Ermittlungsverfahren wegen der zweiten Brandstiftung an der Lübecker Synagoge und anderer Brandstiftungen erheblichen Aufwand, am 18. April 1996 wurde dann Anklage erhoben.

Zwischen dem 23. April und 21. August 1995 trieb ein »Gullydeckel-Werfer« sein Unwesen im Bezirk. Es begann damit, dass er am 23. April 1995 gegen null Uhr einen etwa 30 kg schweren gusseisernen Gullydeckel auf den Hauptfahrstreifen der Bundesautobahn 24 von einer Brücke warf. Zwei Pkw fuhren kurz nacheinander auf Teile des zerborstenen Deckels, wobei es zum Glück nur Sachschäden gab. Dies wiederholte der Täter am selben Tage ein weiteres Mal. Am 2. und 6. Mai sowie am 16. Juni schlug er erneut zu, ohne dass es zu Personenschaden kam. Am 18. Juni 1995 ließ er dann einen 35 kg schweren Gullydeckel von einer Brücke der Bundesstraße 404 auf einen herannahenden Pkw fallen.

Das Geschoss prallte auf die Motorhaube des Fahrzeuges und durchschlug mit großer Wucht die Frontscheibe in Höhe des Beifahrersitzes, auf dem zum Glück niemand saß. Der Fahrer wurde leicht verletzt. Am 21. August überfiel derselbe Täter einen 13-jährigen Jungen und würgte ihn. Der Schüler überlebte glücklicherweise. Die Ermittlungen zu diesem Verbrechen führten schließlich zur Ergreifung des Mannes und zu seiner Verurteilung.

Im Bereich der Wirtschaftskriminalität standen immer noch zwei Mammutverfahren an. Gleichzeitig war die Wirtschaftsabteilung dezimiert durch Abordnungen an die Staatsanwaltschaft Berlin und die Generalstaatsanwaltschaft in Schleswig sowie durch Mutterschutz und unmittelbar bevorstehende Pensionierung. Auch die Belastungen in dem Bereich der Organisierten Kriminalität und der Drogenkriminalität stiegen an, nicht zuletzt durch die hohe Zahl von Haftsachen.

Im September kam es zu einem Großbrand in der Engelsgrube, bei dem mehrere Hausbewohner starben. Ein weiteres spektakuläres Verfahren der Kapitalabteilung begann Mitte Februar und endete mit einer Anklage im November 1996; es ging um drei Fälle der versuchten räuberischen Erpressung und drei weitere Fälle des versuchten Mordes. Es handelte sich um den sogenannten »Autobahnschützen«. Im ersten Fall hatte er nur gedroht, angeblich in seiner Hand befindliche Geiseln zu erschießen, und vergeblich versucht, so einen Millionenbetrag zu erpressen. Im zweiten Falle verlieh er durch Schüsse auf Kraftfahrer seiner Geldforderung Nachdruck.

In der Nacht zum 22. Februar 1996 feuerte der Täter mit einem Repetiergewehr von einer Autobahnbrücke auf einen dänischen Lkw und traf das Führerhaus. Da der Geschädigte die Angelegenheit nicht bei der Polizei meldete, schoss der Täter bereits am nächsten Tage gegen 4.15 Uhr auf einen Lkw, der die Bundesautobahn 23 befuhr. Das Geschoss verletzte den Lkw-Fahrer am rechten Unterschenkel. Am 26. Februar beschoss der Täter in drei Fällen Kraftfahrzeuge, wobei er einen Fahrer an der Schulter verletzte; ein zweiter erlitt Steckschüsse im rechten Knie. Im dritten Fall blieb das Geschoss in der Lehne des Beifahrersitzes stecken. In derselben Nacht schoss der Täter noch dreimal auf weitere Kraftfahrzeuge, der Fahrer eines VW Passat wurde im Nacken und im Rücken getroffen. Da die Medien zunächst nicht reagierten, beschoss er zwei Tage später erneut einen an der Bundesstraße 404 abgestellten Lkw, wobei der Fahrer zum Glück unverletzt blieb. Nach mehreren Artikeln, unter anderem in der *Bild*-Zeitung, schrieb der Täter einen zweiten Erpresserbrief und drohte ein Massaker an. Der Mann konnte schließlich am 22. Mai 1996 gefasst werden.

Die härteste Prüfung aber traf die Ermittlungsbehörden am 18. Januar 1996. An diesem Tag brannte in der Lübecker Hafenstraße eine Asylbewerberunterkunft. Zehn Bewohner starben. Mehr als 30 wurden schwer verletzt. Dieses Verfahren erforderte die Freistellung eines Staatsanwaltes mit seiner ganzen Arbeitskraft und später eines weiteren Kollegen. Mein Stellvertreter und zuständiger Abteilungsleiter, Oberstaatsanwalt Klaus-Dieter Schultz, war in der Anfangsphase dieses Verfahrens auch praktisch rund um die Uhr damit beschäftigt. Schultz war Abteilungsleiter für schwere Kriminalität und für mich erste Wahl als Stellvertreter. Diese Entscheidung hat sich als beste personalpolitische Entscheidung meiner Behörde erwiesen.

Bei dem Feuer in der Asylbewerberunterkunft handelte es sich um den folgenschwersten Brand, der Lübeck nach dem Kriege heimgesucht hat. Der Verdacht richtete sich zunächst gegen vier junge Männer aus Grevesmühlen, die dem Schema rechtsradikaler Skinheads entsprachen. Dementsprechend wurde das Verfahren auch in der politischen Abteilung bearbeitet, deren Chef mein Stellvertreter war.

Von den vier jungen Grevesmühlenern waren drei vorläufig festgenommen worden. Aber es zeigte sich sehr schnell, dass der Verdacht gegen sie nicht ausreichen würde, um sie weiter festzuhalten. Hinweise darauf, dass sie sich zur Tatzeit an einer Tankstelle aufhielten, verdichteten sich, und nur Widersprüche in ihren Aussagen führten dazu, dass sie nach ihrer vorläufigen Festnahme eine Nacht im polizeilichen Gewahrsam blieben.

Nach ihrer Freilassung richtete sich der Verdacht sehr schnell gegen einen Bewohner des ausgebrannten Hauses, den Libanesen Safwan E. Er hatte unmittelbar nach dem Brand gegenüber einem Rettungssanitäter spontan geäußert: »Wir waren es.« Auf die entsetzte Gegenfrage des Sanitäters, ob er denn wüsste, was er damit sage, schilderte er noch weitere Einzelheiten. Sehr schnell kamen die erfahrenen Brandermittler zu der Vermutung, dass der Brand nicht von außen verursacht worden war, sondern innerhalb des Hauses gelegt worden sein musste. Um ganz sicherzugehen, wurden zwei Brandgutachter unabhängig voneinander eingesetzt, ein Experte aus dem Landeskriminalamt in Kiel und ein weiterer Fachmann vom Bundeskriminalamt. Sie bestätigten die Vermutung. Der junge Libanese war bereits am 20. Januar verhaftet worden.

Auf richterliche Anordnung wurden Gespräche des Inhaftierten mit seinen Verwandten abgehört und aufgezeichnet. Der Inhalt dieser Gespräche bildete die entscheidende Verdachtsgrundlage, am 8. Mai 1996 wurde Anklage erhoben.

Wenn die drei Säulen der Anklage gehalten hätten, wäre es sicherlich zu einer Verurteilung gekommen. Dies war aber nicht der Fall, was zu diesem Zeitpunkt noch nicht erkannt werden konnte.

Jeder qualifizierte Strafverteidiger hätte bei der Sachlage, wie sie sich später dargestellt hat, einen Freispruch des Libanesen erreicht; jeder Staatsanwalt ihn auch beantragt. Dem Lübecker Rechtsanwalt Hans-Jürgen Wolter, der zunächst die Verteidigung übernommen hatte und sie über mehrere Monate führte, wäre dieses sicherlich auch gelungen. Bald wurde er jedoch durch die Hamburger Strafverteidigerin Gabriele Heinecke aus dem Verfahren gedrängt. Lange bevor sie das Mandat von Safwan E. übernahm, organisierte sie bereits eine Kampagne zur Unterstützung des Beschuldigten. Sie inszenierte eine umfangreiche Spendensammlung zur Finanzierung einer sogenannten »unabhängigen Kommission«, die die Umstände der Tat aufklären sollte. Namhafte Juristen und Prominenz wie Beate Klarsfeld wurden von ihr als Unterstützer gewonnen. Später organisierte sie auch eine Medienkampagne gegen die ursprünglich beschuldigten vermeintlichen Rechtsradikalen. Das Üble daran war, dass die Initiatorin und ihre Mitstreiter die Unschuldsvermutung, die sie für den jungen Libanesen zu Recht in Anspruch nahmen, nicht gleichermaßen für die vermeintlich rechtsradikalen jungen Männer gelten lassen wollten. Sie verstiegen sich sogar so weit, den Rettungssanitäter als zentralen Belastungszeugen der Nähe zum Rechtsextremismus zu verdächtigen; eine besonders schäbige Diffamierung.

In diesem Fegefeuer die Nerven zu behalten, wurde nun das Tagesgeschäft meines Stellvertreters. Wir verstanden uns gegenseitig blind und wurden von der Geschäftsleitenden Beamtin – der Ehefrau meines Stellvertreters – kompetent unterstützt. Die personellen Lasten, die die Behörde zu tragen hatte, wurden allerdings immer drückender.

Pflichtgemäß berichtete ich natürlich dem Justizministerium von der unhaltbaren Situation und wurde dabei – jedenfalls im ersten Quartal 1996 – auch von Generalstaatsanwalt Heribert Ostendorf nachdrücklich unterstützt. Im Lauf des Jahres wurden die Verhältnisse für die Staatsanwaltschaft Lübeck deutlich schwieriger; im gleichen Maße sank die Unterstützung durch den Generalstaatsanwalt. Besonders auffällig war der personelle Abbau bei der Amtsanwaltschaft. Amtsanwälte sind Spitzenbeamte des gehobenen Dienstes, die als Rechtspflegerinnen oder Rechtspfleger eine Zusatzausbildung erhalten haben und danach kleinere und mittlere Strafsachen gegen Erwachsene bearbeiten.

Im Laufe des Jahres 1996 verringerte sich die Zahl der Amtsanwälte bei der Staatsanwaltschaft Lübeck von 15 auf 12, wohingegen die Zahl bei den anderen drei Staatsanwaltschaften des Landes konstant blieb. Dieses Ungleichgewicht, das sich bereits Anfang Oktober statistisch manifestierte, kam mir erst Mitte Januar 1997 zur Kenntnis. Eine zeitnahe Entscheidung zum Ausgleich dieses Defizits – im Vergleich zu Lübeck waren die drei anderen Behörden relativ komfortabel ausgestattet – blieb aus. Von einer Verstärkung im Bereich des höheren Dienstes wurde überhaupt nicht gesprochen.

Während die Staatsanwaltschaft personell weiter in Engpässe manövriert wurde, wurde die Polizei im entsprechenden Bezirk der Direktion Schleswig-Holstein Süd verstärkt.

Barschel und die
»Iran-Contra-Affäre«

Generalstaatsanwalt verordnet Zwangspause

Die Ermittlungen in dem Barschel-Verfahren wurden im Frühjahr 1996 nachhaltig gebremst. Bei einem Vortragstermin, den wir beim Generalstaatsanwalt am 21. März 1996 wahrnehmen mussten, erklärte uns Heribert Ostendorf, dass nach seinem Dafürhalten das Verfahren bis Sommer desselben Jahres abgeschlossen sein könne. Wie sich diese Meinung mit dem Legalitätsprinzip vertrage, sagte Ostendorf nicht. Stattdessen kam nur der denkwürdige Hinweis, dass der Generalstaatsanwalt es leid sei, sich auf Pressekonferenzen von Journalisten nach der Dauer des Ermittlungsverfahrens fragen zu lassen. Sein Stellvertreter Henning Lorenzen machte in der ihm eigenen Art und Weise seine Überzeugung deutlich, es müsse sich um Suizid handeln.

Es wurde die mündliche Weisung erteilt, bis zum 5. Juni einen umfassenden Bericht vorzulegen, aus dem sich alle Ermittlungshandlungen und alle Spuren ergeben sollten. In Anbetracht der Gewichtigkeit dieser Weisung wäre an sich eine schriftliche Abfassung geboten gewesen. Um den Generalstaatsanwalt nicht noch weiter zu provozieren, habe ich nicht insistiert, aber in meinem Bericht auf Folgendes hingewiesen: Für die Bearbeitung des Zwischenberichtes müssten fast sämtliche Ermittlungsarbeiten zurückgestellt werden, zumal die Mitarbeit der kriminalpolizeilichen Mitarbeiter der EG Genf unverzichtbar sei. Ich hielt und halte auch heute noch diese Weisung für rechtlich zweifelhaft, da sie einen Eingriff in das Legalitätsprinzip darstellte, bedeutete sie doch für sechs Wochen praktisch ein Ermittlungsverbot.

Neben dem Zeitverlust führte dies natürlich auch zu erheblichen

Planungsdefiziten in den schwierigen noch vorzunehmenden Ermittlungen; zudem war dies der erste direkte Durchgriff des Generalstaatsanwalts auch auf die polizeilichen Ermittlungen.

Darüber hinaus wurden die Weisungen und Berichtsaufträge enger und deutlicher und gingen in ihren umfassenden Anforderungen weit über das hinaus, was üblich war und als noch angemessen angesehen werden konnte. Die entsprechende Formulierung lautete: »Schließlich bitte ich dafür Sorge zu tragen, dass jedenfalls künftig ein jegliches Gutachten/eine jegliche gutachterliche Äußerung oder sonst ermittlungsrelevante Umstände unverzüglich dem Justizminister und meiner Behörde zugeleitet werden.« Auch hierbei handelte es sich ganz offenbar um eine »Bitte«, die als Weisung zu verstehen war.

Zum Zeitpunkt der vom Generalstaatsanwalt verordneten Zwangspause in dem Barschel-Verfahren liefen wie immer mehrere Schienen der Ermittlungen parallel. Die EG Genf hatte gerade eine weitere Dienstreise in die Schweiz beendet, diverse Vernehmungen waren konkret vorgeplant. Insbesondere war die Spur des Waffenhändlers Josef Messerer noch nicht abgearbeitet. Die möglichen Zusammenhänge mit der »Iran-Contra-Affäre« waren noch völlig ungeklärt. Die systematische Fortführung der Sachbeweisprüfung stand noch aus. Die Begutachtung der Zusammenhänge zwischen den Spuren auf dem Badewannenvorleger und dem Handtuch einerseits sowie den Schuhen Uwe Barschels andererseits musste vorangetrieben werden. Neue Hinweise waren aufgelaufen, die abzuklären und einzuordnen waren.

Erstmals stellten auch die Kriminalisten der Ermittlungsgruppe fest, welchen Einflüssen von »oben« das Ermittlungsverfahren ausgesetzt war und wie dadurch die Handlungsfähigkeit eingeschränkt wurde. Für mich war all dieses unerklärlich. Die verschiedenen Einflussnahmen des Generalstaatsanwalts und – indirekt – der Ministeriumsspitze auf das Ermittlungsverfahren dauerten nun schon etwa ein Jahr an, ohne dass ich hierfür einen triftigen Grund erkennen konnte.

Nach den Landtagswahlen 1996, bei denen die SPD die absolute Mehrheit verloren hatte, war an die Stelle von Justizminister Klaus

Klingner der SPD-Mann Gerd Walter getreten, der zusätzlich zum Europa- und Bundesratsministerium das Justizministerium übernahm. Er war kein Volljurist, konnte aber durch sein profundes politologisches Wissen und seine rhetorische Begabung den Posten gut ausfüllen und ihm auch politisch neue Impulse geben. Sein politisches Gespür hatte er vor allem auch als früherer Landesvorsitzender der SPD geschult. An die Stelle von Staatssekretär Stefan Pelny trat der Verwaltungsrichter Wulf Jöhnk, ein profunder Kenner der schleswig-holsteinischen Politik und der Landesjustiz. Zur Zeit von Björn Engholm war er Chef des Landesamtes für Verfassungsschutz gewesen und danach Präsident des Oberverwaltungsgerichtes in Schleswig. Warum er dieses Amt zugunsten der Funktion des Staatssekretärs abgegeben hatte, war mir ein Rätsel. Jedenfalls spielte er im Ministerium für unseren Bereich eine wichtige Rolle.

Das von mir gesuchte persönliche Gespräch mit dem neuen Minister kam zwar nach einigen Schwierigkeiten zustande. Das Ergebnis war für mich indessen unklar und nicht zukunftweisend. Der Minister machte deutlich, dass er von mehreren Seiten, die er nicht namhaft machte, auf das Barschel-Verfahren angesprochen worden war. Aus diesen Gesprächen resultierte jedenfalls eine skeptische Grundstimmung. Aber, so Walter: »Wenn ihr meint, ihr müsst ermitteln«, dann könnten wir dies auch tun.

Wesentlich blieb für mich das ganz offenkundig gestörte Verhältnis zum Generalstaatsanwalt Heribert Ostendorf. Auf unserem doch recht langen gemeinsamen politischen Weg hatte es natürlich gelegentlich unterschiedliche Auffassungen gegeben, aber auch viele Gemeinsamkeiten. Der persönliche Kontakt war nach meiner Einschätzung eigentlich immer recht gut gewesen. Die Meinungsverschiedenheiten, die ich bei Fragen der Verwaltungsreform innerhalb der Justiz mit ihm hatte, habe ich nicht überbewertet, sondern auf unsere unterschiedlichen Funktionen zurückgeführt. Bei der Frage einer Zusammenlegung der sozialen Dienste der Justiz – Bewährungshilfe/Gerichtshilfe – teilte Heribert Ostendorf meine kritische Einstellung nicht, sondern übernahm die Position des Ministers und versuchte sie umzusetzen – mit dem bekannten negativen Ergebnis. Noch konnten mich die unterschiedlichen Standpunkte zum Barschel-Verfahren nicht so nachhaltig irritieren, dass ich das Verhältnis für zerrüttet hielt.

Was mir letztendlich jedoch ziemlich naheging, war die Art und Weise, mit der der Generalstaatsanwalt seine abweichende Position gegenüber der Staatsanwaltschaft Lübeck und eben auch gegenüber mir als Behördenleiter durchsetzte. Wenn er schon im Zweifel nicht für, sondern gegen Ermittlungen war, hätte er uns gerade bei der Kontroverse mit der Gauck-Behörde wenigstens die Möglichkeit eröffnen müssen, das Gesicht zu wahren. Darüber hinaus irritierte mich die distanzierte Haltung bei der Wahrnehmung der Fürsorgepflicht für meine Mitarbeiter, denen die Gauck-Behörde letztlich rechtswidriges Verhalten vorgeworfen hatte. Seine Haltung bei den verschiedenen Medienkampagnen gegen unsere Tätigkeit und mich als Person verletzte mich. Die Preisgabe meiner geheimen Telefonnummer an Journalisten empfand ich als Vertrauensbruch.

Zudem gab es nicht den geringsten Versuch, ein persönliches Gespräch mit mir über die Differenzen zu führen. Allein das fand ich nicht zuletzt wegen der Tatsache, dass er ja nur vier Staatsanwaltschaften vorstand, unverständlich. Auch das Gespräch, das ich von mir aus suchte und dem Ostendorf sich nicht versagen konnte, änderte nichts. Ich hatte das Gefühl, gegen eine Gummiwand zu laufen. Ich kann nicht verhehlen, dass die Überwindung meiner tief sitzenden Enttäuschung über das katastrophale Verhältnis zu meinem Vorgesetzten mich einige Zeit gekostet hat; es war gewissermaßen ein innerer Abschied.

Die »Iran-Contra-Affäre«

Ein wesentlicher Punkt, der unsere Aufmerksamkeit in Anspruch nahm und auch eine Reihe intensiver Ermittlungen zur Folge hatte, war die Prüfung der Frage, ob wir einen Zusammenhang mit der »Iran-Contra-

Affäre« feststellen konnten. Diese Affäre, die in den USA und auch im Lateinamerika der 1980er-Jahre hohe Wellen geworfen hatte, ist heute weitgehend in Vergessenheit geraten. Sie wurde als der größte Politskandal seit der »Watergate-Affäre« angesehen, hatte allerdings anders als »Watergate« keine vergleichbaren personellen Folgen. Auch damit mag zusammenhängen, dass die »Iran-Contra-Affäre« in der deutschen Öffentlichkeit seinerzeit nur am Rande wahrgenommen wurde.

Die Affäre war im Wesentlichen geprägt durch Aktivitäten des Nationalen Sicherheitsberaters von US-Präsident Ronald Reagan, Robert McFarlane. Von ihm stammten die Überlegungen, das Verhältnis der USA zum Iran im Jahre 1984 durch Waffenlieferungen zu verbessern – gegen den Widerstand des Verteidigungsministers und des Außenministers. Hintergrund dieser Bestrebungen war auch die Geiselnahme von US-Bürgern im arabischen Bereich sowie das Bombenattentat auf das Hauptquartier der Marines in Beirut am 23. Oktober 1983. Auch ging es darum, den Einfluss der Sowjetunion auf den Iran zu begrenzen.

Die Waffenlieferungen mussten natürlich verdeckt erfolgen. Das Ganze spielte sich in den Jahren 1985 und 1986 ab unter Beteiligung von Israel. Von Israel wurden Waffen in den Iran geliefert, die Israel ursprünglich aus den USA erhalten hatte und die bei dieser Gelegenheit durch neuere Waffensysteme ersetzt wurden. Der Iran leistete im Gegenzug Zahlungen an die USA und vermittelte auch bei Geiselnahmen. Die Gelder wurden allerdings in den USA nicht ausschließlich legal verwendet. Vielmehr wurden beträchtliche Mittel zur Unterstützung von Guerillas in Nicaragua abgezweigt. Gegen die dort regierenden Sandinisten hatte sich eine rechte »Contra«-Guerilla etabliert, die allerdings nach geltendem Recht in den USA nicht gefördert werden durfte. Nach Angaben des US-Justizministers sollen mindestens 20 Millionen Dollar zur illegalen Unterstützung dieser Rebellen transferiert worden sein. Eine maßgebliche Rolle spielte in diesem Zusammenhang ein Mitarbeiter des Nationalen Sicherheitsberaters der USA, Oberst Oliver North.

Hinweise auf mögliche Zusammenhänge des Barschel-Verfahrens

mit der »Iran-Contra-Affäre« gab es im letzten Quartal 1995 aus mehreren journalistischen Quellen. Eine dieser Quellen war Hubert S., von dem ich bereits das Papier über iranischen Staatsterrorismus erhalten hatte und der im Gespräch versuchte, die Möglichkeit einer iranischen Beteiligung an der Tötung Uwe Barschels herauszuarbeiten. Zu Hubert S. meinte ich einen guten Kontakt zu haben durch eine bereits länger bestehende Bekanntschaft, die auf meine Zeit als Referent im Justizministerium zurückging. Hubert S. arbeitete seinerzeit für den *Stern;* ich war mit ihm durch Norbert Gansel bekannt gemacht worden.

Neben allgemeinen Hinweisen von Hubert S. auf die »Iran-Contra-Affäre« gab es nun auch konkrete Hinweise: Angeblich sollte ein Foto existieren, auf dem Oliver North und Uwe Barschel zusammen abgebildet waren. In dem »Gesamtbericht« der Lübecker Staatsanwaltschaft heißt es dazu:

> Aus journalistischen Kreisen sind der Staatsanwaltschaft Lübeck Informationen zugegangen, die auf eine Verwicklung von Dr. Uwe Barschel in illegale Waffengeschäfte im Zusammenhang mit der »Iran-Contra-Affäre« hindeuteten. Im Dezember 1995 wurde darüber hinaus durch einen Journalisten bekannt, dass dieser aus dem Bereich Bonn Informationen hat, nach denen es ein Foto geben soll, auf dem Oliver North, Uwe Barschel und ein IM der Stasi zusammen abgebildet sind.
>
> Bei diesem IM soll es sich um den ehemaligen Cheffahrer des früheren Vorstandsvorsitzenden der ESSO AG in Hamburg, [Wolfgang] Oehme, handeln. Dieser Cheffahrer, dessen Name Aggen sein soll, soll sich nach seiner Enttarnung 1992 in Kopenhagen erschossen haben. Im Rahmen der sich an diese Selbsttötung anschließenden Ermittlungen soll auch der damalige Sicherheitschef von ESSO Hamburg vernommen worden sein. Dieser soll anlässlich der Vernehmung in den Ermittlungsakten das vorher beschriebene Foto mit North, Barschel und dem IM gesehen haben.
>
> Ein anderer Journalist hat Ende Januar 1996 mitgeteilt, er hätte einen Informanten, der ein Foto gesehen habe, auf dem Uwe Barschel zusammen mit Oliver North abgebildet gewesen sei. Dieses Foto sei im Zusammenhang eines merkwürdigen Todesfalles aufgetaucht. Ein gewisser Aggen,

der vor Zeiten Fahrer des ESSO-Chefs Deutschland gewesen sei, sei zu einem bestimmten Zeitpunkt als IM enttarnt worden. Man habe sich schnell und geräuschlos mit einer Abfindung von ihm getrennt. Merkwürdigerweise sei er ganz kurz darauf – angeblich durch Selbstmord – zu Tode gekommen. Im Rahmen des Todesermittlungsverfahrens habe es einen Fotoband und umfangreiche ›Unterlagen gegeben, und in ebendiesem Fotoband sei das besagte Bild gewesen.

Die aufgrund der vorgenannten Informationen von hier durchgeführten Ermittlungen haben ergeben, dass es sich bei dem Konrad Willi Aggen tatsächlich um einen IM der Stasi gehandelt hat. Aggen, gegen den ein ND-Verfahren des Generalbundesanwaltes anhängig war (3 BJs 992/92-1 (132)), hat sich kurz nach seiner Enttarnung als IM am 16.10.1992 hinter der Passkontrollstation Krusau bei Flensburg auf dänischem Staatsgebiet durch einen Schuss in die Stirn das Leben genommen.

Die Ermittlungen nach dem vorbezeichneten Foto sind ergebnislos verlaufen. Weder die mit den Ermittlungen betraute Kripo in Hamburg noch die Ehefrau des Verstorbenen haben Anhaltspunkte für das Vorhandensein eines solchen Fotos gehabt, auch war das Foto nicht Bestandteil der beigezogenen Ermittlungsakte gewesen. Anhaltspunkte, wann das Foto aufgenommen worden sein könnte, sind ebenfalls nicht vorhanden.

Eine Person, der seitens der Staatsanwaltschaft Lübeck Vertraulichkeit zugesichert worden ist, hat allerdings am 04.07.1996 folgende Aussage gemacht:

»Anfang 1993 hatte ich kurzfristig die Gelegenheit, ein Foto einzusehen, das im Foyer des Hotels ›Atlantic‹ in Hamburg aufgenommen worden war. Auf diesem Foto erkannte ich zwei Personen, die an einem runden Tisch saßen. Die links am Tisch sitzende Person erkannte ich als Dr. Barschel, die rechts neben ihm sitzende Person als Oliver North. Eine dritte männliche Person stand am Tisch und reichte den Vorgenannten etwas zu. Auf dem Tisch erkannte ich Kaffeetassen und verschiedene Schriftstücke. Durch mehrere Aufenthalte im Hotel ›Atlantic‹ ist mir das Hotel/Foyer gut bekannt. Ich bin mir sicher, dass das Foto dort im Foyer aufgenommen worden war. Dr. Barschel und Oliver North waren mir aus Medienveröffentlichungen bekannt. Darüber hinaus bin ich beiden auch schon persönlich begegnet. So habe ich mit Oliver North anlässlich eines Kongresses in den USA gemeinsam an einem Tisch gesessen. Ich möchte noch einmal betonen, dass ich mir zu 99,9 % sicher bin, dass es sich bei den erkannten Personen um Dr. Barschel und Oliver North gehandelt hat.«

Aufgrund eines weiteren, vagen Hinweises zu dem besagten Foto wurde die vorgenannte Auskunftsperson im Sommer 1997 nochmals zum Sachverhalt befragt. Sie hat die ursprüngliche Aussage vom 04.07.1996 ausdrücklich bestätigt. Durch den Journalisten »X«, der in den USA Archivmaterial aus den parlamentarischen Untersuchungen bzgl. der »Iran-Contra-Affäre« eingesehen hat und der insbesondere auch die Terminkalender des Oliver North und dessen persönliche Aufzeichnungen ausgewertet hat, sind der Staatsanwaltschaft Lübeck diesbezüglich einige Informationen zugegangen. Ein Abgleich der mitgeteilten Daten mit den hier vorliegenden Terminkalendern des Dr. Uwe Barschel für 1986 und 1987 ergibt, dass grundsätzlich von der Möglichkeit eines Zusammentreffens von Dr. Uwe Barschel mit Oliver North bei einigen Terminen ausgegangen werden kann. So soll sich Oliver North auch nach den amtlichen Feststellungen im »FINAL REPORT OF THE INDEPENDENT COUNSEL FOR IRAN/CONTRA MATTERS« in der Zeit vom 06. bis 08.10.1986 in Frankfurt aufgehalten haben. Dr. Uwe Barschel ist ausweislich seines Terminkalenders für 1986 am 06.10. ab 12:00 Uhr von Hamburg nach Frankfurt geflogen, um von dort aus nach Mainz weiterzufahren, wo in der Zeit vom 06. bis 08.10. der Bundesparteitag der CDU stattfand. Am 01.10.1986 soll sich Oliver North in Berlin aufgehalten haben. Aus dem Terminkalender des Dr. Uwe Barschel ist ersichtlich, dass am 01. und 02.10.1986 in Hamburg die Ministerpräsidentenkonferenz stattfand. Übernachtet hat Dr. Uwe Barschel im Hotel »Atlantic«.

So weit der »Gesamtbericht«.

Einmal mehr verlief eine Spur, die vielversprechend erschien und auf deren Existenz es durchaus ernst zu nehmende Hinweise gab, im Sande. Gleichwohl schien mir der zeitgeschichtliche Aspekt dieser

»Iran-Contra-Affäre« auch für das Ermittlungsverfahren, das wir zu führen hatten, nicht belanglos.

Angst vor unangenehmen Wahrheiten?

Der inzwischen verstorbene Autor Gero Gemballa wollte für das ZDF in einer Serie von Professor Guido Knopp einen zeitgeschichtlichen Film über die »Barschel-Affäre« drehen. Am 14. März 1996 bat er mich um ein Interview für diesen Film, das mir »von oben« genehmigt wurde. Der Film wurde am 30. Juni 1996 im ZDF zu später Stunde ausgestrahlt.

Anmoderation: Der Tod des Dr. Dr. Uwe Barschel ein Staatsgeheimnis? Es war Mord. Wer sind der oder die Mörder? Was ist das Motiv?

Wille: Je länger man sich damit beschäftigt, desto mehr gewinnt man doch den Eindruck, dass der eine oder andere eigentlich ganz froh wäre, wenn wir die Akten schon jetzt schließen würden. Aus welchen Gründen auch immer. Teilweise weil man vielleicht Angst hat, dass wir auf Dinge stoßen, die mit dem Mord gar nichts zu tun haben, sondern die aus irgendwelchen anderen Gründen unangenehm sein könnten.

Danach wurden die letzten Worte von mir, während der Abspann lief, mehrfach wiederholt:

Weil man vielleicht Angst hat, dass wir auf Dinge stoßen, die mit dem Mord gar nichts zu tun haben.

An diesen letzten Sätzen nahm man höheren Orts erneut Anstoß. Bei einer Besprechung im Justizministerium bei Staatssekretär Wulf Jöhnk mit Generalstaatsanwalt Heribert Ostendorf und mir versuchten mir beide klarzumachen, ich hätte diese Formulierungen aus rechtlichen Gründen nicht verwenden dürfen. Ich hielt dies spontan für falsch, machte aber gute Miene zum bösen Spiel und vertrat meinen abweichenden Standpunkt nicht mit Nachdruck. Zum einen waren sich meine beiden Vorgesetzten in diesem Punkte einig, und zum anderen kamen mir selbst ob dieser Einigkeit leichte Zweifel, ob ich denn wirklich den richtigen Standpunkt hätte. Denn immerhin ging es hier um eine öffentlich-rechtliche Frage, und der Staatssekretär war langjähriger Verwaltungsrichter und zuletzt sogar Präsident des Oberverwaltungsgerichts Schleswig gewesen. Im Übrigen hielt ich trotz meiner schlechten Erfahrungen im Zusammenhang mit dem Gauck-Streit doch noch recht viel von den Rechtskenntnissen des Generalstaatsanwalts, der ja immerhin Professor der Rechtswissenschaft war. Erst nach den vorsichtigen Rückfragen bei mir bekannten und kompetenten Rechtsanwälten, die meinen Standpunkt eindeutig bestätigten und meine Frage schon mit einem gewissen Unverständnis aufgenommen hatten, wichen meine Zweifel dem Erstaunen über diesen doch für mich immer noch ungewöhnlichen Vorgang.

Meine Hoffnung, dass meine konziliante Haltung das Verhältnis zu meinen Vorgesetzten entspannen würde, hatte mich indessen getrogen. Hatte der Staatssekretär noch klargemacht, dass er selbst nicht mit Weisungen in das Verfahren eingreifen würde, sondern, wenn erforderlich, nur der Generalstaatsanwalt, preschte dieser bei Gelegenheit des nächsten Vortragstermines in seinem Hause weit darüber hinaus. Er erteilte mündlich die generelle Weisung, dass, außer der »stereotypen Wiederholung«, dass mit Hochdruck ermittelt werde, überhaupt keine öffentlichen Äußerungen mehr abgegeben werden dürften. Meine Antwort, dass diese generelle Weisung kontraproduktiv sei, da durch schnelle Äußerungen gegenüber Journalisten auch in der Vergangenheit Schaden abgewendet worden sei, ging ins Leere. Eine vier Seiten lange Gegenvorstellung gut zwei Wochen danach blieb ebenso ergebnislos.

Hinzu kam im Gefolge der ZDF-Sendung ein weiteres Ereignis, das erneut Wirbel verursachte und sich nahtlos in die Reihe der Pressionen einreihte, die gegen die Staatsanwaltschaft Lübeck insgesamt, gegen mich persönlich als Behördenleiter und damit gegen eine erfolgreiche Fortführung des Barschel-Verfahrens zu verzeichnen waren.

Der freie Journalist Günther Prütting, der auf Mallorca wohnte, hatte als Diskussionsgast von Professor Guido Knopp im ZDF angekündigt, er werde über Barschel ein Buch im Ullstein-Verlag herausbringen. Prütting rief mich an und fragte, ob wir uns während meines Urlaubs in Südfrankreich treffen könnten. Ich zögerte, da ich wenig Lust hatte, meinen Urlaub mit dem Barschel-Verfahren zu belasten. Außerdem war mir Günther Prütting zwar einerseits als harter Rechercheur bekannt, andererseits galt er durchaus als problematische Persönlichkeit, was sich später auch zeigen sollte.

Die Angelegenheit wurde mit der Ermittlungsgruppe erörtert, allerdings in Abwesenheit vom Staatsanwalt Sela. Die Mitarbeiter machten deutlich, dass es von kriminalistischem Interesse sei, Günther Prütting als Zeugen zu vernehmen. Es gebe Hinweise, dass der Journalist über interessante Erkenntnisse verfügen könnte. Dies gab den Ausschlag. Ich verabredete mich mit Prütting und wollte ihn bei dieser Gelegenheit zu einer förmlichen Zeugenaussage im Hause der Staatsanwaltschaft Lübeck überreden. Prütting erklärte sich dazu bereit. Ebenso sagte Frank Garbely zu, nochmals als Zeuge auszusagen.

Hintergrund der Bereitschaft des Journalisten Prütting: Er erhoffte sich von Frank Garbely Informationen, die er von ihm noch nicht erhalten hatte. Er nahm nämlich an, Garbely verfüge über einen geheimnisvollen Koffer des verstorbenen Jean-Jacques Griessen, in dem er wichtige Unterlagen vermutete. Ich hatte den Eindruck, dass Garbely von Prütting ausgenutzt werden sollte, und sah mich in meiner Fürsorgepflicht für den Zeugen Garbely gefordert. Ich warnte den Schweizer diskret vor. Garbely erklärte mir, es gebe diesen geheimnisvollen Koffer gar nicht, Prütting habe eine Redewendung von Griessen offenbar missverstanden. Griessen hatte die Angewohnheit, Gespräche nach Möglichkeit aufzuzeichnen, und benutzte dazu ein Aufzeichnungsgerät, das in einem kleinen Koffer steckte. Immer wenn er wieder eine Unterredung aufgezeichnet hatte, sagte er: »Das haben wir wieder im Koffer.«

Da Garbely den Eindruck gewann, dass sich Prütting ihm gegenüber nicht fair verhalte, kam es in Lübeck zum Zerwürfnis zwischen den beiden Journalisten. Prütting reiste am nächsten Morgen ab, obwohl seine Vernehmung noch nicht beendet war.

Einige Zeit später schrieb Prütting an meine Vorgesetzten einen unverschämten Brief, in dem er mich wahrheitswidrig anschwärzte und in plump vertraulicher Weise Begebenheiten verdrehte. Dieses Schreiben lancierte er natürlich auch an eine ganze Reihe von Medien, die allerdings ganz überwiegend diesen Schmutz ignorierten.

Vom Generalstaatsanwalt auf den Inhalt dieses Schreibens angesprochen, wies ich Prüttings Denunzierungen zurück. In meiner Empörung ließ ich mich zunächst dazu verleiten, selbst die Einleitung eines Disziplinarverfahrens als sogenanntes Reinigungsverfahren gegen mich zu beantragen. Davon nahm ich indessen sogleich Abstand, da der Anlass dieses nicht verdiente.

Meine Vorgesetzten sahen dies anders. Am Nachmittag des 30. September 1996 erhielt ich einen Anruf von dem mir hinlänglich bekannten Journalisten Ludger Fertmann. Er fragte mich, wie ich denn dazu stünde, dass gegen mich disziplinarische Vorermittlungen eingeleitet worden seien. Ich war völlig überrascht und fragte ihn, woher er das denn wisse. Er erklärte mir, er habe gerade mit dem Staatssekretär gesprochen.

Nun ist ein Disziplinarverfahren so ungefähr das Internste, was an Verwaltungsvorgang vorstellbar ist. Ich war nicht nur über die Einleitung des Disziplinarverfahrens überrascht, obwohl mich eigentlich kaum noch etwas überraschen konnte im Zusammenhang mit diesem Ermittlungsverfahren. Was mich noch mehr überraschte, war die Tatsache, dass mir die Einleitung disziplinarischer Vorermittlungen von einem Journalisten bekannt gegeben wurde, der das von dem Staatssekretär früher erfahren hatte als ich – der Betroffene – selbst.

Ludger Fertmann berichtete am 1. Oktober 1996 im *Hamburger Abendblatt,* es bestünde der Verdacht, ich hätte »Inhalte der Ermittlungsakten an Nachrichtenhändler weitergegeben« und »unter dem Eindruck der Vorwürfe [...] ein Disziplinarverfahren gegen [mich] selbst beantragt«. Meine vom Justizministerium »erste eilig angeforderte Stellungnahme [...], so sagte Justizstaatssekretär Wulf Jöhnk gestern dem *Hamburger Abendblatt,* reicht nicht aus«. Und dann kam der gut informierte Journalist natürlich auf den Punkt, um den es auch in diesem Zusammenhang ganz offenbar zu gehen schien: »Ohnehin ist die Intensität der Ermittlungen im Todesfall Barschel wegen Mordverdachts gegen Unbekannt dem Ministerium wie der Generalstaatsanwaltschaft ein Dorn im Auge. Wille habe sich regelrecht verrannt, heißt es in Kiel hinter vorgehaltener Hand. [...] Willes Taktik, durch immer neue Ermittlungsansätze die mögliche Einstellung des Verfahrens hinauszuzögern, binde zudem Personal der Staatsanwaltschaft und der Polizei.«

Damit war – jedenfalls für die Presse des Landes Schleswig-Holstein – eine neue Kampagne eröffnet. Entlarvend die Presseerklärung des Justizministeriums vom 1. Oktober 1996, in der es hieß: »Die Generalstaatsanwaltschaft und das Justizministerium sind übereingekommen, dass der Generalstaatsanwalt ein disziplinarisches Vorermittlungsverfahren gegen den Leitenden Oberstaatsanwalt Heinrich Wille einleitet.« Also nicht etwa, weil es den Verdacht eines Dienstvergehens gab, sondern weil die beiden vorgesetzten Dienststellen »übereingekommen« waren, wurde jetzt in dieser Weise gegen mich vorgegangen, was schon ein bezeichnendes Licht auf die Intention des Vorgehens wirft – von der rechtlichen Fragwürdigkeit einer solchen Übereinkunft ganz zu schweigen.

Weiter hieß es, »dass ein Vorermittlungsverfahren auch dazu dient, den Betroffenen vor wuchernden Spekulationen zu schützen«. Das habe ich als eine Verhöhnung empfunden. In einem Interview mit dem NDR erklärte Justizminister Walter in diesem Sinne: »Man tut so etwas nicht gerne, aber es ist der richtige Weg, um den betroffenen Leitenden Oberstaatsanwalt vor wild wuchernden Spekulationen zu schützen, und es ist auch der richtige Weg, um sicherzustellen, dass auch nicht der Hauch eines Zweifels im Zusammenhang mit der Korrektheit der Barschel-Ermittlungen sich öffentlich festsetzen kann.«

Auf diesen Schutz hätte ich gern verzichtet. Die Journalisten, die mich jetzt wieder attackierten und gut informiert waren, begriffen offenbar genauso wenig wie meine Vorgesetzten, dass es hier gar nicht um meine höchst unwichtige Person ging, sondern dass mit dieser Person die Autorität der Behörde attackiert und das Legalitätsprinzip, aus dem wir unseren Ermittlungsauftrag ableiteten, missachtet wurde.

Am 2. Oktober berichteten die *Lübecker Nachrichten,* dass gegen mich disziplinarische Vorermittlungen eingeleitet worden seien. Bei Durchsicht meiner Unterlagen habe ich festgestellt: Tatsächlich hat Generalstaatsanwalt Ostendorf die disziplinarischen Vorermittlungen erst am 2. Oktober 1996 eingeleitet. Wie konnte dies dann am selben Tag in der Zeitung stehen? Im Eifer, mich öffentlich anzuschwärzen, hatten das Justizministerium und insbesondere Staatssekretär Jöhnk sogar die Tatsachen überholt.

Ich hätte mir gewünscht, dass die Bearbeitung dieses Verfahrens, das man eingeleitet hatte, um mich angeblich vor Spekulationen zu schützen, genauso schnell und zügig vonstatten gegangen wäre und mit dem Eifer beendet worden wäre, mit dem seine Einleitung schon vorher öffentlich angekündigt worden war. Wenn schon nicht aufgrund der Fürsorgepflicht für meine Person, so doch aufgrund der geltenden Rechtsvorschriften. Paragraf 24 Nummer 1 der damals geltenden Landesdisziplinarordnung lautet nämlich: »Die Vorermittlungen sind so schnell wie möglich abzuschließen. Werden Vorermittlungen nicht innerhalb von sechs Monaten abgeschlossen, so hat der Dienstvorgesetzte erstmals nach diesem Zeitraum und weiter alle drei Monate dem nächsthöheren Dienstvorgesetzten zu berichten und die Gründe darzulegen, die den Abschluss der Vorermittlungen hinauszögern.«

Ausweislich der Akten hat es einen solchen Bericht nach sechs Monaten nicht gegeben – ganz zu schweigen von der Einstellung des Verfahrens. Vielmehr wurde gewartet, bis im Mai 1997 noch ein weiterer Vorwurf »draufgesattelt« werden konnte. Das Verfahren wurde erst Mitte 1998 eingestellt, nachdem das gesamte Ermittlungsverfahren in Sachen Barschel erledigt war. Weitere Ausführungen über Sinn und Zweck des Disziplinarverfahrens kann man sich wohl sparen. Der »Hauch des Zweifels«, den der Justizminister Walter durch die disziplinarischen Vorermittlungen beseitigen wollte, verfolgte mich also noch bis über das Ende des Barschel-Verfahrens hinaus.

Die Ermittlungen
werden abrupt gestoppt

Verwerfungen, Gesichtsverluste und Ehrverletzungen

Ungeachtet dieser Verwerfungen wurden tatsächlich die Ermittlungen »mit Hochdruck fortgeführt«. Und zwar auf mehreren Feldern, von denen nur fünf erwähnt werden sollen:

- Die in Genf im März des Jahres eingeleiteten Ermittlungen liefen weiter, die sich dabei ergebenen Spuren wurden weiter ausgewertet.
- Die wissenschaftliche Begutachtung der Beweisstücke Badewannenvorleger/Handtuch/Schuhe Uwe Barschels wurde vorangetrieben; bis Jahresende lagen drei Gutachten vor.
- Tatsächlich gab es eine neue schwierig zu beurteilende Spur: Ein Kronzeuge aus den Reihen der Mafia hatte erklärt, auch zum Fall Barschel Angaben machen zu können.
- Die »Iran-Contra«-Angelegenheit war weiter aufzuklären, insbesondere ging es um Äußerungen des früheren iranischen Präsidenten Abolhassan Bani-Sadr.
- Und fünftens war die Aussage des Waffenhändlers Josef Messerer, der schon ganz am Anfang der Ermittlungen mit seinem Terminkalender für Furore gesorgt hatte, abzuklären und auszuwerten. Zu unserer großen Überraschung ergab sich hieraus ein beachtliches Ermittlungsergebnis, das Anlass zu Diskussionen bieten sollte.

Der Privatdetektiv Jean-Jacques Griessen, der von Eike Barschel mit Ermittlungen zur Aufklärung des Todes seines Bruders beauftragt worden war, war am 9. November 1992 verstorben, und zwar im Zimmer einer Prostituierten in Zürich. Die Begleitumstände seines Todes gaben Anlass zu Fragen. Griessen hatte bereits im Juli 1992 einen Herzanfall und eine Hirnblutung erlitten. In der Nacht zum 9. November war er mit einem Notarztwagen in das Kantonskrankenhaus gebracht worden, am nächsten Morgen um elf Uhr kam er nach Hause zurück. Er hatte vor, im Zuge seiner Ermittlungen in Zürich eine wichtige Kontaktperson zu treffen.

Konkrete Hinweise hierzu gab es nicht. Es erschien im Gesamtzusammenhang nicht sehr wahrscheinlich, dass er ausgerechnet zu diesem Zeitpunkt – körperlich geschwächt auf dem Wege zu einem wichtigen Termin – eine Prostituierte aufgesucht hatte.

Hinzu kam, dass Griessen in der Vergangenheit mit dem Privatdetektiv Werner Mauss zusammengearbeitet hatte, der bekanntlich auch am Todestag Uwe Barschels in Genf war.

In der Zwischenzeit war eine große Anzahl von bespielten Audiokassetten »aus dem Koffer«, die die Züricher Polizei bei Jean-Jacques Griessen nach seinem Tode beschlagnahmt hatte, an die EG Genf gegangen. Deren Auswertung war außerordentlich schwierig wegen der teilweise sehr schlechten akustischen Qualität der Kassetten sowie der Tatsache, dass sie ganz überwiegend auf Französisch geführte Gespräche enthielten.

Eine ergänzende Vernehmung der Witwe des Privatdetektivs sowie seines Sohnes durch Beamte der EG Genf führten zu keinen weiterreichenden Erkenntnissen. Im Übrigen hatten beide Personen bei ihrer Aussage ganz offensichtlich Angst, umfassende Angaben zu machen.

Das Landeskriminalamt hatte zwischenzeitlich mehrere Teilgutachten über die Probleme im Zusammenhang mit dem Badewannenvorleger, den Handtuchspuren und den Schuhen erstattet. Die Untersuchung war schleppend angelaufen, da auch das LKA eine Vielzahl von anderen Aufträgen abzuarbeiten hatte. Dennoch lagen bereits Teilgutachten vom 4. April, 10. Juli und 20. August 1996 vor. Daraus ergaben sich schon wesentliche Erkenntnisse: Da die Einfärbungen in der Badematte auch auf deren Rückseite nachgewiesen werden konnten, war bereits jetzt auszuschließen, dass es sich bei der Verunreinigung um Wischspuren handelte.

Mechanische Beanspruchungen des linken Schuhs gerade im Vergleich zum rechten Schuh konnten nachgewiesen werden. Auffällig waren kleine metallisch glänzende Anhaftungen auf der Lauffläche des linken Schuhs ebenso wie an der Lackierung der hinteren Lauffläche. Diese feinen silbrig glänzenden Anhaftungen konnten im Rasterelektronenmikroskop als Aluminiumflakes identifiziert werden, wie sie zur Herstellung von Metalliclacken Verwendung finden. Bemerkenswert war, dass sie hinsichtlich ihrer Materialbeschaffenheit und Mikromorphologie mit den Aluminiumflakes übereinstimmten, die aus der Goldbeschriftung des Innenschuhs herauspräpariert wurden.

Erste Versuchsreihen führten zu der Annahme, dass die Farbe des linken Schuhs mittels eines Lösungsmittels in den Badewannenvorleger transportiert worden war. Entsprechende Verfärbungen konnten in Versuchsreihen durch das Lösungsmittel Dimethylsulfoxid erzielt werden. Auch konnte bereits nahezu zweifelsfrei geschlossen werden, dass die rotbraunen Verfärbungen auf dem Handtuch ebenfalls von dem linken Schuh Uwe Barschels stammten.

Es ging darum, diese Ergebnisse abzusichern, zu diskutieren und ihre Relevanz für die Beurteilung des Tatgeschehens festzustellen. Dazu waren weitere Gutachteraufträge erforderlich.

Im Mai 1996 erreichte die EG Genf ein Anruf vom BKA mit dem Hinweis auf eine Kontaktperson, die Angaben zum Todesfall Dr. Uwe Barschel machen könne. Es handelte sich um einen Italiener, der Mitglied der Mafia war und als Kronzeuge der Justiz fungierte. Bei einer seiner Aussagen berichtete er von Erkenntnissen, die er im Zusammenhang mit Uwe Barschel hätte.

Mit erheblichem Sicherheitsaufwand wurde dieser Zeuge nach Lübeck verbracht und vom Ermittlungsrichter vernommen. Er gab an, dass er im Jahre 1987 mit zwei weiteren Mafiamitgliedern nach Bonn gefahren sei, um dort »Freunde zu treffen«. Der Zeuge selbst habe das Lokal verlassen, in dem man sich getroffen hatte, da das Gespräch in deutscher Sprache geführt worden sei. Auf der Rückfahrt habe man sich über den Grund dieses Treffens unterhalten. Es sei darum gegangen, einen »Politiker zum Schweigen zu bringen«. In Deutschland seien Politiker in Waffengeschäfte verstrickt, der betreffende Politiker stünde in engem Kontakt zu einer deutschen männlichen Person, die als »Sekretär« bezeichnet wurde. Später fiel der Name Barschel.

Es folgte eine weitere Vernehmung des Kronzeugen am 10. und 11. Oktober 1996 durch Staatsanwalt Sela und weitere kriminalistische Abklärungen zu angegebenen Details. Personen aus dem Umfeld wurden befragt. Im Dezember 1996 war ein Abschluss dieser Ermittlungsspur nicht abzusehen.

Der Zeuge Bani-Sadr

Hinsichtlich einer konkreten Verbindung unseres Ermittlungsverfahrens zu der »Iran-Contra-Affäre« war ein neuer Gesichtspunkt aufgetaucht. Der frühere iranische Präsident Abolhassan Bani-Sadr, der im Exil in Frankreich lebte und sich dort unter strengstem Personenschutz an einem geheimen Ort aufhielt, hatte verschiedentlich öffentlich den Fall Barschel angesprochen. In mehreren deutschen Zeitungen wurde berichtet, Bani-Sadr habe behauptet, dass »Bonner Politiker in die ›Iran-Contra-Affäre‹ verwickelt« gewesen wären. In einem Interview mit der *Frankfurter Rundschau* sagte der Iraner:

> »Die hauptsächlichen Gespräche in der ›Iran-Contra-Affäre‹ zwischen Iranern und Amerikanern fanden in Deutschland statt, einige in Frankfurt am Main. Gewiss weiß die deutsche Regierung davon. Deutsche Firmen haben damals Waffen an Iran geliefert und Waffenfabriken ausgestattet. Der bis

heute nicht geklärte Fall Barschel spielt hinein. Uwe Barschel war sicherlich an solchen Waffengeschäften beteiligt.«

»Ein Papier als Beleg habe ich nicht. Aber es gibt Hinweise, dass er Waffengeschäfte mit Iran vermittelte.«

In der ZDF-Sendung »Kennzeichen D« wurde am 18. September 1996 ein Interview mit Bani-Sadr gesendet, in dem es hieß:

Drehscheibe Deutschland, selbst den rätselhaften Tod des CDU-Politikers Uwe Barschel wollen Bani-Sadr und seine Quellen erklären können. Barschel habe in Waffendeals mit dem Iran getrickst.

Bani-Sadr: »Er war ein Vermittler [...]. Es wird gesagt, dass Barschel mit Enthüllungen eine Erpressung ausüben wollte. [...] Seitens des Iran hieß es, Barschel wollte erpressen. Aber inwiefern, ist mir nicht bekannt.«

Dies alles fand in einer Zeit statt, als der ehemalige iranische Staatspräsident Bani-Sadr als Zeuge im »Mykonos«-Prozess vor dem Kammergericht in Berlin mehrfach vernommen worden war. Die dpa dokumentiert das »Mykonos«-Attentat wie folgt:

17. September 1992: Zwei schwer bewaffnete Männer stürmen in das Berliner Lokal »Mykonos« und ermorden den Generalsekretär der demokratischen kurdischen Partei im Iran (und drei weitere Personen).

17. Mai 1993: Die Bundesanwaltschaft erhebt Anklage gegen einen Iraner und vier Libanesen, die kurz nach dem Anschlag festgenommen wurden. [...]

22. August 1996: Auf Antrag der Nebenklage und der Bundesanwaltschaft wird der ehemalige iranische Staatspräsident Abolhassan Bani-Sadr als Zeuge vernommen. Er beschuldigt die iranische Staatsspitze, das Attentat angeordnet zu haben.

Weiter machte Bani-Sadr einen Zeugen namhaft, mit dessen Hilfe die Täter überführt wurden – ein Indiz dafür, dass er nach wie vor beste Verbindungen in den Iran hatte. Mit den Vertretern der Bundesanwaltschaft, die den »Mykonos«-Prozess in Berlin führten, erörterten wir die

Glaubwürdigkeit von Bani-Sadr. Die Bundesanwaltschaft klärte die Bereitschaft Bani-Sadrs ab, auch im Barschel-Verfahren als Zeuge auszusagen. Er war grundsätzlich zu einer zeugenschaftlichen Vernehmung bereit und wollte lediglich in Frankreich ein Vorgespräch führen. Ein entsprechendes Rechtshilfeersuchen wurde am 14. November 1996 auf den Weg gebracht.

Besondere Aufmerksamkeit war von Anfang an dem Zeugen Josef Messerer gewidmet, der im April 1995 nachvernommen wurde und ausführliche Angaben machte, die aber letztendlich aufgrund einiger doch besonders übertriebener und mit den Tatsachen nicht übereinstimmender Details nicht als tatrelevant angesehen wurden.

Das ominöse Whiskyfläschchen

Dass Messerer mit Waffenhandel zu tun hatte, dass er einen nachrichtendienstlichen Hintergrund hatte und dass er sich kurz vor dem Tode Uwe Barschels geschäftlich in Genf aufhielt, galt als gesichert. Sein Hinweis, dass der Whisky in Barschels Zimmer im Hotel präpariert worden war, sollte vorsorglich überprüft werden.

Der entsprechende Auftrag wurde an die Lübecker Rechtsmedizin vergeben. Immerhin war dieses Whiskyfläschchen zu diesem Zeitpunkt insofern ein markantes Beweismittel, als davon auszugehen war, dass jemand es mit Wasser ausgespült hatte. Dieses Ergebnis der Schweizer Untersuchungen konnte bislang nicht ausreichend interpretiert werden. Eines war jedoch klar: Bei einem Selbstmörder hätte ein solches Verhalten keinen Sinn ergeben. Mag die Beseitigung von etwaigen Tablettenverpackungen noch sinnvoll erscheinen, um eine erfolgreiche Reanimation zu verhindern, machte dies bei dem Whiskyfläschchen keinen Sinn: Die Identifizierung eines in dem Fläschchen befindlichen Mittels war kurzfristig nicht möglich, da sie eine chemische Analyse vorausgesetzt hätte. Zu diesem Zeitpunkt wäre ein Selbstmörder aber längst im Jenseits gewesen.

Also deutete alles darauf hin, dass der oder die Mörder das Fläschchen ausgespült hatten, um Spuren zu beseitigen, wozu auch das Verschwinden der Beaujolaisflasche passte.

Das leere Whiskyfläschchen wurde in der Rechtsmedizin mit Methanol etwa fünf Minuten lang im Ultraschallbad gespült und die dabei gewonnene Lösung in vier Portionen aufgeteilt und untersucht. Abgesucht wurde der Inhalt auf die Wirkstoffe, die im Körper Uwe Barschels festgestellt worden waren. So wurde der Wirkstoff Diphenhydramin nachgewiesen. Staatsanwalt Sela, Staatsanwalt Kruse und ich ließen uns dies anhand des Gaschromatogramms demonstrieren und waren von dem Ergebnis nachhaltig beeindruckt.

Eine gaschromatografische Analyse in der Schweiz hatte kein entsprechendes Ergebnis gezeigt, wobei möglicherweise das Gerät für diese Untersuchungen in Lübeck auf einem neueren technischen Stand war. Es galt, diese Ergebnisse, die am 30. Oktober 1996 erzielt wurden, zu bewerten, zu gewichten und im Zusammenhang mit anderen Spuren zu diskutieren.

Auch ging es darum, die toxikologischen Werte und Ergebnisse der Schweizer Obduktion und der nachfolgenden Analysen, der Hamburger Nachobduktion sowie der Untersuchungen der Münchner Rechtsmedizin zusammenzuführen. Dabei war zu berücksichtigen, dass das scheinbar singuläre Ergebnis und die daraus resultierende für einen Mord sprechende Interpretation von Professor Brandenberger nicht so allein stand, wie es schien. Die Illustrierte *Stern* hatte in der Vergangenheit einen großen Artikel über die Tötungsmethoden der Stasi gebracht und dazu einen namentlich nicht genannten Toxikologen aus den ehemaligen Stasi-Reihen als Kronzeugen herangezogen. Dieser Experte bewertete die vorliegenden Analysen und Ergebnisse autonom und neigte doch sehr deutlich zu dem Ergebnis von Brandenberger.

Dies war Grund genug, mit dem Schweizer Experten und Senior der Gutachterriege eine ausführliche Befragung durchzuführen. Diese Anhörung erfolgte bereits am 14. Mai 1996 in Lübeck und führte zu einer weiteren schriftlichen Erläuterung, zu Diskussionen mit dem örtlichen

Sachverständigen, dem Toxikologen der Lübecker Rechtsmedizin Dr. Arthur Reiter, der dann später das eben dargestellte bemerkenswerte Ergebnis aus dem Whiskyfläschchen erzielen sollte, sowie zu einer Korrespondenz mit dem Sachverständigen Professor Ludwig von Meyer in München.

All das bestärkte uns in der Überzeugung, dass ein »Runder Tisch« der toxikologischen Sachverständigen die verschiedenen wissenschaftlichen Standpunkte abklären sollte. Es war für uns schlechterdings nicht möglich, im Gespräch mit nur einem Sachverständigen – und sei es in Anwesenheit des Lübecker Toxikologen Dr. Reiter – dessen Position so kritisch zu hinterfragen, dass wir zu einem eigenen Urteil hätten gelangen können.

»Kein Kommentar«

Auch die Medien ließen nicht locker. Erneut meldete sich Klaus Wiendl von *Report München,* dem ich aber deutlich machte, dass alles, was er von mir erwarten könne, ein kurzer O-Ton wäre. Darüber hinaus würde ich keine Fragen beantworten. Nachdem das geklärt war, stand ich seinem Team kurz zur Verfügung. Dann stellte der Reporter Werner Kalinka doch noch zwei Fragen: Ob ich mich vom BND ausreichend unterstützt fühlte. Meine Antwort: »Das wird zu gegebener Zeit noch einmal kritisch zu prüfen sein.«

Kalinka: »Sie können also zur Stunde noch kein endgültiges Urteil über die Qualität der Informationen abgeben?«

Antwort: »Kein Kommentar.«

Diese an sich völlig belanglose Äußerung führte natürlich schon wieder zu Verwerfungen. Interessant war, dass am Sendeabend im Dezember 1996 der *Spiegel*-Journalist Hans Leyendecker anrief, und zwar nicht bei mir, der ich für Presse zuständig war, sondern bei Staatsanwalt Sela, der sich in Pressesachen ohnehin nicht äußern durfte. Die Frage, die Leyendecker ihm stellte, war auch gar keine: »Wollt ihr etwa eine neue Front gegenüber dem BND aufmachen?« Die Zahl der Journalisten überregionaler Medien, bei denen wir die Möglichkeit eines nachrichtendienstlichen Hintergrunds in Betracht ziehen mussten, schien sich zu vergrößern.

Signifikant war die Reaktion von Hansjörg Geiger, mit dem wir schon in seiner Zeit als Stellvertreter der Gauck-Behörde eine so denkwürdige Begegnung gehabt hatten und der inzwischen zum BND-Präsidenten aufgestiegen war. Er schrieb an den Generalstaatsanwalt einen Brief eigener Art und Güte. Darin drückte er sein »Befremden und Unverständnis« aus, dass ich »den Bundesnachrichtendienst in der Vergangenheit schon mehrfach kritisiert« hätte, und schloss mit dem Satz: »Ich bitte Sie deshalb sicherzustellen, dass derart unsubstantiierte Vorwürfe nicht wiederholt werden und dass Herr Wille den tatsächlichen Sachverhalt schriftlich klarstellt.«

Dieses Schreiben vom 19. Dezember 1996 übersandte mir der Stellvertreter des Generalstaatsanwalts am 27. Dezember mit der Aufforderung, eine schriftliche Klarstellung zu verfassen, den Entwurf dieser Klarstellung ihm zuzuleiten und dann entsprechend dem Präsidenten des BND zu schreiben. In einem späteren Text verlangte er noch ein »entschuldigendes Schreiben«.

In der Zwischenzeit war Generalbundesanwalt Kay Nehm zu einem privaten Besuch in Schleswig gewesen und hatte sich bei dieser Gelegenheit von Generalstaatsanwalt Ostendorf über den Stand der Ermittlungen zum Tod von Uwe Barschel informieren lassen. Die *Lübecker Nachrichten* berichteten zwar, dass zu dieser Unterredung »auch der Lübecker Leitende Oberstaatsanwalt Heinrich Wille gebeten war«; das entsprach aber nicht den Tatsachen. Die Herren wollten ganz offensichtlich ungestört bleiben.

Klargestellt wurde in der Presse, dass der Generalbundesanwalt dieses Verfahren nicht übernehmen würde. Das entsprach auch seiner zurückhaltenden Position in der Vergangenheit. Für mich war es von vornherein unverständlich und ist es bis heute geblieben, warum der Generalbundesanwalt diesen Fall nicht an sich zog. Immerhin waren ihm die Tatsachen, die zur Annahme eines Anfangsverdachtes auf Mord führten, vollumfänglich bekannt. Und da der Antrag an den Bundesgerichtshof, einen entsprechenden Beschluss zu erlassen, der die Staatsanwaltschaft Lübeck zuständig machte, vom Generalbundesanwalt gestellt wurde, hätte eine Verfahrensübernahme bereits zu diesem Zeitpunkt nahegelegen. Der Mord an einem deutschen Ministerpräsidenten, begangen im Ausland unter ungeklärten Umständen – damit wollte sich Nehm wohl nicht die Finger verbrennen.

Die Situation zur Jahreswende sah in der Behörde – gelinde gesagt – nicht gerade rosig aus. Neben den Personalproblemen im Bereich der Amtsanwaltschaft wirkte sich nun auch bei den Staatsanwältinnen und Staatsanwälten die personelle Situation mehr und mehr negativ aus. Im Verlauf des Jahres waren zwei Kollegen aus Altersgründen ausgeschieden, zum Jahreswechsel sollte nur eine Stelle wiederbesetzt werden. Ende März würden zwei weitere Staatsanwälte ausscheiden, von denen einer bereits seit Längerem aus Krankheitsgründen dienstunfähig war. Ein weiterer Staatsanwalt wurde nach monatelanger Krankheit Ende November 1996 mit amtsärztlichem Attest nur noch als zu 50 Prozent teildienstfähig eingestuft. Doch die Tatsache der einmalig hohen Überbelastung der Lübecker Behörde spielte in den Diskussionen keine Rolle.

Problematisch war auch die Belastung in der EG Genf. Einen besonders herben Verlust bedeutete die schwere Erkrankung der Leiterin der Ermittlungsgruppe; möglicherweise würde sie zukünftig nicht mehr zur Verfügung stehen. Auch gab es immer wieder Situationen, bei denen die Beamten für andere Aufgaben eingesetzt werden mussten.

Für das Verfahren selbst war die Schwerfälligkeit der Rechtshilfe besonders problematisch. Ein Rechtshilfeersuchen nach Frankreich in Sachen des Zeugen Bani-Sadr lag beim Generalstaatsanwalt bereits seit einem Monat und wurde nicht weitergeleitet. Die Kommunikation mit Behörden in den USA war zeitraubend.

Während ich hinsichtlich der Besetzung der EG Genf insgesamt noch optimistisch in die Zukunft blickte, war dieses bei der personellen Besetzung der Staatsanwaltschaft nicht der Fall. Zu deutlich waren die

Signale. Im Januar 1997 erhielt ich Kenntnis davon, dass die Unterbesetzung der Lübecker Amtsanwaltschaft landesweit einmalig war, die anderen Behörden hatten solche Probleme offenbar nicht.

Der General zieht das Ermittlungsverfahren an sich

Anfang Januar 1997 bekam ich die »Einladung« des Generalstaatsanwalts zu einem Grundsatzgespräch. Diese Besprechung sollte am 21. Januar nachmittags stattfinden. Er rief mich an und bat mich in durchaus freundschaftlichem und kollegialem Ton zu einem Gesprächstermin nach Schleswig. Bei dem Gespräch sollte es um grundsätzliche Erörterungen des Verfahrens gehen, es sollte sich nicht mit Details der Ermittlungen aufhalten, ich sollte daher ohne Begleitung des Dezernenten erscheinen. Ich will nicht verhehlen, dass es immer noch Reste von Optimismus in mir gab, unser Verhältnis könne sich noch wandeln. Hierin sollte ich mich allerdings gründlich getäuscht haben.

Es sollte sich also um ein »Spitzengespräch« handeln, ohne dass mir ein Grund hierfür mitgeteilt worden war. Ich ging davon aus, dass die unterschiedlichen Auffassungen zwischen mir und dem Generalstaatsanwalt erörtert würden.

Meine Hoffnung, das Gespräch werde unter vier Augen stattfinden, erfüllte sich nicht. Wie fast immer war Ostendorfs Stellvertreter Henning Lorenzen zugegen. Zu meiner Überraschung begann die Erörterung auch nicht als Grundsatzgespräch, sondern es ging sogleich und über die Hälfte der Gesprächszeit ausschließlich um eine Frage: den Beschwerdebrief des BND-Präsidenten wegen meines Interviews. Eine kritische Nachfrage, ob denn der Beschwerdebrief in Anbetracht meiner doch recht zurückhaltenden Äußerungen überhaupt angemessen sei, fand nicht statt. Zudem waren meine beiden Gesprächspartner schlecht vorbereitet. Zum Beleg dafür, dass ich in jüngerer Zeit häufiger kritische Äußerungen über den BND von mir gegeben hätte, wurden mir ausgerechnet Zitate aus der Zeit Ende 1994/Anfang 1995 vorgehalten, die sich fast wörtlich mit entsprechenden Äußerungen des damaligen Justizministers deckten. Doch den Dissens konnte ich nicht ausräumen.

In meinem ausführlichen Bericht zu dem Geiger-Brief, den ich Anfang des Monats dem Generalstaatsanwalt zugeleitet hatte, hatte ich immerhin meine Bereitschaft erklärt, ein klarstellendes Schreiben zu verfassen, allerdings: »Gegen Formulierungen, die den Anschein erwecken könnten, die Intervention des BND-Präsidenten würde die Entscheidungsfreiheit des Unterzeichners nachhaltig beeinflussen und damit auch die Ermittlungen tangieren, hätte ich durchgreifende Bedenken.«

Anschließend kam man zum eigentlichen Kern der Unterredung: die Erörterung des Barschel-Verfahrens in der Sache. Zu meiner (immer noch möglichen) Überraschung war dies kein Spitzengespräch, bei dem Argumente ausgetauscht wurden oder auch nur am Rande eine Rolle spielten. Nach einem Wortwechsel über Gutachterprobleme im Zusammenhang mit dem Badewannenvorleger und Barschels Schuhen stellte sich heraus, welches der eigentliche Zweck dieser Zusammenkunft war: Mir wurde verkündet, ich hätte das Ermittlungsverfahren innerhalb einer Frist von drei Monaten einzustellen. Innerhalb dieser Frist müsse die Einstellungsverfügung darüber hinaus auch mit der Behörde des Generalstaatsanwalts abgestimmt sein. Für den Fall, dass ich mit dieser Verfahrensweise nicht einverstanden sei, werde der Generalstaatsanwalt das Verfahren sofort an sich ziehen.

Mir war natürlich klar, dass dieses Ansinnen des Generalstaatsanwalts sachlich nicht gerechtfertigt war und von mir nicht akzeptiert werden konnte. Die noch erforderlichen Ermittlungen abzubrechen, wäre ein grober Kunstfehler gewesen und war daher für mich indiskutabel. Es gelang mir, meine spontane Reaktion zu unterdrücken und den Generalstaatsanwalt um einen Tag Bedenkzeit zu bitten, um mit den Dezernenten die Angelegenheit erörtern zu können. Es sei ja auch eine alte Regel, vor schwierigen Entscheidungen »eine Nacht darüber zu schlafen«.

Das wurde mir gewährt. Am Abend traf ich den Generalstaatsanwalt auf dem Neujahrsempfang der schleswig-holsteinischen SPD in der

»Traumfabrik« in Kiel. Zu diesem Zeitpunkt gab er sich wohl noch der Illusion hin, ich würde seinen Vorschlag akzeptieren. Dies war für sehr lange Zeit das letzte Mal, dass er mir gegenüber freundlich war.

Ich hatte also Zeit bis um 16 Uhr am Folgetag, dem 22. Januar, mich gegenüber dem Generalstaatsanwalt zu äußern. Meine schriftliche Stellungnahme faxte ich um 15.45 Uhr nach Schleswig. Darin ersuchte ich um eine Verlängerung der vorgesehenen drei Monate und wies auf einige Ermittlungen hin, die noch zu führen seien: Vernehmung des früheren iranischen Staatspräsidenten Bani-Sadr sowie des Agenten bzw. Privatdetektivs Werner Mauss und insbesondere eine abschließende fachliche Besprechung der rechtsmedizinischen Erkenntnisse. Ich machte den Generalstaatsanwalt darauf aufmerksam, dass er selbst noch im Vormonat eine solche fachliche Erörterung angeregt hatte.

Wenige Minuten später rief mich Ostendorf an und machte mir folgende Mitteilung: Der jetzt von ihm übermittelte Auftrag sei trotz der fehlenden Schriftform uneingeschränkt rechtsgültig. Er ziehe das Ermittlungsverfahren gemäß § 145 Gerichtsverfassungsgesetz mit sofortiger Wirkung an sich, der Staatsanwaltschaft Lübeck sei mit sofortiger Wirkung jede weitere Ermittlungstätigkeit untersagt. Eine irgendwie geartete Information der Öffentlichkeit dürfe auf keinen Fall erfolgen – dies wurde dreimal ausdrücklich wiederholt.

Unmittelbar im Anschluss an dieses Gespräch teilte ich Ostendorfs Diktum sowohl Staatsanwalt Sönke Sela als auch meinem Stellvertreter Oberstaatsanwalt Klaus-Dieter Schultz mit. Staatsanwalt Sela sagte ich, er solle doch die Akten schon versandfertig vorbereiten.

Am Morgen des 23. Januar unterrichtete ich Polizeichef Winfred Tabarelli von der Entwicklung und wies ihn darauf hin, dass ich für das Ermittlungsverfahren nicht mehr zuständig sei. Die Folgerungen für die Kriminalbeamten in der EG Genf könne ich noch nicht übersehen. Ich sagte zu, ihn zu informieren, sobald ich mehr wisse. Wir kamen überein, dass der Polizeichef von sich aus keine Initiative ergreifen werde, sondern abwarte, welche Entscheidung ihn auf dem Dienstweg erreichen würde.

Der Rückzieher

Im Laufe des Tages versuchte ich meinerseits nicht, die Angelegenheit weiter voranzutreiben, da ich indirekt durch Anfragen von Journalisten erfuhr, dass der Staatssekretär und der Generalstaatsanwalt dem Innen- und Rechtsausschuss die Angelegenheit vorgetragen hätten.

Gegen 17 Uhr rief mich Minister Gerd Walter persönlich zu Hause an und las mir den Wortlaut der Presseerklärung vor, die er gerade verfasst hatte:

Justizministerium zum Ermittlungsverfahren in Sachen Dr. Barschel. – Auf Bitten des Justizministers stellt der Generalstaatsanwalt seine Absicht, das Ermittlungsverfahren wegen Verdachts des Mordes an dem früheren Ministerpräsidenten Dr. Barschel an sich zu ziehen, bis zur Vorlage eines ausführlichen Berichtes über den Stand der Ermittlungen in ca. zwei Monaten zurück. Diese Entscheidung wurde heute in einem Gespräch des Generalstaatsanwaltes mit dem Justizminister gemeinsam getroffen.

Als der Justizminister bei dem Textteil angelangt war, »stellt der Generalstaatsanwalt seine Absicht, das Ermittlungsverfahren [...] an sich zu ziehen«, hatte ich den Minister spontan mit den Worten unterbrochen: »Aber er hat doch!« Der Minister bat mich, ihn nicht zu unterbrechen, und las den Text zu Ende vor. Ich äußerte die Bitte, die Erklärung zugefaxt zu bekommen. Bei dem Gespräch brachte der Minister noch zum Ausdruck, dass ihm die Modalitäten des Berichts im Einzelnen noch nicht klar wären, diese müsste wohl der Generalstaatsanwalt mit unserer Beteiligung erstellen.

Ich unterrichtete dann die Beamten der EG Genf von der aktuellen Sachlage und insbesondere davon, dass formal das Ermittlungsverfahren der Staatsanwaltschaft Lübeck noch immer entzogen sei. Erst am 27. Januar erreichte die Staatsanwaltschaft ein Telefax von der Behörde des Generalstaatsanwalts. Darin stand: »1.) Die erteilte Weisung, keinerlei Ermittlungen mehr zu führen, ist aufgehoben. 2.) Die in demselben Ferngespräch erfolgte Ankündigung einer Verfahrensübernahme

(§ 145 GVG) ist – durch die weitere Entwicklung – gegenstandslos geworden.«

Bei dem kurzen Gespräch mit Minister Walter sagte er einen Satz, der mich sehr gefreut hat. Nur beiläufig und mit einer gewissen Wut, die unverkennbar war, sagte er: »Und du hast ja auch deine Bataillone mobilisiert.« Ganz offensichtlich hatten ihn aus den Reihen der SPD Anrufe erreicht, die gegen die Verfahrensweise, über die bereits im Rundfunk berichtet worden war, protestiert hatten. Und offenbar hatten diese Anrufe ihren Eindruck auf Gerd Walter nicht verfehlt.

Die Formulierung »Bataillone« spricht dafür, dass es nicht nur einzelne Proteste gewesen sind. Die Vermutung des Ministers fand sich auch in der Landespresse wieder. Im *Flensburger Tageblatt* schrieb Thomas Schunck: »Der Sieger heißt einstweilen Heinrich Wille, der seine SPD-Mannschaft erfolgreich aufs Feld geschickt hat.« Der Kommentator wies allerdings darauf hin, dass erst eine Halbzeit gespielt sei.

Als Sieger fühlte ich mich weiß Gott nicht. Mir war klar, dass es nur ein Etappensieg war – um bei diesem Begriff zu bleiben. Wenn es denn einen Sieger gab, war dies der Rechtsstaat.

Auch aus anderen Gründen fühlte ich mich nicht als Sieger: In derselben Sendung des Regionalfernsehens, in der über den »Versuch« des Generalstaatsanwalts berichtet wurde, mir das Verfahren zu entziehen, gab es noch zwei weitere Beiträge, die die Staatsanwaltschaft Lübeck betrafen: Zum einen wurde über das endgültige »Aus« des Opferschutzprojektes berichtet. Zum anderen über eine groß angelegte Aktion von Greenpeace, den Transport von Castor-Behältern aus dem Kernkraftwerk Krümmel zu verhindern. Greenpeace-Leute hatten einen großen Metallcontainer an die Schienen geschweißt und sich an den Container angekettet. Auch dies würde wieder ein aufwendiges und arbeitsintensives Ermittlungsverfahren der Staatsanwaltschaft Lübeck werden.

Der Minister hatte durch seine außerordentlich schnelle Reaktion das Steuer umgelegt und den Weg für weitere Recherchen eröffnet. Ärgerlich war, dass die Fehlentscheidung des Generalstaatsanwalts in den Medien natürlich mit angeblichen »handwerklichen Fehlern« der

Staatsanwaltschaft Lübeck begründet wurde. Ärgerlich waren natürlich auch andere Falschmeldungen, wie die von Ulrich Semler im NDR, es gebe eine »10-köpfige Sonderkommission von Staatsanwälten«.

Die Diskriminierung der Staatsanwaltschaft Lübeck sowie der kriminalistischen Tätigkeit der EG Genf als handwerklich unzureichend war die unerfreulichste Folge dieses »Etappensieges«. Mit den Nachwirkungen für das Ansehen des Ministers Gerd Walter, des Staatssekretärs Wulf Jöhnk und des Generalstaatsanwaltes Heribert Ostendorf sollten wir in der Folgezeit auch erhebliche Probleme haben. Immerhin musste der Generalstaatsanwalt in dem spektakulärsten Verfahren, das es in seiner ganzen Dienstzeit gegeben hat, eine bereits getroffene wichtige Entscheidung rückgängig machen. Dass er tatsächlich das Verfahren mündlich an sich gezogen hatte, bestätigte Gerd Walter dann jedenfalls in der Landtagsdebatte. Diese Debatte war natürlich die Stunde der Opposition. Der heimliche Oppositionsführer Wolfgang Kubicki, Fraktionsvorsitzender der FDP, brachte es auf den Punkt:

Der Justizminister [...] hat politisch klug reagiert. Er hat den Generalstaatsanwalt angewiesen, wenn auch gekleidet in die wohlklingende Formulierung »auf meine Bitte«, von seinem Vorhaben Abstand zu nehmen. Er hat damit dokumentiert, dass er den Generalstaatsanwalt für unfähig hält, eine sachgerechte Entscheidung zu treffen und in angemessener Zeit zu begründen [...]. Ein Generalstaatsanwalt, der eine so weitreichende Entscheidung erstmals in seinem Berufsleben in einem derart emotionsgeladenen und medial begleiteten Verfahren trifft und der diese Entscheidung seinem Minister nicht binnen 30 Minuten oder einer Stunde plausibel klarmachen kann, ist in seinem Amt nicht mehr tragbar. Er hat es zu verantworten, dass in der Staatsanwaltschaft aus der Suche nach der Wahrheit im Todesfall Barschel, auf die wir alle einen Anspruch haben, ein Kleinkrieg um Personen, Berichte und Gesichtsverlust geworden ist, der personell und sachlich mehr Kräfte benützt, als im Ermittlungsverfahren im Todesfall Barschel je zur Sachaufklärung zur Verfügung standen. Wer soll der Schleswig-Holsteinischen Staatsanwaltschaft insgesamt noch trauen? Es gilt, diesen Schaden schnellstmöglich zu beheben und durch zähes Dahintröpfeln nicht weiter zu intensivieren. [...] Es ist nicht nur [...] die politische Instinktlosigkeit, sondern es ist der professionelle Dilettantismus, der einen erschrecken muss.

Dass das Todesermittlungsverfahren Uwe Barschel, für das neben der Staatsanwaltschaft Lübeck auch die Generalstaatsanwaltschaft den Anfangsverdacht eines Mordes bejaht, umfassend [...] ausermittelt werden muss, versteht sich von selbst. Nur so kann der Legendenbildung und einer weiteren Ausuferung durch Spekulationen begegnet werden. Dass es hierbei keinerlei Einflussnahme durch die politische Spitze oder auch politisch motivierte Beamte geben darf, versteht sich von selbst [...]. Fürs Erste aber bleibt festzustellen: Alle beschädigt – die Ministerpräsidentin, der Justizminister, der Generalstaatsanwalt und die Staatsanwaltschaft Lübeck. Wie hier jemals noch vertrauensvolle Zusammenarbeit entwickelt werden kann, muss sich zeigen. Dass die handelnden Personen allesamt führende Repräsentanten der sozialdemokratischen Partei Schleswig-Holsteins sind, ist offensichtlich keine Gewähr dafür, dass vernünftig miteinander umgegangen wird.

Das *Hamburger Abendblatt* stellte die Frage: »Barschel: Muss der Generalstaatsanwalt gehen? [...] In Justizkreisen wird bereits darüber spekuliert, ob der ›General‹ nach diesem Gesichtsverlust noch im Amt bleiben kann.«

Unterstützung erhielt der Generalstaatsanwalt vom Schleswig-Holsteinischen Richterverband. Dessen Vorsitzender Geert Mackenroth, später Justizminister in Sachsen, erklärte, nicht nur der Minister habe pflichtgemäß gehandelt, auch der Generalstaatsanwalt, der darauf zu achten habe, dass in keinem Verfahren Ressourcen verschwendet würden. Für irgendwelche Rücktrittsforderungen gebe es deshalb keinen Grund. Einmal mehr demonstrierte hier der konservative Richterverband, in dem die meisten Richter und Staatsanwälte organisiert sind, dass er in erster Linie Interessenvertretung der höchsten Mandatsträger der Justiz ist. Einen Kontakt mit mir, geschweige denn mit den beiden Staatsanwälten Sela und Kruse hatte es nicht gegeben.

Durch die Aktion des Generalstaatsanwalts war auch das Ansehen des Staatssekretärs beschädigt und seine Stellung im Justizministerium geschwächt. Ihm hatte Ostendorf rechtzeitig vor dem Gespräch mit mir die Sache vorgetragen und volle Rückendeckung erhalten: »Das ist ganz in meinem Sinne.« Bereits nach der Unterrichtung des Innen- und Rechtsausschusses durch den Minister wurde dies auch öffentlich. In der *Schleswig-Holsteinischen Landeszeitung* vom 24. Januar 1997 berichtete Erich Maletzke: »Nach einem Gespräch mit Ostendorf räumte Justizminister Gerd Walter (SPD) am Abend allerdings ein, dass es ein Gespräch zwischen Heribert Ostendorf und seinem Staatssekretär Jöhnk zu diesem Thema gegeben hat.« Und Diethart Goos schrieb in der *Welt:* »Noch bevor die Ministerpräsidentin am Donnerstag über diese neue Ermittlungslinie im Fall Barschel informiert wurde, unterrichtete Justizstaatssekretär Wulf Jöhnk vertraulich die Fachsprecher der Landtagsfraktionen. Gesprächsteilnehmer hatten den Eindruck, Jöhnk teile die Linie seines Generalstaatsanwalts.« *Der Spiegel* textete: »Der Kieler Justizstaatssekretär Wulf Jöhnk, ein ehemaliger Richter: Die Entscheidung (Ostendorfs) sei fachlich in Ordnung. Das Ministerium mische sich nicht ein. Den politischen Sturm, versprach Jöhnk, halten wir aus.«

Der Justiz- und Europaminister Gerd Walter hatte sich bisher stets auf seinen Staatssekretär verlassen und auch verlassen können. Dieses Vertrauen sah er nun ganz offenbar getäuscht. Vor laufender Kamera stellte Gerd Walter klar, dass er und Jöhnk in dieser Sache unterschiedlicher Meinung seien.

Gerd Walter trug für alles die politische Verantwortung. In seiner Landtagsrede betonte er: »Es muss klar sein: Was ermittelbar ist, muss ermittelt werden. Meine persönliche Kompassnadel sagt: Im Zweifel für Ermittlungen.« Schön wäre es gewesen, wenn man auch bei der Staatsanwaltschaft Lübeck in der Vergangenheit davon Nennenswertes hätte spüren können. Und noch besser wäre es, dachte ich, wenn man künftig auf die Verlässlichkeit dieser Kompassnadel vertrauen könnte.

Im Landtag stellte der Minister den Ablauf folgendermaßen dar:
Am Dienstag, den 21. Januar, hat der Generalstaatsanwalt Herrn Staatssekretär Jöhnk telefonisch davon unterrichtet, dass er in einem Gespräch mit dem Leitenden Oberstaatsanwalt Wille den Stand und den Fortgang des Ermittlungsverfahrens erörtert habe und erwäge, gegebenenfalls die Ermittlungen an sich zu ziehen. Am Mittwoch, den 22. Januar, hat der Generalstaatsanwalt Staatssekretär Jöhnk über seine Absicht unterrichtet, das Ermittlungsverfahren an sich zu ziehen. Am Nachmittag dieses 22. Januar hat Staatssekretär Jöhnk mich telefonisch in Bonn informiert [...]. Weiterhin äußerte Staatssekretär Jöhnk aus fachlicher Sicht Verständnis für die Absicht des Generalstaatsanwalts, das habe er auch gegenüber dem Generalstaatsanwalt zum Ausdruck gebracht. Ich habe mir die Entscheidung über die Bewertung durch das Justizministerium ausdrücklich vorbehalten [...]. Der Generalstaatsanwalt hatte am 23. Januar vor Mitgliedern des Innen- und Rechtsausschusses des Landtages berichtet. Staatssekretär Jöhnk hat bei dieser Gelegenheit darauf hingewiesen, die Überlegungen des Generalstaatsanwalts seien von diesem in eigener Zuständigkeit und ohne Einflussnahme des Ministeriums angestellt worden.

Also keine Rede davon, dass das Vorgehen bereits zuvor mit Staatssekretär Jöhnk ausdrücklich abgestimmt worden war. Es kam auch die Frage auf, ob der Staatssekretär dies dem Minister nicht pflichtgemäß mitgeteilt habe. Auf jeden Fall war es dem Minister gelungen, am elegantesten aus dieser Situation herauszukommen, was sicherlich auch mit seinem guten Ansehen bei der Landespresse und der Opposition zusammenhing.

Während Walter also vergleichsweise glimpflich davongekommen war, gingen die Kettenhunde der Landespressekonferenz ungebremst auf mich los: »Wille ermittelt seit zwei Jahren wegen Mordverdachts gegen Unbekannt, hat sich dabei aber nach Einschätzung von Insidern hoffnungslos verrannt« (Ludger Fertmann im *Hamburger Abendblatt*). »Und bisweilen hat man den Eindruck, Chefermittler Heinrich Wille stochert dabei mehr im Nebel herum, als dass er auch nur im Ansatz einen Anfangsverdacht für Mord hätte erhärten können. Im Gegenteil: Wille hat mehr durch öffentliche Spekulationen auf sich aufmerksam gemacht als durch seriöse Recherche« (Peter Höver in den *Kieler Nachrichten)*. »Hinter vorgehaltener Hand wird vor dem Hintergrund zahlreicher Reiseanträge aus Willes Büro überdies in höchsten Juristenkreisen gewitzelt, er habe den Fall Barschel als Weltreiseprogramm für Staatsanwälte entdeckt und als Thema, das ihn immer wieder ins Fernsehen bringt« (Thomas Schunck im *Flensburger Tageblatt)*.

Immerhin äußerte sich Rechtsanwalt Dr. Justus Warburg für die Familie Barschel in einer Presseerklärung vom 28. Januar 1997 offensiv: Er griff auch den Generalstaatsanwalt massiv direkt an, äußerte »die Besorgnis der Befangenheit Ostendorfs« und schrieb: »Die Anordnung Ostendorfs, das Ermittlungsverfahren innerhalb einer bestimmten Frist zum Abschluss zu bringen, zeigt, dass bei ihm kein ernsthaftes Interesse an der Aufklärung besteht. Es ist zu prüfen, ob Ostendorf schon zuvor versucht hat, die Ermittlungen zu beeinflussen.«

All das hat natürlich auch bei der Generalstaatsanwaltschaft in Schleswig Spuren hinterlassen. Die Journalistin Kerstin Kampe schrieb im *Hamburger Abendblatt:*

Fünf Tage lang hat Schleswig-Holsteins Generalstaatsanwalt Heribert Ostendorf über seinen Rücktritt nachgedacht. Grund war massive Kritik an seinem Vorgehen im Fall Barschel. Erst nach Gesprächen mit Frau, Freunden und Kollegen, die dafür waren, dass er bleibt, entschied Ostendorf sich gegen Rücktritt. Fast aus der Bahn geworfen hatte Ostendorf, dass er trotz vorheriger Rückendeckung aus dem Justizministerium von Ressortchef Gerd Walter öffentlich bei dem Versuch zurückgepfiffen wurde, den Lübecker Staatsanwälten den Fall Barschel zu entziehen. Ostendorf selbst erklärte gestern nur, er habe über einen Rücktritt nachgedacht, sich aber entschieden, weiterzumachen, wenn nichts gravierendes Neues passiert. Dies habe er auf einer kurzfristig einberufenen Personalversammlung seinen Mitarbeitern erklärt. Kritiker von Ostendorf sind der Ansicht, dass er damit erheblich an Autorität verloren hat. Er könne sich vor keinen Staatsanwalt mehr hinstellen und ihn anweisen, wenn er möglicherweise anschließend aus Kiel wieder zurückgepfiffen werde, sagte ein Staatsanwalt. Aus dem Kreis seiner Mitarbeiter dagegen verlautet, der oberste Ankläger des Landes habe nicht den Kopf hinhalten wollen für Fehler, die im Justizministerium verursacht worden sind.

Auch Ostendorfs Stellvertreter Henning Lorenzen sparte nicht mit Kritik an den Politikern: Wenn der Landtag die Entscheidung von Walter mit der Begründung billige, man dürfe nichts unter den Teppich kehren und auch diesen Eindruck nicht erwecken, dann trauten alle Parteien der Schleswiger Behörde offenbar strafbares Handeln zu. Der Oberstaatsanwalt über das Parlament: Es ist im Fall Barschel offenbar traumatisiert und handelt irrational.

Nach wie vor sind die Schleswiger Juristen davon überzeugt, dass sie aus fachlicher Sicht richtig gehandelt haben. Über die Ermittlungen des Lübecker Behördenleiters Heinrich Wille im Fall Barschel können sie nicht einmal mehr schmunzeln. So soll Wille auf der Spur eines Filmes sein, der die angebliche Hinrichtung Barschels zeigen soll. Auch berichten Juristen, die Lübecker hätten eine Theorie, nach der Barschel über seine Fußsohlen vergiftet worden sein könnte.

Das Rätsel der verfärbten Badematte

Wie nah die Formulierung von Henning Lorenzen an der Wahrheit war, konnten die Leser des *Hamburger Abendblatts* am 29. Januar 1997 noch nicht ahnen. Am 30. Januar erschien ein Artikel des *Stern*. In diesem haben einige Fakten, die Frau Kampe von den Schleswiger Juristen nur andeutungsweise mitgeteilt wurden – »Vergiftung über die Fußsohle« –, konkreten Niederschlag gefunden. Unter der Überschrift »Kriminalfall Barschel – der Stoff, der durch die Poren geht« berichteten die *Stern*-Autoren Leo Müller, Peter Sandmeyer und Rudolf Lambrecht ausführlich unter Beifügung von Fotos über die Fußsohlen-Spur: »Schleswig-Holsteins Generalstaatsanwalt wollte die Ermittler stoppen, als sie gerade neue Indizien für Mord entdeckten: Sie fanden in den Schuhen, auf der Badematte und im Handtuch ein Mittel für die Giftbeibringung.« Der Artikel beschreibt ausführlich den früheren Versuch der Genfer Ermittlungsbehörden, die Herkunft der Verschmutzungen an der Badematte zu erklären. Dann heißt es weiter:

1996, neun Jahre nach Barschels Tod, machten sich die Kriminalisten in Kiel erneut daran, das Rätsel der verfärbten Badematte zu lösen. Anders als ihre Schweizer Kollegen versuchten die deutschen Labortechniker jetzt, in langwieriger Detektivarbeit die chemische Beschaffenheit der Substanz, die sie 1996 vorfanden, zurückzurechnen auf die chemische Beschaffenheit, die sie vor neun Jahren gehabt haben muss. Das kriminalchemische Kunststück gelang offenbar. Die Wissenschaftler enttarnten an der Badematte Spuren, die das hochflüchtige Lösungsmittel DMSO (Dimethylsulfoxid) verursacht hat.

Salopp gesprochen handelt es sich um einen »Hautöffner«, ein Transfermittel, das Salben beigemischt wird, um den schnellen Transport der Heilstoffe unter die Haut zu ermöglichen. In der reinen Form, in der diese Substanz identifiziert wurde, ist sie nicht in Apotheken zu kaufen, sondern nur in der pharmazeutischen Produktion in Gebrauch.

Nach weiteren Beschreibungen folgt dann jedoch eine unzutreffende Schilderung:

Die Ermittler schließen aus dem Resultat der Laboruntersuchung: Uwe Barschel ist über die Haut seiner Füße – ein besonders empfänglicher Körperbereich – eine Substanz verabreicht worden. Vermutlich eines der Gifte, die in seinem Leichnam festgestellt wurden. Das wäre ein weiteres Indiz für Fremdeinwirkung – also Mord.

Worauf diese Spekulation beruhte, war für uns nicht nachvollziehbar. Alle Wirkstoffe, die zum Tod Uwe Barschels beigetragen hatten, waren schließlich im Magen nachgewiesen worden, sodass die hier beschriebene Wirkweise offensichtlich unzutreffend war. Interessant ist allerdings, dass die *Stern*-Journalisten uns auf Nachfrage mitteilten, dass sie die Bezeichnung des Lösungsmittels, das ihnen bis kurz vor Erscheinen des Artikels unbekannt war, von dem stellvertretenden Generalstaatsanwalt und Pressesprecher Henning Lorenzen persönlich erfahren hatten. Der Mitautor Leo Müller habe Henning Lorenzen angerufen und ihm so lange zugesetzt, bis er die Bezeichnung des Lösungsmittels Dimethylsulfoxid »herausgerückt« habe.

Der *Stern*-Artikel rief wieder Henning Lorenzen auf den Plan. In einer Presseerklärung vom 30. Januar 1997 betonte er: »Die Spuren auf der Badematte können [...] von dem Lösungsmittel DMSO herrühren, müssen es aber nicht. Ein Nachweis ist – entgegen den Behauptungen des *Sterns* – insoweit nicht erbracht. Der Gutachter hat auch eingeräumt, dass er kein Farbenspezialist ist.« Weiterhin seien ergänzende Gutachten in Auftrag gegeben.

Mich erreichte an diesem 30. Januar ein völlig entgeisterter Anruf einer Journalistin. Kristina Kayatz von SAT1 fragte mich, welche Art von Auseinandersetzung ich denn mit Herrn Lorenzen führe, da dieser ihr auf Nachfrage zu seiner Presseerklärung wütend einige Informationen entgegengeschleudert habe in einer Weise, wie sie es überhaupt noch nicht erlebt habe. Er habe unterstellt, dass der *Stern* von mir persönlich informiert worden sei, und es gebe insofern nur drei Möglichkeiten: Entweder habe der *Stern* falsch berichtet, oder aber »Wille habe bewusst die Unwahrheit gesagt« (nämlich gegenüber dem *Stern*) oder »Wille habe das Gutachten nicht verstanden«. In ähnlicher Weise äußerte sich Henning Lorenzen auch gegenüber Michael Legband von RTL und schließlich noch gegenüber der Journalistin Kerstin Kampe.

Anders als die beiden zuvor genannten Journalisten berichtete Frau Kampe auch über diese Äußerungen mit dem drastischen Zusatz, den Henning Lorenzen ihr gegenüber offenbar gebraucht hatte: »Entweder Wille hat das Gutachten nicht verstanden, oder er verbreitet falsche Erkenntnisse und verfolgt damit unseriöse Ziele.« Natürlich habe ich auf Rückfrage der Journalistin nichts gesagt, ihr Kommentar: »Wille wollte sich dazu nicht äußern.«

Ich wollte schon, ich durfte nur nicht. Rechtlich wäre eine Antwort auf diesen unsachlichen Angriff wohl zulässig gewesen. Faktisch schien es mir aber klüger, dem Sprechverbot Folge zu leisten.

Frau Kampes Artikel schloss mit dem gehässigen Kommentar: »Für Beobachter im Landeshaus kam die neue Mordtheorie nicht überraschend. In der vergangenen Woche hatten die Schleswiger Wille das Verfahren entziehen wollen. Und wann immer der Lübecker bisher unter Druck geraten war, tauchten wenige Tage später Schlagzeilen über ›neue und brisante Ermittlungsergebnisse‹ im Fall Barschel auf.«

Damit war für mich die Grenze des Zumutbaren deutlich überschritten. Ich hatte bisher vieles hingenommen, um keinerlei Vorwand zu liefern, das Verfahren der Staatsanwaltschaft Lübeck zu entziehen. Aber auf derart beleidigende und ehrabschneidende Äußerungen und falsche Tatsachenbehauptungen musste ich reagieren. Neben der Dienstaufsichtsbeschwerde bereitete ich vorsorglich eine Strafanzeige und einen Strafantrag vor. Doch meine Fantasie reichte nicht aus, das vorherzusehen, was bereits am nächsten Tage geschah.

Ringen um die Fortsetzung der Ermittlungen

Der »Kleinkrieg in der Justiz« und die »Mafia-Spur«

Am 27. Januar 1997 verfasste der Generalstaatsanwalt einen 15-seitigen Bericht mit einer ganzen Reihe von Anlagen, gerichtet an das Justizministerium, zu Händen Herrn Staatssekretär Wulf Jöhnk persönlich oder Vertreter im Amt. Dieser ausführliche Bericht war »VS-vertraulich« eingestuft, ohne dass die Verschlusssachenanweisung dabei befolgt worden wäre, die bestimmte exakte Formvorschriften vorsieht wie Kennzeichnung der einzelnen Seiten usw. Die nachlässige Art und Weise der VS-Einstufung wird dann auch gleich auf der zweiten Seite erläutert: »Die Einordnung des vorliegenden Berichts ohne Anlagen als Verschlusssache beruht nur darauf, dass dieser Bericht auch Informationen enthält aus mir erstatteten Berichten des Leitenden Oberstaatsanwalts in Lübeck, die von dem Leitenden Oberstaatsanwalt in Lübeck teilweise als Verschlusssache eingestuft worden sind.«

Mir selbst wurde dieser Bericht zunächst nicht offiziell zur Kenntnis gebracht, obwohl er sicherlich eine Reihe von Einschätzungen und Bewertungen des Generalstaatsanwaltes enthielt, die für künftige Gespräche auch für mich nicht ohne Belang gewesen wären. Dieser Bericht ist allerdings auch Bestandteil der Akte geworden, in der die disziplinarischen Vorermittlungen gegen mich geführt wurden, sodass er mir heute noch vorliegt. Ganz offenbar war zu dem Zeitpunkt, als der Bericht Gegenstand meiner Akte wurde, davon ausgegangen worden, dass eine vertrauliche Sachbehandlung deswegen nicht mehr erforderlich sei, weil der Bericht weitgehend öffentlich bekannt war, und zwar durch mehrere Publikationen in der Presse. Wie kam es dazu?

Am 31. Januar 1997 druckte das *Flensburger Tageblatt* und natürlich inhaltsgleich alle anderen Zeitungen des Schleswig-Holsteinischen Zeitungsverlages ausführliche Zitate aus diesem Bericht ab. Der Bericht war zu diesem Zeitpunkt, bei Redaktionsschluss des *Flensburger Tageblattes*, bereits im Justizministerium eingegangen, allerdings in einem verschlossenen Umschlag, der bis zum Zeitpunkt der Veröffentlichung in der Zeitung noch nicht geöffnet worden war. Daher kommt als Quelle für die SHZ-Berichte nur die Behörde des Generalstaatsanwaltes in Schleswig in Betracht. Die Ungeheuerlichkeit dieses Vorganges ist seinerzeit kaum ins öffentliche Bewusstsein gelangt.

Dem Vernehmen nach soll dieser Bericht in der Behörde des Generalstaatsanwalts allen Dezernenten förmlich zur Kenntnis gegeben worden sein, und diese sollen ihn abgezeichnet haben. Dies erklärt zum einen den guten, aber durchaus unvollständigen Erkenntnisstand, auf den die Journalistin Kerstin Kampe bei ihrer Befragung zugreifen konnte. Zum Zweiten erhöhte die breite Streuung die Zahl der Verdächtigen, die für die Indiskretion verantwortlich sein konnten.

Das später eingeleitete Ermittlungsverfahren ist vermutlich ergebnislos geblieben, wie es in solchen Fällen üblich ist. Der Ausgang ist jedenfalls der Staatsanwaltschaft Lübeck nicht mitgeteilt worden; ein anderer Ausgang wäre aber sicherlich nicht zu verheimlichen gewesen.

Dem Journalisten Thomas Schunck, der für die Veröffentlichung von Teilen des Berichts im *Flensburger Tageblatt* verantwortlich war, sind später allerdings doch Zweifel gekommen, ob die ausführliche Veröffentlichung wohl zu verantworten war. Es hat zwischen ihm und mir ein sehr eingehendes Gespräch über diese Sache gegeben. Einerseits war mir natürlich klar, dass Schunck niemals seinen Informanten preisgeben würde. Andererseits war mein Versuch einer Annäherung doch erfolgreich: Ich sagte ihm sinngemäß, dass aus meiner Sicht auszuschließen sei, dass ein untergeordneter oder unbedeutender Mitarbeiter oder eine Mitarbeiterin ihm diesen Bericht zugeleitet hätte, also kein Fahrer, keine Sekretärin, keine Verwaltungskraft der Geschäftsstelle, sondern dass es eine Person von einigem Format und Gewicht gewesen sein müsse. Diesen Schluss zöge ich vor allem aus der Tatsache, dass er den Bericht ohne Bedenken abgedruckt hätte. Es müsste also eine Person gewesen sein, auf deren Autorität er sich hätte verlassen können. Das hat Herr Schunck bejaht. Er hat mir darüber hinaus noch mitgeteilt, dass sein Informant ihn am Abend noch völlig aufgeregt angerufen und mitgeteilt hätte, dass ein bestimmter Teil des Textes nicht veröffentlicht werden dürfe.

Offenbar waren dem Informanten nachträglich Zweifel gekommen. Allerdings war der Text zu diesem Zeitpunkt bereits gedruckt.

Der interne Kompromiss

Am 4. Februar gab es im Justizministerium ein Gespräch, zu dem Minister Walter eingeladen hatte und an dem Staatssekretär Jöhnk, Generalstaatsanwalt Ostendorf und ich teilnahmen. Die Teilnehmer verständigten sich auf folgende Pressemitteilung:

Grundlage für die weitere Arbeit der Staatsanwaltschaft ist die gemeinsame Erklärung, auf die sich Minister Walter und Generalstaatsanwalt Ostendorf geeinigt haben. Der Generalstaatsanwalt wird in ca. 2 Monaten einen Bericht über den Stand der Ermittlungen vorlegen, der unter Mitwirkung der Lübecker Staatsanwaltschaft entsteht. Entscheidungen über den Fortgang der Ermittlungen werden im Lichte dieses Berichtes getroffen. Parallel zur Erstellung des Berichts werden die Ermittlungshandlungen durch die Staatsanwaltschaft Lübeck fortgesetzt.

Herabsetzende Bemerkungen gegenüber den ermittelnden Staatsanwälten sind unabhängig von fachlichen Differenzen unangebracht und nicht hinnehmbar. Der Leitende Oberstaatsanwalt Lorenzen nimmt seine Bemerkungen über den Leitenden Oberstaatsanwalt Wille und seine Ermittlungen mit dem Ausdruck des Bedauerns zurück.

Die Indiskretionen haben diesem und anderen Verfahren geschadet. Zur Feststellung der Ursachen werden von allen beteiligten Behörden dienstliche Untersuchungen durchgeführt.

> Der Leitende Oberstaatsanwalt Wille sieht damit seine Dienstauf-
> sichtsbeschwerde als gegenstandslos an und nimmt sie zurück.

Also hatte der Stellvertretende Generalstaatsanwalt sich quasi entschuldigt. Dies ließ er allerdings über Heribert Ostendorf vorbringen; zu einer direkten Entschuldigung mir gegenüber hat er sich nicht durchringen können. Einen Hinweis, dass der direkte Vorgesetzte unmittelbar auf die beleidigenden Äußerungen mit einer Rüge reagiert hätte, gibt es nicht. Es bedurfte also meiner Dienstaufsichtsbeschwerde, um wenigstens eine aus meiner Sicht halbherzige Reaktion zu provozieren. Die windelweiche gemeinsame Formulierung, dass »herabsetzende Bemerkungen […] unangebracht und nicht hinnehmbar« seien, war nur ein schwacher Abklatsch dessen, was erforderlich gewesen wäre. Gleichwohl war es das unter diesen Umständen optimal erreichbare Ergebnis, sodass ich von einer Strafanzeige Abstand nahm.

Die Landespresse hat in der Beleidigung eines Untergebenen durch den Vorgesetzten lediglich einen »Kleinkrieg in der Justiz« gesehen, so Arnold Petersen in den *Lübecker Nachrichten,* oder einen »Streit über Barschel-Ermittlungen«, so Carsten Maltzan in den SHZ-Blättern. Der Korrespondent der *Lübecker Nachrichten* in Kiel Arnold Petersen ging sogar noch weiter und schrieb: »Ostendorf und Wille vertragen sich«, die *Kieler Nachrichten* ließen durch Peter Höver verkünden: »Wille lenkt ein«, während das *Hamburger Abendblatt* durch Kerstin Kampe einen »Burgfrieden im Fall Barschel« erspähte.

Überregional wurden andere Akzente gesetzt: »Barschel: Es wird weiter ermittelt«, schrieb die *Bild-*Zeitung, und die *Frankfurter Allgemeine:* »Die Auseinandersetzung um den Fall Barschel geht weiter – eine Kampagne gegen Oberstaatsanwalt Wille.« Volker Zastrow schrieb in der *FAZ* am 9. Februar:

»Wille ist besonders verärgert über Veröffentlichungen in der Landespresse, die offenkundig auf einen Bericht der Generalstaatsanwaltschaft für das Justizministerium gründen. In diesem Bericht wird ein Überblick über die verschiedenen Spuren aus dem Geheimdienstmilieu und dem der Organisierten Kriminalität gegeben, denen Wille und seine Dezernenten nachgegangen sind. In manchen Landeszeitungen wurden diese vertraulichen Einzelheiten wenn nicht deutlich abwertend, so zumindest mit einem süffisanten Unterton präsentiert; dahinter stand offenbar die Absicht, Willes Arbeit der Lächerlichkeit preiszugeben. So hatten die Lübecker Staatsanwälte überprüft, ob ein deutsches Diätmargarineprodukt, dessen Name einen italienischen Zeugen in einem bestimmten Zusammenhang an die Lautfolge ›Barschel‹ erinnerte, zu dem angegebenen Zeitpunkt tatsächlich schon auf dem italienischen Markt vertrieben wurde. Dass das, wie sich herausstellte, nicht der Fall war, stellt die Glaubwürdigkeit des Zeugen infrage und müsste daher als ein Ausweis besonders gründlicher Ermittlungen bewertet werden. Doch in der Landespresse wurde es zum Teil so hingestellt, als hätten die Lübecker Staatsanwälte nichts Besseres zu tun, als sich mit Margarine zu beschäftigen. Dies erweckt im Zusammenhang mit Äußerungen führender sozialdemokratischer Landespolitiker den Eindruck einer gegen Wille gerichteten Kampagne – ein in Schleswig-Holstein mindestens seit dem Regierungsantritt Engholms vertrautes Muster ›politischer Kultur‹.«

In dieses Muster passt auch die Tatsache, dass der Schleswig-Holsteinische Zeitungsverlag den Lübecker Richter Wolfgang Neskovic in einem Gastbeitrag kritische Äußerungen nicht nur gegenüber dem Justizminister, sondern auch gegenüber der Staatsanwaltschaft Lübeck verteilen ließ. Neskovic wählte in diesem Zusammenhang den Begriff »Phantomjagd« und verstieg sich zu der Formulierung, »die Barschel-Ermittlungen der Lübecker Staatsanwaltschaft sind überwuchert von Mythen und Verschwörungstheorien …«, um dann Krokodilstränen über »eine Vielzahl anderer Ermittlungsverfahren« zu weinen, die unerledigt blieben wegen der beiden Staatsanwälte, die sich um das Barschel-Verfahren kümmern müssten. An sich ist es für Richter und Staatsanwälte erstes Gebot, sich öffentlich nur dann zu äußern, wenn sie über genügend sachliche Informationen verfügen; ganz zu schweigen von kollegialer Zurückhaltung. Die Tatsache, dass Wolfgang Neskovic zu der Zeit bereits seit Längerem offizieller Pressesprecher des Landgerichts war, machte die Sache nicht gerade besser.

Die nächste Spitze des Generalstaatsanwalts gegen die Staatsanwaltschaft Lübeck ließ nicht lange auf sich warten. Die notwendig gewordenen Ermittlungen im Zusammenhang mit dem Abdruck des VS-vertraulich eingestuften Berichtes des Generalstaatsanwalts setzte dieser auf eine Stufe mit ebenfalls von ihm eingeleiteten Ermittlungen wegen angeblicher »Indiskretionen« im *Stern*. Die Zeitschrift hatte Fotografien veröffentlicht, die angeblich aus den Ermittlungsakten stammten. Die zuständige Staatsanwaltschaft Flensburg wurde gebeten, ein Vorprüfungsverfahren wegen Verletzung von Dienstgeheimnissen nach § 353b StGB einzuleiten.

Es wurden hier also zwei verschiedene Sachverhalte zusammengekoppelt, die überhaupt nichts miteinander zu tun hatten und die auch ganz offenbar von völlig unterschiedlichem Gewicht waren. Der fast komplette Abdruck eines VS-vertraulichen Berichtes des Generalstaatsanwalts war ein ungeheuerlicher Vorgang, über den noch im Einzelnen zu schreiben sein wird, vor allem wegen seiner Auswirkungen auf verdeckte Ermittlungen und auf die Gefährdung von Menschen. Die Recherchen in dieser Sache konnten nur in eine Richtung gehen, sie mussten auf die Behörde des Generalstaatsanwalts zielen, denn nur aus dieser konnte der VS-Bericht lanciert worden sein.

Bei den Informationen des *Stern* mochte dies anders sein; theoretisch kam auch die Staatsanwaltschaft Lübeck als undichte Stelle in Betracht. Allerdings wurde nicht präzisiert, was denn hier eigentlich per Indiskretion mitgeteilt worden war. Die Ermittler hatten nicht einmal bemerkt, dass sämtliche Fotos bereits aus früheren Veröffentlichungen des *Stern* stammten. Um welche anderen Dienstgeheimnisse es sich handelte, wurde nicht näher erläutert; die Tatsache, dass der eigene Pressesprecher Lorenzen dem *Stern* den Namen des infrage stehenden Lösungsmittels DMSO/Dimethylsulfoxid mitgeteilt hatte, wurde nicht erwähnt. Die Informationen über die vorliegenden Gutachten, die ja offenbar recht unvollständig waren, wenn man nicht einmal den Namen des Mittels kannte, konnten schwerlich ein Dienstgeheimnis sein. Woher diese Informationen stammten, haben die *Stern*-Redakteure mir unter Berufung auf Informantenschutz nicht mitgeteilt. Aus der Ermittlungsgruppe oder überhaupt aus Lübeck konnten sie nicht stammen, zumal niemand ein Interesse hatte, sachliche Falschinformationen zu verbreiten. Im Übrigen war während der ganzen Zeit der Ermittlungen die EG Genf derart »dicht«, dass es mich als Behördenleiter nur freuen konnte und ich allein den Gedanken, der hinter dem Auftrag des Generalstaatsanwalts stand, für absurd hielt.

Eine andere Absurdität am Rande: Der Bericht des Generalstaatsanwalts war uns bis zu dem Zeitpunkt nur aus den SHZ-Zeitungen bekannt. Eine Anfrage von Hans Leyendecker vom *Spiegel,* ob er jetzt, da doch der Bericht ohnehin schon veröffentlicht sei, nicht von uns ein Exemplar erhalten könne, wurde natürlich zurückgewiesen.

Allerdings konnten wir uns den Hinweis nicht verkneifen, dass – selbst wenn wir es gewollt hätten – wir ihm diesen Bericht nicht zugänglich machen könnten, da er uns überhaupt nicht vorläge. Im Übrigen teilte Ostendorf persönlich dpa die Einleitung strafrechtlicher Ermittlungen wegen des Verrats von Dienstgeheimnissen mit. Lorenzen präzisierte: »Hintergrund des Vorprüfungsverfahrens, mit dem die Staatsanwaltschaft Flensburg betraut wurde, sind Beiträge des *Flensburger Tageblatts,* des Nachrichtenmagazins *Der Spiegel* und der Illustrierten *Stern.*«

Todesgefahr durch Indiskretion

Die Publikation im *Flensburger Tageblatt* war in der Tat ein einmaliges Ereignis, das für das Ermittlungsverfahren entscheidend werden sollte. Gab es bis zu diesem Zeitpunkt noch eine jedenfalls minimale Erfolgschance, war diese durch die massiven Indiskretionen zunichtegemacht worden. Was stand in dem Artikel?

Der Bericht unter der Überschrift »Die Spur zur Mafia« begann mit dem Satz: »Für die Spur zur Mafia ist der Zeuge Vincenzo E. verantwortlich.« Dieser kleine und unscheinbare Satz barg ungeheuren Sprengstoff in sich. Der Zeuge war Mitglied in einem inneren Kreis der Mafia. Die Nennung seines Vornamens und des Anfangsbuchstabens des Nachnamens war geeignet, ihn zu identifizieren. Das bedeutete für ihn selbst eine gesteigerte Gefährdung, was unmittelbare Todesgefahr hieß.

Das Bundeskriminalamt musste seinen Schutz mit erheblichem Aufwand verstärken. Zudem kamen dadurch Familienmitglieder und Personen aus dem näheren Umkreis des Zeugen in Lebensgefahr. Der Zeuge war in erster Linie von Bedeutung für ein Verfahren im süddeutschen Raum, in dem er wesentliche Aussagen zur Aufdeckung hochkrimineller mafiöser Strukturen gemacht hatte.

Darüber hinaus gerieten auch Mitarbeiter der Justiz in das Visier der Mafia. Der zuständige Staatsanwalt für das Verfahren in Süddeutschland erhielt eine schriftliche Todesdrohung. Wenig später auch Staatsanwalt Sela. Der Drohbrief an Sönke Sela hatte folgenden Wortlaut:

Wir wissen, dass Du über die neapolitanische Camorra Ermittlung führst mit Hilfe eines Bastards, den wir bald finden werden und den wir wie einen Hund abschlachten werden. So wie wir Dich gefunden haben, so werden wir auch [?] finden. Wir machen Dich darauf aufmerksam, dass wir alles über Dich wissen, und wenn Du weiterhin gegen uns ermittelst, werden wir Dich und Deine Familie in die Luft jagen!

ETROM

Die Unterschrift lautet rückwärtsgelesen »Morte« – Tod.

Die Experten des Landeskriminalamtes nahmen diese Drohung außerordentlich ernst; entsprechende Reaktionen auf höherer Ebene habe ich nicht feststellen können. Dies hätte wohl auch nicht zu der Grundeinstellung gepasst, die ich dort meinte erkannt zu haben. Wenn man die Todesdrohung ernst genommen hätte, hätte dies ja zugleich bedeutet, den Realitätsgehalt der Spur anzuerkennen. Das war wohl zu viel verlangt.

Selten habe ich meine Machtlosigkeit im Verlauf dieses Verfahrens schmerzlicher gespürt als in dieser Zeit. Ursprünglich war überhaupt nicht vorgesehen gewesen, die Klarnamen aus dieser Spur, ebenso wenig wie den Klarnamen aus der Spur Stoffberg, dem Generalstaatsanwalt mitzuteilen. Dies war sachlich und fachlich nicht erforderlich und widersprach der Grundregel, wonach bei verdeckten Ermittlungen so wenige Personen wie möglich die Identität von zu schützenden Zeugen kennen dürfen. Der Generalstaatsanwalt hatte allerdings persönlich die Anweisung erteilt, ihm die Namen mitzuteilen, mit dem ausdrücklichen Hinweis, dass auch seine Behörde Ermittlungsbehörde sei und er als Vorgesetzter daher ein Anrecht darauf habe. Zugleich sicherte mir Heribert Ostendorf zu, dass diese Namen nicht an das Justizministerium oder andere weitergeleitet werden würden, sodass ich meine Bedenken zurückstellte.

Damit war die Grundlage für die unverantwortliche Publikation interner Personendaten gelegt. Wie gesagt: Durch die Indiskretion eines ranghohen Mitarbeiters der Behörde des Generalstaatsanwalts war nicht nur das Verfahren beschädigt, sondern auch Menschen wurden in Lebensgefahr gebracht.

All das vor dem Hintergrund, die Staatsanwaltschaft Lübeck lächerlich zu machen. Das *Flensburger Tageblatt* machte sich über den Zeugen lustig, der »seine Erinnerung an Salatmayonnaise und Salatcreme mit dem Namen Batschel (in italienischer Mundart gesprochen) als Brücke zum Barschel-Fall benutzt hat, weil er an deren Namen so schön den angeblich mitgehörten Mordauftrag Barschel festmachen kann. Staatsanwaltlichen und kriminalpolizeilichen Recherchen allerdings«, so das Blatt weiter, »hat nicht einmal diese Gedächtniskrücke standgehalten: Die Mayonnaise dieser Marke hat es nach diesen Erkenntnissen zur von E. angegebenen Zeit auf dem italienischen Markt nicht gegeben, was – neben anderem – die Glaubwürdigkeit des Zeugen in den Augen der Generalstaatsanwaltschaft erheblich erschüttert.« Und weiter:

Vincenzo E., der mehrfach von Staatsanwälten vernommen wurde, will im Juli 1987 in einem Bonner Lokal gehört haben, wie ein Vertrauter Barschels einem führenden Camorra-Mitglied die Bitte vorgetragen hat, für die Beseitigung des damaligen Ministerpräsidenten zu sorgen. Dieser Mafioso soll überdies mit einer Frau zusammenleben, die zum Kreis der Freunde des Bundeskanzlers gehörte.

Dieser Satz führte zu einer Intervention von Helmut Kohl persönlich, der deshalb den Kieler Justizminister Gerd Walter anrief. Dem Vernehmen nach soll dieser Anruf den Justizminister durchaus beeindruckt haben.

Weiter hieß es im *Flensburger Tageblatt*:

Darüber hinaus habe es ein zweites Treffen mit Camorra-Mafiosi in einer Kölner Kneipe gegeben, bei dem es ebenfalls um den Barschel-Mordauftrag gegangen sein soll. Der Zeuge hat ausgesagt, von dem Barschel-Vertrauten, den er »Sekretär« nennt, gebe es ein Foto aus dem Jahre 1990. Es zeige den Mann zusammen mit dem Bonner Bürgermeister, einem österreichischen Minister und einem Politiker aus der Schweiz. Außerdem sollen einige sizilianische Mafiamitglieder in die Kamera gelacht haben. Dieses Bild will Vincenzo E. in den Haushalt einer Freundin nach Polen gebracht haben, wo es nach Erkenntnissen der Generalstaatsanwaltschaft in Umzugswirren offensichtlich verloren gegangen ist – als Beleg für E.s Geschichte also nicht zur Verfügung steht. An den Informationen des Zeugen aus Italien macht die Lübecker Staatsanwaltschaft nach Informationen unserer Zeitung die Vermutung fest, dass es sich bei dem »Sekretär« um den früheren Pressestaatssekretär in der Schleswig-Holsteinischen Landesregierung, Gerd Behnke, handeln könnte. Der Stellvertreter des »Sekretärs«, der im Mordkomplott ebenfalls eine Rolle spielen soll, könnte demzufolge der Ex-Medienreferent Barschels, Reiner Pfeiffer, sein, meint die Staatsanwaltschaft in Lübeck.

Auch hier zeigte sich die Unverantwortlichkeit der Indiskretion und letztlich auch des Zeitungsartikels. Ein früherer Staatssekretär und für ein Wirtschaftsunternehmen oder dessen Verband tätiger, bislang völlig unbescholtener Mann wurde so in die Nähe der Mafia gerückt, ohne dass er sich dagegen wehren konnte. Im Übrigen wurde die Position der Staatsanwaltschaft Lübeck falsch wiedergegeben: Schon nach dem Bericht des Generalstaatsanwalts konnten wir lediglich »nicht ausschließen«, dass es sich um diese Person hätte handeln können. Es liegt auf der Hand, dass dies deutlich weniger ist als die doch für schleswig-holsteinische Verhältnisse sensationelle Übertreibung im *Flensburger Tageblatt.*

Bei der Sensibilität einer Spur dieser Art ist für mich bis heute weder die volle Namensnennung in dem Bericht noch die Indiskretion auch nur ansatzweise nachvollziehbar. Sicher führte beides bei dem Zeugen zu einer Minimierung seiner Kooperationsbereitschaft. Wie aber ein Angehöriger der Justiz auf diese Weise leichtfertig Menschen in Lebensgefahr bringen konnte, bleibt mir immer noch ein Rätsel. Bei der Erinnerung an diesen Vorgang spüre ich wieder fast körperlich die ohnmächtige Wut, die mich damals ergriffen hat.

Für eine zweite substanzielle Spur galt Vergleichbares. Zwar war auch hier der infrage stehende Zeuge kein unmittelbarer Zeuge, sondern – ebenso wie Vincenzo E. – ein Zeuge vom Hörensagen. Es handelt sich um die Person, über die der verstorbene Dirk Stoffberg erzählt hatte. Hierüber berichtete das *Flensburger Tageblatt* unter der Überschrift »Die Spur nach Australien«. Bis zu diesem Zeitpunkt war auch der Name Stoffberg in diesem Zusammenhang von der Staatsanwaltschaft Lübeck nicht erwähnt worden. Die Kennzeichnung Stoffbergs im *Flensburger Tageblatt* als »Dirk S.« machte den Verstorbenen für Insider ohne Weiteres identifizierbar. Das *Flensburger Tageblatt* schrieb:

Die Spur auf die dem Geheimdienstmilieu zugeordneten Dirk S. – mittlerweile tot – und Reiner J. – heute in Australien zu Hause – hat ihre Wurzeln in journalistischem Handeln aus dem Jahre 1992. Beide sollen nach Journalistenaussagen am 10./11. Oktober 1987 in Genf bei einem Treffen von Waffenhändlern dabei gewesen sein. Die Staatsanwaltschaft bekam seinerzeit von Journalisten den Entwurf einer eidesstattlichen Versicherung des Dirk S. zugespielt. Darin erklärte dieser – heißt es –, dass Reiner J. ihm gesagt habe, dass Barschel von dem späteren CIA-Direktor Robert Gates nach Genf bestellt worden sei. Barschel habe Enthüllungen über Waffengeschäfte angekündigt, mit denen man ganze Regierungen und honorige Geschäftsleute arg in Bedrängnis bringen könne. Und weiter klipp und klar: Uwe Barschel sei von Ross W. alias Tom S. ermordet worden. Ross W. gehöre zu einer CIA-Geheimtruppe, die Bestellmorde für den CIA ausführe. J. sei Leiter dieser Abteilung gewesen. Uwe Barschel soll diesen Angaben zufolge zahlreiche Waffendeals vermittelt haben – unter anderem auch Nukleargeschäfte mit dem Iran und Irak. [...] Auch diese Spur führt also einstweilen ins Leere. Zumal es eine Videoaufzeichnung gibt, die Dirk S. in einer Interviewsituation zeigt, in der von angeblichen Waffengeschäften Barschels die Rede ist. Ein Gutachter kam nämlich nach Sichtung des Videos zu dem Schluss, dass die Angaben von Dirk S., soweit sie Barschel betreffen, nur eingeschränkt verwertbar seien. S. zeige augenfällig, dass er selbst gar keinen persönlichen Kontakt zu Barschel gehabt habe, sein Wissen vielmehr aus anderen Quellen schöpfe, unter anderem aus allgemeinem Wissen über die Vorgänge.

Auch hier kommt die einseitige Sicht aus dem Bericht des Generalstaatsanwalts zum Ausdruck. Für die Selbstverständlichkeit, dass Angaben eines Zeugen vom Hörensagen nur eingeschränkt verwertbar sind, hätte es keines Sachverständigen bedurft. Professor Wegener hatte vielmehr gerade die Tatsache, dass Dirk Stoffberg in jeder Hinsicht deutlich machte, er habe kein unmittelbares Wissen, als Hinweis auf die Glaubwürdigkeit seiner Angaben gesehen. Weiter heißt es im *Tageblatt*:

Reiner J., der heute in Australien leben und angeblich Leiter einer CIA-Spezialeinheit sein soll, kann nicht ohne weiteres vernommen werden. Vor einer eventuellen Vernehmung durch eine deutsche Staatsanwaltschaft möchte J. ein informelles Vorgespräch führen – in Australien. Danach wäre J. nach den Angaben eines Journalisten bereit, bei Zusicherung freien Geleits zur Vernehmung nach Deutschland zu kommen. Dies sei deswegen tatsächlich nötig, haben deutsche Staatsanwaltschaften festgestellt, weil gegen J. ein US-Haftbefehl wegen eines Rauschgiftdeliktes vorliege und er international gesucht werde.

Nach Informationen deutscher Staatsanwaltschaften hat der Journalist – der Dreh- und Angelpunkt dieser Spur – auch erklärt, Reiner J. habe ihm gesagt, dass er Unterlagen besäße, die Aufschluss über Barschels Tod geben könnten. Sie befänden sich bei einem ehemaligen führenden CIA-Mitarbeiter in der Schweiz, versteckt in einer Berghütte außerhalb seines eigenen Wohnsitzes. Reiner J. habe dem Journalisten dann gesagt, um Einsicht in diese Unterlagen zu nehmen, müsse er – J. – in die Schweiz reisen und sich mit dem ehemaligen CIA-Mann treffen. Nach Erkenntnissen der Generalstaatsanwaltschaft steht dieser Reise von Reiner J. indes entgegen, dass die Züricher Bezirksstaatsanwaltschaft ihn mit einem Haftbefehl sucht.

Auch für diesen Zeugen in Australien gilt, dass er nach der Schilderung im *Flensburger Tageblatt* für Insider ohne Weiteres identifizierbar war. Auch hier bleibt festzuhalten, dass sich mit diesem Artikel die Bereitschaft des Zeugen auszusagen auf Null reduzierte.

Zwar wurden in diesem Zusammenhang Menschen jedenfalls nicht unmittelbar gefährdet, sofern uns bekannt geworden ist. Es wurden aber interne Informationen eines Journalisten, dem Vertraulichkeit zugesichert worden war, unter Bruch dieser Vertraulichkeit an das Ministerium berichtet.

Die Indiskretionen schädigten darüber hinaus die wirtschaftlichen Interessen dieses Journalisten nachhaltig, da hier über den Inhalt noch nicht publizierten Fernsehmaterials berichtet wurde; ein Vorwurf, der auch in Richtung *Flensburger Tageblatt* geht. Kollegialität konnte man wohl nicht erwarten. Bisher ist das Filmmaterial allerdings noch nicht publiziert worden.

Im Übrigen wird im *Flensburger Tageblatt* ausführlich über die Spur Josef Messerer räsoniert, der Privatdetektiv Jean-Jacques Griessen erwähnt – beide mit Abkürzung des Nachnamens – sowie über den Zeugen Bani-Sadr geschrieben. Eine differenzierte Sicht war auch hier nicht zu erwarten. Zu Messerer hieß es:

Bei der Generalstaatsanwaltschaft in Schleswig – einer ihrer Mitarbeiter hat M. vernommen – hat sich der Eindruck verdichtet, dass es sich bei M. um einen »Geschichtenerzähler« handelt.

Über Griessen wird zutreffend berichtet, dass er früher für Werner Mauss gearbeitet hat und von Eike Barschel mit Ermittlungen beauftragt war.

Er starb bei einem Zusammentreffen mit einer Prostituierten in Zürich, heißt es. Allerdings habe man sich dennoch Erkenntnisse von seiner Arbeit erhofft, weil er Telefonate immer auf Tonband mitschnitt. Ende 1992 wurde G.s Wohnung nach Informationen unserer Zeitung durchsucht und mehr als hundert Kassetten sichergestellt. Wie es heißt, sind sie vorwiegend französisch besprochen, die vorwiegend französisch besprochenen Bänder bisher noch nicht vollständig ausgewertet. Erkenntnisse für die Ermittlungsarbeit im Fall Barschel habe es bisher nicht gegeben.

Auch hier: mangelnde Präzision im Detail; es handelte sich nicht nur um Telefonate, sondern auch um mitgeschnittene Gespräche.

Im Übrigen wird nicht ausführlich berichtet. Sonst wäre offenkundig geworden, dass es keinerlei sachlichen Grund gab, die sichergestellten Audiokassetten nicht weiter auszuwerten.

Ähnlich knapp wird auch die Vernehmung des Zeugen Bani-Sadr abgehandelt. Natürlich transportiert die Zeitung die einseitige Sicht des Generalstaatsanwalts: Die angeblichen »Hoffnungen« der »Barschel-Ermittler« in Lübeck würden Staatsanwälte der Bundesanwaltschaft »zunichtemachen«. »Bani-Sadr, sagen sie, habe den Iran bereits 1981 verlassen, könne mithin über eine mögliche iranische Verstrickung im Todesfall Barschel keine eigenen Erkenntnisse beisteuern.«

Auch für diese Selbstverständlichkeiten hätte es nicht des Generalbundesanwalts bedurft – sie waren offenkundig. Auf die entscheidenden Gesichtspunkte, dass Bani-Sadr, der offenbar noch gute Verbindungen in den Iran hatte, sich in öffentlichen Erklärungen zu dem Tod Uwe Barschels geäußert hatte, wird nicht eingegangen. Es wäre ein grober Fehler gewesen, diesen Hinweisen nicht nachzugehen.

Im Übrigen wird ausführlich über »die geheimnisvolle ›Schuh-spur« berichtet und die Frage gestellt: »Woher kommen die Flecken auf der Bademtte im Hotelzimmer Uwe Barschels in Genf, was ist es für ein Stoff, der die Matte rötlich braun verfärbte?«

Hierauf wird noch einzugehen sein. Dies ist auch der einzige Punkt, in dem der Generalstaatsanwalt Wert auf ergänzende Ermittlungen legte, da die bisherigen Gutachten des Landeskriminalamtes Kiel sich mit der von ihm favorisierten Selbstmordtheorie nicht in Einklang bringen ließen.

Ein Mörder und kein Mord?

Nachdem die Medienkampagne der Landespresse gegen die Staatsanwaltschaft Lübeck und mich unter Führung des *Flensburger Tageblattes* abgeebbt war, kehrte zunächst einmal eine gewisse Ruhe im Mediendschungel ein. *Der Spiegel* hatte darauf verzichtet, im Rahmen der »Mafia-Spur« den Zeugen mit Vornamen und Anfangsbuchstaben zu erwähnen; eine richtige Entscheidung, wenn auch zu diesem Zeitpunkt bereits nutzlos.

Dagegen waren die Namen Messerer und Stoffberg im *Spiegel* unverschlüsselt abgedruckt. Auch wurde der Satz von Heribert Ostendorf über die Methyprylon-Spur zitiert: »Wir gehen das Risiko ein, dass wir einen Mörder suchen, ohne dass es einen Mord gegeben hat.« Ein Kieler Fernsehjournalist erzählte mir später, dass er sich bei der Pressekonferenz, auf der dieser Satz gefallen war, gerade noch die Frage hatte verkneifen können: »Was machen Sie denn, wenn Sie den Mörder gefunden haben, ohne dass es einen Mord gegeben hat?«

Abschließend hieß es im *Flensburger Tageblatt*:

Ostendorf und Wille sollen nun, so der Auftrag von Justizminister Walter, gemeinsam einen Bericht über die Barschel-Ermittlungen erarbeiten. Danach wird über den Fortgang – oder ein Ende – entschieden.

Positive Signale erhielt ich zunächst einmal von Staatssekretär Jöhnk, den ich fragte: »Sollen wir denn nun alle Ermittlungsplanungen einstellen, bis die endgültige Entscheidung gefallen ist?« Dabei wies ich darauf hin, dass ein Stillstand der Ermittlungen kaum vertretbar sei. Der Staatssekretär antwortete, wir sollten unsere Ermittlungsplanungen so durchführen, als würden wir anschließend weiterermitteln.

Dementsprechend wurde in aller Sorgfalt und Sachlichkeit der von Ostendorf erbetene Bericht erarbeitet. Bewundernswert war die Ruhe und Präzision, mit der Staatsanwalt Sela hierbei ans Werk ging. Die persönliche Todesdrohung aus dem Mafia-Bereich hatte ihn zu diesem Zeitpunkt noch nicht erreicht. Wir legten sachlich die Argumente dar, die für eine Glaubwürdigkeit des italienischen Zeugen sprachen. Hier ging es insbesondere um seine Rolle in dem süddeutschen Verfahren und die in diesem Zusammenhang erarbeitete ausführliche Beurteilung seiner Glaubwürdigkeit durch das Bundeskriminalamt. Es waren keinerlei Gründe erkennbar, die den Zeugen, der zum Todeszeitpunkt Uwe Barschels erst kurz in der Bundesrepublik war und kein Deutsch sprach, dazu bewogen haben sollten, falsche Angaben zu machen.

Wir konnten allerdings unsererseits noch keine abschließende Stellungnahme zu der Glaubwürdigkeit abgeben, und insbesondere konnten wir nicht ausschließen, dass der Zeuge einer von dritter Seite lancierten Fehlinformation aufgesessen war.

Wir schickten auf dem Dienstweg dem Generalstaatsanwalt unseren Bericht, der ihn mit seinen eigenen Anmerkungen an das Justizministerium weiterleiten sollte. Das *Flensburger Tageblatt* war wieder einmal bestens informiert. Über den am 14. März unterzeichneten Bericht der Staatsanwaltschaft Lübeck schrieb die Zeitung am 24. März: »Heinrich Wille hat seine Hausaufgaben schon gemacht: Er hat dem Generalstaatsanwalt gerade einen mehr als 100 Seiten starken Bericht über den Stand der Ermittlungen geschickt. VS-Sache, ein geheimer Bericht. Trotz fehlender Detailinformationen wird sich aber niemand wundern, wenn aus Willes Einschätzung hervorgeht, dass er noch Jahre weiterermitteln muss. Denn der Barschel-Chefermittler glaubt fest an einen

Mord an Uwe Barschel in Genf – allerdings einstweilen ohne überzeugende Beweise. Jetzt ist Generalstaatsanwalt Ostendorf am Zug. Bis Anfang April muss seine Analyse des Wille-Berichts vorliegen.«

Entsprechende Hinweise erschienen auch in den anderen Regionalzeitungen. Zugleich wurde in der Presse registriert, dass der neue CDU-Landesvorsitzende Peter Kurt Würzbach den Autor Werner Kalinka zu seinem persönlichen Referenten machte, der seinerseits ein engagierter Verfechter der Mordthese war und ist.

In einem Gespräch mit dem Chefredakteur des *Flensburger Tageblatt* brachte Würzbach zum Ausdruck, dass nach seinen Erwartungen der Justizminister alles unternehmen müsse, »dass die volle Wahrheit gefunden wird«.

Generalstaatsanwalt Ostendorf will den Schlussstrich

Der Generalstaatsanwalt legte seinen Berichtsteil am 4. April vor. Darin legte er dar, bevor er auf Einzelheiten einging, dass es in meinem Verhalten offenbar Widersprüchlichkeiten gäbe. Damit hatte er recht. Hinsichtlich Maß, Dauer und Umfang der noch erforderlichen Ermittlungen hatte ich tatsächlich in der Vergangenheit unterschiedliche Angaben gemacht, die teilweise dem jetzt vorgelegten Bericht widersprachen. Am 21. Januar hatte es das Gespräch zwischen Heribert Ostendorf, Henning Lorenzen und mir gegeben. Zur Erinnerung: Die erste Stunde dieses von Ostendorf auf zwei Stunden befristeten Gesprächs wurde damit verbracht, über den Beschwerdebrief des BND-Chefs Geiger wegen meines Interviews zu diskutieren. In der zweiten Stunde stellte Ostendorf mir das Ultimatum, das Verfahren innerhalb von drei Monaten mit abschließendem Bescheid einzustellen, andernfalls werde er den Vorgang an sich ziehen.

Unter diesem Eindruck habe ich aus dem Stand argumentiert und exemplarisch die mir zu diesem Zeitpunkt spontan einfallenden Argumente dargestellt, die für eine Fortführung der Ermittlungen sprachen.

Dass diese Argumentationskette weder den Anspruch auf Vollständigkeit noch auf abschließend abgewogene Beurteilung erheben konnte, musste jedermann klar sein. Am nächsten Tag ging es vor allem darum, die Argumente schriftlich aufzulisten, die für eine Fortsetzung der Ermittlungen sprachen. Es galt, das Schlimmste zu verhindern, nämlich eine fachlich und sachlich unvertretbare Einstellung des Verfahrens.

Die Darstellung des Generalstaatsanwalts diskutierte die von uns vorgelegten Argumente vor allem unter zwei Gesichtspunkten: Zum einen enthielt seine Bewertung der noch geplanten Ermittlungsschritte eine Vorwegnahme des Ergebnisses, eine Beweisantizipation. Man wollte also mit einer vorausschauenden Bewertung das Ergebnis noch ausstehender Ermittlungen vorwegnehmen und diese damit für überflüssig erklären. Ich habe in den Diskussionen eine vorausschauende Bewertung und Gewichtung von zu erwartenden Ergebnissen durchaus akzeptiert. Andererseits hatte ich immer noch eine andere Messlatte für die durchzuführenden Ermittlungen: Es müsste in jedem Fall eine überzeugende Antwort auf die Frage geben, warum bestimmte Ermittlungen nicht oder nicht mehr durchgeführt werden sollten. Mit der Formulierung, »das hätte sowieso nichts gebracht«, wollte ich mich auf keinen Fall zufriedengeben. Der Stopp der Ermittlungen zu diesem Zeitpunkt wäre reine Willkür gewesen.

Darüber hinaus gab es noch eine zweite Argumentationslinie des Generalstaatsanwalts, die dieser auch öffentlich vertrat und bei einer späteren Pressekonferenz darlegte: Bestimmte Ermittlungen gerade im Bereich des Waffenhandels seien unzulässig, ja rechtswidrig. Gleichzeitig beanstandete Ostendorf, dass wir keine sicheren Anhaltspunkte für ein denkbares Mordmotiv vorweisen konnten.

Dieses Argument war in keiner Weise überzeugend. In jedem Verfahren von einiger Tragweite wird nach dem Motiv für eine solche Tat gesucht. Dieses Motiv kann auch in rechtswidrigen Handlungen liegen, die ihrerseits bereits verjährt sind, wie etwa illegale Waffengeschäfte, ohne dass deswegen die Ermittlungen zum Motiv »strafprozessual unzulässig« wären. Die Widersprüchlichkeit dieses Argumentationsmusters hätte auffallen müssen und war für mich ein Beleg für mangelnde Objektivität. Möglicherweise hat dies in der fachlichen Diskussion im Justizministerium den Ausschlag gegeben, meiner Position zu folgen.

In den endlosen und nervenaufreibenden Debatten im Justizministerium zwischen Gerd Walter, Wulf Jöhnk, Heribert Ostendorf und mir zeichnete sich allmählich konkret ab, dass die Ermittlungen würden fortgeführt werden können. Im Vorfeld gab es auch gesonderte Gespräche ohne meine Beteiligung, in denen Heribert Ostendorf wohl seine Bedingungen artikulierte, zu denen auch die Abordnung eines externen Staatsanwalts oder Oberstaatsanwalts an die Staatsanwaltschaft Lübeck gehörte. Mir war klar, dass ich mich dem nicht verschließen konnte, bestand aber darauf, dass es niemand aus der Behörde des Generalstaatsanwalts sein dürfe, sondern jemand aus dem Justizministerium.

Bei all diesen Diskussionen war es nicht immer einfach, die Nerven zu behalten. Immerhin saßen mir drei Personen gegenüber, die zwar jeweils ihre eigenen Interessen hatten, aber im Prinzip doch alle meine Gegner waren. Hier half mir die Einsicht, dass das öffentliche Dienstrecht in Situationen dieser Art einen passablen Schutz darstellt. Ich habe mir gesagt: »Ihr seid alle viel größer und mächtiger als ich und verdient auch mehr Geld. Aber ich bin der Einzige, der einen sicheren Job hat.« Die innere Unabhängigkeit, für seine fachliche Überzeugung ohne Risiko für die eigene Person eintreten zu können, ist sicher eine große Errungenschaft des Rechtsstaates, sie wird nur nicht immer genügend wahrgenommen.

Besonders schwierig war es für mich, dem Ansinnen des Staatssekretärs nachzukommen, meinerseits die Voraussetzungen für eine Publikation des Berichts zu schaffen. Da ein Großteil des Berichts als vertraulich eingestuft sein musste, ging es darum, welche Teile überhaupt nicht publiziert werden durften und welche durch Schwärzen so unkenntlich zu machen waren, dass eine Publikation vertretbar war. So musste ich nun mit einem schwarzen Filzstift eigenhändig Streichungen vornehmen. Ob der Staatssekretär diese hinterher im Einzelnen nachvollzogen hat oder durch einen Beamten auf Schlüssigkeit und Vollständigkeit hat überprüfen lassen, ist mir nicht bekannt. Die Verantwortung für etwaige Fehler liegt aus meiner Sicht daher nicht bei mir, sondern bei ihm.

Bereits vor einer abschließenden Entscheidung gab es entsprechende Berichte und Kommentare der Landespresse. Zum einen hieß es in den Blättern des Schleswig-Holsteinischen Zeitungsverlages: »Das, was bei dem Kieler Justizminister Gerd Walter derzeit im Panzerschrank lagert, hat alle Zutaten für eine politische Bombe. Der jüngste Bericht des Chefermittlers im Todesfall Barschel [...] enthält nach Informationen unserer Zeitung neue brisante Spuren und Ermittlungsbedarf für mindestens weitere fünf Jahre. Ergänzt wurde das 120 Seiten starke Papier um eine Stellungnahme der Generalstaatsanwaltschaft in Schleswig. Darin wird aber für die baldige Beendigung des spektakulären Todesfalles plädiert. Die Fronten [...] scheinen sich somit verhärtet [...] zu haben.«

Auch die *Kieler Nachrichten* und die *Lübecker Nachrichten* wollten wissen, dass laut meinem Bericht Ermittlungsbedarf für mehrere Jahre bestünde. Gegen diese wiederholten Falschmeldungen habe ich dann einen Anwalt eingeschaltet und eine Erklärung abgegeben, dass solche Meldungen völlig frei erfunden seien. Rechtsanwalt Uwe Jensen schrieb: »Es besteht der Eindruck, dass mit derartigen Meldungen die bereits in früheren Berichten erkennbare Tendenz fortgesetzt werden soll, Stimmung gegen Herrn Wille zu machen. Ich bitte Sie hiermit, die beanstandeten Meldungen in der morgigen Ausgabe zu korrigieren. Falls dies nicht geschehen sollte, müsste ein Anspruch auf Gegendarstellung geltend gemacht werden.«

Es erfolgte dann eine kurze Richtigstellung.

Zutreffend beschrieben die *Kieler Nachrichten* die Situation als »Juristenpoker um Barschel«, die *Lübecker Nachrichten* wussten bereits aus dem Bericht des Generalstaatsanwalts von seinen rechtlichen Bedenken, weitere Ermittlungen zu führen. Am Freitag, den 11. April 1997, wurden dann zunächst einmal die Abgeordneten im Innen- und Rechtsausschuss des Schleswig-Holsteinischen Landtages über den Sachstand informiert. Auf der Pressekonferenz wurde die Formel, auf die wir uns nach allen Diskussionen geeinigt hatten, publiziert.

Keinem der Beteiligten war diese Einigung leichtgefallen. Weder Heribert Ostendorf noch ich waren damit letztlich zufrieden; es fiel Minister Walter zu, durch einleitende Formulierungen und begleitende Worte den von ihm vorgeschlagenen Kompromiss zu vertreten. Mit den Formulierungen konnte ich leben, da sie durchaus Akzentuierungen zuließen, die meine Position trafen. Die gemeinsame Erklärung, die der Justizminister der Landespressekonferenz präsentierte, lautete:

Der vorgelegte Bericht enthält eine Darstellung der aktuellen Ermittlungsergebnisse sowie weitere Ermittlungsschritte durch die Staatsanwaltschaft Lübeck und eine Bewertung durch den Generalstaatsanwalt. Bei der vorgelegten Fassung mussten datenschutzrechtliche und ermittlungstaktische Erfordernisse berücksichtigt werden.

Alle Beteiligten stimmen darin überein, dass die jetzt vorliegenden Ermittlungsergebnisse keine eindeutigen Belege für die Mordthese ergeben. Und insbesondere gibt es keine Hinweise auf einen möglichen Tatverdächtigen und sein Motiv. Der Erkenntniswert einzelner weiterer Ermittlungshandlungen wird unterschiedlich bewertet. Ungeachtet dessen wird die Staatsanwaltschaft Lübeck noch bestimmte Ermittlungshandlungen zu Ende führen. Dafür veranschlagt der Leitende Oberstaatsanwalt einen Zeitraum bis Ende des Sommers. Erforderliche fachkundige personelle Verstärkung wird gewährt.

Sollten diese Ermittlungshandlungen zu keinen neuen gerichtsverwertbaren Erkenntnissen führen, müsste das Verfahren danach eingestellt werden.

Die Hände sind gebunden

Die Pressekonferenz stieß auf große Resonanz, bei den lokalen Medien ebenso wie überregional. Wegen des Zeitpunkts vor dem Wochenende erschien ein Teil der Berichte und Kommentare erst am darauffolgenden Montag. Überwiegend wurde die Entscheidung des Ministers positiv gewertet.

Überregional wurden auch die persönlichen Aspekte noch einmal beleuchtet, so im *Spiegel:* »Dass die ›Barschel-Affäre‹ im Innen- und Rechtsausschuss des Kieler Landtages noch einmal auf die Tagesordnung kam, liegt am Streit zweier Männer, die sich gut und lange kennen: Heribert Ostendorf, Generalstaatsanwalt von Schleswig-Holstein, und Heinrich Wille, Leiter der Lübecker Staatsanwaltschaft. Seite an Seite saßen Wille und Ostendorf, beide 51, jahrelang in sozialdemokratischen Arbeitsgemeinschaften und brüteten über Justizreformen für eine bessere Welt. Das ist vorbei. Gern lassen die beiden einstigen Weggefährten in vertrauter Runde durchblicken, was sie voneinander halten. Wille über Ostendorf: ›Der General hat doch null praktische Erfahrung.‹ Ostendorf über Wille: ›Der Mann ist ein Verschwörungstheoretiker.‹ […] Walter bastelte an einer Kompromissformel, die Ostendorf helfen soll, sein Gesicht zu wahren […]. Als personelle Verstärkung ordnet Walter einen seiner erfahrensten Referenten, Otto Gosch, nach Lübeck ab. Der von Wille und Ostendorf geschätzte Fahnder soll das Verfahren vorantreiben.«

Mit dem offiziell als Verstärkung angekündigten und inoffiziell als Aufpasser apostrophierten Otto Gosch, der nur mit Teilen seiner Arbeitskraft in Lübeck eingesetzt werden sollte, hatten wir in der Tat keine wirklichen Probleme. Zwar lag seine Loyalität eindeutig im Ministerium, und die Konstruktion der Teilabordnung war sicherlich juristisch eine Missgeburt, aber praktisch eine vernünftige Regelung. Gosch war ein erfahrener Wirtschaftsstaatsanwalt und bereits bei Staatssekretär Stefan Pelny Referent im Justizministerium gewesen. Vor allem hatte er die nötige innere Distanz zu den Vorgängen und die Sachlichkeit und Objektivität, die jetzt vonnöten war.

Immerhin war die Berichterstattung teilweise objektiv. Ausgerechnet dem *Spiegel* blieb es vorbehalten, eine Spur zu schildern, die für Mord sprach:

Eine Spur aber, sagt FDP-Fraktionschef Wolfgang Kubicki, habe die Parlamentarier »elektrisiert«. Im Mittelpunkt steht ein Mann namens Josef Messerer und ein Fläschchen Whisky der Marke »Jack Daniels«. Mitarbeiter der Spurensicherung hatten das fast völlig geleerte Whiskyfläschchen nahe Barschels Badewanne im Abfalleimer gefunden. Es stammte aus der Minibar des Hotelzimmers. Als Spezialisten in Genf die 0,5 ml umfassende Neige aus dem Gefäß untersuchten, war das Ergebnis überraschend: Die Flüssigkeit enthielt lediglich 0,035 Prozent Alkohol – einen Bruchteil dessen, was einen ordentlichen Drink ausmacht. Erst die Gerichtsmediziner in Lübeck entdeckten freilich, dass Barschels Whisky nicht einfach nur mit Wasser verdünnt wurde. Vielmehr fanden sie Spuren von Diphenhydramin in dem winzigen Flüssigkeitsrest. Das ist einer der Wirkstoffe des Medikamentencocktails, der Uwe Barschels Leben beendete. In dem Mordszenario des Zeugen Messerer, eines ehemaligen Waffenhändlers, spielt das Whiskyfläschchen eine entscheidende Rolle [...].

Beeindruckt sind die Lübecker Ermittler und die Kieler Abgeordneten vor allem von einem Umstand: Messerer erzählte die Geschichte von Rotwein und Whisky am 26. April 1995, obwohl zu jenem Zeitpunkt noch gar nicht entdeckt war, dass in der Whiskyflasche tatsächlich Spuren des Medikaments Diphenhydramin enthalten waren. Willes Gegenspieler Ostendorf findet für den Medikamentenrest im Whisky lediglich eine Erklärung, die den Kieler Abgeordneten, so FDP-Mann Kubicki, »Gelächter und Kopfschütteln« entlockte. Laut Ostendorf trank Barschel den Whisky wohl zunächst aus. Später habe er »den noch in seinem Mund befindlichen Wirkstoff Diphenhydramin oder Reste davon mit in das Fläschchen nachgefülltem Wasser »hinuntergespült« – und dann offenbar einen letzten winzigen Schluck wieder zurückgespuckt.

Andererseits fanden aber auch die Darstellungen im Bericht des Generalstaatsanwalts Resonanz, wonach »jedenfalls teilweise schon die Grenzen rechtswidriger Ermittlungen erreicht« wären (Lübecker Nachrichten). Ähnliches war auch in den anderen Zeitungen des Landes zu lesen. Es ist sicherlich für den juristischen Laien von Gewicht, wenn der Generalstaatsanwalt und Strafrechtsprofessor Ostendorf das Verdikt »rechtswidrig« über Ermittlungen seines Untergebenen ausspricht. Dies alles wurde dann auch noch garniert mit Formulierungen aus dem Bericht, die an der Grenze des Sachlichen lagen: »Vielmehr bieten solche

Überlegungen, wie erst jüngst wieder geschehen, [...] nur einen Nährboden für – gelungene – Satiren.«

Minister Walter betonte auf seiner Pressekonferenz seinen Respekt vor Heribert Ostendorf: »Es ist völlig klar, dass ihm dieser Weg sehr schwerfällt, umso mehr verdient er Respekt, dass er diesen Weg mitgeht, dass er bereit war, seine eigene Person hinter die Interessen des Verfahrens zurückzustellen.« Die kundige Kerstin Kampe sah in dieser Formulierung im *Hamburger Abendblatt* allerdings eine Diktion, »die einer Ohrfeige gleichkommt«.

Peter Höver pries in den *Kieler Nachrichten* »Walters weises Votum«, Thomas Schunck vom Schleswig-Holsteinischen Zeitungsverlag sah in der gefundenen Regelung »den Königsweg«, Arnold Petersen meinte in den *Lübecker Nachrichten,* das Ermittlungsverfahren habe mit Rationalität schon lange nichts mehr zu tun – ob seine eigene Berichterstattung und Kommentierung damit zu tun hatte, sei dahingestellt. Immerhin stellte auch er fest: »Wenn ein noch so dubioser Tippgeber aus dem Waffenschiebermilieu von Gift berichtet, noch bevor es nachgewiesen werden konnte, lässt das aufhorchen.«

Teilweise kamen jetzt auch schon andere Aspekte in die Diskussion. So schrieb das *Handelsblatt:* »Gerade ein kaltblütiger intelligenter Uwe Barschel, der er unbestritten war, hätte keinen Anlass zum Selbstmord gehabt – angesichts der mageren Fakten, mit denen sich seine Urheberschaft an der Kieler Affäre belegen lässt. Also doch ein Mord?«

Die *Bild*-Zeitung witterte die Sensation: »Barschel-Tod: Spur führt zum CIA«. *Bild* zitierte einen Satz, auf den es mir bis heute besonders ankommt: »Die tatsächliche Rolle, die Uwe Barschel gespielt haben mag, ob er Wissensträger oder Akteur war, ist daher nachrangig. Es reicht aus, dass er ein potenzielles Risiko darstellen konnte durch Enthüllungen, deren Umfang man vorher nicht einschätzen konnte.«

Aus meiner Sicht zutreffend kommentierte die *Frankfurter Allgemeine:* »Müsste nicht allemal, solange neue Erkenntnisse anfallen, mit großem Nachdruck ermittelt werden? Die Behandlung dieses Todesfalles durch die deutsche Justiz ist skandalös; es geschah nämlich jahrelang gar nichts. Erst der Lübecker Leitende Oberstaatsanwalt Wille, ein eigensinniger Sozialdemokrat, nahm ernsthafte Ermittlungen auf und förderte vieles zutage, was einen Selbstmord Barschels unwahrscheinlich macht. Jetzt sind Wille die Hände nicht abgeschlagen, aber gebunden.«

Wie ein Verfahren endgültig ruiniert wird

Der Generalstaatsanwalt wirft das Handtuch

Das Wochenende vom 12./13. April 1997 bot Zeit und Muße zur Reflexion über die Lage und die Vorgänge der vergangenen Wochen. Auch fachlich war in Lübeck einiges geschehen. Dirk Stojan wurde am 3. Februar 1997 als Amtsgerichtspräsident eingeführt nach langem Gerangel im Richterwahlausschuss. Auch hier war der Schatten des Barschel-Verfahrens spürbar, da der Minister die Gelegenheit nutzte, einige Sätze dazu zu sagen. Allerdings fand ich einen Satz unfreiwillig zynisch: »Die Pressearbeit darf nicht wichtiger sein als die Ermittlungsarbeit.« War es doch gerade diese »besondere Art« der Pressearbeit, die den Ermittlungen möglicherweise einen Todesstoß versetzt hatte.

Bei der Staatsanwaltschaft Lübeck war die überaus hohe Belastung insgesamt ein Grund ständiger Sorge. Verschiedene brisante Verfahren waren noch nicht abgearbeitet:

- Am 4. November 1996 war von dem überaus kompetenten Dezernenten für Kapitalverbrechen Anklage gegen den »Autobahnschützen« wegen versuchten Mordes erhoben worden, der am 26. Februar 1997 zu einer Freiheitsstrafe von 15 Jahren verurteilt wurde.
- Im Dezember 1996 wurde gegen eine junge Frau wegen Totschlages ihres dreijährigen Sohnes vor Gericht verhandelt.
- Das Verfahren gegen den sogenannten »Feuerteufel von Klinkrade« wurde geführt.
- Am 24. Oktober 1996 wurde ein Deutscher aus Spanien ausgeliefert, dem Totschlag an einem sozial schwachen Homosexuellen angelastet wurde.

- Im November 1996 wurde ein Fehmaraner wegen Mordes an seiner Ehefrau verhaftet.
- Ebenfalls im November 1996 wurde ein Mann wegen versuchten Totschlages an einem polnischen Übersiedler inhaftiert – eine Milieutat unter Alkoholikern.
- Im selben Monat führten die Ermittlungen wegen Brandstiftung an einer Schule zu einer Verhaftung.
- Eine weitere Verhaftung gab es wegen versuchten Mordes im Zusammenhang mit einer Brandlegung in einem Altenheim.
- Verhandelt wurde gegen einen Raubmörder, dem vorgeworfen wurde, zwei Spielhallen-Mitarbeiter getötet zu haben, um die Einnahmen zu rauben.
- Die zweite Synagogenbrandstiftung konnte nicht mit einem rechtskräftigen Urteil abgeschlossen werden. Die im April 1996 erhobene Anklage musste zurückgenommen werden, der geistig gestörte Beschuldigte wurde im Januar 1997 aus der Psychiatrie entlassen.

Hinzu kam eine Tat, die uns alle stark berührte und Angst machte, in welche Richtung die Kriminalität in der Bundesrepublik sich entwickeln könnte. Am 23. Februar 1997 ermordete der Berliner Kriminelle Kai Diesner bei einer Kontrolle einen Polizeibeamten und verletzte dessen Kollegin schwer. Diese Tat hat mich aufgewühlt wie kaum eine andere.

Vor allem das Hafenstraßenverfahren belastete die Behörde massiv. Neben den beiden Dezernenten, die es nunmehr ausschließlich bearbeiteten, und meinem Stellvertreter, Oberstaatsanwalt Klaus-Dieter Schultz, hielt auch ich mich ständig auf dem Laufenden und half bei der Öffentlichkeitsarbeit.

Außerdem beschäftigte mich der Stand der disziplinarischen Vorermittlungen, bei denen ich jetzt – endlich – rechtliches Gehör bekam. Am Freitag, den 11. April 1997, gab mein Rechtsanwalt Uwe Jensen eine schriftliche Stellungnahme gegenüber Generalstaatsanwalt Heribert Ostendorf ab.

Der Vorermittlungsführer, den Heribert Ostendorf eingesetzt hatte, war Behördenleiterkollege in Flensburg und in dieser Funktion noch unerfahren. So stufte er beispielsweise mein Gespräch mit dem Journalisten Günther Prütting in einem Restaurant im südfranzösischen Cap d'Agde als »staatsanwaltschaftliche Untersuchungshandlung« ein. Für mich waren Hintergrundgespräche mit Journalisten ebenso tägliche Routine wie der Umgang mit Vertraulichkeitszusagen, die bei der Staatsanwaltschaft Lübeck im Rahmen von verdeckten Ermittlungen gerade in der damaligen Zeit vielfach erforderlich waren und über die mir als Behördenleiter jeweils die Entscheidung zustand. Daher empfand ich es schon als ziemlich lästig, mich mit solch eindeutigen Fehleinschätzungen auseinandersetzen zu müssen, und mit dem Vorwurf, ich hätte über diese angebliche »staatsanwaltschaftliche Untersuchungshandlung« keinen Vermerk zu den Ermittlungsakten gegeben.

Dazu schrieb Rechtsanwalt Jensen in seiner Stellungnahme:

Über Vorgespräche werden üblicherweise keine Aktenvermerke angefertigt. Dies hat im Übrigen auch der Vorermittlungsführer bei seiner Tätigkeit nicht getan. [...] Im Übrigen verkennt (er), dass ein jeder Vermerk ein ermittlungstaktischer Fehler gewesen wäre, der im Widerspruch steht zu den speziellen Richtlinien [...]. Es ging hier nämlich um die Frage, ob ein Journalist bereit sein würde, Angaben als Zeuge über möglicherweise verfahrensrelevante Tatsachen zu machen, zu denen man ihn nicht zwingen konnte. Aufgrund seines Zeugnisverweigerungsrechts im Hinblick auf die Quellen seiner Informationen hätte er jede Fragestellung sofort abblocken können. Für Herrn Wille war es daher von besonderer Bedeutung zu klären, ob er dazu freiwillig bereit wäre und unter Umständen die Zusage der Vertraulichkeit in Anspruch nehmen würde. Wenn also überhaupt etwas hätte aktenkundig gemacht werden sollen, so war zu diesem Zeitpunkt noch völlig offen, in welcher Weise dies hätte geschehen können. Die besonderen Vorschriften über die aktenmäßige Behandlung vertraulich gemachter Aussagen hätten nämlich auf jeden Fall Priorität gehabt.

Herr Wille hat als Behördenleiter einer im Bereich Organisierter Kriminalität aktiv tätigen Staatsanwaltschaft mit derartigen Fragen immer wieder zu tun. Auch in seiner vierjährigen Tätigkeit als Referent im Justizministerium war er häufig mit derartigen Fragen befasst. Aufgrund dieser Erfahrungen und Kenntnisse kam er zu dem Ergebnis, dass die Abfassung eines Vermerkes gerade nicht geboten war, sondern fehlerhaft gewesen wäre. Das Erforderliche wurde jedoch von Herrn Wille veranlasst [...]. Im Ergebnis ist also festzustellen, dass die Vorermittlungen ein Dienstvergehen nicht ergeben haben, sodass das Verfahren gemäß § 25 Landesdisziplinarordnung einzustellen ist.

Nachdem am 11. April 1997 der auch von Heribert Ostendorf mitgetragene Kompromiss von Minister Gerd Walter veröffentlicht worden war, wäre eigentlich Gelegenheit gewesen, mit einem Federstrich die disziplinarischen Vorermittlungen zu beenden. Mit so viel Einsicht konnte ich indes nicht rechnen; der Verzicht auf das Damoklesschwert des Disziplinierungsverfahrens hätte ja einer gewissen Souveränität bedurft.

Ostendorfs Abschied

Auch Heribert Ostendorf ist am Wochenende des 12./13. April in sich gegangen. Was mag ihn bewegt haben, mit wem mag er gesprochen haben? Sicherlich mit seiner Frau, da er ja auf dem Weg zu einer Entscheidung war, die sein zukünftiges Leben bestimmen würde. Ob er unzufrieden war, wie die öffentliche Resonanz auf die Erklärung von Minister Walter ausfiel und wie insbesondere seine Rolle bewertet wurde?

Was brachte ihn dazu, den gemeinsamen Kompromiss wieder in Zweifel zu ziehen und dann fallen zu lassen? War es schon länger schwelende Amtsmüdigkeit, wie manche Insider vermuteten? Gern hätte ich in einem späteren Gespräch versucht, Verständnis für ihn und seine Gedanken zu finden. Auch ich war erst Jahre später bereit, ein solches Gespräch zu führen; zu tief die Wunden, die seine öffentliche Erklärung am Folgetage bei mir hinterlassen sollten. Aber Ostendorf wollte darüber nicht mehr mit mir sprechen. Er habe, sagte er mir später, mit allem abgeschlossen.

Am Sonntag, den 13. April 1997, schrieb Heribert Ostendorf einen dreiseitigen persönlichen Brief an die Ministerpräsidentin Heide Simonis. Dieser Brief hat folgenden Wortlaut:

Sehr geehrte Frau Ministerpräsidentin!

Aufgrund der aktuellen Entwicklung im sog. Barschel-Verfahren erkläre ich meinen Rücktritt vom Amt des Generalstaatsanwalts bzw. bitte ich Sie, mich aus dem Amt zu entlassen.

Der Justizminister hat die von mir »mit Bauchschmerzen« mitgetragene Vereinbarung nicht als Kompromiss der Öffentlichkeit vermittelt; nach der Berichterstattung in den Medien ist stattdessen eine Niederlage des Generalstaatsanwalts mit Gesichtsverlust herausgekommen. Dies ist weder für das Amt noch für mich als Person tragbar. Der Justizminister hat den Eindruck vermittelt, dass weitere Ermittlungen notwendig seien, ohne dass diese eingegrenzt wurden und ohne dass eine verbindliche zeitliche Begrenzung herausgestellt wurde. Dies widerspricht meinen in den Gesprächen über die Berichte mit Nachdruck vorgetragenen Vorstellungen. Ich habe zwar bestimmten einzelnen Nachermittlungen zugestimmt, war und bin aber von deren Unergiebigkeit überzeugt. Deshalb habe ich auch Wert gelegt auf eine Fixierung des Verfahrensabschlusses Ende Sommer 1997.

Weiterhin habe ich in diesen Gesprächen mit dem Justizminister explizit deutlich gemacht, dass mein Misstrauen gegenüber den Ermittlungen des Leitenden Oberstaatsanwalts Wille – Misstrauen aufgrund nicht eingehaltener zeitlicher Absprachen, Misstrauen aufgrund fehlerhafter, z. T. rechtswidriger Ermittlungshandlungen, z. B. bei der Beschlagnahme von Gauck-Akten – nur kompensiert werden könne, wenn ein fachkundiger Oberstaatsanwalt zur Kontrolle an die Lübecker Behörde abgeordnet würde. Stattdessen ist offensichtlich nur die Unterstützerfunktion herausgestrichen worden.

Insbesondere ist nicht hinnehmbar, dass Ermittlungshandlungen offenbar auch geführt werden sollen allein wegen des Verdachts von illegalen Waffengeschäften, ohne dass damit nach einem Mordmotiv und möglichen Tätern gesucht wird. Ein Ermittlungsverfahren gegen einen Toten kann nicht geführt werden; gegen andere Beschuldigte scheidet ein Ermittlungsverfahren aus, weil diese Taten verjährt wären.

Dies zeigt die offensichtliche Absicht auf, das staatsanwaltschaftliche Ermittlungsverfahren zur politischen Aufklärung der Barschel-Affäre zu benutzen. Das ist aber nicht die Aufgabe der Staatsanwaltschaft. Die gesetzliche Aufgabe der Staatsanwaltschaft lautet nach der Strafprozessordnung, verfolgbare Straftaten zu ermitteln. Ich führe kein Ermittlungsverfahren, um Dr. Barschel zu rehabilitieren oder umgekehrt Dreck auf ihn zu werfen. Ich führe kein Ermittlungsverfahren, um einen parteipolitischen Konsens im Barschel-Verfahren zu erreichen.

Hinzu kommt, dass der Justizminister offenbar nicht gewillt ist, die Dienstverfehlung des Leitenden Oberstaatsanwalts Wille wegen seiner unterlassenen Berichterstattung über die Entwicklung der sog. DMSO-Spur aufzugreifen und entsprechend zu reagieren. Der Minister hat insoweit von einem »Sturm im Wasserglas« gesprochen, ohne zu sehen oder sehen zu wollen, dass das Hauptgutachten über das Ende dieser Spur aufgrund eines neuen Gutachtens bei der Staatsanwaltschaft Lübeck längst vor den Gesprächen am 7. und 8. April über den Bericht zum Barschel-Verfahren vorlagen.

Es ist für mich nicht hinnehmbar, dass im Rahmen von zweitägigen Gesprächen über den Stand des Ermittlungsverfahrens und seine weitere Behandlung die Erledigung einer so von dem Leitenden Oberstaatsanwalt Wille und von einzelnen Medien hoch gehandelten Spur (s. die entsprechenden Artikel im *Stern* mit den Reaktionen in anderen Medien) vom Ermittlungsführer unterschlagen wird. Ich fühle mich in meiner bisherigen Funktion als Dienstvorgesetzter des Leitenden Oberstaatsanwalts Wille »gelinkt«.

Insgesamt stellt sich das maßgeblich politisch motivierte Eingreifen des Justizministers in die Entscheidungskompetenz des Generalstaatsanwalts zu Gunsten einer dem Generalstaatsanwalt untergeordneten Behörde als ein in der Geschichte der Bundesrepublik Deutschland einmaliger Vorgang dar. Es wurde die Fahne »Nichteinmischung« aufgezogen – und sich massiv politisch eingemischt, weil die Verfahrenseinstellung nicht in die politische Landschaft passte. Wenn zusätzlich sachliche Gesichtspunkte hierfür herangezogen werden, so spielen sie nicht nur nach meiner Einschätzung eine untergeordnete Rolle. In Justizkreisen wird meine Auffassung weitestgehend geteilt. Soll ich demnächst Anklage erheben, weil diese politisch opportun ist? Wenn Strafverfahren aus politischen Gründen geführt werden sollen, so ist dies ein Angriff auf die rechtsstaatliche Kultur in diesem Lande. Dies ist nicht mit einem Generalstaatsanwalt Ostendorf zu machen. Mit meinem Rücktritt will ich ein Zeichen setzen für die Respektierung staatsanwaltschaftlicher Funktionen im demokratischen Rechtsstaat. Hierbei ist es der Generalstaatsanwalt, der nach dem Gerichtsverfassungsgesetz die Position der Staatsanwaltschaft vertritt. Insoweit ist mir das notwendige Vertrauen für eine weitere Zusammenarbeit abhandengekommen.

Während noch am Montag in den Zeitungen die Berichte über den gelungenen Kompromiss von Minister Walter gedruckt wurden, fand schon eine Pressekonferenz in Schleswig statt, in der Heribert Ostendorf seinen Rückzug aus dem Amt des Generalstaatsanwalts verkündete.

Wenn sich Ostendorf – wie er der Ministerpräsidentin schrieb – in seiner »bisherigen Funktion als Dienstvorgesetzter des Leitenden Oberstaatsanwalts Wille ›gelinkt‹« gefühlt hatte, wie sollte sich dann jetzt Minister Gerd Walter fühlen? Er äußerte sich in einer Presseerklärung vom selben Tag:

1. Herr Ostendorf hat sich ohne Vorankündigung offenbar übers Wochenende entschieden, eine in der letzten Woche gemeinschaftlich verabredete Linie in dem Ermittlungsverfahren Todesfall Dr. Barschel nunmehr nicht mehr mitzugehen. Das hat mich überrascht und enttäuscht.

2. Die verabredete Linie im Ermittlungsverfahren bleibt richtig. Sie war und ist für den Justizminister als Ergebnis des vorgelegten Berichts rechtlich geboten. Im Zweifelsfall sind die notwendigen Sachentscheidungen wichtiger als handelnde Personen.

3. Mit Herrn Ostendorf geht ein Generalstaatsanwalt, dessen Verdienste um neue kriminalpolitische Antworten in Schleswig-Holstein über den aktuellen Anlass seines Rücktritts nicht vergessen werden sollten. Er hat justizpolitische Impulse gegeben, die Bestand haben und auch in Zukunft zum Programm der Justizpolitik in Schleswig-Holstein gehören.

Die übrigen Reaktionen fielen wie erwartet aus. Der Minister fand die Unterstützung der SPD, die Opposition schlug auf ihn ein. Der Richterverband unterstützte wie bereits zuvor die Position des hohen Mandatsträgers Ostendorf. Die als progressiv geltende Neue Richtervereinigung schlug in dieselbe Kerbe. Während in den Medien einige den »aufrechten Abschied« anerkannten (Arnold Petersen in den *Lübecker Nachrichten)* oder von einem »respektablen Abgang« schrieben (Thomas Schunck in den SHZ-Blättern), nannten andere den Rücktritt eine »überzogene Reaktion« *(Kieler Nachrichten)* und einen »politischen Fall« *(Hamburger Abendblatt).*

Alles in allem bedeutete der Abgang Ostendorfs eine starke Nervenprobe für Minister Walter, der sich laut den *Lübecker Nachrichten* »geradezu auf die Zunge biss, um nicht mit gleicher Münze zurückzugeben«. Die Verärgerung war ihm jedoch anzumerken. »Was wir entschieden haben, haben wir nicht wegen der blauen Augen von Herrn Wille entschieden«, konterte Walter. Alle Rechtsexperten im Ministerium, so Walter weiter, seien »unabhängig voneinander zu dem Ergebnis gekommen, dass Ostendorfs Darlegungen für eine sofortige Einstellung der Ermittlungen alles andere als überzeugend sind«.

Disziplinarische Vorermittlungen

Für mich war der Rücktritt alles andere als ein persönlicher Triumph. Zum einen waren – ungeachtet dieses Verfahrens – Ostendorfs Verdienste als kriminalpolitischer Neuerer zu umfassend und weitreichend, als dass mich seine Entscheidung kaltlassen konnte. In der Bundesrepublik gibt es nur wenige Persönlichkeiten, die auf diesem Feld in dieser Zeit so viel konzipiert, angestoßen und umgesetzt haben wie er. Im Fall Barschel war für mich der gefundene Kompromiss eine Grundlage, auf der man, nachdem so viel Porzellan bereits zerschlagen war, das Verfahren mit Anstand und ohne Gesichtsverlust von allen Seiten hätte zu Ende führen können und müssen. Insofern betrachtete ich Ostendorfs Verhalten als eine Art »Fahnenflucht« und gegenüber dem Minister als illoyal. Dessen unendliche Geduld und Kreativität bei der Erarbeitung von Lösungen und Kompromissen habe ich in diesen harten Diskussionen durchaus schätzen und bewundern gelernt.

Für mich waren einige andere Dinge von Relevanz. Zum einen zeigte mir Ostendorfs Wortwahl an verschiedenen Stellen seines Rücktrittsbriefes das immer noch fehlende Verständnis für staatsanwaltschaftliche Arbeit. Seine Funktion war die der Dienstaufsicht, dass er sich nicht darauf beschränkt hatte, war eines der Grundübel des Konflikts. Jenseits des Vertretbaren und auch des Verständlichen aber lag seine Unterstellung, ich hätte kurz zuvor durch unterlassene Berichterstattung ein Dienstvergehen begangen.

Schon in der Vergangenheit hatte ich bei der Einleitung disziplinarischer Vorermittlungen meine Erfahrungen sammeln können, wie lasch der juristische Umgang mit dem Begriff des »Dienstvergehens« war, wenn es um meine Person ging. Nicht nur im Strafrecht, auch im Disziplinarrecht gibt es eine Unschuldsvermutung. Wenn es jemanden gibt, der an diese Unschuldsvermutung in ganz besonderer Weise gebunden ist, dann ist es der Dienstvorgesetzte. Das Recht, das Verhalten eines Untergebenen als Dienstvergehen zu bezeichnen, hat er erst nach der rechtskräftigen Feststellung am Ende eines Disziplinarverfahrens; gegebenenfalls durch ein Gericht letzter Instanz.

Aber hier: ein Schnellschuss aus der Hüfte. Verständlich allenfalls aus der offenbar bestehenden Gemengelage von Enttäuschung, die ihn an diesem Wochenende geprägt haben muss. Bei dem hohen Selbstanspruch des hochkarätigen Juristen, mit dem ich gemeinsam für die Grundsätze des Rechtsstaats gekämpft hatte, war das für mich eine persönliche Enttäuschung ohnegleichen. Wer durch seinen Rücktritt ein Zeichen für den Rechtsstaat setzen will, darf ihm nicht durch sein Verhalten zugleich ins Gesicht schlagen.

Wegen dieser unberechtigten und aus meiner Sicht rechtswidrigen Unterstellung habe ich über lange Jahre jeden Kontakt mit Heribert Ostendorf vermieden; die innere Distanz zu diesen Vorgängen hat mich allerdings dann vor einigen Jahren dazu gebracht, meinerseits wieder auf ihn zuzugehen.

Heribert Ostendorf konnte allerdings nicht von heute auf morgen – wie er sich wohl ursprünglich vorgestellt hatte – aus seinem Amt als Generalstaatsanwalt »zurücktreten«, denn dies wäre mit dem Verlust beamtenrechtlicher Ansprüche verbunden gewesen. Dieser Umstand führte zu unerfreulichen und unangemessenen Hakeleien. Dies relativierte die positive Resonanz in der Landespresse auf seinen »aufrechten Abtritt« als Generalstaatsanwalt: »Ostendorf muss noch zappeln« *(Lübecker Nachrichten)*, »Simonis erteilt Ostendorf eine juristische Lektion« *(Die Welt)* und schließlich: »Kabinett sucht anderen Posten für Ostendorf« *(Kieler Nachrichten* vom 23. April 1997).

Andererseits nutzte Ostendorf die Zeit bis zu seinem endgültigen Abgang, die Unterstellung eines Dienstvergehens durch eine nachträgliche Verfügung zu untermauern. Statt der Einstellung des disziplinarischen Vorermittlungsverfahrens setzte er noch eins drauf. Am 6. Mai 1997 ordnete er mit einer 13 Seiten langen Verfügung persönlich disziplinarische Vorermittlungen gegen mich an und verband diese mit dem noch »schmorenden« alten Vorgang aus dem Jahre 1996. Hiervon sollte ich noch früh genug erfahren.

Die zwiespältigen Gefühle, die mich am Tage des »Rücktritts« von Heribert Ostendorf ergriffen, sollten bald zurücktreten gegenüber wichtigen Ereignissen im persönlichen Bereich. Der 14. April ist zugleich der Geburtstag meiner Frau, den wir am Nachmittag mit einem ausgiebigen Geburtstagskaffee in der Familie feierten. Ich kam an diesem Nachmittag später aus Lübeck; die Spannung fiel allmählich ab. Das musste sie auch in meinem persönlichen Interesse. Immer wieder hatte ich eine notwendige Operation mit Rücksicht auf die dienstlichen Notwendigkeiten verschoben, was im Hinblick auf die Diagnose »indirekte Leistenhernie rechts« vertretbar erschien. Am 16. April wurden schließlich die Vorbereitungen für die Operation getroffen, am 21. ging ich in die Lubinus-Klinik. In der Klinik erklärte mir Dr. Heinz Laprell, der Chirurg, dass es nun höchste Zeit sei. Einen Tag später wurde ich erfolgreich operiert, am 25. April aus der Klinik entlassen.

Für mich galt weiter, was ich bereits im Februar des Jahres dem Minister geschrieben hatte: »Die Kollegen arbeiten trotz aller Widrigkeiten – professionell – daran, im Sektor der Ermittlungen den öffentlich angerichteten Scherbenhaufen zu kitten und das Unmögliche möglich zu machen.« Die Energien, die im letzten Jahr für Auseinandersetzungen vergeudet worden waren, hätte man sinnvollerweise eher in verfahrensfördernde Maßnahmen investieren sollen. Wenn der Generalstaatsanwalt den Satz des Ministers »im Zweifel für Ermittlungen« beherzigt hätte, wären die geringen Chancen auf Ermittlungserfolge vielleicht noch umsetzbar gewesen.

Diese wurden wahrscheinlich endgültig zunichtegemacht durch die gezielte »Breitbandindiskretion« aus der Behörde des Generalstaatsanwalts, für die es ebenso wenig in der Justizgeschichte der Bundesrepublik etwas Vergleichbares gibt wie für den »Rücktritt« von Heribert Ostendorf. Wenn es denn überhaupt einen sinnvollen Zeitpunkt für diesen Rücktritt gegeben hätte, dann wäre es die Veröffentlichung dieser Indiskretion gewesen, die nur aus dem kleinen Kreis der engsten Mitarbeiter des Generalstaatsanwalts kommen konnte und für die die persönliche Verantwortung zu übernehmen eine sinnvolle, konsequente und ehrenvolle Reaktion gewesen wäre. Für mich wäre in einer vergleichbaren Situation die Zusammenarbeit mit einem »Verräter«, den ich nicht einmal kenne, den ich aber sicherlich jeden Tage sehe, unerträglich gewesen – es sei denn, ich hätte mir dessen Verhalten selbst zu eigen gemacht.

Hinter uns lag eine Aktion, deren Gründe für mich immer ein Rätsel bleiben werden. War doch auch ich schon Ende 1996 zu der Einsicht gelangt, dass das Ermittlungsverfahren zum Tode Uwe Barschels voraussichtlich eingestellt werden müsse – was der Generalstaatsanwalt in seinem Bericht an den Minister genüsslich kolportiert hatte. In unserem »Gesamtbericht« vom 27. April 1998 wird meine Skepsis vor allem mit den Recherchen in der »Iran-Contra-Affäre« begründet:

Nach den im Verlaufe der Ermittlungen gesammelten Erfahrungen hätten solche Verbindungen (d.h. insbesondere auch zur »Iran-Contra-Affäre«) noch nicht den Weg zu einem etwaigen Täter vorgezeichnet. Das umfangreiche Hinweisaufkommen und die durchgeführten Ermittlungen verengten das Spurenbild nämlich nicht, sondern erweiterten es zusehends um neue, teilweise diffuse Spuren.

Eine direkte Beziehung zur »Iran-Contra-Affäre« hatte bislang noch nicht nachgewiesen werden können, und die Hoffnung, dass dies mit Hilfe des Zeugen Abolhassan Bani-Sadr gelingen könnte, war denkbar gering. Gleichwohl konnte das gesamte Geschehen nicht ohne Berücksichtigung dieser Affäre bewertet werden. Zu umfassend waren die zeitgeschichtlichen Dimensionen.

In meinem Bericht an das Justizministerium vom 14. März 1997 beschrieb ich diese Einschätzung wie folgt:

Für eine weitere Abarbeitung dieser Spur ist es erforderlich, den Gesamtbereich der Verwicklungen der »Iran-Contra-Affäre« zu berücksichtigen. Gegebenenfalls ist auch selbst das in den USA vorhandene diesbezügliche Archivmaterial zu sichten sowie der ehemalige Oberst Oliver North, der bekanntermaßen die Hauptfigur der »Iran-Contra-Affäre« ist, zu vernehmen. Es sei darauf hingewiesen, dass der vormalige iranische Präsident Bani-Sadr in einem Interview [...] erklärt hat [...], der bis heute nicht geklärte Fall Barschel spiele dort hinein. Uwe Barschel sei sicherlich an solchen Waffengeschäften beteiligt gewesen.

Man wird sich bei einer nüchternen Betrachtung dieser Hinweise davon trennen müssen zu sagen, dass es sich hier lediglich um »bizarre« Hinweise und Behauptungen handeln würde. Zu berücksichtigen ist vielmehr die historische Situation, die sich im Oktober 1987 für den Ablauf der »Iran-Contra-Affäre« darbot. Die Affäre selbst war bereits Ende 1986 mit der Offenlegung der Waffenlieferungen beendet. Offizielle Untersuchungen waren vergleichsweise erfolglos abgelaufen; das Maß der Verstrickung der beteiligten Personen war aber noch völlig offen, und diese konnten noch hoffen, nicht verantwortlich gemacht zu werden, auch wenn die politischen Gegner darauf brannten. Es fehlte zu diesem Zeitpunkt nämlich der Nachweis des Geldflusses, den die Schweizer Behörden wider Erwarten dann im November 1987 vorlegten. In der Zeit kurz davor konnte bei den beteiligten Kreisen in den USA, dem Iran und Israel bereits ein geringer Anlass ausreichen, entschlossene Reaktionen zur Vermeidung weitreichender Folgen zu verursachen. Die tatsächliche Rolle, die Uwe Barschel gespielt haben mag, ob er Wissensträger oder Akteur war, ist daher nachrangig. Es reicht auch, dass er ein potentielles Risiko darstellen konnte durch Enthüllungen, deren Umfang man vorher nicht einschätzen konnte und die vielleicht nur durch einen Kieselstein einen Erdrutsch hätten verursachen können.

In meiner Einschätzung fühlte ich mich bestätigt durch die Memoiren des Sonderermittlers Lawrence E. Walsh. Darin heißt es:

Im September und Oktober (1987), während das Schweizer Gericht die Schweizer Berichte über die Finanzen nicht freigab, glich unser Büro einem in die Flaute geratenen Schiff. Wir machten zwar nützliche Arbeiten, aber das Schiff segelte nicht und die Besatzung war unruhig. Die Rechtsanwälte in meinem Stab hatten vielversprechende Karrieren unterbrochen für eine Sache, die sie nicht nur für einen wichtigen öffentlichen Dienst hielten, sondern auch als Gelegenheit zum Sammeln von Erfahrungen in einem großen Fall. Die Verzögerungen wurden zunehmend ärgerlich für sie, als die Wochen verstrichen und die persönlichen Kosten für ihre Mitarbeit stiegen.

Der Sonderermittler erhielt die nötigen Unterlagen erst am 3. November 1987, drei Wochen nach Barschels Tod.

Auch konnte die zeitgeschichtliche Relevanz der U-Boot-Affäre nicht außer Betracht bleiben. Immerhin waren Blaupausen für die Konstruktion von U-Booten im Diplomatengepäck nach Südafrika geschmuggelt worden – unter Bruch eines UNO-Embargos und mit Billigung höchster deutscher Regierungskreise. Es stellte sich die Frage, ob der U-Boot-Deal auch in Deutschland strafrechtlich verfolgt werden könnte. Die Verantwortlichen versuchten, die Affäre mit einem Bußgeldverfahren abzuschließen. Zu diesem Zeitpunkt waren die späteren Proteste, namentlich der UNO-Vollversammlung, die 1988 eine strafrechtliche Verfolgung auslösten, noch nicht abzusehen. An einer Beendigung des Verfahrens, die möglichst wenig öffentliches Aufsehen erregte, hatten sowohl höchste deutsche Regierungskreise als auch die begünstigten südafrikanischen Apartheidpolitiker ein virulentes Interesse. Ende September 1987 hatte der Finanzpräsident Radomski den Leitenden Oberstaatsanwalt in Kiel, Lothar von Raab-Straube, und seinen Dezernenten über den Inhalt des Bußgeldverfahrens informiert und die Zusicherung erhalten, dass es kein strafrechtliches Ermittlungsverfahren geben würde.

Der U-Boot-Untersuchungsausschuss des Deutschen Bundestages trat auf der Stelle. Am 17. August 1987 verweigerten Firmenvertreter von HDW und IKL die Aussage vor dem Ausschuss – bemerkenswerterweise unter Berufung darauf, dass die konkrete Gefahr einer möglichen Strafverfolgung aufgrund der Zeugenaussage bestehe. Am 16. September 1987 lehnte Bundesfinanzminister Gerhard Stoltenberg die Herausgabe der HDW-Akten ab. Kanzleramtsminister Friedrich Bohl sprach bereits am 16. Oktober 1987 von der bevorstehenden Einstellung des Bußgeldverfahrens. Es sah so aus, als ob die Mehrheit der Regierungsparteien CDU und FDP die Arbeit des Untersuchungsausschusses erfolgreich würde lahmlegen können.

Vor diesem Hintergrund wird die Aussage der Zeugin Marion Hermann relevant, die sowohl im Untersuchungsausschuss des Schleswig-

Holsteinischen Landtages zur »Barschel-Affäre« als auch bei der Staatsanwaltschaft Anfang 1995 Angaben gemacht hat. Mochte die Verwertung ihrer Angaben ebenso wie die der Zeugenaussagen anderer ehemaliger Stasi-Mitarbeiter für den Untersuchungsausschuss wahrscheinlich unzulässig sein, galt dies für das Ermittlungsverfahren wegen Verdachts des Mordes nicht. In dem »Gesamtbericht« heißt es dazu:

> Die Zeugin Hermann [...] hat in ihrer Vernehmung vom 13.02.1995 u. a. sinngemäß folgende Angaben gemacht: Barschel wurde bis Anfang 1987 ohne besondere Höhepunkte routinemäßig bearbeitet. Danach wurde er wegen der bevorstehenden Landtagswahl interessanter [...]. Ich erinnere ein Gespräch über Autotelefon circa zwei Wochen vor dem Tode Barschels. Barschels Gesprächspartner war von der CDU Schleswig-Holsteins, ohne dass ich einen bestimmten Namen erinnere. Zu diesem sagte Barschel sinngemäß: »Wenn die Bonner mich fallen lassen, lernen die mich kennen.« Für mich hörte es sich so an, als wenn er etwas auszupacken hätte.

Damit war für mich klar, dass sich der Täterkreis praktisch ins Unermessliche erweiterte. Neben potenziell interessierten staatlichen, gesellschaftlichen und wirtschaftlichen Kräften, die eine Aussage Uwe Barschels fürchten konnten, kam auch ein Auftragsmörder in Betracht, wie die »Mafia-Spur« zu belegen schien.

Hinweise auf die Entschlossenheit israelischer und iranischer Interessenten hatte es in der Vergangenheit bereits gegeben. Der Hinweis auf israelische Kreise durch das Buch von Ostrovsky war noch in guter Erinnerung. Auch war die Existenz iranischer Tötungskommandos nicht erst seit dem »Mykonos«-Prozess allseits bekannt. Erst im August 1987 war der ehemalige Pilot der iranischen Luftwaffe, Ahmad Moradi-Talebi, der aus der Armee desertiert war, in Genf von einem iranischen Kommando erschossen worden. Auch wenn diese Kommandos in aller Regel mit Schusswaffen und Sprengstoff arbeiteten, sprach dies nicht gegen einen Giftmord: Wer sagt denn, dass es neben den offenen und demonstrativen Morden nicht auch verdeckte Tötungen gegeben hat?

Es ging jetzt um letzte reale Ermittlungschancen, vorrangig aber um die Sicherung der Beweise, die andernfalls unwiederbringlich verloren waren. Zu viel war in der Vergangenheit in diesem Verfahren bereits unterlassen worden, als dass man am Ende der Ermittlungen den alten Schlendrian wiederaufleben lassen durfte. Für den theoretisch möglichen Fall einer späteren Wiederaufnahme der Ermittlungen musste es verlässliche Kriterien für die Bewertung neuer Hinweise geben, soweit diese überhaupt noch zu sichern waren.

Unsere Aufgabe war es jetzt also,

- aus dem Scherbenhaufen des Ermittlungsverfahrens singuläre Spuren, die noch einen Rest von Erfolgsaussicht hatten, professionell abzuarbeiten,
- Ermittlungen abzubrechen, die nicht stringent auf einen möglichen Täter hinführen konnten, und
- aus den vorliegenden Gutachten jede noch vorstellbare Erkenntnis zu gewinnen, um einer Interpretation des Tatgeschehens möglichst nahezukommen.

Das Gift in Barschels Körper

Die Stunde der Toxikologen

Unverzagt gingen die jetzt drei Staatsanwälte und die EG Genf an die noch durchzuführenden Ermittlungen. Unter anderem waren die Griessen-Tonbänder weiter auszuwerten, weitere Recherchen in der Schweiz durchzuführen, die Möglichkeiten und Chancen der beiden nachhaltig beschädigten Spuren zur Mafia und aus den Stoffberg-Aussagen abzuklären. Ferner war der Zeuge Abolhassan Bani-Sadr zu vernehmen.

Und es sollte die »Stunde der Chemie« schlagen. In beiden zu begutachtenden Bereichen waren es die Chemiker, die das letzte Wort haben sollten. Zum einen die Toxikologen, zum anderen der Experte des Landeskriminalamtes und der Schuhexperte des Reutlinger Lederinstituts. Beide sollten die sogenannte »Schuh-Spur« abklären.

Hatte Professor Brandenberger recht mit seinen Thesen, die ein deutliches Indiz für Mord wären? Endgültige Gewissheit konnte nur das schon seit Langem geplante Zusammentreffen der Toxikologen geben. Dieses Treffen hatte noch im Dezember des Vorjahres auch der Generalstaatsanwalt als sinnvoll angesehen. Einen Monat später sollte das ohne jeden neuen sachlichen Grund nicht mehr gelten?

Auch hinsichtlich der »Schuh-Spur« musste weitere Gewissheit geschaffen werden. Vor allem der stellvertretende Generalstaatsanwalt Lorenzen hatte in diesem Punkt einen sonst völlig ungewöhnlichen Elan an den Tag gelegt und auch eigene Zwischenermittlungen durchgeführt, die er der Staatsanwaltschaft Lübeck nur fragmentarisch mitteilte. Zu Recht hatten die Ermittler die »Schuh-Spur« als jene Spur erkannt, die deutlich auf Mord hinwies. Das Verbot, sie weiterzuverfolgen, verstieß gegen das in der Strafprozessordnung verankerte Aufklärungsgebot.

Toxikologische Untersuchungen

Viel Zeit kostete die Vorbereitung des »Rundes Tisches der Toxikologen«. Bereits im Jahre 1994 war eine solche Zusammenkunft als erforderlich angesehen und selbst von den Hamburger Rechtsmedizinern angeregt worden. Die Anregung stieß indessen auf erhebliche Schwierigkeiten. Die Familie Barschel entband zunächst die Hamburger Rechtsmediziner nicht von der Verschwiegenheitspflicht. Erst 1996 gab ihr Anwalt Dr. Justus Warburg die entsprechende Entbindungserklärung ab.

Ein weiteres Problem bildeten die Angaben eines anonymen Chemikers und Toxikologen aus der ehemaligen DDR, die die Illustrierte *Stern* veröffentlicht hatte. Dieser hatte bereits unter dem Decknamen »Dr. Groß« im Jahre 1993 mit Artikeln über die Mordmethoden der Stasi für Aufregung gesorgt. Titel: »Die Mörder vom Dienst«. Die Aussagen dieses Mannes unterstützten die Thesen von Professor Brandenberger. Leider blieben unsere Versuche, ihn zu einer Teilnahme an dem »Runden Tisch der Toxikologen« zu bewegen, erfolglos.

Bei den Schweizer Gutachtern ging es vor allem darum, den Toxikologen Dr. Staub für den »Runden Tisch« zu gewinnen, wie auch Professor Brandenberger. Beide waren von den schweizerischen Justizbehörden bereits Ende 1995 von ihrer Verschwiegenheitspflicht entbunden worden. Die Genfer Sachverständigen Professor Oldrich Fryc und Dr. Christian Staub hatten ihrerseits im Auftrag der Untersuchungsrichterin Carole Barbey ihre gutachterlichen Stellungnahmen ergänzt und bei einer richterlichen Anhörung Anfang 1995 erläutert.

Professor Brandenberger war bereits am 15. April 1996 zu einer Sachverständigenanhörung bei der Staatsanwaltschaft Lübeck erschienen und hatte sein Gutachten ausführlich und überzeugend vorgestellt. Er bekräftigte unsere Überzeugung, dass abschließende Gewissheit nur durch ein Zusammentreffen aller Sachverständigen erreicht werden könnte. Dieses Treffen war wegen der zurückliegenden Querelen zurückgestellt worden, da Zeit und Ruhe für eine geordnete Vorbereitung nicht zur Verfügung standen, geschweige denn ein verlässlicher Termin. Überlegungen, Experten aus einem anderen Fachbereich – nämlich der Gastroenterologie – in die Diskussion mit einzubeziehen, wurden nach dem Vorliegen eines ersten schriftlichen Gutachtens durch einen Gastroenterologen fallen gelassen.

Die Moderation des geplanten »Runden Tisches« machte ebenfalls Schwierigkeiten. Sinnvoll erschien es, hierfür eine Person auszuwählen, die von so hoher fachlicher Autorität sein sollte, dass auch Professor Brandenberger sie als Moderator anerkennen würde. Doch wir wurden nicht fündig. Die Moderation übernahm schließlich der bewährte Lübecker Toxikologe Dr. Arthur Reiter. Neben der Tätigkeit als Gutachter in einzelnen Fragen des Verfahrens – insbesondere wurde von ihm Diphenhydramin im Whiskyfläschchen gefunden – war Dr. Reiter uns bislang ein unentbehrlicher Berater gewesen bei der Beurteilung komplizierter Fachfragen, der »Übersetzung« der vorliegenden schriftlichen Gutachten und der Bewertung und Gewichtung der durchgeführten Diskussionen. Die Strukturierung des »Runden Tisches« absolvierte er mit Bravour.

Bei der Vorbereitung des Treffens mussten wir auch entscheiden, inwieweit das Methyprylon noch in die Überlegungen einzubeziehen war. Diese »K.-o.-Tropfen«, deren öffentliche Diskussion in der Vergangenheit so viel Wirbel verursacht hatte, waren ja zweifelsfrei festgestellt worden. Das Methyprylon wurde in hohen Konzentrationen in der Gallenflüssigkeit und dem Urin nachgewiesen, nicht aber im Blut. Deshalb erklärten die Münchener Gutachter – Professor Ludwig von Meyer insbesondere –, dass die Konzentration des Methyprylon nicht in unmittelbarem zeitlichem Zusammenhang mit dem Todeseintritt stünde. Gleichwohl blieb die Existenz dieses Mittels, das in irgendeiner Weise zu irgendeinem Zeitpunkt von Uwe Barschel aufgenommen worden sein musste, rätselhaft.

Da der frühere Leiter der Lübecker Rechtsmedizin, Professor Otto Pribilla, Toxikologe war und über die »K.-o.-Tropfen« wissenschaftlich gearbeitet hatte, suchte ich das Gespräch mit ihm. Am 21. Mai 1997 kam er zu mir in die Behörde. Er erläuterte, dass die scheinbar hohen Werte in den Körperflüssigkeiten nichts Ungewöhnliches seien, was er empirisch festgestellt habe. Alles in allem kamen wir zu dem Ergebnis, dass wir diesen Gesichtspunkt bei den Diskussionen vernachlässigen konnten.

Festgestellt wurden im Körper Uwe Barschels zwei weitere Medikamente, die nach bisherigen Erkenntnissen für seinen Tod ohne messbare Bedeutung waren. Dabei ging es einmal um das Medikament »Tavor« mit dem Wirkstoff Lorazepam, das Uwe Barschel in höherer Konzentration eingenommen hatte, um sich gegen Flugangst zu schützen. Außerdem konnte das Schlafmittel »Noctamid« mit dem Wirkstoff Lormetazepam nachgewiesen werden, das er sich auf Gran Canaria besorgt hatte.

Zur Diskussion standen vor allem vier Medikamente, die für Barschels Tod verantwortlich waren: die Wirkstoffe Diphenhydramin, Pyrithyldion und Perazin, von denen Professor Brandenberger die Einnahme in einer ersten Phase annahm, und der Wirkstoff Cyclobarbital, der allein ausgereicht hätte, den Tod Uwe Barschels herbeizuführen. Diese vier Medikamente waren nur auf Rezept erhältlich. Eines von ihnen – nämlich Pyrithyldion – war in der Bundesrepublik Deutschland nicht mehr auf dem Markt und konnte nur in Dänemark oder beispielsweise der DDR erworben werden. Für den Fall, dass Uwe Barschel hätte Selbstmord begehen wollen, hätte er sich also diese vier Wirkstoffe zwischen dem Zeitpunkt eines Entschlusses zum Selbstmord und dem Flug nach Gran Canaria verschaffen müssen. Am 25. September 1987 erklärte Barschel, dass er beabsichtige, vom Posten des Ministerpräsidenten zurückzutreten. Dies ist der Zeitpunkt, zu dem er sich frühestens zu einem theoretisch vorstellbaren Selbstmord hätte entschließen können. Ob er innerhalb der zehn folgenden Tage, in denen er unter äußerster öffentlicher Beobachtung stand, sich diese Stoffe hätte beschaffen können, erscheint höchst zweifelhaft. Falls es ihm aber gelungen wäre, hätte er sich kaum auf Gran Canaria die Mühe gemacht, sich für das Schlafmittel »Noctamid« ein Rezept zu besorgen und das Medikament in einer Apotheke zu kaufen. Eine Tablette beispielsweise des Cyclobarbitals wäre sicherlich viel komfortabler gewesen, falls Uwe Barschel Einschlafprobleme gehabt haben sollte.

Ähnliche Beschaffungsprobleme dürften theoretisch vorstellbare Sterbehelfer gehabt haben. Nach Angaben der Schweizer Rechtsmediziner entsprach das Szenario in der Badewanne zwar ihnen bekannten Selbstmordabläufen. Andererseits bekundeten sie aber, dass die vier fraglichen Medikamente in der Schweiz bereits seit zehn Jahren nicht mehr auf dem Markt waren, sodass bereits aus diesem Grund Schweizer Sterbehelfer ausscheiden dürften. Das gilt auch für deutsche Sterbehelfer, deren Zugang zu Perazin erschwert war und auf deren Medikamentenlisten die drei fraglichen Medikamente ebenso wenig standen wie auf denen der Schweizer. Cyclobarbital gilt zwar als ein für Selbstmorde typisches Barbiturat, um tödlich zu wirken, muss es allerdings in hoher Dosis – etwa 40 Tabletten – genommen werden.

Im Übrigen ist im Zusammenhang mit der Selbstmordthese noch ein Problem zu berücksichtigen: Für eine Bewertung des Barschel-Todes ist auch der Wirkstoff Perazin – im Handel als »Taxilan« – von Interesse. Der von der Illustrierten *Stern* bereits frühzeitig beauftragte Experte Horowski hatte auf einen Sachverhalt hingewiesen, dem aus heutiger Sicht zu wenig Bedeutung beigemessen wurde. Es handelt sich bei diesem Medikament nämlich um ein Neuroleptikum, also ein Mittel gegen Psychosen. In geringerer Dosierung wird es auch als Beruhigungsmittel verwendet. Für einen Selbstmörder ist ein Neuroleptikum mit Sicherheit kein Mittel der ersten Wahl, da es unerwünschte Nebenwirkungen hat, wie Benommenheit, Krämpfe, Zittern, innere Unruhe, die ein potenzieller Selbstmörder sicherlich nicht sehenden Auges in Kauf nimmt. Daher gehen Fachleute davon aus, dass Neuroleptika als Selbstmordmittel lediglich dann genommen werden, wenn andere Medikamente nicht zur Verfügung stehen.

Das lässt sich im Fall Barschel indessen nicht sagen: Die drei Mittel Pyrithyldion, Diphenhydramin und Cyclobarbital hätten allein auch zum Tod führen können, und eine eigenständige Bedeutung des Perazin an sich ist kaum anzunehmen. Da Perazin aber auch klinisch bereits in flüssiger Form zur Verfügung stand – sei es als Tropflösung, sei es als Injektionslösung –, spricht der Nachweis von Perazin im Körper Uwe Barschels für eine gezielte Beschleunigung des Vorganges von dritter Hand.

Kein einheitliches Ergebnis

Am 5. Juni 1997 versammelten sich also die Toxilogen zum »Runden Tisch« bei der Staatsanwaltschaft Lübeck. Zusammen kamen die Professoren Hans Brandenberger (Minusio/Schweiz), Ludwig von Meyer (München), Achim Schmoldt (Hamburg) sowie die Doktoren Arthur Reiter (Lübeck) und Christian Staub (Genf). Für Dr. Staub war vorsorglich ein Dolmetscher zugegen. Ferner waren Rechtsanwalt Dr. Justus Warburg für die Familie Barschel, zwei Kriminalisten der EG Genf, die beiden ermittelnden Staatsanwälte sowie Oberstaatsanwalt Otto Gosch und der Autor selbst anwesend. Die Erörterungen begannen morgens um 9 Uhr und waren abends um 18.50 Uhr abgeschlossen.

Als Ergebnis wird im »Gesamtbericht« festgehalten:

Der »Runde Tisch der Toxikologen« fand am 05.06.1997 bei der Staatsanwaltschaft Lübeck statt. Ziel des Runden Tisches war es, die Frage zu klären, ob es die bisherigen Untersuchungsergebnisse möglich machen, dass sich die Toxikologen auf eine übereinstimmende Deutung der Messergebnisse und der daraus zu ziehenden Schlussfolgerungen einigen können, oder ob der Dissens festgeschrieben werden muss. Es sollte durch diesen Runden Tisch auch geklärt werden, ob ggf. noch ergänzende wissenschaftliche Untersuchungen zur weiteren Aufklärung der toxikologischen Situation möglich sind.

Als Ergebnis der Diskussion bleibt insbesondere Folgendes festzustellen:

Alle anderen beteiligten Toxikologen halten aufgrund der festgestellten Messwerte einen Geschehensablauf, wie er von Prof. Dr. Brandenberger angenommen und vertreten wird, für nicht sehr wahrscheinlich, jedoch auch nicht ausgeschlossen.

Die Professoren von Meyer und Schmoldt sowie Dr. Staub weisen darauf hin, dass zur zeitlichen Abfolge der Wirkstoffaufnahme aufgrund der durchgeführten Analysen und der Überlegungen zur Resorption, zum Resorptionsverhalten der Substanzen und auch hinsichtlich des Auftretens oder Nichtauftretens von Metaboliten keine sicheren Aussagen zu machen seien. Unter Überdosierungsbedingungen, von denen im vorliegenden Fall auszugehen ist, und den dann veränderten Resorptionsverhältnissen, den veränderten Metabolisierungsverhältnissen und den veränderten Ausscheidungsverhältnissen der Niere sei es nicht möglich, eine zeitliche Abfolge festzulegen. Den von Prof. Dr. Brandenberger getroffenen Schlussfolgerungen bzgl. der zeitlichen Abfolge der Medikamentenaufnahme könne deshalb nicht mit der von ihm behaupteten Sicherheit gefolgt werden, es scheide insbesondere die Festlegung einer Wirkstoffaufnahme nach dem Modell »3+1« aus.

Prof. Dr. Brandenberger wies darauf hin, dass die Untersuchung der vorhandenen analytischen Daten gezeigt habe, dass bei der Zufuhr von Diphenhydramin der Körper noch voll metabolisch funktionstüchtig gewesen sei. Bei der Zufuhr von Cyclobarbital sei er das hingegen nicht mehr gewesen, er sei nur noch ganz beschränkt fähig gewesen, zu metabolisieren. Daraus schließe er, dass dieses Schlafmittel Cyclobarbital später zur Anwendung gelangt sei, aus der tabellarischen Übersicht der Ausscheidungsverhältnisse sei zu ersehen, dass bei Pyrithyldion, Diphenhydramin und Perazin ganz ähnliche Ausscheidungsbilder vorhanden seien. Die drei Verbindungen hätten sich in der Ausscheidung gefunden, das Cyclobarbital jedoch erst in der Anflutungsphase. Daher glaube Prof. Dr. Brandenberger, dass diese für Diphenhydramin gemachte Feststellung auch für Pyrithyldion und Perazin gelte.

Es ist daher festzustellen, dass sich die beteiligten Toxikologen nicht auf ein einheitliches Ergebnis festgelegt haben und der Dissens – gemessen an Wahrscheinlichkeitsaussagen zu den Abläufen – festgeschrieben wurde. Sichere Aussagen zur Frage des bzw. der Zeitpunkte der Aufnahme der zum Tode führenden Medikamente sowie etwaige Aussagen zu ggf. zwischen ihnen liegenden Zeiträumen können daher nicht getroffen werden.

Was bedeutet das? Die von Professor Brandenberger aufgestellte These, die einen klaren Hinweis auf den von uns angenommenen Mord bedeutet hätte, konnte nicht verifiziert werden. Besonders eindrucksvoll war in diesem Zusammenhang die plastische Schilderung von Professor Schmoldt, der allerdings der These Professor Brandenbergers konzedieren musste, dass Cyclobarbital kaum zuerst genommen worden sein konnte. Die Schlussfolgerung, die jener gezogen hatte, liege zwar nahe, sei aber nicht zwingend. Dies sei insbesondere darauf zurückzuführen, dass »unter den Überdosierungsbedingungen und den dann veränderten Resorptionsverhältnissen, den veränderten Metabolisierungsverhältnissen und den veränderten Ausscheidungsverhältnissen in der Niere es nicht möglich (sei), eine zeitliche Abfolge festzulegen [...]«. Er verwies darauf, dass beispielsweise das Diphenhydramin »eine hohe Affinität zum metabolisierenden Enzymsystem der Leber« habe und schon »bevor es zu relevanten und hohen Konzentrationen im Blut kommt, zu einem erheblichen Teil metabolisiert wird«.

Allein die Tatsache, dass Diphenhydramin schneller abgebaut werde als Cyclobarbital, sei also kein zwingender Hinweis darauf, dass es auch früher eingenommen worden sein muss. Zudem könnte die Aufnahme von Cyclobarbital verzögert abgelaufen sein, da das Diphenhydramin »atropinartige Nebenwirkungen« habe.

Für mich war ausschlaggebend, dass Professor Brandenberger auf entscheidende Fragestellungen keine überzeugenden Antworten gefunden hatte. So warf Dr. Reiter die Frage auf, ob möglicherweise zunächst nur ein Teil der drei Medikamente Pyrithyldion, Diphenhydramin und Perazin aufgenommen wurde und erst später der Rest gemeinsam mit dem Cyclobarbital. Darauf entgegnete Professor Brandenberger: »Diese Möglichkeit habe ich bisher nicht in Betracht gezogen.«

Hier offenbarte sich für mich die Schwäche der Argumentation Brandenbergers. Immerhin war in dem Whiskyfläschchen ja auch nur ein Stoff nachgewiesen worden, was ein Indiz dafür war, dass dieser möglicherweise isoliert eingenommen oder beigebracht worden war. Mithin lag die Vermutung nahe, dass einige Stoffe mit dem Rotwein, andere oder jedenfalls einer mit dem Whiskyfläschchen zugeführt wurden.

Wir mussten am Ende dieses offene Ergebnis zur Kenntnis nehmen und respektieren. Daneben waren sich alle Sachverständigen einig, dass durch weitere Analysen und Untersuchungen neue Erkenntnisse nicht zu erwarten waren. Ohnehin war die Basis für die Untersuchung schmal genug gewesen: Der Urin war so gut wie verbraucht. Analysen der inneren Organe hätten zwar möglicherweise Ergebnisse gezeigt. Doch wegen fehlender empirischer Vergleichswerte hätten diese Ergebnisse nichts genützt.

Darauf, dass das nachträgliche Ausspülen des Whiskyfläschchens mit Wasser im Falle eines Selbstmordes sinnlos gewesen wäre, wurde bereits hingewiesen.

Die Mutmaßungen über das Whiskyfläschchen hatten den Pressesprecher und stellvertretenden Generalstaatsanwalt Lorenzen auf den Plan gerufen. In einer Presseerklärung vom 14. April, die uns ein mitleidiger Journalist zugefaxt hatte, hatte Lorenzen versucht, die Schlussfolgerung in Richtung Mord zu relativieren und die Möglichkeit plausibel zu machen, dass das Diphenhydramin mit Barschels Speichel in das Whiskyfläschchen zurückgeflossen sei.

Folgendes Szenario müsste dann vorstellbar sein: Uwe Barschel trinkt den Whisky aus dem Fläschchen, möglicherweise zum Nachspülen der eingenommenen Menge Diphenhydramin. Er lässt in das Fläschchen Wasser ein, trinkt es erneut aus und spült den Whisky also mit dem Inhalt des Fläschchens nach. Beim zweiten Absetzen des Fläschchens gelangt erst ein Rest Diphenhydramin, den er noch im Speichel seines Mundes gehabt haben müsste, in das Whiskyfläschchen zurück.

Diese Möglichkeit lässt sich in der Tat nicht mit Sicherheit ausschließen. Ein jeder aber mag beurteilen, wie hoch die Wahrscheinlichkeit eines solchen Ablaufs ist. Warum hätte Uwe Barschel das Fläschchen mit Wasser füllen sollen, um dann daraus zu trinken, wo doch Gläser verfügbar waren, mit denen dieses viel komfortabler möglich war? Nach wie vor erscheint die Alternative wahrscheinlicher, dass von einem Mörder Diphenhydramin in das Whiskyfläschchen getropft oder injiziert worden ist. Der Whisky war mit seinem in der Schweiz üblichen Alkoholgehalt von 45 Prozent stark genug, die Geschmacksunebenheiten zu verdecken. Das Ausspülen diente dann ganz zwanglos der Spurenbeseitigung. Im »Gesamtbericht« heißt es dazu:

Auch sind im Körper Dr. Barschels Wirkstoffmengen vorgefunden worden, die auf die Einnahme von (nach den damals üblichen Darreichungsformen des Medikaments in Tablettenform – je nach der in ihnen enthaltenen Wirkstoffmenge) 25 bis 50 Tabletten schließen lassen [später korrigiert auf eine geringere Menge]. Diese Mengen würden – auch in aufgelöstem Zustand – keinen Platz in dem 5 cl fassenden Gefäß des Whiskyfläschchens gefunden haben. Sofern der Wirkstoff also in unmittelbarer Verbindung mit dem Whisky aufgenommen wurde, hätte er in einer zuvor hergestellten konzentrierten Form mit dem Whisky vermengt werden müssen. Dafür liegen keine konkreten Anhaltspunkte vor. Es wurden jedoch von den Gerichtsmedizinern im Körper Dr. Barschels auch keine Tablettenrückstände vorgefunden. Wenn man die vorherige Vermengung des Wirkstoffs Diphenhydramin mit Whisky zugrunde legt, lässt sich nur auf eine planvolle Vorgehensweise zumindest einer weiteren Person schließen, die mit nicht unerheblichem Aufwand vorgegangen sein müsste.

Stoffberg, Mafia, Roloff und die »Schuh-Spur«

Die Zeit ab Ende April 1997 war geprägt durch intensive Recherchen auf allen Ebenen, auf denen noch relevante Ermittlungen denkbar waren. Die Ermittlungsgruppe und die beiden engagierten Staatsanwälte Sela und Kruse ließen sich auch nicht von den schlechten Aussichten abschrecken, die aus meiner Sicht die Auswertung der beiden Spuren »Stoffberg« und »Mafia« boten. Nach meiner Einschätzung waren die Spuren nach den Indiskretionen »tot«. Intensive und nachhaltige Bemühungen schienen mir nicht erfolgversprechend.

Des Weiteren ging es um die abschließende Analyse der Audiokassetten von Jean-Jacques Griessen. Die schlechte Qualität vieler Aufnahmen behinderte nach wie vor die effektive Auswertung. Die schleswig-holsteinischen Kriminalisten stießen hierbei an ihre Grenzen und gaben einzelne Kassetten an das Bundeskriminalamt, was eine weitere Verzögerung bedeutete.

Es gab weitere Befragungen und formlose Anhörungen beispielsweise zur Überprüfung der Existenz eines möglichen »Roloff«. Dieser wurde als Fotograf der Zeitung *Bild am Sonntag* identifiziert, der im Sommer 1987 Fotos von Uwe Barschel gemacht hatte, und zwar sowohl bei Barschel zu Hause als auch im Krankenhaus nach dem Flugzeugabsturz. Für mich war dies ein weiteres Indiz dafür, dass die von Uwe Barschel in seinem letzten Schreiben erwähnte Figur ebenso wie die Erzählung gegenüber seiner Ehefrau auf einer Fiktion beruhte.

Auch wurde die Glaubwürdigkeit des Zeugen Josef Messerer erneut unter die Lupe genommen, diesmal von Oberstaatsanwalt Otto Gosch. Die Frage nach dem Taxifahrer wurde weiter abgeklärt und die richterliche Vernehmung von Abolhassan Bani-Sadr vorbereitet. Dies war durchaus schwierig, da der zuständige französische Untersuchungsrichter überlastet war und die Vernehmung in Anwesenheit deutscher Ermittlungsbeamter erfolgen sollte. Am 30. Juni 1997 kam es zunächst einmal zu einer Befragung Bani-Sadrs durch die französische Kriminalpolizei. Zu bedenken war auch der komplizierte persönliche Schutz für Bani-Sadr. Bis zur förmlichen Vernehmung des Iraners sollte noch einige Zeit ins Land gehen. Für die immer noch ins Auge gefasste Vernehmung des Geheimagenten und Privatdetektivs Werner Mauss liefen ebenfalls die Vorbereitungen weiter.

Auch in der Schweiz wurden noch Untersuchungen durchgeführt; nicht nur die Staatsanwaltschaft Lübeck war von deren Notwendigkeit überzeugt. So wurden Ende Juni Familienmitglieder von Jean-Jacques Griessen zeugenschaftlich vernommen, ebenso ein weiterer Journalist, der bei der Ankunft Uwe Barschels auf dem Flughafen in Genf gewesen war, sowie ein Taxifahrer. Die Vernehmung von Hotelpersonal stand ebenfalls noch aus. Sie fand teilweise erst im Oktober/November 1997 statt.

Im Mittelpunkt meiner Überlegungen stand die »Schuh-Spur«, das heißt die fachliche Interpretation sowohl von Lage und Standort der beiden Schuhe Uwe Barschels als auch des Zustands des Badewannen-vorlegers sowie des Handtuchs, das verschmutzt in der Seitenablage des Vorraums aufgefunden worden war. Einige Überprüfungen hatte es hierzu bereits gegeben, die klar darauf hindeuteten, dass diese Spur mit Selbstmord nicht in Übereinstimmung zu bringen war. Dies hatte in der Vergangenheit zu Nervosität in der Behörde des Generalstaatsanwalts geführt und hektische Aktivitäten vor allem des stellvertretenden Generalstaatsanwalts Henning Lorenzen verursacht. Lorenzen wollte die Spur als Indiz für Mord zunichtemachen. Auch zu diesem Thema war eine abschließende Anhörung geplant unter Anwesenheit des Sachver-ständigen des Landeskriminalamtes und des Gutachters vom Lederin-stitut, der andere Schlussfolgerungen gezogen hatte.

Inzwischen war Heribert Ostendorf mit Wirkung vom 15. Mai 1997 in den einstweiligen Ruhestand versetzt und seine Weiterverwendung als Strafrechtsprofessor vorbereitet worden. Erste Wahl als sein Nach-folger war Leitender Oberstaatsanwalt Wolfgang Müller-Gabriel, Abtei-lungsleiter 1 in der Behörde des Generalstaatsanwalts und damit unbe-lastet von all den Problemen des Barschel-Verfahrens. Ihm wurden allseits die besten Chancen eingeräumt. Doch Müller-Gabriel winkte ab. Die Suche nach einem Nachfolger gestaltete sich schwierig. Endlich fiel die Wahl auf den Leitenden Oberstaatsanwalt Erhard Rex in Hanno-ver, der am 28. August 1997 in sein Amt eingeführt wurde.

Die Belastung der Staatsanwaltschaft Lübeck durch spektakuläre Verfahren hatte unterdessen keineswegs nachgelassen. Rechtsextremis-tische Übergriffe nahmen überhand. Am 25. Mai 1997 brannte in Lübeck wieder eine Kirche, die katholische St.-Vicelin-Kirche. An den Mauern und Toren des Gotteshauses wurden Hakenkreuze gefunden. Auch der Name des evangelischen Pastors Günter Harig stand an der Brandkirche. Harig, Pfarrer an der Marienkirche, gewährte einer algerischen Familie Kirchenasyl und mag deshalb in das Visier von Rechtsextremisten gekommen sein. Der Anschlag auf die St.-Vicelin-Kirche brachte Lübeck in die überregionalen Schlagzeilen. Der Lübecker Bischof Karl Ludwig Kohlwage, auf dessen Haus Anfang des Jahres ebenfalls ein Attentat verübt worden war, kommentierte den Anschlag auf St. Vicelin: »Das ist Krieg gegen die Menschlichkeit. Eine Gemeinde wird in ihrem Herzstück getroffen und das soll auch so sein. Brennende Kirchen – das sind ganz schlimme Symbole.«

Intensive Ermittlungen führten bald zum Erfolg; der Hauptverdächtige wird am 13. Juni 1997 in Untersuchungshaft genommen. Er ist Heranwachsender. Er verübte die Tat zusammen mit anderen Jugendlichen. Eine unmittelbare rechtsextremistische Gesinnung lässt sich indessen nicht feststellen. Hakenkreuzschmierereien und Bedrohungen des Pastors Harig finden sich bald darauf an der evangelischen St.-Jacobi-Kirche sowie an dem Büro des Schriftstellers Günter Grass in der Lübecker Innenstadt. Das internationale Aufsehen ist beträchtlich.

Die bereits beschriebene angespannte personelle Situation der Staatsanwaltschaft bestand unverändert fort, wenn sie sich auch nicht weiter verschlechterte – was aber kaum noch vorstellbar erschien. Durch den Abschluss des Hafenstraßenverfahrens gab es eine partielle Entlastung, da die beiden Sitzungsvertreter wieder für andere Strafverfahren zur Verfügung standen. Zu den Ausfällen im personellen Bereich – drei Amtsanwälte weniger, drei Staatsanwälte weniger – kam noch die überproportionale Belastung durch Krankheitsfälle.

Im höheren Dienst der Justiz gibt es in aller Regel kaum nennenswerte Krankenstände. Dies hatte sich deutlich verändert – klare Indizien für eine überproportionale Belastung. Ich verfasste erneut einen eindringlichen Bericht über die schwierige Lage an Ministerium und Generalstaatsanwalt. Auf die Frage in einem Interview des *Focus*, ob die

Behörde überfordert sei, antwortete ich: »Nein. Aber die psychischen und physischen Belastungen gehen weit über die Routine eines Staatsanwalts hinaus. Wir sind schlicht unterbesetzt. Das geht auf die Qualität der Strafverfolgung insgesamt.«

Geiselnahme im Gefängnis Lübeck-Lauerhof

Der 1. Juli 1997 beginnt wie jeder andere Tag im Büro für mich. Durchsicht der polizeilichen Morgenmeldungen und der Morgenpresse, allgemeine Informationen. Eine Nachricht erreicht mich dann bald: In der Justizvollzugsanstalt Lübeck-Lauerhof habe ein Gefangener eine Geisel genommen. Das Opfer ist meine Frau. Seit fünf Jahren ist sie in der Justizvollzugsanstalt tätig; als Diplom-Sozialpädagogin leitet sie gemeinsam mit einem Beamten des gehobenen Dienstes eine Station, auf der sich 60 Gefangene befinden. Täglich geht sie um mit Häftlingen, die Gewaltverbrechen begangen haben; Körperverletzung, Mord, Vergewaltigung, Totschlag und anderes. Sowohl bei den Mitarbeitern als auch bei den Häftlingen hat sie sich Anerkennung und Respekt erworben. Jetzt befindet sie sich in Lebensgefahr.

Es war, als würde mir der Boden unter den Füßen weggezogen. Gewohnt, selbst zu agieren, die nötigen Anordnungen zu treffen, war ich in dieser für meine Frau lebensgefährlichen Situation zur Untätigkeit verdammt, waren mir die Hände gebunden. Doch ich wollte nicht hilflos abseitsstehen.

Zwei Polizeibeamte holten den Reserveschlüssel für den Pkw meiner Frau ab, der auf dem Parkplatz der Justizvollzugsanstalt stand. Man nahm an, dass der Geiselnehmer den Wagen als Fluchtfahrzeug in Betracht ziehen würde, und schaffte ihn deshalb schnell von dem Parkplatz weg.

Anschließend wurde ich mit dem Dienstwagen des Polizeichefs in das Lagezentrum gebracht, in dem Winfred Tabarelli inzwischen das Polizeikommando übernommen hatte. In einem Gespräch unter vier

Augen unterrichtete er mich von der Sachlage und versprach mir, dass meine Frau lebend aus dieser Situation freikommen werde. In dem Dienstwagen des Polizeichefs, der nicht als Polizeifahrzeug zu erkennen war, wurde ich in die Vollzugsanstalt gebracht.

Bei dem Geiselnehmer handelte es sich um einen 23-jährigen Mann, der zwei Jahre zuvor wegen Mordes zu achteinhalb Jahren Jugendstrafe verurteilt worden und gerade erst wegen seines Alters aus der Jugendanstalt in den Erwachsenenvollzug verlegt worden war. Nach einer kurzen Anlaufzeit waren alle Beteiligten der Ansicht, dass gewisse Lockerungen bei dem Häftling vertretbar waren – die Vollzugsbeamten, der zuständige Anstaltspsychologe, der Kollege meiner Frau ebenso wie diese und deren gemeinsamer Vorgesetzter. Dies erwies sich jetzt als Fehleinschätzung.

Der Geiselnehmer war zunächst kurz nach 8.15 Uhr zu einem Gespräch in dem Büro meiner Frau erschienen. Er hatte ein selbst gefertigtes scharfes Messer in seinem Socken verborgen. Er stürzte sich auf meine Frau und setzte ihr das Messer an die Kehle. Er zwang sie, die Tür zu schließen und den Stationsbeamten anzurufen. In den endlosen fünfeinhalb Stunden, die die Geiselnahme dauerte, hielt er meiner Frau dieses Messer immer wieder an die Kehle.

Schnell waren die polizeilichen Einsatzkräfte zusammengezogen, die Gesprächsgruppe hatte ihre Arbeit aufgenommen, unter der Leitung des örtlichen Revierleiters Uwe Führer. Erschwert wurde die polizeiliche Arbeit dadurch, dass das Justizministerium die Übung einer solchen Situation in der Vollzugsanstalt bislang untersagt hatte, was gewisse Anlaufschwierigkeiten verursachte. Beispielsweise gelang es nicht gleich, Kontrolle über die Telefonanlage zu erhalten, sodass ich selbst zu meinem Entsetzen plötzlich den Geiselnehmer persönlich am Telefon hatte, worauf ich nicht vorbereitet war. Ich versuchte, beruhigend auf den Mann einzureden, und wies ihn darauf hin, dass es gerade meine Frau gewesen war, die ihm Hafterleichterungen verschafft hatte.

Allerdings gelang es der Polizei sehr schnell, die Situation unter Kontrolle zu bringen und den Geiselnehmer, als er ungeduldig wurde und meine Frau Todesangst auszustehen hatte, zu beruhigen. Ein Fluchtfahrzeug wurde bereitgestellt, der Häftling ging mit meiner Frau die endlos lange Treppe von der Station zur Tür und dann zur Pforte, immer mit dem Messer an der Kehle meiner Frau. Später erzählte sie mir, dass – bei aller Todesangst – die Zurufe der anderen Gefangenen aus ihren Zellen ihr geholfen haben. Sie forderten den Geiselnehmer auf, die Frau freizulassen, und bedrohten ihn. Sicherlich hatten sie vor Augen, dass nach einem solchen Ereignis Hafterleichterungen für alle anderen voraussichtlich gestrichen werden würden. Doch die Reaktionen zeigten auch, welches Ansehen meine Frau bei diesen härtesten aller Straftäter genoss.

Meine Frau sollte das Fluchtfahrzeug starten, der Geiselnehmer saß mit seinem Messer unmittelbar hinter ihr. Probleme gab es, weil der Sitz nicht auf die Körpergröße meiner Frau eingestellt war. Bevor der Wagen losfahren konnte, erfolgte der Zugriff. Die Polizisten zündeten eine Blendgranate und zerrten den Täter aus dem Auto. Ich selbst erfuhr von dem glücklichen Ausgang in der Justizvollzugsanstalt, eilte nach draußen und begrüßte meine Frau in dem Rettungswagen. Sie war Gott sei Dank unverletzt. Nach kurzem Aufenthalt in der Universitätsklinik Lübeck wurden wir in einem verdunkelten Dienstwagen der Polizei nach Hause gefahren, wo uns Minister Gerd Walter mit einem Blumenstrauß begrüßte.

Mich erfüllen Respekt, Bewunderung und Stolz über die Art und Weise, in der meine Frau die Situation durchgestanden hat. Bereits einen Tag nach ihrer Geiselnahme bestand sie darauf, wieder im Dienst zu erscheinen. Zugleich war ich von Dankbarkeit für die Polizei erfüllt. In einem Grußwort sagte ich später: »Ich wünsche niemandem, dass er in eine solche Situation gerät wie die, in der meine Frau gewesen ist. Wenn er aber in eine solche Situation gerät, wünsche ich ihm eine Polizei wie die, die meine Frau befreit hat.«

Meine Frau war noch mehrere Jahre in der Justizvollzugsanstalt Lübeck tätig. Derzeit arbeitet sie in der ambulanten Straffälligenhilfe.

Viele Spuren
deuten auf Mord

Der BND weiß mehr

Für mich galt es, auch an meine Gesundheit zu denken; ein seit Längerem geplanter Aufenthalt in der Ostseeklinik Damp stand gegen Ende des Monats Juli 1997 an. Kurz zuvor brachte uns ein Buch des *FAZ*-Redakteurs Udo Ulfkotte zum Staunen, zum Nachdenken und zu der Frage, ob es neue Ansätze für Ermittlungen bot. Am 10. Juli 1997 stellte er sein Buch *Verschlusssache BND* in Frankfurt vor. Dieses Buch war entstanden, nachdem der Autor offiziellen Zugang zum BND erhalten hatte. Die BND-Spitze erhoffte sich von diesem Buch eine positive öffentliche Wirkung. Die PR-Arbeit der Nachrichtendienste wies durchaus Nachholbedarf auf. Doch das Buch bewirkte das Gegenteil. Laut Ulfkotte soll ein BND-Agent versucht haben, einen deutschen Chirurgen abzuschöpfen, der in Kohls Auftrag den russischen Präsidenten Boris Jelzin im Januar 1997 behandelt hatte. Die Ärzte betonten nachdrücklich, sie hätten ihre Schweigepflicht nicht verletzt.

Auch zu dem Barschel-Verfahren enthielt das Buch eine Aussage: Manche Geheimnisse müssen der Öffentlichkeit angeblich vorenthalten werden, weil ihr Bekanntwerden für viele Menschen schwerwiegende Folgen haben würde. Ein Beispiel dafür ist wohl der Tod des früheren schleswig-holsteinischen Ministerpräsidenten Uwe Barschel. Barschel wurde am 11. Oktober 1987 in der Badewanne in seiner Suite im Genfer Hotel »Beau Rivage« tot aufgefunden. [...] Geheimdienste kennen die Hintergründe des Barschel-Todes. Barschel wurde ermordet. Wer auch immer die Täter waren, sie machten Fehler: Von einem Weinglas, aus dem Barschel vor seinem Tod getrunken haben muss, wischten sie die Fingerabdrücke, auch die des Kellners, der das Glas gebracht hatte. Nun könnte Barschel die Fingerabdrücke ja selbst abgewischt haben, doch es fand sich noch ein halber Fingerabdruck des Ringfingers an diesem Glas, in einer Stellung, in der Barschel das Glas unmöglich gehalten haben konnte. Der Abdruck muss nachträglich angebracht worden sein.

Und auch einer von Barschels Schuhen wurde offenkundig nicht von diesem, sondern von einem Unbekannten im Hotelzimmer gereinigt. Wer immer diesen Schuh gereinigt hat, müsste davon angefärbte Finger gehabt haben, befand ein Ingenieur des Reutlinger Lederinstituts am 7. April 1997; Barschel aber hatte saubere Finger.

Doch die Geheimdienste halten Ihre Erkenntnisse weiterhin unter Verschluss. Der BND hat sich in diesem Zusammenhang jedenfalls nicht mit Ruhm bekleckert. Im Gegenteil: Dem Lübecker Oberstaatsanwalt Wille, der im Zusammenhang mit den Barschel-Ermittlungen und einer Spur zum internationalen Waffenhandel BND-Erkenntnisse über den saudischen Waffenhändler Kashoggi anforderte, wurde schriftlich mitgeteilt, Kashoggi sei in Pullach unbekannt. Das bestätigte mir Wille in einem Gespräch am 18. April 1997. Der ARD hatte er schon zuvor auf die Frage, ob er zufrieden sei mit der Unterstützung des BND bei der Aufklärung des Barschel-Todes, geantwortet: »Kein Kommentar.« Man muss kein Prophet sein, um zu erkennen, dass der Lübecker Oberstaatsanwalt Wille mutmaßt, der BND enthalte ihm wichtige Informationen vor.

Nun, Wille hat recht, denn in der Mordnacht soll sich nach Angaben eines ranghohen Bonner Beamten mindestens ein BND-Mitarbeiter der Abteilung 1 (Operative Aufklärung) in Barschels Hotel aufgehalten haben, möglicherweise sogar mehrere. Es muss somit eine Barschel-Akte beim BND über die Vorkommnisse in der Mordnacht geben. Jenem ranghohen deutschen Beamten, der in diesem Zusammenhang Aussagen machen könnte, würde im Falle, dass er dies täte, der Verlust seiner Pension und seines Arbeitsplatzes drohen, denn er ist zur Verschwiegenheit verpflichtet. Zudem erhielt er einen Anruf, in dem er schlicht auf »die hohe Zahl der Verkehrstoten in Deutschland« hingewiesen wurde. Dann verschaffte sich auch noch ein Unbefugter Zutritt in seine Wohnung. Dieser durchsuchte die Wohnung nicht, sondern legte ganz offenkundig ausschließlich Wert darauf, einen deutlichen Hinweis für sein Eindringen zu hinterlassen, und platzierte eine von dem Beamten abonnierte Zeitschrift aus dem Briefkasten deutlich sichtbar auf einem Tisch in der Wohnung. Da der ranghohe Beamte und seine Frau beruflich außer Haus waren und kein anderer Zutritt zur Wohnung hatte, verstand das Ehepaar dies als eine »Mahnung an die Beamtenpflichten«.

Auch andere Geheimdienste waren im Hotel »Beau Rivage« präsent. Doch die CIA teilte am 9. Dezember 1996 zum Fall Barschel schriftlich mit: »Aus grundsätzlichen Erwägungen wird der CIA irgendwelche Behauptungen über geheime Beziehungen weder bestätigen noch dementieren.« Wenn der BND wirklich trotz seiner Zusammenarbeit mit 200 Geheimdiensten der Welt und mindestens einem eigenen Mann vor Ort keine Anhaltspunkte dafür hätte, wer Barschel wirklich ermordete, wäre er sein Geld nicht wert. Auch wenn man vielleicht dementieren wird: Beim BND gibt es eine »Akte Barschel«. Es ist höchst fraglich, ob der Fall Barschel ähnlich wie der Kennedy-Mord über Jahrzehnte zumindest für die Öffentlichkeit ein Geheimnis bleiben kann.

So weit Ulfkotte. Das weitere Geschehen wird im »Gesamtbericht« wie folgt beschrieben:

Der Unterzeichner hat unmittelbar nach Erscheinen des Buches telefonisch Kontakt zu Udo Ulfkotte aufgenommen. Dieser hatte zunächst in Aussicht gestellt, einen Kontakt zu seinem Informanten herzustellen. Bei einem erneuten Telefonat am 06.08.1997 erklärte Ulfkotte dem Unterzeichner, dass er zwischenzeitlich Kontakt mit dem hohen Bonner Beamten, seinem Informanten, gehabt habe. Dieser habe ihn, Ulfkotte, eindringlich gebeten, der Staatsanwaltschaft Lübeck seine Erreichbarkeit nicht mitzuteilen. Es dürfe weder der Name noch die Telefonnummer genannt werden. Ulfkotte berichtete, sein Informant habe ihn dahin gehend informiert, dass derzeit im Bundeskanzleramt eine Befragung aller derjenigen Personen durchgeführt werde, die – erlaubtermaßen – mit ihm im Rahmen der Recherchen zu seinem Buch Kontakt gehabt hätten. Dazu würden auch die im Kanzleramt vorhandenen Telefonlisten ausgewertet werden. Von allen Beamten würden dienstliche Erklärungen bzgl. des Umfanges des Kontaktes mit Ulfkotte abverlangt. Ulfkotte berichtete weiter, dass die Angaben seines Informanten auf die Angaben eines Mitarbeiters des BND zurückgehen würden. Dieser müsse ebenfalls unbekannt bleiben, da diesem ansonsten gravierende dienstrechtliche Sanktionen drohen würden. Es sei nach Angaben seines Informanten völlig ausgeschlossen, dass dieser BND-Mitarbeiter von seinem Dienstherrn eine Aussagegenehmigung gegenüber der Staatsanwaltschaft Lübeck erhalten werde. Ulfkotte erklärte weiterhin sehr eindringlich, dass es zum Schutze seines Informanten und auch zum Schutze des BND-Mitarbeiters unabdingbar sei, dass diese anonym blieben. Mithin sei das in Aussicht genommene Treffen mit seinem Informanten nunmehr als nicht mehr möglich anzusehen.

Der Unterzeichner hat sich mit Schreiben vom 07.08.1997 sowohl an den Staatsminister im Bundeskanzleramt Schmidbauer als auch an den Präsidenten des BND gewandt und unter Hinweis auf die Angaben des Ulfkotte in seinem Buch *Verschlusssache BND* um Auskunft gebeten, ob der »ranghohe Bonner Beamte« bzw. der BND-Mitarbeiter für den Fall, dass die Staatsanwaltschaft Lübeck die jeweilige Person ermitteln könnte, eine Aussagegenehmigung zur Aussage als Zeuge bei der Staatsanwaltschaft Lübeck erhalten würde.

Der BND hat durch seinen Vizepräsidenten mit Schreiben vom 14.08.1997 dem Unterzeichner mitgeteilt, seit dem Schreiben des Abteilungsleiters Sicherheit/Abwehr des Bundesnachrichtendienstes vom 28.02.1997 auf die hiesige Anfrage vom 13.01.1997 seien dort keine neuen Erkenntnisse angefallen. Weiter heißt es in dem Schreiben, die Aussage Dr. Ulfkottes in seinem Buch *Verschlusssache BND,* »[...] in der Mordnacht soll sich nach Angabe eines ranghohen Bonner Beamten mindestens ein BND-Mitarbeiter der Abteilung 1 (Operative Aufklärung) in Barschels Hotel aufgehalten haben, möglicherweise sogar mehrere«, sei falsch. Mitarbeiter des Bundesnachrichtendienstes hätten sich zur fraglichen Zeit nicht »in Barschels Hotel« aufgehalten. Dieses habe Herr Präsident Dr. Geiger bereits dem *Spiegel* gegenüber erklärt. Abschließend wird in dem Schreiben des Vizepräsidenten des BND Folgendes ausgeführt: »Laut *Focus* (29/97 vom 14.04.1997 »Theater im Isartal«) beurteilt Dr. Ulfkotte die betreffende Buchpassage selbst wie folgt (Zitat): […] er (Ulfkotte) habe ›nicht den geringsten Beweis‹, der Mordsatz sei ihm ›nur so reingerutscht‹.«

Im Antwortschreiben des Bundeskanzleramtes vom 21.08.1997 wird u. a. Folgendes ausgeführt: »In Ihrem Schreiben beziehen Sie sich auf eine Passage in dem Buch *Verschlusssache BND* des Autors Ulfkotte, wonach sich in der Nacht des Todes von Dr. Dr. Barschel ein oder mehrere BND-Mitarbeiter in dem Hotel von Dr. Dr. Barschel aufgehalten haben sollen.

Der Bundesnachrichtendienst hat Ihnen zu dieser Passage mit Schreiben vom 14.08.1997 bereits mitgeteilt, dass diese laut Autor Ulfkotte von einem ›Bonner Beamten‹ stammende Angabe falsch ist, weil sich in der fraglichen Zeit keine Mitarbeiter des Bundesnachrichtendienstes im Hotel von Dr. Dr. Barschel aufgehalten haben. Dem ist von hier aus nichts hinzuzufügen, insbesondere liegen hier keine Informationen vor, die zu einer anderen Bewertung führen. Die Bundesregierung, die an der Aufklärung der Umstände des Todes von Dr. Dr. Barschel ein nachhaltiges Interesse hat, wird – entsprechend der von Ihnen erwähnten Weisungslage, die fortbesteht – auch weiterhin alles tun, um die Ermittlungen der Staatsanwaltschaft zu unterstützen.«

Als sehr überzeugend habe ich die Dementis nicht angesehen; Fragezeichen bleiben. Immerhin hat der Autor das Dementi erst »nach der Buchpräsentation« verbreitet. Auch kann es nicht verwundern, dass er »nicht den geringsten Beweis« für seine Angaben hatte, da sein Informant nicht mehr zu der Sache stand. Und ob einem Autor solche Aussagen wirklich »nur so reingerutscht« sein können, sollte jeder für sich selbst beurteilen. Aber immerhin musste der »Gesamtbericht« einräumen:

Weitere erfolgversprechende Ermittlungsansätze sind in dieser Spur nicht ersichtlich.

Ende August 1997 wurde Generalstaatsanwalt Erhard Rex in sein neues Amt eingeführt. Der frühere Stellvertreter des Generalstaatsanwalts in Braunschweig war zuletzt Behördenleiter der Staatsanwaltschaft Hannover gewesen. Sein früherer Chef erklärte mir später einmal, dass er die Wahl sehr begrüße. Justizminister Gerd Walter habe sich ganz offenbar nur an sachlichen Gesichtspunkten orientiert, »einen so konservativen Mann zu ernennen«.

Gegenüber der Journalistin Kerstin Kampe kündigte Rex an, seine Familie werde erst in einem Jahr nach Schleswig nachkommen, »wenn sein 17-jähriger Sohn Abitur gemacht habe«. Bis heute ist die Familie nicht umgezogen; offenbar ist die Anziehungskraft der Justizprovinz Schleswig so überragend nicht. Auch sein Amtsvorgänger hatte, nachdem er kurzfristig den Wohnsitz nach Schleswig verlegt hatte, wieder die Flucht ergriffen.

Schleswig ist die »Justizhauptstadt« des Landes Schleswig-Holstein. Dies ist sie nicht aus Tradition, sondern wurde es nach dem Kriege aus strukturpolitischen Gründen. Nach der Auflösung des Landes Preußen gab es keinen preußischen Oberpräsidenten mehr, der zuvor seinen Sitz in Schleswig gehabt hatte. Die Landesregierung nahm ihren Sitz in Kiel, sodass für Schleswig als Kompensation der Gerichtsstandort abfiel. Nachdem unter Björn Engholm auch noch das Oberverwaltungsgericht in Schleswig seinen Sitz genommen hat, steht zu befürchten, dass – gewissermaßen als Krönung – jetzt auch das Landesverfassungsgericht dorthin zieht. Damit wäre die totale Verprovinzialisierung der schleswig-holsteinischen Justiz dann abgeschlossen.

Die allseits positive öffentliche Resonanz auf die Amtseinführung von Erhard Rex enthielt bereits die ersten Signale: »Barschel-Akte als erste Aufgabe« (Erich Maletzke im *Flensburger Tageblatt*) und »Neuanfang mit altem Problem« (Kerstin Kampe in den *Lübecker Nachrichten*).

Am 11. September 1997 fand mit dem neuen Generalstaatsanwalt und mir eine Besprechung beim Staatssekretär statt. Erörtert werden sollte das weitere Vorgehen im Fall Barschel. Weitere Gespräche folgten. Am 23. September 1997 besucht Rex die Staatsanwaltschaft Lübeck. Wir sind uns einig, dass es »noch Restermittlungen gibt«, wie der neue Generalstaatsanwalt im Pressegespräch darlegt: »Was noch getan werden muss, wird nach der Strafprozessordnung getan und ich werde meinen Beitrag dazu leisten.«

Mit einer anderen Formulierung konnte ich mich indessen nicht identifizieren: »Wir tasten uns wie ein Blinder im Nebel voran, um der Wahrheit ein Stück näher zu kommen.« In einem anschließenden Interview mit *Radio Schleswig-Holstein* verwendete Rex dann allerdings eine Formulierung, die wiederum meine volle Zustimmung hätte finden können: »Es handelt sich um einen ganz spektakulären Mord, der Schleswig-Holstein in den letzten zehn Jahren innerlich beschäftigt hat, und daher ist es eigentlich eine dankenswerte Aufgabe, die der Leitende Oberstaatsanwalt in Lübeck übernommen hat, Licht in das Dunkel dieser Affäre zu bringen und auch noch das Letzte zu versuchen, um hier der Wahrheit ein Stück näher zu kommen.«

Auf Wunsch von Rex wurde dann allerdings diese Aussage nicht gesendet; vermutlich wegen der Formulierung: »Es handelt sich um einen ganz spektakulären Mord […]«.

Jede wichtige Ermittlung, verfügte Rex, unterliege künftig der Genehmigung des Generalstaatsanwalts. Dies mag ungewöhnlich erscheinen, und unter anderen Vorzeichen hätte ich sicherlich auch grundsätzliche Bedenken dagegen gehabt. In diesem Falle hatte ich keine Probleme damit, da ich jetzt einem Praktiker gegenübersaß. Meine Überzeugung, dass er sachlich gut begründete Ermittlungen auch akzeptieren würde, sollte mich nicht trügen. Das letztlich reduzierte Maß der Ermittlungen entsprach meiner Grundüberzeugung, dass es jetzt im Wesentlichen um verantwortliche Beweissicherung ging und um das Aufgreifen und Abarbeiten neuer Spuren nur dann, wenn wider Erwarten neue Erkenntnisse zu erwarten wären. Maßstab dafür war für mich die Frage, ob eine Spur uns konkrete Anhaltspunkte für mögliche Motive des Mordes an Uwe Barschel oder Hinweise auf den oder die Täter bieten konnte. Dieses zeichnete sich in den letzten Monaten nicht mehr ab. Die an den Ermittlungen beteiligten Staatsanwälte und die Mitglieder der EG Genf waren allerdings überzeugt, dass weitergehende Ermittlungen, als ich sie für notwendig hielt, erfolgen müssten.

Der Zeuge Bani-Sadr sagt aus

Auf jeden Fall wurde die Vernehmung des Zeugen Abolhassan Bani-Sadr weiterhin vorangetrieben. Ein erneutes Rechtshilfeersuchen war nach Frankreich übermittelt worden; die bereits erwähnte formlose Anhörung des Zeugen durch Pariser Kriminalbeamte am 30. Juni 1997 hatte stattgefunden. Im »Gesamtbericht« heißt es dazu, der Zeuge habe erklärt:

a) er besäße weitere Informationen als diejenigen, die er den Zeitungen *Spiegel* und *FAZ* gegeben habe, und habe neue Erkenntnisse in dieser Sache gewonnen,

b) er kenne weitere Personen, die Informationen über die Sache haben könnten,

und

c) er sei bereit, Angehörige der deutschen Polizei und Justiz zu empfangen, um im Rahmen dieser Sache angehört zu werden.

Mit zusätzlichem Rechtshilfeersuchen vom 26.08.1997 wurde dann um richterliche Vernehmung des Zeugen Bani-Sadr im Beisein deutscher Ermittlungsbeamter gebeten, nachdem zuvor abgeklärt worden war, dass der zuständige Richter erst im Oktober zur Verfügung stünde.

Aufgrund dieses Rechtshilfeersuchens wurde am 13.10.1997 die zeugenschaftliche Vernehmung des Bani-Sadr in Paris durchgeführt. Anwesend bei der Vernehmung war seitens der Staatsanwaltschaft Lübeck Staatsanwalt Kruse. Der zuständige Untersuchungsrichter hat – wie er gegenüber Staatsanwalt Kruse erklärte, aus Zeitmangel – die Vernehmung nicht selbst durchgeführt, sondern diese an die Kriminalpolizei delegiert.

In dieser Vernehmung machte der Zeuge Bani-Sadr u. a. folgende Angaben:

»Nach Beginn des Krieges zwischen dem Iran und dem Irak im Juni 1981 haben sich drei Gruppen für den Waffenkauf von Deutschland und anderen Ländern gebildet; wir haben versucht, diese drei Ausschüsse zu reorganisieren, und haben gesagt, ein einziger Ausschuss sei ausreichend. Der Verteidigungsrat hat einen davon ausgewählt, aber die beiden anderen waren nach wie vor inoffiziell tätig. Ein Ausschuss wurde von Herrn Sadegh Tabatabai geleitet, der in Deutschland studiert hatte und sehr gute Verbindungen zum deutschen Außenminister Hans-Dietrich Genscher unterhielt. Der andere Ausschuss wurde von Herrn Mohsem Rafighdoust geleitet, der damals Leiter des Logistikbüros der Revolutionsgarden war. Nach Juni 1981 wurde der offizielle Ausschuss aufgelöst und die beiden inoffiziellen Ausschüsse wurden offiziell. Herr Rafighdoust wurde somit Hauptwaffeneinkäufer für den Iran; Herr Tabatabai wurde vom Imam Khomeini gezwungen, seinen Platz zu räumen und ihm seine Verbindungen und Kenntnisse in der Sache offenzulegen.

Inzwischen war Herr Alexander Haig Außenminister der USA geworden. Als ehemaliger Befehlshaber der NATO-Truppen in Europa hatte er viele Verbindungen zu Deutschland. Herr Rafighdoust stellte den Kontakt zwischen Herrn Haig und Herrn Rafsandjani her. Herr Haig hatte Verbindungen zu Deutschland in Sachen Bewaffnung. So wurde Deutschland Waffenlieferant und ein Zentrum für den Waffenkauf. Der Sohn von Khomeini kontrollierte die Waffenkäufe bis zum Tode seines Vaters. Herr Barschel stand mit dem Sohn des Imam Khomeini, Ahmad, in Verbindung. Letzterer besaß ein Anwesen in der Schweiz, wohin er regelmäßig reiste, um die Waffenkäufe aus Deutschland zu überwachen.

Herr Tabatabai ist der Schwager von Ahmad Khomeini; auch er hatte sein Büro in der Schweiz, und so wurde dieses Land zum Kontrollzentrum aller Aktivitäten des Iran in Westeuropa, und zwar auf allen Ebenen. Durch diese Verbindungen erhielten wir – durch Quellen in der Armee und bei den Revolutionswächtern, aber auch im Außenministerium – zum ersten Mal Kenntnis von der Existenz des

Herrn Barschel, das war also im September 1984. Was mich betrifft, so wurde mir der Name Barschel im September 1984 mitgeteilt, und zwar im Rahmen der Irangate-Affäre. Insbesondere ging es dabei um eine Waffenlieferung auf dem Flughafen von Teheran, die aus deutschen NATO-Lagern stammt. [...] Ich wollte damals wissen, welche Rolle Herr Barschel spielte. Deutschland spielte zwei Rollen, einmal als Vermittler von Waffenkäufen für den Iran und dann als direkter Waffenlieferant. Herr Barschel spielte die Hauptrolle; er spielte offiziell die Rolle eines deutschen Ministers, aber inoffiziell diente er als Vermittler. Genscher spielte den offiziellen Part und Barschel spielte dieselbe Rolle, aber inoffiziell. Barschel stand in Verbindung mit den Amerikanern und ich dachte damals, dass sein Tod im Zusammenhang mit der Affäre des Oberst North und der Irangate-Affäre stände. Aus dem Grund habe ich damals auf einen Mord geschlossen. Ich weiß, dass die Treffen zwischen Oberst North und unseren Abgesandten in Deutschland stattfanden. Es ist uns klar, dass die Verbindungen über Deutschland liefen. Barschel spielte also die Rolle des Vermittlers von Waffenkäufen. Er traf die iranischen Abgesandten, wie ich vorhin erklärt habe, in der Schweiz; dabei handelte es sich insbesondere um die Herren Tabatabai und Rafighdoust. Nach seiner Ermordung wurde uns von im Iran verbliebenen Quellen mitgeteilt, dass dieser Tod mit den Waffenkäufen in Verbindung stehe.

[...] Wir erhielten die Antwort, dass Khomeini folgende Anordnung gegeben hatte: Wenn jemand etwas über die Rolle Deutschlands bei den Waffenverkäufen an den Iran offenlegen würde, so müsse er wegen der wichtigen Rolle, die Deutschland in dieser Sache spielte, beseitigt werden. Als Herr Barschel tot aufgefunden wurde, habe ich von meinen iranischen Quellen erfahren, dass er ermordet worden sei, weil er die Absicht hatte, die ganze Affäre offenzulegen.«

Der Zeuge Bani-Sadr erklärt dann weiter, er habe seit dem letzten Besuch (gemeint ist offensichtlich der letzte Besuch der Kriminalpolizei anlässlich der Vernehmung vom 20.06.1997) fünf ernsthafte Bedrohungen gegen seine Person erhalten, weil man zu wissen scheine, dass er die Absicht habe, in der Barschel-Affäre auszusagen. Der Zeuge Bani-Sadr äußert dann seine Vermutung, dass Dr. Barschel vom Regime der Mullahs bezahlt worden sei.

Auf Frage, wer die eventuellen Mörder von Herrn Dr. Barschel bzw. die Auftraggeber seien, welche Personen also in diesen Mord verwickelt seien und wo diese sich zurzeit befänden, antwortete der Zeuge: »Ich weiß nicht, wer diesen Mord letzten Endes begangen hat, aber die Identität der Auftraggeber ist mir bekannt. Zunächst ist da natürlich der Imam Khomeini; Chef der Streitkräfte war aber damals Rafsandjani, daher war auch er es, der mit allem zu tun hatte, was die Bewaffnung betraf. Er brauchte jedoch die Zustimmung von Ahmad Khomeini. Letzterer hatte wie gesagt seine Villa in Zürich. Tabatabai hatte sein Büro in Genf. Rafighdoust war am Todestag von Barschel in Genf.«

Auf die Frage, woher er diese Informationen habe, erklärte der Zeuge: »Von meinen Verbindungsleuten im Iran, deren Netz von der Vavak über die Pasdarans, das Außenministerium bis hin zu den Streitkräften reicht.«

Auf die weitere Frage, wann er erfahren habe, dass Majedi am Tage der Ermordung von Barschel in der Schweiz war, erklärte der Zeuge, dies sei am 09.06.1997 gewesen.

Auf die Frage nach weiteren Personen, die Angaben zum Sachverhalt machen können, erklärte der Zeuge, er glaube, dass Tabatabai »gewisse Einzelheiten zu dieser Angelegenheit weiß«. Dieser soll einen Wohnsitz in Düsseldorf haben, wo er regelmäßig anzutreffen sei. Als weiterer Zeuge wird Mesbahi Aboulghassem benannt. Eine Adresse wird nicht mitgeteilt. Zudem weist der Zeuge Bani Sadr auf eine weitere Person hin, die angeblich viele Informationen erhalten habe, nämlich den R., einen Offizier der Pasdaran, der sich gegenwärtig unter einer dem Zeugen Bani-Sadr nicht bekannten Adresse in Schweden aufhalten soll. Dessen Erreichbarkeit wird jedoch ermittelt werden können.

Der Zeuge Bani-Sadr hat dann in Ablichtung einige Unterlagen übergeben. Darunter befindet sich auch der Auszug aus dem Terminkalender des Zeugen Messerer für den 09.10.1987. Diesen Auszug will der Zeuge Bani-Sadr nach eigenem Bekunden am 09.06.1997 erhalten haben. Aus den übrigen Unterlagen, die aus dem Französischen bzw. dem Farsi zwischenzeitlich übersetzt worden sind, ergeben sich keine für das Ermittlungsverfahren wichtigen Erkenntnisse. Der Zeuge hat zudem in Aussicht gestellt, er könne von den von ihm benannten Personen in den nächsten Monaten Fotos beschaffen. Diese liegen bisher nicht vor. Nachfrage wurde bisher nicht gehalten.

Staatsanwalt Kruse hat in einem Vermerk vom 17.10.1997 bzgl. der Vernehmung und der Vernehmungsvorbereitung u. a. Folgendes zu den Akten niedergelegt:

»Für Montagmorgen, den 13.10.1997, war um 11:00 Uhr eine Vorbesprechung der auf 16:30 Uhr desselben Tages gelegten Vernehmung mit dem dienstältesten Untersuchungsrichter am Landgericht Paris, Herrn H., vorgesehen. Nachdem ich gemeinsam mit (zwei) Kriminalbeamten im Dienstzimmer des Richters eingetroffen war, wurde uns mitgeteilt, dass dieser verhindert sei und nicht vor 14:00 Uhr zur Verfügung stünde. Ich habe dann mit Hilfe des zwischenzeitlich eingetroffenen Dolmetschers erfahren können, dass die vorbezeichneten Kriminalbeamten ebenfalls an der geplanten Vernehmung teilnehmen würden, und habe dementsprechend mit ihnen eine Vorbesprechung durchgeführt. Dabei habe ich die wesentlichen Anliegen der Staatsanwaltschaft Lübeck verdeutlicht.

Gegen 14:00 Uhr fand dann die eigentliche Vorbesprechung mit dem Ermittlungsrichter statt. Dabei wurde schnell klar, dass der Ermittlungsrichter nicht beabsichtigte, persönlich an der Vernehmung teilzunehmen.

Ich habe ihn unter Hinweis auf den Rechtshilfevorgang und auch die deutschen Rechtsvorschriften eindringlich gebeten, dafür Sorge zu tragen, dass ein zuständiger Ermittlungsrichter die Vernehmung durchführt. Herr H. bedeutete mir, dass er – wenn es denn unbedingt für erforderlich gehalten werde – nur selbst die Vernehmung führen würde: Dem französischen Rechte nach sei dieses jedoch entbehrlich, da er die o. g. Kriminalbeamten mit der Vernehmung beauftrage, die Vernehmungsniederschrift später zeichne und das Dokument damit den von mir eingeforderten Charakter erhalte.

Da Herr H. mir ebenfalls bedeutete, auf keinen Fall am selben Tage zur Verfügung zu stehen, sondern erst – was darüber hinaus eine Abstimmung mit dem Zeugen Bani-Sadr erfordert hätte – Tage später, habe ich mich mit der Situation zufriedengegeben und auf die persönliche Leitung der Vernehmung durch einen Richter verzichtet. Dies geschah auch aus der Erwägung heraus, dass man im Falle bahnbrechender Angaben des Zeugen Bani-Sadr zum Todesgeschehen Dr. Barschels jedenfalls nach wenigen Tagen auf einen Richter als Vernehmungsperson hätte Rückgriff nehmen können, da ich mich vor Ort befand und erklärtermaßen Zugriffsmöglichkeiten bestanden.

Die Vernehmung selbst fand [in der] Wohnung des Zeugen Bani-Sadr in X statt. Vernehmungsbeginn war etwa 16:50 Uhr, nachdem wir gegen 16:30 Uhr pünktlich dort eingetroffen waren. Neben den in der Vernehmungsniederschrift genannten Personen (Zeuge Bani-Sadr, ein Kriminalbeamter, ein Polizeibeamter, ein Dolmetscher und der Unterzeichner) nahmen noch zwei Vertraute des Zeugen Bani-Sadr, deren Namen mir unbekannt geblieben sind, mit ausdrücklicher Erlaubnis des vernehmenden Polizeihauptmanns an der Vernehmung teil. Diese Vertrauten dienten ersichtlich auch dem Schutze der Person Bani-Sadrs. Im Einzelnen:

Auf meine erste Frage hin gab der Zeuge Bani-Sadr zunächst eine längere Erklärung im Zusammenhang ab, die zusammengefasst ins Protokoll aufgenommen und mir dann übersetzt wurde. Der Zeuge Bani-Sadr machte bereits in dieser Eingangserklärung deutlich, dass er ›dachte‹, dass Dr. Barschels Tod im Zusammenhang mit der Irangate-Affäre stünde und er aus diesem Grunde damals auf einen Mord ›geschlossen‹ habe. Dr. Barschel habe eine Hauptrolle als Vermittler für den Iran betreffende Waffenlieferungen gespielt. Wie der Zeuge Bani-Sadr aus iranischen Quellen erfahren haben will, habe Dr. Barschel die Absicht gehabt, die ›ganze Affäre‹ offenzulegen, und sei deswegen ermordet worden. Auf meine intensiven Nachfragen zu Kenntnissen zum konkreten Tötungsgeschehen bzw. Identitäten der Täter und Auftraggeber konnte der Zeuge Bani-Sadr keine konkret nachvollziehbaren Angaben machen. Er bezeichnete jedoch der damaligen iranischen Führungsebene zuzuzählende Personen als Auftraggeber für den Mord. Diese Informationen will der Zeuge Bani-Sadr von im Iran befindlichen Verbindungsleuten erlangt haben.

Zur Untermauerung seiner Angabe, dass die von ihm ebenfalls im Kreis der Täter/Auftraggeber gesehenen Personen Majedi und Rafighdoust am Tag der Ermordung Dr. Barschels in der Schweiz gewesen seien, überreichte der Zeuge Bani-Sadr die Ablichtung einer hier bereits bekannten Auflistung von Namen. Dabei handelt es sich um die Ablichtung aus dem Terminkalender des Zeugen Josef Messerer, welcher bereits eingehend – richterlich – zu dem Komplex vernommen wurde. Der Zeuge Bani-Sadr gab an, diese Liste von einem deutschen Journalisten erhalten zu haben, schien jedoch seine Angaben durch die Präsentation der Liste nachhaltig untermauern zu wollen. Aus seinen Angaben lässt sich schließen, dass er über den Ursprung der Aufzeichnung nicht informiert war, da er auf Nachfrage dazu angab, nicht zu wissen, aus welchem Staatsapparat sie stamme, ob sie aus den Verbindungen zur Vavak (iranischer Geheimdienst), zu den Pasdarans (Revolutionswächter) oder aus anderen Verbindungen stamme.

Nach Einschätzung der französischen Beamten – die den Zeugen Bani-Sadr bereits aus früheren Vernehmungen kennen – und der Einschätzung des Unterzeichners stellt der Zeuge Bani-Sadr zu den Genfer Ereignissen, welche zum Tod Dr. Barschels geführt haben, lediglich Vermutungen an und verfügt über keine näheren Beziehungen zu etwaigen Tatzeugen. Was genau die von ihm auf Seite 5 der Vernehmungsniederschrift benannten Zeugen zum Todesgeschehen bekunden sollen, ist trotz intensiver Nachfrage meinerseits nicht klar geworden. Es steht vielmehr zu erwarten, dass vorgenannte Zeugen und auch die ebenfalls von dem Zeugen Bani-Sadr benannten Zeugen Genscher, Haig und McFarlane (der Auffassung des Zeugen zufolge) nur Angaben zu den behaupteten Tätigkeiten Dr. Barschels im internationalen Waffenhandel werden machen können.«

Zur weiteren Abklärung und Ergänzung der Angaben des Zeugen Bani-Sadr war beabsichtigt, den R. zu vernehmen. Da der Zeuge Bani-Sadr bzgl. R. keinen genauen Aufenthaltsort mitteilen konnte, sondern nur die Angabe machte, dieser solle sich – vermutlich – als politischer Flüchtling/Asylant in Schweden aufhalten und dort wegen seiner Gefährdungssituation versteckt untergebracht worden sein, wurden die Nordischen Verbindungsbeamten beim Bundeskriminalamt mit Fax-Schreiben vom 06.11.1997 gebeten, die Erreichbarkeit von R. zu ermitteln. Mit Fax-Schreiben vom 04.12.1997 teilten die Nordischen Verbindungsbeamten beim BKA mit, »weder in Schweden noch in Norwegen war es möglich gewesen, R. zu identifizieren«.

Konkrete Anhaltspunkte über Erkenntnisse des früheren Außenministers Genscher hat der Zeuge Bani-Sadr nicht geben können, ebenso wenig hinsichtlich des iranischen Staatsangehörigen Tabatabai, der sich zudem vom iranischen Staat nicht losgesagt hat. Der Zeuge M. hat nach Auskunft des zuständigen Dezernenten beim Generalbundesanwalt für den »Mykonos«-Prozess erklärt, er könne in der vorliegenden Sache keine Angaben machen.

So weit der »Gesamtbericht«. Die Recherche nach dem Informanten in Schweden war zweifelsohne erforderlich. Sie war ursprünglich nicht vorgesehen und wurde von Generalstaatsanwalt Rex genehmigt. Bei erfolgreicher Suche nach diesem Informanten hätten sich möglicherweise weiterführende Ansätze ergeben können, die es jetzt nicht gab, sodass auch diese Spur »ausermittelt« war.

Barschels Schuh

Alles konzentrierte sich nun auf die Diskussion der Beweislage im Zusammenhang mit der Interpretation der Schuhe, insbesondere des linken Schuhs im Badezimmer, der Verfärbung auf dem Badewannenvorleger und dem Handtuch. Hierzu war – auch auf Betreiben des Generalstaatsanwalts – zusätzlich ein Ledersachverständiger eingeschaltet worden, nämlich der Leiter der Materialprüfanstalt des renommierten Instituts Gerberschule Reutlingen, Diplom-Chemiker Joachim Lange. Ihm war bereits im März des Jahres von einem Kriminalbeamten der rechte Schuh Uwe Barschels übergeben worden. Lange hatte festgestellt, dass auch bereits bei erwärmtem Wasser das Leder stark ausfärbte, wobei von der Badematte allerdings nur ein Foto vorlag. Die Verfärbungen darauf wurden vorläufig als Wischspuren interpretiert.

Daraufhin fuhr Staatsanwalt Sönke Sela persönlich zu Lange. Dieser war aus gesundheitlichen Gründen nicht mehr Leiter des Instituts, aber noch als vereidigter Sachverständiger tätig. Sela hatte beide Schuhe von Uwe Barschel sowie den Badewannenvorleger mitgebracht. Die Sachen wurden von dem Sachverständigen ausführlich in Augenschein genommen. Lange bezweifelte im Gespräch, dass die Verfärbungen von einem Lösungsmittel stammten, und erhielt den ausdrücklichen Auftrag von Staatsanwalt Sela, sich hierzu gutachterlich zu äußern. Diese Stellungnahme war am Nachmittag des 7. April 1997 per Telefax bei der Staatsanwaltschaft Lübeck eingegangen.

Die Frage, ob ein Lösungsmittel – DMSO oder Ähnliches – zum Einsatz gekommen war, war sicherlich wichtig für die Antwort auf die Grundfrage, ob Mord anzunehmen war oder Selbstmord infrage kam. Der Einsatz eines solchen Lösungsmittels oder überhaupt die Existenz desselben im Zusammenhang mit dem Tode Uwe Barschels konnte mit Sicherheit nicht in Übereinstimmung mit der Version Selbstmord gebracht werden. Kein Selbstmörder würde sich mit Hilfe eines solchen Mittels das Leben nehmen. Der Einsatz dieses nur Insidern und speziell Tiermedizinern bekannten Stoffes würde nur im Zusammenhang mit einem Mord ernsthaft zu diskutieren sein. Deshalb wurde sicherlich auch zu Recht vom Generalstaatsanwalt auf diese Frage Gewicht gelegt.

Am Montag, den 7. April, ging die gutachterliche Stellungnahme von Lange per Telefax bei der Staatsanwaltschaft Lübeck ein. Über die voraussichtliche inhaltliche Tendenz hatte mich Staatsanwalt Sela bereits am Freitag zuvor telefonisch informiert: Auch warmes Wasser könnte die Verfärbung des Vorlegers verursacht haben. Lesen konnte ich den Text noch nicht, da ich ganztägig ins Kieler Justizministerium zitiert worden war, um mit dem »Trio« Walter/Jöhnk/Ostendorf über das Verfahren zu sprechen. Diese Diskussionen zogen sich noch in den Folgetag hin, sodass ich erst am Nachmittag des 8. April meinen überhäuften Schreibtisch in Lübeck wiedersah. Zunächst musste ich mich dem 114 Seiten langen Entwurf eines dringlichen Zwischenberichts an den Minister zuwenden, der noch am selben Tage dorthin gefaxt werden sollte. Noch zuvor rief der über Interna des Generalstaatsanwalts erneut gut informierte Journalist Thomas Schunck vom *Flensburger Tageblatt* an. Offenbar wusste er bereits von der Existenz und dem Inhalt des fraglichen Gutachtens.

Den Informationsweg konnte ich später aus einer internen Akte des Generalstaatsanwalts rekonstruieren, deren Kopie auch zu meiner Disziplinarakte genommen worden war. In einem Vermerk von Henning Lorenzen heißt es:

Am 8. April 1997 ist hier bekannt geworden, dass hinsichtlich der sog. Schuh-Spur bei der Staatsanwaltschaft Lübeck ein neues Gutachten vorliegt mit dem Ergebnis, dass danach DMSO als Lösungsmittel ausscheiden soll.

Der Generalstaatsanwalt und Herr AL [Abteilungsleiter] 1 sowie Oberstaatsanwalt [Wolfgang] Zepter sind ebenso (mündlich) unterrichtet wie (fernmündlich) Staatssekretär Jöhnk.

Vergessen hatte er vermutlich den Hinweis, dass auch Schunck informiert wurde, der einen medialen »Dreierschlag« im *Flensburger Tageblatt* gegen mich führte: Aufmacher auf Seite 1: »Mordthese im Fall Barschel erschüttert«, Bericht im Innenteil: »Gefährdet Wille den Kompromiss mit dem Minister?«, zusätzlicher Kommentar: »Der Chefermittler und das neue Gutachten – seriöse Hände?«.

Als Disziplinarvergehen wurde mir später angelastet, das Gutachten nicht mit dem gebotenen Tempo nach Schleswig geschickt zu haben – wo es doch offenbar bereits auf anderem Wege dorthin gekommen war. Zudem hätte ich es ohne Weiteres auf Wunsch bereits zwei Tage später dem Generalstaatsanwalt in die Hand drücken können, da ich am 10. April zur Fortsetzung der Gespräche erneut ins Ministerium fahren durfte. Aber dann hätte man mich nicht so gezielt auflaufen lassen können, um ein Dienstvergehen zu konstruieren.

Polyuretanlack und Dimethylsulfoxid

Der weiteren Diskussion zum Thema Schuh/Badematte sah ich mit Gelassenheit entgegen. Der kontroverse Austausch von Argumenten hatte sich bislang nur schriftlich abgespielt und sich auf die Frage der Abfärbung konzentriert. In der ersten gutachterlichen Äußerung des Sachverständigen Joachim Lange hatte dieser noch auf eigene Untersuchungen zurückgegriffen und festgestellt, dass auch Wasser in der Lage war, die Schuhfarbe in nennenswerter Weise aus dem Leder herauszulösen, wobei der intakte rechte Schuh über drei Stunden bei 37 Grad in einem »Hydrotester« gewesen und zudem Pressungen ausgesetzt war. Der linke Schuh lag noch nicht vor und von der Badematte lediglich ein Foto. Auf dieser Grundlage kam der Sachverständige zu dem Ergebnis, »dass der Schuh möglicherweise mit dieser Matte auf seiner Oberfläche abgewischt worden ist«.

Die zweite gutachterliche Äußerung vom 7. April 1997 beruhte nicht auf eigenen Untersuchungen, sondern auf dem Augenschein des vorgelegten Schuhs und der Badematte. Da der »Quartierbereich« im hinteren Teil des Schuhs farblich nicht beeinträchtigt war, nahm der Sachverständige kein Überlaufen einer angefärbten Lösung an. Eine zusätzliche Lösemitteleinwirkung sah er als nicht nachgewiesen an. Als wahrscheinlicher sah er weiterhin an, dass der angezogene nasse Schuh mit der Badevorlage abgerieben wurde.

Die für mich interessante und insofern auch neue Aussage war, dass die Person, »die dieses Abwaschen vorgenommen hat [...] angefärbte Finger gehabt haben müsste«. Weiter: »Da sich Lederfarben aber oft von der menschlichen Haut schlecht wieder abwaschen lassen, dürfte diese Person nach dem Verlassen des Zimmers noch leicht braun angefärbte Finger gehabt haben.« Da Uwe Barschel keine braun angefärbten Finger hatte, war hier auf andere Weise ein starkes Indiz dafür vorhanden, dass auf jeden Fall mindestens eine weitere Person, die an der Tötung Uwe Barschels beteiligt gewesen sein muss, auch im Zimmer zugegen war.

Im Übrigen hatte das Gutachten von Lange zu drei relevanten Befunden in diesem Zusammenhang, die für mich klare Indizien für das Vorliegen eines Lösemittels – jedenfalls wie DMSO – waren, keine Aussage gemacht, sie nicht diskutiert und damit auch nicht infrage gestellt und abgelehnt:

1. Die morphologische Veränderung der Sohle des betreffenden linken Schuhs: Das Erscheinungsbild der Sohle war zerfurchter als das der Sohle des rechten Schuhs. Ferner war der vordere Teil an der Schuhspitze deutlich stärker beansprucht, als dies bei dem rechten Vergleichsschuh der Fall war. Die entsprechenden Zerfurchungen hätten natürlich auch andere Ursachen haben können, wenn beispielsweise Uwe Barschel die Gewohnheit gehabt hätte, ausgerechnet mit dem linken Fuß mit Steinen Fußball zu spielen. Erkenntnisse darüber hatten wir allerdings nicht.

2. Ein Versuch des Landeskriminalamtes, der nicht die oberen Spurenbilder auf der Bademate betraf, gab klare Hinweise darauf, dass es sich nicht nur um Wischspuren, sondern auch um Trittspuren handelte: Mittels UV-Licht war nachgewiesen, dass auch auf der Unterseite der Matte Konturen von Fußabdrücken zu erkennen waren. Dies konnte nicht allein mit Wischspuren erklärt werden.

3. Schließlich waren dort noch die Aluminiumflakes, also die Teile der Innenbeschriftung, die auch auf der Unterseite der Schuhsohle festgestellt worden waren und deren Ablösung allein durch Wasser nicht zu erklären war. Die Frage der Lackierung war zu diesem Zeitpunkt zwar noch nicht bekannt. Die bereits oben erwähnte Lackierung mit Polyuretanlack wurde erst in der Abschlussbesprechung von dem Sachverständigen des Landeskriminalamtes Dr. Norbert Buchholz dargestellt. Gleichwohl war diese dritte Gegebenheit für mich ein wichtiges Indiz – auch ohne jenen Lack.

Darüber hinaus gab mir noch eine Tatsache zu denken, die in dem ersten Gutachten des Landeskriminalamtes angesprochen war: Auch hier war indirekt von »Wischspuren« die Rede. Allerdings hieß es in diesem

Gutachten vom 4. April 1996, dass »eine quer über den gesamten Vorleger verlaufende, von oben nach unten sich verjüngende Spur zu erkennen ist, die am ehesten als Schleifspur einer Schuhspitze interpretiert werden kann«. Diesen Aspekt habe ich in der späteren Diskussion nicht weiterverfolgt. Aber der Gedanke, dass Wischspuren nicht unbedingt bedeuten müssen, dass mit der Bademattte der Schuh abgewischt worden ist (warum eigentlich?), sondern dass es sich auch um Schleifspuren handeln kann, bleibt für mich vorstellbar. Später sagte Lange, dass es Wischspuren »sein können«.

Die abschließende gemeinsame Diskussion der beiden sachverständigen Chemiker wurde also vorbereitet. In einer Besprechung bei Generalstaatsanwalt Rex mit seinem Stellvertreter, Leitender Oberstaatsanwalt Lorenzen, und dem dort zuständigen Dezernenten in Anwesenheit der Staatsanwälte Sela und Kruse, Oberstaatsanwalt Gosch und meiner Wenigkeit wurde die »Gutachtenlage« zu diesem Thema erörtert. Es wurden von Lange und Dr. Buchholz abschließende Gutachten angefordert, die kurzfristig zur Verfügung standen (am 15. und 23. Oktober), und zur abschließenden Diskussion am 25. November 1997 daraufhin eingeladen. Staatsanwalt Sela bereitete diese Diskussion souverän und umfassend vor, wobei seitens des Landeskriminalamts auch der Vorgesetzte von Dr. Buchholz, Dr. Klaus Krönke, teilnahm, ferner Rechtsanwalt Dr. Justus Warburg. Staatsanwalt Sönke Sela leitete die Veranstaltung fachlich. In dieser sehr intensiven Diskussion relativierte Lange seine These von den Wischspuren dahin gehend, dass sie »höchstens eher wahrscheinlich« sein dürften.

Neu war für alle die Feststellung, dass die Trittspuren, die sich auf den vorderen Schuhbereich beschränkten, von Uwe Barschel stammten und sich darüber hinaus unter den Fingernägeln der linken Hand ebenfalls Spuren mit bräunlicher Einfärbung fanden. Die Schlussfolgerung daraus war, dass Uwe Barschel mit dem linken Fuß mehrfach ausschließlich mit der Fußspitze aufgetreten sein und sich bei der Gelegenheit jedenfalls kurz mit den Fingern abgestützt haben muss. Ein dazu passendes Szenario erscheint zwar schwer vorstellbar. Für mich schien die wahrscheinlichste Erklärung, dass er sich möglicherweise mit letzter Kraft gegen ein Verbringen in die Wanne gewehrt hat.

Das Vorhandensein eines Lösungsmittels wie Dimethylsulfoxid stellte Lange nicht mehr in Abrede, da auch er sich von der Versuchsreihe des Dr. Buchholz hatte überzeugen lassen. Lange: »Ob auch Dimethylsulfoxid dabei war, weiß ich nicht.« Ausdrücklich sagte er: »Ich schließe mich da Ihren Versuchen an.«

Die Darstellung der morphologischen Veränderungen, also Veränderungen des Erscheinungsbildes des linken Schuhs im Vergleich zum rechten, wurde bestätigt. Dr. Buchholz schilderte das Auffinden der Aluminiumflakes im Zusammenhang mit dem genannten Lack. Buchholz war auch Experte für Lackuntersuchungen. Er hatte dementsprechend den bereits genannten Polyuretanlack von einer recht hohen Stabilität festgestellt, die wasserunlöslich ist. Staatsanwalt Sela, dem Lacke dieser Art als Segler gut geläufig sind, durchschaute als Erster die Relevanz dieser Aussage. Letztlich wurde nicht abschließend geklärt, wie die Flüssigkeit aus dem Schuh ausgetreten ist, wobei die Aluminiumflakes herausgeschwemmt worden sind.

Und schließlich wurden auch noch die Versuchsreihen dargelegt, die zur Rekonstruktion des Farbbildes gemacht worden waren. Zu unser aller Erstaunen konnte die Farbe, die auf dem Badevorleger nach dem Tode Uwe Barschels festgestellt worden war, von dem Sachverständigen Dr. Buchholz exakt rekonstruiert werden. Hierzu waren Lederstücke aus dem – jedenfalls bis zu diesem Zeitpunkt – unversehrten Schuh und Gewebestreifen aus dem Badevorleger entnommen worden. Dabei wurden selbstverständlich auch Abfärbungen allein durch Wasser berücksichtigt, ebenso wie Abfärbungen, die andere Lösungsmittel verursacht haben könnten als DMSO. Die verblüffende Ähnlichkeit, um nicht zu sagen das praktisch gleiche Erscheinungsbild wie bei DMSO war mehr, als ich erwartet hatte, und letztlich auch mehr, als zur Bewertung dieser Spur erforderlich war. Vor diesem Hintergrund ging ich dann über zu der Frage, ob die möglichen Wischspuren, von denen sich Lange jedenfalls teilweise verabschiedet hatte, auch als Schleifspuren vorstellbar sein könnten.

Durch diese praktisch vierfache Beweisführung – Aluminium-flakes, Durchtrittspuren, morphologische Veränderung der Sohle und Rekonstruktion des Farbbildes – war letztlich der Beweis erbracht, dass DMSO oder jedenfalls ein vergleichbar wirkendes Lösungsmittel im Spiel war.

Keine Täter-, aber eine Tatspur

Der Hergang beim Tod von Uwe Barschel lässt sich nicht abschließend rekonstruieren. Aus meiner Sicht ist am wahrscheinlichsten, dass die Täter sich nicht von vornherein auf einen definitiven Plan festgelegt hatten. Für den Fall, dass eine orale Beibringung mit Hilfe von Wein und Whisky nicht erfolgreich gewesen wäre, hatte man möglicherweise eine weitere Alternative der schnelleren und gleichwohl spurenlosen Beibringung von Wirkstoffen geplant. Ungeplant blieb dann möglicherweise ein Verschütten des DMSO, das ja in einem Gefäß gewesen sein muss. In Barschels Zimmer wurde ein solches Gefäß indes nicht gefunden.

DMSO ist ein Mittel, für dessen Einsatz spezielle Schutzhandschuhe erforderlich sind. Ob die Täter nun die Finger angefärbt hatten oder Schutzhandschuhe trugen, mag unwesentlich sein. In den Richtlinien zum Umgang mit DMSO wird empfohlen, die Schutzhandschuhe vor ihrem Ausziehen vorzureinigen. Auf jeden Fall wurde mittels des Handtuchs eine Reinigung versucht und das Handtuch beim Verlassen des Zimmers achtlos auf die Kofferablage geworfen. Die Identität der Verschmutzungsspuren auf der Badematte und dem Handtuch ist unstreitig.

Eine Verwendung von DMSO im Zusammenhang mit Selbstmord ist bisher nicht bekannt. Sie macht auch keinen Sinn und ist in diesem Fall, in dem Uwe Barschel sämtliche fraglichen Mittel bereits durch den Mund aufgenommen hatte, auch völlig indiskutabel. Trotz aller fehlenden Täterspuren gab es hier jedenfalls eine Tatspur, die nicht in Abrede gestellt werden kann. Mir war zwar klar, dass die Selbstmordtheoretiker auch das in Zweifel ziehen würden, zumal der exakte Ablauf nicht mehr rekonstruierbar war und der Sachverhalt zu kompliziert, um ihn zweifelsfrei darstellen zu können. Andererseits war dies für uns doch ein wesentlicher wissenschaftlicher Beweis dafür, dass Uwe Barschel durch einen professionellen Mörder zu Tode gekommen sein musste.

Verfahrenseinstellung

Restermittlungen und Gesamtbericht

Nunmehr galt es, das Verfahren mit Anstand zum Abschluss zu bringen. Die Verfahrenseinstellung erfolgte gewissermaßen in zwei Etappen. Parallel zu den Restermittlungen, die noch durchgeführt wurden, begannen wir mit der Erstellung eines Gesamtberichtes, der später auch vom Justizminister in wesentlichen Passagen veröffentlicht worden ist. Von einigen eigentlich notwendigen Recherchen nahmen wir Abstand, da sie aussichtslos schienen. So verzichteten wir darauf, den früheren Stasi-Auslandschef Markus Wolf zu vernehmen, ebenso wie den Agenten und Privatdetektiv Werner Mauss. Beide hatten durch ihre Anwälte nachdrücklich erklären lassen, dass sie keine Erkenntnisse zu dem Vorgang hätten.

Wir hatten daran zwar Zweifel. Markus Wolf hatte einem Interview, als er nach der Wahrheit in dem Fall Barschel befragt wurde, vieldeutig geantwortet: »Wollen Sie das wirklich wissen?« Mauss war am Tage des Todes von Uwe Barschel in Genf gewesen und versuchte, uns durch seinen Anwalt Professor Karl Egbert Wenzel nachhaltig von der Selbstmordversion zu überzeugen. Wenzel hatte jedoch in einem Interview mit dem Magazin *Frontal* sogar einmal ausdrücklich gesagt, dass sein Mandant Mauss am Todestag von Uwe Barschel im Hotel »Beau Rivage« in der Bar gewesen sei, und dies auf Nachfrage des Interviewers ausdrücklich bestätigt. Diese Aussage hatte er dann allerdings später dementiert. Da wir die erhofften Angaben in den ausgewerteten Kassetten von Griessen nicht fanden und auch sonst nichts Nachhaltiges vorhalten konnten, erschien eine Vernehmung von Mauss nicht mehr erfolgversprechend.

Die Belastung der Staatsanwaltschaft Lübeck durch spektakuläre Verfahren hielt an. Im Dezember 1997 mussten wir uns mit einer massiven Lebensmittelerpressung der Schwartauer Werke befassen, die allerdings öffentlich nicht so intensiv wahrgenommen wurde, wie dies unter »normalen Umständen« sicherlich der Fall gewesen wäre. Zu sehr standen die Ereignisse im Schatten des Entführungsfalles Reemtsma, der die Schlagzeilen beherrschte.

In diese Zeit fiel der zehnte Todestag von Uwe Barschel – Anlass für umfangreiche Darstellungen in den Medien. Hans Leyendecker, der im *Spiegel* über die Jahre der qualifizierteste Verfechter der Selbstmordthese gewesen war, war zur *Süddeutschen Zeitung* gewechselt und füllte sieben Seiten, auf denen er Pro und Kontra für Mord und Selbstmord ausführlich darstellte. Der Bericht endete abrupt mit dem Satz: »Das alles ist absurd. Es war Selbstmord und Uwe Barschel hat ihn inszeniert.«

In der *Zeit* warf Jochen Buchsteiner die Frage auf, auf die ich heute auch noch keine Antwort gefunden habe: »Unbegreiflich bleibt das mäßige Interesse an der Aufklärung der Todesursache. Warum hat die Justiz die Ermittlung eines so brisanten Falles einer unerfahrenen Schweizerin und einer Handvoll norddeutscher Staatsanwälte überlassen? Warum hat die Bundesanwaltschaft die Ermittlungen nicht an sich gezogen? Wozu leistet sich das Land einen teuren Bundesnachrichtendienst, wenn er – nach eigenem Bekunden – nicht einmal eine Akte über den Fall Barschel angelegt hat? Nach zehn Jahren ist es vor allem das irritierende Desinteresse der deutschen Behörden, das das größte Rätsel aufgibt.«

Die Journalisten Rudolf Lambrecht, Leo Müller und Peter Sandmeyer stellten im *Stern* als Einzige neue Rechercheergebnisse vor. Sie hatten einen 77-jährigen Kaufmann interviewt, der ausführlich von einem Treffen von Waffenhändlern in Amsterdam berichtete, an dem Uwe Barschel teilgenommen habe; von einer aktiven Tätigkeit als Waffenhändler wird allerdings nicht berichtet. Die Gesprächspartner von Uwe Barschel seien misstrauisch gewesen, »weil sie dessen Absichten nicht durchschauten und den Eindruck hatten, er arbeite für die Israelis«. Thomas Darnstädt schrieb im *Spiegel* eine dreiteilige Serie zum »Rätselfall Barschel«. Darin verabschiedete sich das Blatt allmählich von der ursprünglichen Selbstmordthese.

Das Rätsel um den Verbleib Barschels am Vormittag des Abfluges zwischen Verlassen des Ferienhauses und Ankunft im Flughafen bleibt weiterhin ungeklärt.

Der »Gesamtbericht«

Die Staatsanwaltschaft Lübeck erstellte einen Zwischenbericht, auf dessen Grundlage Minister Gerd Walter dem Innen- und Rechtsausschuss berichtete und die Presse am 29. Oktober 1997 informierte. Die Mehrheit der Landespressekonferenz sah ihre Vorurteile bestätigt und brachte dies in Kommentaren zum Ausdruck.

Während die EG Genf im Dezember ihre Arbeit beendete, hatten wir hinlänglich mit der Vorbereitung der Verfahrenseinstellung und dem Abfassen des umfangreichen Abschlussberichtes, genannt »Gesamtbericht«, zu tun. Dieser 250 Seiten umfassende Abschlussbericht, der am 27. April 1998 fertig war, sollte auf einer Pressekonferenz der Öffentlichkeit vorgestellt werden, nachdem zuvor der Innen- und der Rechtsausschuss des Kieler Landtages informiert worden waren. An der Pressekonferenz nahmen Minister Gerd Walter, Generalstaatsanwalt Erhard Rex und ich teil.

In der auf der Pressekonferenz präsentierten Erklärung heißt es:

1. Gegenstand des Verfahrens 705 Js 33247/87 ist die Ermittlung der Todesursache des früheren Ministerpräsidenten Dr. Barschel und in diesem Zusammenhang insbesondere die Klärung der Frage, ob strafrechtlich relevantes Handeln Dritter zum Tode Dr. Barschels geführt hat. Die Klärung anderer Fragen wie der Vorwürfe, Dr. Barschel sei etwa in illegale internationale Geschäfte verwickelt gewesen, ist nur im Zusammenhang mit möglichen Hinweisen auf Motiv und Täter Gegenstand des Verfahrens.

2. Das Verfahren wurde am 12. Oktober 1987 durch den damaligen Leiter

der Staatsanwaltschaft Lübeck eingeleitet. Angesichts der durch die Genfer Behörden geführten Ermittlungen wurden zu diesem Zeitpunkt und in den Folgejahren keine eigenen Ermittlungstätigkeiten der Staatsanwaltschaft Lübeck geführt; diese beschränkte sich vielmehr zunächst darauf, für die Genfer Behörden einzelne Vernehmungen durchzuführen.

Dies änderte sich im Verlauf des Jahres 1993 und insbesondere in der zweiten Jahreshälfte 1994. Nachdem der Bundesgerichtshof durch seinen Beschluss vom 22. Dezember 1994 die formelle Zuständigkeit der Staatsanwaltschaft Lübeck für das Verfahren begründet hatte, wurden in der Folgezeit intensive eigene Ermittlungen durchgeführt. Grundlage war ein zu jenem Zeitpunkt angenommener Anfangsverdacht, der sich nicht auf spektakuläre Einzelerkenntnisse, sondern auf das gleichsam mosaikartige Vorliegen mehrerer Anhaltspunkte gründete.

3. Die Staatsanwaltschaft Lübeck hat nunmehr in Abstimmung mit dem Generalstaatsanwalt einen über 250-seitigen Gesamtbericht vorgelegt, in dem der Gang der Ermittlungen und die Aufarbeitung der verfolgten Spuren zusammenfassend dargestellt ist. Er stützt sich auf umfängliche Akten, die Hauptakte umfasst in der Zwischenzeit 69 Bände mit über 14 000 Blatt.

Die Staatsanwaltschaft stellt abschließend fest: Die zunächst entscheidende Frage, ob es sich bei dem Todesfall um Mord, Totschlag oder Selbstmord handele, müsse nach dem Ergebnis der Ermittlungen offenbleiben.

Sichere Erkenntnisse gebe es weder für die eine noch die andere Version. Auch die Frage – ein Tötungsdelikt unterstellt – nach Tatmotiven und Tätern sei nicht zu beantworten. Umfangreiche Ermittlungen hätten auch hierzu keine hinreichenden Erkenntnisse ergeben. Erfolgversprechende Hinweise seien abgearbeitet worden. Konkrete tat- oder täterbezogene Hinweise, von denen ein weiterer Erkenntnisgewinn zu erwarten wäre, lägen nicht vor. Deshalb hat die Staatsanwaltschaft ihre Absicht erklärt, das Ermittlungsverfahren einzustellen. Die

Erarbeitung einer Einstellungsverfügung ist Sache der Staatsanwaltschaft.

4. Das Ministerium hat im staatsanwaltschaftlichen Ermittlungsverfahren keine eigene Sachentscheidungskompetenz. Die Entscheidung darüber, ob ein Ermittlungsverfahren einzustellen, fortzuführen oder ob Anklage zu erheben ist, ist allein von der Staatsanwaltschaft zu treffen. Das Ministerium kann nur im Rahmen der Dienstaufsicht auf die Staatsanwaltschaft einwirken. Nach dem Verständnis des Ministeriums über die Zusammenarbeit zwischen Ministerium und Staatsanwaltschaft kommen derartige Einwirkungen, z. B. dienstliche Weisungen, nur in Ausnahmefällen in Betracht. Vorbehaltlich der abschließenden formellen dienstaufsichtlichen Prüfung sieht das Ministerium bei dem vorliegenden Bericht keine Veranlassung dazu.

Mit diesen Formulierungen konnte ich leben. Wenn auch die Diktion des Ministers anders war, war für mich folgende Akzentuierung zutreffend: »Sichere Erkenntnisse gebe es weder für die eine noch die andere Version«, nämlich Mord oder Selbstmord. Meine Auffassung, dass deutlich mehr für Mord spreche, hielt ich für hinlänglich bekannt. Auf der Pressekonferenz konnte ich deutlich machen, dass der Anfangsverdacht eines Mordes aufrechterhalten blieb.

Im Übrigen hatte die Pressekonferenz ein eigenartiges Klima. Die Landespresse und die wenigen anwesenden Vertreter überregionaler Medien nahmen unsere gemeinsame Inszenierung kritiklos hin. Alle schienen froh zu sein, dass die Sache vorbei war. An irgendwelche kritischen Nachfragen kann ich mich nicht erinnern. Peter Höver empfand in den *Kieler Nachrichten* einen »faden Nachgeschmack«, Kai Diekmann registrierte in der *Bild*-Zeitung, dass der Anfangsverdacht für Mord aufrechterhalten bleibe. Lediglich Susanne Haerpfer in der SAT1-Sendung »Akte 98/20« stieg in Details ein und berichtete differenziert über die »Schuh-Spur«. SAT1 ließ hier auch Dr. Justus Warburg zu Wort kommen: »Der Bericht lässt keinen anderen Schluss zu: Es war Mord!

Aber Politiker und Staatsanwälte trauen sich aus politischen Gründen nicht, dies zuzugeben.«

Die parteipolitischen Auseinandersetzungen gingen weiter. Die CDU verkündete, sie wolle Akteneinsicht. Ex-Minister Klaus Klingner, der von den Oppositionsparteien angegriffen wurde, er sei für die Verzögerung eigener Ermittlungen verantwortlich, wies zu Recht darauf hin, dass zum Zeitpunkt des Todes von Uwe Barschel die CDU den Justizminister gestellt habe.

Das ZDF berichtete: »Ja, er hat schon mit Fleiß und Akribie recherchiert. Aber die entscheidende Frage, die konnte Chefermittler Wille nicht klären: Brachte sich Uwe Barschel selbst um, nachdem er Amt und Macht verloren hatte, oder fiel er einem Mordkomplott zum Opfer? Fast ein Dutzend abenteuerlicher Theorien, denen der Staatsanwalt nachging. Der Stoff, aus dem Politkrimis gestrickt werden. Aber Beweise, glaubwürdige Zeugen, ein Motiv, dies alles fehlt in seinen Unterlagen, obwohl ihm der Kieler Justizminister viel Zeit ließ, auch die allerletzten Spuren zu verfolgen. Den umfangreichen Ermittlungsbericht präsentierte der Staatsanwalt heute dem Parlament und kam zu einem Schluss, der wieder alles offenlässt. Wille: ›Wir haben eine Menge von zusätzlichen Erkenntnissen gewinnen können, haben aber insbesondere die Frage, ob es Tatverdächtige gibt, nicht konkret beantworten können.‹ Der Staatsanwalt lässt durchblicken, dass er an Mord glaubt. Und so schließt er die Akte Barschel wohl nur vorläufig. Denn solange die Todesursache im Dunkeln bleibt und selbst ein Staatsanwalt mutmaßt, werden Gerüchte und Spekulationen weiterwuchern.«

Auch Generalstaatsanwalt Rex wurde von SAT1 entsprechend zitiert: »Das bedeutet auch, dass der Anfangsverdacht des Mordes weiter bestehen bleibt, dass aber die Frage, ob Mord oder Selbstmord vorgelegen hat, letztlich offenbleiben muss, weil die Ermittlungen nicht zur vollen Tataufklärung führen konnten.«

Tendenziell zeichnete sich hier bereits die Grundeinstellung der Behörde des Generalstaatsanwalts ab, die von Leitendem Oberstaatsanwalt Henning Lorenzen frühzeitig mit der klaren Formulierung »Es kann nur Selbstmord sein« vorgegeben worden war. Das *Schleswig-Hol-stein-Magazin* zitierte Erhard Rex mit einer Aussage, der ich nun voll und ganz wieder zustimmen konnte: »Wären die Ermittlungen vor einem Jahr abgeschlossen worden, wäre an der Staatsanwaltschaft Lübeck der Makel haften geblieben, sie habe nicht alles Menschenmögliche getan, hier Licht in das Dunkel zu bringen.«

Förmliche Einstellung des Verfahrens

Anfang Juni 1998 waren wir dann so weit, das Ermittlungsverfahren auch förmlich einzustellen. Dies gab Gelegenheit, die Gründe dafür und die letzten Ermittlungsschritte noch einmal sachlich-fachlich nüchtern darzustellen und zu verdeutlichen. Die Mitteilung zur Vorbereitung der Pressekonferenz vom 2. Juni 1998 hatte folgenden Wortlaut:

> Die Staatsanwaltschaft Lübeck hat heute das Ermittlungsverfahren wegen Verdachts des Mordes an Dr. Dr. Uwe Barschel entsprechend ihrer bereits vorher angekündigten Absicht eingestellt. Maßgeblicher Grund dafür ist, dass die vorhandenen Spuren abgearbeitet sind. Ermittlungsansätze, die weitere Erkenntnisse über Tatablauf oder Tatverdächtige erbringen könnten, sind derzeit nicht mehr erkennbar. Nach wie vor liegen zureichende tatsächliche Anhaltspunkte für ein Kapitalverbrechen vor. Daneben bleibt die Möglichkeit offen, dass es sich um Selbsttötung handeln kann.
>
> Im letzten Jahr und teilweise noch zu Beginn dieses Jahres sind die Ermittlungen durchgeführt worden, die noch erforderlich waren, um die vorhandenen Spuren auszuschöpfen. Unter anderem wurden umfangreiche Ermittlungen durchgeführt, um die ursprünglich geplante Vernehmung von Herrn Mauss, der sich zur Tatzeit in Genf aufhielt, vorzubereiten. Der damalige Präsident des Bundesamtes für Verfassungsschutz [Gerhard] Boeden hatte seinerzeit Informationen über die mögliche Identität des Taxifahrers von Dr. Barschel über das BKA an Schweizer Polizeibehörden weitergeleitet. Die Annahme, dass er diese Informatio-

nen von Herrn Mauss erhalten hatte, hat sich nicht bestätigt. Weitere Ermittlungen über den Aufenthalt von Herrn Mauss haben nichts ergeben. Insbesondere wurden Informationen abgeklärt, nach denen der verstorbene Privatdetektiv Griessen kurz nach der Tat Anrufe von Herrn Mauss aus dem Hotel »Beau Rivage« erhalten haben will. Zeugenvernehmungen und die Auswertung umfangreicher Tonkassetten aus beschlagnahmten Unterlagen von Herrn Griessen haben hierfür keine Bestätigung ergeben. Die Auswertung dieser Tonkassetten hat noch bis weit in das Jahr 1997 angedauert. Auch ein Journalist, der dem Vernehmen nach von einer unbekannten Person zur Rede gestellt worden war, die vorgab, Mauss zu sein, konnte dies zeugenschaftlich nicht bestätigen. Da die Angaben von Herrn Mauss, keine weiteren Erkenntnisse zu haben, nicht widerlegt werden können, wurde von seiner Vernehmung abgesehen.

Es wurde auch der frühere iranische Staatspräsident Bani-Sadr als Zeuge vernommen. Anlass dafür gaben seine wiederholten öffentlichen Äußerungen über die Hintergründe des Todes von Dr. Barschel. Zu berücksichtigen war dabei, dass er in einem anderen Verfahren (»Mykonos«) einen wichtigen Zeugen benannt hatte, sowie ferner der mögliche Zusammenhang mit Hinweisen des BND aus dem Jahre 1992. Die Abarbeitung dieser Spur war durch Anlaufschwierigkeiten und wegen der Rechtshilfebesonderheiten sowie der Gefährdung der Person des Zeugen sehr langwierig. Weitergehende konkret verwertbare Erkenntnisse hat die Vernehmung nicht ergeben.

Daneben wurden ergänzend Überprüfungen und Vernehmungen durchgeführt (Stasi-Bereich, Hotelpersonal, Taxifahrer, verstorbener Waffenhändler Stoffberg) sowie nachträglichen Hinweisen nachgegangen (z. B. Autor Ulfkotte, »Mafia-Spur«). Es wurden zudem Personen befragt, die sich bislang noch nicht geäußert hatten [...].

Von zentraler Bedeutung waren der »Runde Tisch der Toxikologen« am 05.06.1997 sowie die Anhörung der Chemiker zu dem Spurenbild Schuhe/Badematte/Handtuch am 25.11.1997.

Es handelt sich um einen ungewöhnlichen und, soweit erkennbar, bislang kaum gegangenen Weg gemeinschaftlicher Sachverständigenanhörung in Form eines Kolloquiums, die gleichwohl nach § 161a StPO nicht ausgeschlossen ist. Ziel war, die Fachkompetenz und den aktuellen Wissensstand der jeweiligen Sachverständigen zu den komplexen Problemlagen abschließend abzufragen und auszunutzen. Im Rahmen des Menschenmöglichen sollte sichergestellt werden, dass nichts versäumt wurde, was zur Aufklärung des Sachverhalts hätte beitragen können.

Beide Anhörungen erforderten sehr arbeitsintensive und aufwendige Vor- und Nachbereitungen. Sie haben zur Überzeugung der Staatsanwaltschaft die vorhandenen tatrelevanten Spuren auf dem aktuellen Stand der Wissenschaft bei Berücksichtigung der derzeit möglichen Fragestellungen umfassend und abschließend ausgewertet.

Der »Runde Tisch der Toxikologen« sollte den Versuch unternehmen, größere Klarheit über das Vergiftungsgeschehen zu erhalten und insbesondere die These Prof. Brandenbergers zu diskutieren, nach der Dr. Dr. Uwe Barschel bei der Einnahme des letztendlich tödlich wirkenden Wirkstoffes Cyclobarbital wahrscheinlich bereits handlungsunfähig gewesen sein soll.

Über die Menge der mindestens aufgenommenen Wirkstoffe konnte unter den Sachverständigen Einvernehmen erzielt werden (s. anliegende Tabelle). Dabei ist indes zu ergänzen, dass hinsichtlich des tödlich wirkenden Cyclobarbital bei den tatnahen Untersuchungen ein deutlich höherer Wert resorbierter Stoffmenge von 4.000 mg festgestellt wurde. Die Sachverständigen Prof. Dr. von Meyer, München, Prof. Dr. Schmoldt, Hamburg, und Dr. Staub, Genf, haben übereinstimmend zwar nicht ausgeschlossen, dass der Wirkstoff Cyclobarbital nach den anderen Giften aufgenommen wurde; in naturwissenschaftlichem Sinne beweisbar sei dies aber nicht. Diese Position hat die Staatsanwaltschaft überzeugt, da letztendlich unter den Bedingungen einer akuten zum Tode führenden Vergiftung die Stoffwechsel- und Ausscheidungsvorgänge nicht sicher rekonstruierbar erscheinen.

Des Weiteren war die Frage zu klären, ob weitere Untersuchungen der noch vorhandenen Organteile oder Körperflüssigkeiten zusätzliche Erkenntnisgewinne versprechen ließen. Diese Frage wurde von allen Sachverständigen übereinstimmend verneint, sodass auf weitere Analysen verzichtet werden konnte.

Besonders intensiv wurde das Spurenbild Schuh/Badvorleger/Handtuch diskutiert. Die ursprünglichen Aussagen waren: kein Rotwein, möglicherweise Schuhcreme auf Vorleger und Handtuch. Umfängliche Untersuchungen des Sachverständigen Dr. Buchholz vom Landeskriminalamt Kiel (insgesamt sechs Teilgutachten) und zwei gutachterliche Stellungnahmen des Chemikers Lange vom Lederinstitut Reutlingen stimmen überein, dass es sich um Lederfarbe aus dem linken Schuh handelt. Der Sachverständige Lange interpretierte die Spur auf der Matte ursprünglich als Wischspur, möglicherweise allein durch Wasser verursacht.

Dies kann als widerlegt angesehen werden. UV-Bilder zeigen, dass es sich um Trittspuren handelt, die sich auch auf der Unterseite des Vorlegers abzeichnen. Zudem zeigen Versuche, dass Wasser allein weder im Leder noch auf dem Vorleger die vorhandenen Spuren erzeugen kann. Auch haben sich von der Beschriftung auf der Schuhinnenseite zahlreiche kleine Teile – Aluminiumflakes – abgelöst, die sich auf der Schuhsohle wiederfinden. Diese konnten allein mit Wasser nicht abgelöst werden, da die Schrift mit einem wasserunlöslichen Polyurethanlack überzogen war. Das Spurenbild lässt sich nur mit dem Einsatz eines Lösungsmittels erklären, Dimethylsulfoxid (DMSO) oder Ähnliches. Auch das Vorliegen einer sekundären Trittspur spricht für die Anwesenheit einer weiteren Person.

Eine abschließende Interpretation, ob etwa ein Tatverdächtiger oder ein Sterbehelfer zugegen war, ist nicht möglich.

gez. Wille

Wirkstoff	resorb. Stoffmenge [mg]	Handelspräparate aus dem Jahr 1986	Stückzahl
Pyrithyldion	1.650	»BENEDORM«	8,25
Diphenhydramin	135–180	»S.8« o. »SEKUNDAL-D« »SELODORM-MITE«	2,7–3,6 5,4–7,2
Perazin	?	»TAXILAN«-Dragees »TAXILAN«-Tabletten o. -Dragees	?
Cyclobarbital	1.500	»PHANODORM« o. »SOMNUPAN C« »CYCLOBARBITAL«-Kapseln	7,5 20
Diazepam	15–75	»VALIUM 2« u. a. »VALIUM 5« u. a. »VALIUM 10« u. a.	7,5–37,5 3–15 1,5–7,5
Nordiazepam 1)	4–19	kein Präparat 1986	
Lormetazepam	17	»NOCTAMID-0,5« »NOCTAMID-1« »NOCTAMID-2«	34 17 8,5
Lorazepam 2)	?	»TAVOR-0,5« »TAVOR-1« »TAVOR-2«	?
Methyprylon	9–22	»NOLUDAR«	0,05–0,1

Der »Hauch des Zweifels«

Auch hier hielt ich mich mit meiner Überzeugung zurück. Die Richtung musste indessen durch die Formulierung in dem zweiten Absatz klar werden: »Daneben bleibt die Möglichkeit offen, dass es sich um Selbsttötung handeln kann.«

Neben dem Regionalfernsehen brachte *n-tv* einen ausführlicheren Beitrag; die Printmedien berichteten umfassend, auch über die Reaktion der Familie Barschel, die sich gegen die Verfahrenseinstellung aussprach. Die ausführliche Dokumentation der Spurenlage Schuh/Badewannenvorleger/Handtuch durch großformatige Fotos wurde im Fernsehen und in den Printmedien deutlich wiedergegeben.

Die Kommentierung war im Prinzip sachlich. So schrieb Uwe Nesemann in seinem Kommentar der *Lübecker Nachrichten:* »Dennoch darf man vor den Lübecker Ermittlern den Hut ziehen. Sie haben ihren Job gemacht und sie haben ihn ernsthaft gemacht. Oft genug gegen massive Widerstände von innen und außen: Belächelt wurde die Staatsanwaltschaft, als sie 1994 erstmals das Wort ›Mord‹ in den Mund nahm. Wenn heute bei dieser These niemand mehr lächelt, ist das ein Verdienst der Ermittler.«

Auch die disziplinarischen Vorermittlungen gegen mich wurden eingestellt. Bereits frühzeitig hatte mir mein neuer Chef, Generalstaatsanwalt Erhard Rex, signalisiert, dass an den Vorwürfen aus seiner Sicht nicht viel dran sei. Die von ihm geplante Beendigung der disziplinarischen Vorermittlungen sollte keine förmliche Rüge, geschweige denn eine Disziplinarmaßnahme zum Ziel haben, sondern lediglich einen Hinweis. Die Einstellung der disziplinarischen Vorermittlungen, so Rex, werde allerdings erst erfolgen, wenn auch das Ermittlungsverfahren Barschel eingestellt worden sei. Auch eine Besprechung in Anwesenheit von Rechtsanwalt Jensen am 12. März 1998 in seiner Behörde bewirkte keine schnellere Einstellung des Disziplinarverfahrens. Ich war ziemlich verblüfft über diese offensichtliche Rechtswidrigkeit des Verhaltens meines Chefs.

Wie hatte noch Minister Gerd Walter am 1. Oktober 1996 gesagt? Disziplinarische Vorermittlungen zu führen, sei »der richtige Weg, um sicherzustellen, dass auch nicht der Hauch eines Zweifels im Zusammenhang mit der Korrektheit der Barschel-Ermittlung sich öffentlich festsetzen kann«. Der »Hauch des Zweifels« hatte mich bis zum Ende des Ermittlungsverfahrens begleitet und darüber hinaus. Am Nachmittag des 15. Juni 1998 war es dann endlich so weit: Generalstaatsanwalt Rex schloss die Akten dieses Disziplinarverfahrens in Anwesenheit von Rechtsanwalt Uwe Jensen und mir.

Keine Disziplinarverfügung stand am Ende, kein Verweis wurde ausgesprochen; es verblieb bei einem mündlichen Hinweis, ohne eine Missbilligung meines Verhaltens. Ich erklärte sogleich, kein Rechtsmittel einzulegen. Zum einen hatte ich Zweifel, ob es gegen einen mündlichen Hinweis überhaupt ein Rechtsmittel gab, zum anderen war ich auch über dieses Ende erleichtert. Auch ein »Hauch des Zweifels« ist geeignet, Druck auszuüben, und das sollte ja wohl so sein.

Selbstmord ist nur eine theoretische Möglichkeit

Rückblick auf das Verfahren

Mit dem Ende des Barschel-Verfahrens war ich nicht unzufrieden. Wir hatten unter denkbar ungünstigen Voraussetzungen doch ein achtbares Ergebnis abgeliefert, dokumentiert in einem der Öffentlichkeit in den wichtigsten Passagen zugänglichen »Gesamtbericht«. Wir hatten zudem die vorhandenen Beweise gesichert und aufgearbeitet. Im Laufe des Verfahrens hatten sich die Rahmenbedingungen mehr und mehr verschlechtert. Bereits zwei Monate nach dem förmlichen Beginn wurde die Autorität der Staatanwaltschaft Lübeck als Ermittlungsbehörde nachhaltig öffentlich beeinträchtigt, als uns der Generalstaatsanwalt in der Kontroverse mit der Gauck-Behörde in den Rücken fiel. Das Verbot, öffentliche Äußerungen abzugeben, begleitete das Ermittlungsverfahren in unterschiedlicher Intensität bis zu seinem Ende. Eine Behörde, die in diesem Bereich nicht mehr autonom agieren kann, wird von den in Betracht kommenden Täterkreisen ebenso wenig wie von etwaigen Zeugen wirklich ernst genommen werden können.

Parallel zu den Eingriffen aus der Justiz liefen Kampagnen des überwiegenden Teils der schleswig-holsteinischen Presse gegen meine Behörde und mich, ohne dass von den vorgesetzten Dienststellen auch nur versucht wurde, dem Einhalt zu gebieten. Teilweise wurden diese Kampagnen von den vorgesetzten Stellen vielmehr noch geschürt. Diese schikanierten uns zudem durch die Anforderung umfänglicher Berichte, denen der Primat gegenüber den Ermittlungen eingeräumt wurde.

Das alles geschah in einer Zeit, in der im Bezirk der Staatsanwaltschaft Lübeck die Kriminalität in einer Weise überbordete wie vorher und nachher nicht mehr. Während die polizeilichen Kräfte verstärkt wurden, litt die Staatsanwaltschaft Lübeck mehr und mehr an personeller Auszehrung.

Die Pressekampagnen gegen einen Leitenden Oberstaatsanwalt mit direkter oder indirekter Unterstützung der vorgesetzten Dienststellen bis hin zu öffentlicher persönlicher Beleidigung durch den Pressesprecher des Generalstaatsanwalts – das war einzigartig in der bundesdeutschen Rechtsgeschichte. Zentrale Beispiele der Kampagne gegen meine Behörde:

- Mit Billigung des Justizministeriums wird der Staatsanwaltschaft Lübeck das Ermittlungsverfahren Barschel gemäß § 145 Gerichtsverfassungsgesetz entzogen und nach öffentlichen Protesten bereits einen Tag später wieder zurückgegeben.

- Nachdem die legale Unterbindung von Ermittlungen gescheitert ist, wird dies eine Woche später auf illegale Weise versucht: Aus der Behörde des Generalstaatsanwalts wird ein VS-vertraulicher, umfangreicher Bericht an das *Flensburger Tageblatt* zur Veröffentlichung weitergeleitet, die Spurenlage damit offengelegt, Justizmitarbeiter werden in Lebensgefahr gebracht.

- Nach einem mühsam erzielten Kompromiss sieht der Generalstaatsanwalt sich nicht mehr an diesen gebunden und erklärt seinen »Rücktritt«.

Durch diese Vorkommnisse wurde es unmöglich gemacht, in denkbare Täterkreise einzudringen und erfolgversprechende Ermittlungen zu führen. Hierzu wäre die uneingeschränkte Unterstützung der vorgesetzten Dienststellen unabdingbare Voraussetzung gewesen. Ob mit dieser Unterstützung ein Ermittlungserfolg möglich gewesen wäre, erscheint zweifelhaft. Aber die Chancen wären sicher größer gewesen.

Überschattet wurden all diese unschönen Auseinandersetzungen von der Frage, ob Uwe Barschel sich nicht doch selbst das Leben genommen hatte. Bei einer zweifelsfreien Feststellung in Richtung Selbstmord wäre der Anfangsverdacht entfallen. Maßgeblich für das

Ermittlungsverfahren war die positive Einschätzung, es gebe zureichende tatsächliche Anhaltspunkte für ein Kapitalverbrechen, sprich: einen Anfangsverdacht auf Mord. In keiner Phase des Verfahrens gab es Veranlassung, von diesem Verdacht abzuweichen, er blieb bis zu seinem Ende bestehen. So sah es auch der Generalstaatsanwalt. Die Tendenz Einzelner in der Justiz, der Politik und den Medien, Selbstmord anzunehmen, durfte daher auf das Verfahren keine unmittelbaren Auswirkungen haben.

So weit die Theorie. Tatsächlich war es wohl anders. Die Überzeugung, dass Uwe Barschel sich durch Selbstmord gewissermaßen selbst gerichtet hatte, war offenbar tief in dem Bewusstsein und Unterbewusstsein vieler Akteure verankert, jedenfalls tiefer, als es nach außen den Anschein hatte. Da ich selbst offen an das Verfahren herangegangen war, ohne mir zu der Frage Mord oder Selbstmord eine Meinung gebildet zu haben, unterschätzte ich die doch sehr tief verwurzelten Vorprägungen in dieser Kernfrage. Angesichts der Vorgeschichte des Falles Barschel und der heftigen Diskussionen seit dessen Tod 1987 hätte ich mich, als ich den Fall übernahm, eigentlich nicht darüber wundern dürfen, dass die Vergangenheit tiefe Spuren hinterlassen hatte, die sich auf das Ermittlungsverfahren auswirken mussten.

Gleichwohl war natürlich auch für uns und speziell für mich persönlich die Frage wichtig, ob es nicht vielleicht doch ein Selbstmord gewesen war. Deshalb haben wir dieser Frage immer dann, wenn sich konkrete Anhaltspunkte ergaben, das ihr gebührende Gewicht zugemessen. Dies galt beispielsweise bei der Begutachtung der letzten Zeilen Uwe Barschels durch Professor Herrmann Wegener. Dies galt auch für die Spur, die uns von dem Agenten Werner Mauss und seinem Rechtsanwalt, dem inzwischen verstorbenen Professor Karl Egbert Wenzel, nahegebracht worden war. Diese Spur war unter dem Strich der einzige Hinweis während des Verfahrens, der in Richtung Selbstmord wies.

Objektive Gegebenheiten wurden ignoriert. Die verschwundene Rotweinflasche: Uwe Barschel konnte sie schwerlich beseitigt haben.

Ein Sterbehelfer? Warum hätte er es tun sollen? Er hätte die Medikamente nicht in die Flasche geben müssen. Der von oben nach unten abgerissene Hemdknopf: Wie hätte ein Selbstmörder ihn in Anwesenheit eines Sterbehelfers abreißen sollen? Zudem war die Krawatte angelegt.

Geboren war der Gedanke, Uwe Barschel hätte Selbstmord begangen, aus seiner Situation kurz vor dem Tod. Bei einer Abwägung seiner Lage habe Uwe Barschel zu dem Ergebnis kommen müssen, der einzige Ausweg für ihn sei, sich selbst umzubringen; also ein sogenannter Bilanzselbstmord.

Diese Argumentation beinhaltete die Unterstellung, Uwe Barschel hätte gezielt seinen eigenen Selbstmord als Mord getarnt, um gewissermaßen als Legende abzutreten. Anders konnte man die Selbstmordvariante nicht geschlossen darstellen und glauben. Die näheren Einzelheiten dieser Variante, die sich letztendlich auf keine Tatsachen stützen kann, versage ich mir darzustellen. Sie setzt jedenfalls voraus, dass Uwe Barschel, der als eine starke, wenn nicht gar rücksichtslose Person galt, bereits im Alter von 43 Jahren zu dem unausweichlichen Schluss hätte kommen müssen, dass aus seiner Situation ein anderer Ausweg nicht mehr möglich sei. Eine Auseinandersetzung mit seiner Persönlichkeit – war er eine suizidale Persönlichkeit? – fand nicht statt. Stattdessen Schwarz-Weiß-Malerei ohnegleichen. Die Abqualifizierung Uwe Barschels in der Farbe Schwarz behielt zunächst in den Medien die Oberhand. Dagegen wurde die Farbe Weiß von der Familie gesetzt sowie von einigen vereinzelten Publizisten.

Beides wird Uwe Barschel nicht gerecht. Ist es sicherlich das gute Recht der Familie, gerade vor dem Hintergrund der öffentlichen Herabsetzungen des verstorbenen Familienoberhauptes gegenzuhalten, bleibt die Weißwäscherei einiger Publizisten unverständlich. Uwe Barschel war weder ein Schurke noch eine Lichtgestalt. Er war ein außergewöhnlich begabter Politiker, der in seinem Metier die Zeichen der Zeit und die Struktur seines politischen Umfeldes ausnutzte. Der frühere CDU-Landesvorsitzende und Ex-Verteidigungsminister Kai-Uwe von Hassel hat dieses vielleicht nach dem Tode Uwe Barschels am ehesten nachdenklich analysiert.

Auch ich habe im Verlaufe des Verfahrens versucht, der Persönlichkeit des Verstorbenen näherzukommen. Diesen Versuch hatte in der Schweiz unmittelbar nach seinem Tode keine offizielle Dienststelle unternommen. Die Rechtsmediziner steuerten eindeutig in Richtung Selbstmord, unter Hinweis darauf, dass Suizide in der Badewanne durchaus nicht selten seien. Anknüpfend an das Schweizer Anleitungsbuch zur Selbsttötung übersahen sie geflissentlich, dass dort ein Abrutschen ins Wasser beschrieben worden war, was bei Uwe Barschel ja gerade nicht vorgelegen hatte. Und bei der Spekulation über ein Treffen mit Sterbehelfern zog man nicht in Betracht, dass die vier Medikamente, die in Uwe Barschels Körper festgestellt worden waren, seit Langem in der Schweiz nicht mehr zu erhalten waren. Aber diese Spekulation bediente ebenso wie die offizielle Version der Schweizer Ermittlungsbehörden die Erwartung der Öffentlichkeit, dass es eben nur Selbstmord gewesen sein konnte.

Andererseits: Im Falle des Selbstmordes hätte ein Sterbehelfer anwesend sein müssen. Der »Gesamtbericht« stellt fest, dass zumindest eine weitere Person am Tatort gewesen sein muss. »Dies folgt zunächst aus der Anwesenheit einer nicht vom Schuh Dr. Barschels herrührenden Abdruckspur auf dem Badewannenvorleger. [...]« Doch die Zuordnung der Medikamente zu schweizerischen oder deutschen Sterbehelfern erscheint zweifelhaft. Uwe Barschel konnte sich die Medikamente kaum selbst beschafft haben. In der Zeit zwischen einem vorstellbaren Entschluss zum Suizid, frühestens der Tag seiner Rücktrittsankündigung, der 25. September 1987, bis zur Reise nach Gran Canaria am 6. Oktober 1987 gab es dazu kaum Gelegenheit. Dagegen spricht auch die Beschaffung des Schlafmittels »Noctamid« auf Gran Canaria, für das er sich zuvor noch ein Rezept besorgen musste. Die Tötungsmittel waren zugleich wirksame Schlafmittel.

In Deutschland wurde von der Staatsanwaltschaft Lübeck auf einer deutlich schmaleren Faktenbasis das, wie es sich erwies, solide Gutachten bei Professor Horst Dilling, dem Chef der Lübecker Psychiatrie, in Auftrag gegeben. Grundlage dafür bildeten die Feststellungen über die Mengen des Medikaments »Tavor« mit dem Wirkstoff Lorazepam, die Uwe Barschel sich im Laufe der Zeit verschafft hatte. Dilling hatte einen konkreten Gutachterauftrag, der von der Staatsanwaltschaft Lübeck allerdings auch nicht ohne Tendenz gestellt wurde; die letzte Frage lautete: »Verstärkt der übermäßige Gebrauch von ›Tavor‹ die Suizidgefahr?«

Diese Frage konnte Dilling nur mit Ja beantworten. Aber eines stellte das Gutachten auch klar heraus: Die Einflüsse aus der Struktur der Primärpersönlichkeit sind ein entscheidender Faktor. Dilling stellte differenziert dar, dass Uwe Barschel zwar Medikamentenmissbrauch betrieben hatte. Eine Medikamentenabhängigkeit konnte er aber nicht belegen.

Von besonderer Bedeutung hierfür war der fast zweimonatige Krankenhausaufenthalt von Uwe Barschel. Auffällig ist, dass in der Klinik keine Entzugssymptomatik festgestellt werden konnte. Es wurde eine Pulsbeschleunigung beschrieben, die mit Betablockern erfolgreich behandelt wurde, was aber bei Unfallpatienten nicht ungewöhnlich sein soll. Auffällig ist nicht zuletzt, dass diese Medikation keine zwei Wochen durchgeführt wurde, bis sich die Kreislaufsituation stabilisiert hatte. Bemerkenswert ist weiter, dass Barschel lediglich im ersten Monat seines Krankenhausaufenthaltes bis zum 30. Juni 1987 mehr oder minder regelmäßig Medikamente bekam; allerdings nur je eine Tablette zur Nacht, und dies auch mit kurzen Unterbrechungen. Nach dem 30. Juni wurde nur am 7. Juli noch eine Tablette »Mogadan« zur Nacht dokumentiert, sonst keine Medikamente mehr bis zum 27. Juli 1987.

Dies spricht ganz deutlich gegen eine Medikamentenabhängigkeit Barschels; aus meiner Sicht kann sie als widerlegt angesehen werden. Das schließt nicht aus, dass der hohe Medikamentengebrauch Uwe Barschels zur Zeit der sogenannten »Barschel-Affäre« Wirkungen gezeigt hat, die aber vor dem Hintergrund der Gesamtsituation nicht überbewertet werden sollten.

Das Gutachten ist objektiv, es weist die Gefahren auf, die übermäßiger Missbrauch von Benzodiazepinen, zu denen »Tavor« zu rechnen ist, auslöst, und arbeitet damit einen Faktor heraus, der für Selbstmord sprechen kann, ohne aber die Vielzahl anderer entscheidender Faktoren zu vernachlässigen. Eine besondere Dynamik gewann dieses Gutachten durch die vielfach missverstandene Veröffentlichung. Nach meiner Überzeugung wäre er damals besser nicht publiziert worden. Die Gefahr ist sehr groß, dass Alltagstheorien bei der Frage, ob Selbstmord vorliegt, das Feld beherrschen. Fast jeder traut sich ein Urteil darüber zu, ob Selbstmord vorliegt. Für mich wurden im Verlaufe des Verfahrens die Zweifel immer größer, je mehr Faktoren zum Vorschein kamen, die dagegensprachen.

Der nächste objektive Schritt war die Begutachtung der letzten Zeilen Uwe Barschels durch Professor Wegener mit dem Ergebnis, dass sie keine typischen Anzeichen für Suizid enthielten. Hier muss man natürlich die Persönlichkeitsstruktur Uwe Barschels mit einbeziehen: Ist es vorstellbar, dass er durch eigene Hand aus dem Leben scheiden wollte, ohne eine schriftliche Rechtfertigung zu hinterlassen, und ohne jede Abrechnung mit seinen politischen Gegnern, die ja auch im Lager der Parteifreunde zu suchen waren?

Recht frühzeitig tauchte bei mir auch die Frage auf, wie der Flugzeugabsturz zu werten sei. Zwei Monate Klinikaufenthalt nach einem so einschneidenden Erlebnis sind eine lange Zeit. Ist es wirklich vorstellbar, dass Uwe Barschel zwei Monate später so weit ist, das soeben neu- und wiedergewonnene Leben wegzuwerfen?

Die hohe Sach- und Fachkompetenz von Professor Wegener war in Norddeutschland allseits anerkannt, und ich war froh, ihn als Gutachter gewonnen zu haben. Wegener gab mir umfangreiche Hinweise, auch Fachliteratur, über Suizide. Noch im Dezember 1997 empfahl er mir das in fünfter Auflage erschienene Handbuch von Erwin Ringel »Selbstmordverhütung«.

Eines wurde mir aus der Literatur klar: Wichtige Faktoren, die auf suizidale Tendenzen hindeuten, fehlten bei Uwe Barschel. Das »präsuizidale Syndrom« hätte man wohl nicht feststellen können. Melancholien, Depressionen und psychische Krankheiten schieden aus. Objektive Gegebenheiten, die zu einer »Einengung« und damit Ausweglosigkeit geführt hätten, konnte ich nicht erkennen.

Wichtig war vor allem die Einbindung in die Familie. Dazu gehörten für Uwe Barschel neben seiner Ehefrau seine vier Kinder, seine beiden Geschwister und seine Mutter. Es wurde zwar berichtet, dass er nicht in jeder Hinsicht wie ein Kavalier mit seiner Ehefrau umgegangen sein soll. Dies darf man indessen nicht überbewerten. Seine Äußerungen gegenüber Dr. Tjan und die Reise nach Gran Canaria belegen eine große emotionale Nähe zu Freya Barschel in der letzten Phase seines Lebens. Zu seiner Schwester Folke Junker war das Verhältnis uneingeschränkt gut. Sie genoss sein Vertrauen. Das Verhältnis zu seinem Bruder Eike mag zwar distanziert gewesen sein, war aber doch ausgesprochen gut. Mit allen dreien hatte er noch am Abend vor seinem Tod intensive Telefonate geführt, die im Übrigen auch nicht den geringsten Hinweis auf einen etwa bevorstehenden Selbstmord ergaben.

Nun können zwar Selbstmörder, wenn sie sich einmal entschieden haben, durchaus überragende schauspielerische Qualitäten entwickeln. Aber dass alle drei Gesprächspartner überhaupt nichts gemerkt haben sollten, überrascht doch: Seine Ehefrau Freya konnte sicherlich Gefühl und Stimmung Uwe Barschels am besten beurteilen und gewichten, auch wenn und gerade weil er sie nicht in die Details seiner Handlungen mit einbezogen hatte. Bei seiner Schwester Folke hatte er nicht selten sein Herz ausgeschüttet, ohne dass diese Details erfuhr. Aber auch sie konnte die Befindlichkeit ihres Bruders sicherlich sehr gut beurteilen. Und schließlich sein Bruder Eike: Er hat einen ausgeprägt scharfen analytischen Verstand und hätte sicherlich umgehend Uwe Barschel aufgesucht, wenn er auch nur den geringsten Grund zur Annahme gehabt hätte, es ginge ihm nicht gut, er plane gar, sich umzubringen. Immerhin war er nur eine halbe Autostunde von Genf entfernt.

Hier findet sich ein weiteres Phänomen zum Stichwort »Familienbande«: Zu ebendiesem Zeitpunkt befanden sich die vier von Uwe Barschel über alles geliebten Kinder zu Besuch bei Eike Barschel. Begleitet waren sie von ihrer Großmutter, die Uwe Barschel unter Entbehrungen den Weg zu Abitur und Studium ermöglicht hatte. Daran knüpft sich die Frage, die mir auch der Buchautor Werner Kalinka gestellt hat: »Würde Uwe Barschel, wenn er denn Selbstmord hätte begehen wollen, ausgerechnet zu diesem Zweck in die unmittelbare Nähe dieser Mitglieder seiner Familie fliegen wollen?« Die Frage stellen heißt sie mit Nein beantworten.

Auch die Frage der konkreten Lebensplanung, und zwar sowohl der weiteren als auch der unmittelbaren Zukunft, ist zu berücksichtigen. In dieser Situation fällt Barschels Verabredung auf, sich am nächsten Morgen zum gemeinsamen Frühstück mit seinem Bruder zu treffen, wobei er sich sogar noch Details für die Anreise auf einem Zettel notierte. Es war ja sogar noch in Erwägung gezogen worden, sich abends beim Zirkus Knie zu treffen. Auch das Gespräch mit Dr. Tjan sollte nicht unerwähnt bleiben, in dem er seine Motivation, nach Gran Canaria zu fliegen, im Zusammenhang mit seiner Absicht, vor dem Untersuchungsausschuss auszusagen, schilderte. Nicht zuletzt der Gedanke, dass er sich mehr um seine Ehefrau kümmern wollte, die er in letzter Zeit etwas vernachlässigt hätte, spricht aus meiner Sicht für sich.

Aber auch die Lebensperspektiven Uwe Barschels außerhalb der Politik waren durchaus real. Nur im engsten Kreise war bekannt, dass Barschel plante, nach Kanada zu gehen. Aufgrund seiner doppelten Promotion scheint hier eine von ihm etwa angestrebte Gastdozentur durchaus realistisch zu sein. Hinzu kommt die Tatsache, dass sein Bruder Eike bereits in Kanada gelebt hatte und nach den Ahnen- und Stammbaumforschungen, die Uwe Barschel als Hobby betrieb, auch ein Zweig der Familie in Kanada ansässig geworden war.

Kanada dürfte allerdings nicht die einzige Perspektive Uwe Barschels gewesen sein. Ob er wirklich konkret plante, sich nach gewonnener Wahl während der Legislaturperiode von der Politik zu verabschieden, wie Familienmitglieder berichten, mag bezweifelt werden. Eine berufliche Tätigkeit innerhalb der Wirtschaft wäre indessen sicherlich vorstellbar gewesen, wenn man an seine damaligen Freunde, den Bauunternehmer Rolf Lechner und den Schwarzkopf-Manager Karl-Josef Ballhaus, denkt. Darüber hinaus darf nicht vergessen werden, dass Uwe Barschel Rechtsanwalt war. Er gehörte einer angesehenen Kieler Kanzlei an, was für ihn durchaus nicht unwichtig war. Dies kam zur Sprache, als er einen Schulfreund – einen Arzt mit einer Praxis in einer ostholsteinischen Gemeinde – bei der »Kieler Woche« traf und ihm sagte: »Wenn das mit der Politik einmal vorbei ist, habe ich ja noch meine Kanzlei.«

Damit sind weitere Faktoren angesprochen, die sich mit Selbstmord nicht vereinbaren lassen: gute Beziehungen zu seinem Arzt Dr. Tjan, konstruktive zwischenmenschliche Bindungen.

Mit einem Freund von Uwe Barschel habe ich unlängst gesprochen. Bis vor Kurzem war mir unbekannt, dass Dr. Herbert Schattke und Barschel befreundet waren; Schattke kenne ich schon seit 1950. Wir gingen gemeinsam auf die Volksschule in Kiel-Gaarden und waren zwei von drei Schülern, die danach das Gymnasium besuchen durften. Gleichzeitig mit Uwe Barschel und mir begann Herbert Schattke das Jurastudium. Ich verlor ihn aus den Augen, da er politisch Uwe Barschel nahestand. Jetzt bin ich durch die Lektüre des Buches von Joachim Siegerist, *Das Testament des Uwe Barschel,* wieder auf Herbert Schattke aufmerksam geworden, der sich über meinen Anruf sehr freute und von dem Buch, in dem ihm mehrere Seiten gewidmet sind, noch überhaupt nichts wusste.

Beim Italiener »Toni« trafen wir uns in Kiel. Herbert freute sich über Kopien aus dem Buch. Gut konnte er sich an seinen Besuch bei Uwe Barschel im Krankenhaus erinnern, den Siegerist beschreibt. Schattke war damals Referent im Sozialministerium und dem Ruf von Uwe Barschel in die Staatskanzlei nicht gefolgt. Er wollte nicht in den Verdacht geraten, durch seinen Freund Karriere zu machen. Daher war sein Kontakt zu ihm in der kritischen Zeit auch nicht so eng. Aber: Es war eine Freundschaft mit Bestand. Das Gespräch mit Herbert Schattke brachte mir zwar keine neuen Erkenntnisse über Barschels Persönlichkeit. Immerhin begriff ich: Nicht nur unkritische Geister wollte Barschel um sich haben.

Ich habe versucht, den Menschen Uwe Barschel nach seinem Tode kennenzulernen. Nach dem Gespräch mit Dr. Herbert Schattke hatte ich das Gefühl, dass mir dies besser gelungen war, als ich erhofft hatte.

Die Nagelprobe

Nachwort

Es ist Anfang September 2007, und ich bereite mich auf einen Vortrag über das Barschel-Verfahren vor. Die Leitenden Polizeibeamten meines Bezirkes führen eine Klausurtagung in Malente durch, hochkarätige Kriminalisten sind dabei, auch Beamte mit persönlichen Erfahrungen über Barschel; einige von ihnen noch aus dem Personenschutz des Spitzenpolitikers in seiner Heimatstadt Mölln.

Mein Buch ist fertig. Es könnte in diesem Jahr noch erscheinen, wenn die Veröffentlichung nicht vom Generalstaatsanwalt Rex verboten worden wäre. Der dagegen beschrittene Rechtsweg ist mühsam. Warum habe ich das Buch geschrieben? Die Erinnerung an das Verfahren hatten diverse Journalisten geweckt, die aus Anlass des 20. Jahrestages des Todes Uwe Barschels bereits seit Ende 2005 mich mit Fragen dazu löcherten. Dem hatte ich mich gestellt. Bald wurde klar: Alles würde in journalistische »Formate« gepresst werden. Das Buch sollte dagegen die ganze Geschichte sein. Es sollte keine Auflösung anbieten, sondern die Fragen, die wir uns gestellt hatten, nachvollziehbar machen. Zugleich sollte es verdeutlichen, warum nach kritischer Selbstprüfung Suizid nur noch als theoretische Möglichkeit übrig geblieben war. Das ist bei einem Giftmord ohne bekannten Täter durchaus normal – anders als beispielsweise bei einem Mord mit Schusswaffen wie etwa an dem schwedischen Ministerpräsidenten Olof Palme. Meine Gespräche mit Journalisten hatten diese Überzeugung bekräftigt.

In dem Vortrag schildere ich den Polizeiführern den Tatort anhand der Genfer Polizeiskizze (vgl. S. 34/35):

- Der abgerissene Hemdknopf, der zweite von oben, senkrecht von oben nach unten abgerissen bei angelegter Krawatte. Ein Interview mit Klaus Wiendl von »Report München« legte die Aufforderung nahe: Versuchen Sie das doch selbst mal – es geht nicht. Es verbleibt: diskrete Gewalt eines anderen.
- Das Hämatom am Kopf an der Stirn.
- Der verschmutzte Vorleger im Bad; das ebenso beschmutzte Handtuch in der Abseite vor der Zimmertür. Das hätte Barschel dort kaum selbst platzieren wollen oder können.
- Das kleine Whiskyfläschchen aus der Minibar erfolglos mit Wasser ausgespült, da der Lübecker Rechtsmediziner noch fast ein Jahrzehnt später Diphenhydramin nachweisen konnte, eine der auch in Barschels Körper nachgewiesenen Substanzen. Von einem professionellen Giftmörder vermutlich in flüssiger Form dort hineinappliziert.

Hinzu kommt: In dem Maße, in dem Suizid unwahrscheinlicher wurde, war der Mord wahrscheinlicher geworden. Barschel war eine starke Persönlichkeit gewesen, ein »harter Hund«. Dabei hatte er eine gute Einbindung in die Familie, selbst Freunde, was wenig bekannt war. Für ihn gab es auch realistische Perspektiven außerhalb der Politik. Bemerkenswert etwa auch ein Telefonat Barschels mit Franz Josef Strauß, dem politischen Überlebenskünstler. Erst kurz zuvor bei dem Flugzeugabsturz knapp dem Tod entkommen, und jetzt sollte er bereits einen »Bilanzselbstmord« begehen wollen? Wo doch die Bilanz nicht ganz so schlecht war, wie es zunächst schien, wie der zweite Untersuchungsausschuss des Schleswig-Holsteinischen Landtages belegte. Von einem etwaigen Entschluss zum Freitod bis zum Flug mit seiner Frau nach Gran Canaria war nicht die Zeit zur Beschaffung der vier fraglichen Medikamente. Er hatte sie nicht.

Also bleibt nur die Möglichkeit der Sterbehilfe. Dass Barschel nicht allein Selbstmord hätte begehen können, hatte mir gegenüber selbst der vom Selbstmord überzeugte Journalist Hans Leyendecker eingeräumt.

Dann muss man aber auch den Gedanken der Sterbehilfe konsequent weiter- und zu Ende denken. Etwa: Wie hätte Barschel in nur zehn Tagen Sterbehelfer anwerben sollen? In der Regel sind diese ohnehin nur bereit, schwerstkranken Todgeweihten zu assistieren, kaum aber, einem gesunden 43-Jährigen bei einem »Bilanzselbstmord« zu helfen. Zudem hätten Schweizer Sterbehelfer sicher keine Medikamente verwendet, die in der Schweiz schon seit Jahren nicht mehr im Handel waren. Ermittlungen der Staatsanwaltschaft in Deutschland hatten in die Sackgasse geführt. Schließlich: Die Selbstmordtheoretiker unterstellen Barschel, er hätte zugleich eine Legende schaffen wollen – die seines eigenen Mordes. Also hätten Sterbehelfer zugleich auch seine »Legendenhelfer« sein müssen – eine doch wohl absurde Vorstellung.

Das Buch, das ich 2007 beendete, hatte Bestand. Einiges hat sich aber seitdem verändert: So gibt es inzwischen ein Landesverfassungsgericht in der schönen Justizhauptst. 't Schleswig. Mein Ex-Chef ist pensioniert; ich bin es auch, allerdings gegen meinen Willen. Damit ist indessen auch die brüchige Argumentation zum Buchverbot zusammengebrochen, was an anderer Stelle zu problematisieren wäre.

Ein Rätsel bleibt mir bis heute noch das Verhalten meiner Vorgesetzten; der meisten Einzelnen für sich und in ihrer Gesamtheit. Was hätte man sich vergeben, wenn man uns einfach hätte unsere Arbeit machen lassen? Zwei Landesminister nacheinander, vielfältigen Einflüssen ausgesetzt, Staatssekretär Stefan Pelny, früher auch hochrangiger Geheimdienstmann, Staatssekretär Wulf Jöhnk, unter anderem auch früherer Chef des Landesverfassungsschutzes, mein früherer Freund Generalstaatsanwalt Heribert Ostendorf, vielleicht nur überfordert und von seinem missmutigen Vertreter Henning Lorenzen getrieben, sein Nachfolger Erhard Rex, der ein einstellungsreifes Disziplinarverfahren gegen mich ganz offen künstlich in die Länge zog und dadurch ganz offen rechtswidrig agierte? Genau genommen möchte ich die Antworten darauf wahrscheinlich gar nicht wissen. Wie ein Stück heißes Metall schien das Verfahren gewesen zu sein, das niemand wirklich anfassen mochte, um sich nicht daran zu verbrennen. Das gilt auch für den Generalbundesanwalt, der das Verfahren hätte an sich ziehen können, da auch er den Anfangsverdacht des Mordes an einem deutschen Ministerpräsidenten im Ausland bejaht hatte. Auch dem Bundesnachrichtendienst wäre es von Rechts wegen möglich gewesen, autonom zu recherchieren und seine Erkenntnisse zu gewichten – war er wirklich so schlecht, wie er selbst vorgab?

Wenn es nur diese Fragen wären. Die Vernachlässigung der Fürsorgepflicht gegenüber meiner Person namentlich in der Öffentlichkeit war der Preis, den ich zu zahlen hatte, um den gesetzlichen Auftrag zu erfüllen. Die ungeahndete Gefährdung eines engen Mitarbeiters durch gezielte Indiskretionen von Vorgesetzten war indessen eine Dimension, die ihresgleichen sucht. Die Presse hat seinerzeit die Ungeheuerlichkeit dieses Vorganges nicht deutlich gemacht; wohl auch weil sie von solchen Indiskretionen lebt. Ein Grund mehr, dieses Buch zu veröffentlichen.

Postskriptum

Was bleibt, zwei Jahre nach der ersten Veröffentlichung des Buches, sechs Jahre nach seinem Verbot, diesem Anschlag des Staates auf die Meinungsfreiheit des Autors? Seine kritische Distanz wurde größer, ebenso die indiziengestützte Überzeugung: Es war Mord. Drei Indizien zusammengenommen haben dieses Gewicht. Das kleine Whiskyfläschchen aus der Minibar des Hotelzimmers von Uwe Barschel, ausgespült zur Spurenbeseitigung (vgl. S. 53, 239, 307, 363). Trotzdem wurde noch nachgewiesen: Eins der vier zum Tode führenden Medikamente hatte seine Spuren auch in dem Fläschchen hinterlassen. Dies ist ein starkes, aber kein zwingendes Indiz, da es kreative Juristen zur Not auch anders interpretieren können. Zweitens der abgerissene Hemdknopf Uwe Barschels bei angelegter Krawatte: Der zweite Knopf von oben, mit beträchtlicher Kraft senkrecht nach unten abgerissen, sodass noch ein Stoffrest mitging – Gewalt, passend zum Hämatom an der rechten Stirnseite (vgl. S. 47, 52, 354, 363). Drittens: Der Badezimmervorleger und ein Handtuch waren verschmutzt – es war die Farbe von Barschels Schuh darauf. Ob Wasser allein die Farbe hätte ausschwemmen können, mag dahingestellt sein, eines konnte es sicher nicht: die Innenbeschriftung des Schuhs, die durch einen wasserunlöslichen Polyuretanlack geschützt war, ablösen. Dies konnte nur durch einen, vielleicht ungeplanten, Einsatz eines mitgebrachten Lösungsmittels geschehen (vgl. S. 235 f., 254 f., 329-337, 347). Der Autor stellt nicht etwa eine »Mordthese« auf, sondern zieht Schlussfolgerungen aus den vorliegenden Indizien; aus Tatsachen, die zusammengenommen eine Schlussfolgerung »Selbstmord« nicht mehr zulassen. Gleichwohl bedarf die für viele noch immer vorstellbare Möglichkeit des Suizids einer gesonderten differenzierten Betrachtung, der sich die Selbstmordtheoretiker bis heute entzogen haben. Die Selbstmordthese bewegt sich immer noch auf der intellektuellen Basis des Jahres 1987 (vgl. S 362 ff.).

Meinungsfreiheit ist nicht nur die Freiheit, eine Meinung zu haben und sie zu äußern, sondern sie auch zu dem Zeitpunkt auszusprechen, zu dem man es für richtig hält, und mit den Mitteln, die einem zur Verfügung stehen. Dieses Buch war 2007 fertig, es war fachlich lektoriert von Ulrich Schwarz und gesondert juristisch lektoriert von Rechtsanwalt und Staatssekretär a. D. Uwe Jensen. Es sollte als *Spiegel*-Buch erscheinen. Dieses Erscheinen wurde durch Anordnung des Dienstvorgesetzten, Generalstaatsanwalt Erhard Rex, und mithin durch übergeordnete staatliche Gewalt verboten. Dem vordergründigen Verbotsargument, man dürfe seine dienstlich erworbenen Kenntnisse nicht »vermarkten«, folgten zunächst ein Teil der Medien und die Gerichte im Eilverfahren. Bald wurde die Schwäche dieses Arguments deutlich: Anderenfalls hätte es keine Ausbildungsliteratur mehr geben dürfen, die von Praktikern gegen Honorar verfasst wird. Auch der Kollege Generalstaatsanwalt Klaus Pflieger aus Stuttgart hätte seine erschienenen Bücher über die RAF-Terroristen nicht publizieren dürfen, da er ja über seine Erkenntnisse als sachbearbeitender Bundesanwalt schrieb, übrigens mit einem Vorwort des früheren Generalbundesanwalts Kurt Rebmann.

Kreativ wurde das Verbotsargument ausgetauscht: Mord ist unverjährbar. Für den Fall einer Wiedereröffnung des Verfahrens – welch wahrscheinlicher Fall! – sei ein Behördenleiter als Buchautor in dieser Sache »befangen«. Dieses Verbot hob das Verwaltungsgericht Schleswig auf. Ungerührt legte der Generalstaatsanwalt dagegen Berufung beim Oberverwaltungsgericht Schleswig ein, unterstützt durch eine große Anwaltskanzlei und ausgestattet mit den Mitteln des Steuerzahlers; zuständig dafür der Senat mit dem Präsidenten des Gerichtes als Vorsitzenden. Dort lag der Vorgang eineinhalb Jahre unbearbeitet, da abzusehen war: Der Autor würde dann das Pensionsalter erreicht haben, und man könnte sich eine Entscheidung ersparen, da das letzte Argument mit dem Ruhestand hinfällig wurde. Allerdings konnte der Autor dann mit Hilfe einer einstweiligen Anordnung des Verwaltungsgerichts Schleswig eine Beschäftigung über das 65. Lebensjahr erstreiten. Der parteilose Justizminister – eingesetzt auf FDP-Ticket durch den über die Grenzen der Provinz bekannten Fraktionsvorsitzenden Rechtsanwalt Wolfgang Kubicki – wollte sich des unbequemen Autors als Behördenleiter unbedingt entledigen. Er legte mit Hilfe derselben großen Rechtsanwaltskanzlei sofortige Beschwerde beim Oberverwaltungsgericht ein; dort war eben derselbe Präsidentensenat mit eben demselben Berichterstatter zuständig. Die fadenscheinigen Argumente des Justizministers wurden gerne aufgegriffen, da man mit einer Zwangspensionierung des Autors im Eilverfahren Fakten schaffen konnte, gegen die ein rechtzeitiger Rechtsschutz im Hauptsacheverfahren praktisch unmöglich war. Zugleich erledigte sich so das unbequeme Verfahren um das Buch in arbeitsökonomischer Weise. Der Weg zur Publikation war offen. Aber es war ein steiniger Weg, vorbei an den Grenzen des Rechtsstaats, die hier nur durch Zeitablauf zu überwinden waren, und mit finanzieller Unterstützung des *Spiegel* in der ersten Instanz, und letztendlich durch die Gewerkschaft Verdi. Der Rechtsstaat hat auch einen Preis.

Das Buch ist ein Dokument, der Beweis eines letztlich misslungenen Verbots der Meinungsfreiheit des Autors, eines Verbots der Wahrheit. Es liegt dem Leser, bis auf drei kleine stilistische Präzisierungen, in der jahrelang verbotenen Fassung unverändert vor. Niemand hat den Inhalt des Buches angezweifelt. Es gibt keine Gegendarstellung, keine Unterlassungsklage, kein Bestehen auf abweichende Tatsachen, die bekannt geworden wären. Es ist die Wahrheit.

Zur Kernfrage – Mord oder Selbstmord – hat sich die öffentliche Meinung verändert. Nachdem die veröffentlichte Meinung ursprünglich von Suizid ausging, gibt es seit Anfang 2012 eine vom ZDF in Auftrag gegebene repräsentative Forsa-Umfrage dazu. Danach sind nur noch 13

Prozent der Bevölkerung der Ansicht, dass es Selbstmord war, 45 Prozent sind von Mord überzeugt, und der Rest hat keine Meinung bzw. sich aus Altersgründen noch keine gebildet. Die öffentlichen Reaktionen auf das Buch waren ganz überwiegend positiv, wobei die Enthaltsamkeit eines Teils der überregionalen Medien auffällig ist. Der *Spiegel* nahm das Buch nur in seiner Onlineredaktion zur Kenntnis. Der Chefredakteur Georg Mascolo hatte zwar während des Ermittlungsverfahrens häufiger gemeinsam mit dem damaligen *Spiegel*-Redakteur Hans Leyendecker Station in meinem Büro gemacht, um den Fall zu diskutieren, aber die Distanz ist doch auffällig. Die Enthaltsamkeit des *Spiegel* bezog sich nicht nur auf die Veröffentlichung als Buch, sondern auch darauf, es redaktionell zur Kenntnis zu nehmen, was den Schluss nahelegt, dass Georg Mascolo auch inhaltlich die Reihen der Suizidtheoretiker nicht verlassen hat.

Was ist zwischenzeitlich geschehen?

Der damalige Landtagsabgeordnete Werner Kalinka, Journalist und Autor von Büchern zum Thema Barschel, hat den damaligen Justizminister aufgefordert, DNA-Untersuchungen zu veranlassen, was auch geschah. In einem ausgesprochen langwierigen Vorgang wurden fremde DNA-Spuren auf Kleidungsstücken namentlich auch auf der Krawatte festgestellt, die aber nach Auskunft der Staatsanwaltschaft Lübeck von schlechter Qualität sind und ungeeignet für Vergleichsuntersuchungen.

In diesem Zusammenhang wurde festgestellt, dass ein Beweisstück nicht mehr auffindbar war: Ein schwarzes Haar, das auf dem unberührten Bett im Hotelzimmer des »Beau Rivage« gelegen hatte und das in der Schweiz in zwei kleine Tütchen ineinandergesteckt asserviert worden war, war nicht mehr vorhanden. Rechtsanwalt Dr. Justus Warburg erstattete deswegen eine Strafanzeige gegen Unbekannt wegen Strafvereitelung im Amt bei der Staatsanwaltschaft Lübeck, die alsbald von der Staatsanwaltschaft Kiel übernommen wurde. Der Justizminister wurde aufgefordert, dem Innen- und Rechtsausschuss des Schleswig-Holsteinischen Landtags darüber Bericht zu erstatten, was zu internen Überprüfungen bei der Staatsanwaltschaft Lübeck führte.

Bei dieser Gelegenheit wurde festgestellt, dass noch ein weiteres Asservat nicht bei den Unterlagen war: ein Buch Uwe Barschels mit dem Titel *Gesammelte Erzählungen* von Jean-Paul Sartre (vgl. S. 52 f.). Hierfür ist der Autor verantwortlich. Beweismittel sind freizugeben, wenn sie nicht mehr benötigt werden (vgl. Nr. 75 der Richtlinien für das Straf- und Bußgeldverfahren). Zu dieser Überzeugung kam ich bei Gelegenheit eines Gesprächs mit Frau Freya Barschel nach ihrer zeugenschaftlichen Vernehmung, in dem sie mir von dem Buch erzählte. Ich gab daraufhin das Beweismittel frei; allerdings versäumte ich, einen entsprechenden Aktenvermerk zu machen. Da ich mich mit der Thematik der Texte noch näher vertraut machen wollte, stellte mir Frau Barschel danach das Buch leihweise zur Verfügung. Zu einem späteren Zeitpunkt war es noch einmal Gegenstand einer Korrespondenz, als ein Schleswiger Museum nachfragte, ob es nicht ein Ausstellungsstück für diese historische Geschichte aus Schleswig-Holstein gäbe, wovon dann aber Abstand genommen wurde.

Als nun der Justizminister Emil Schmalfuß vor dem Innen- und Rechtsausschuss am 6. Oktober 2011 über das Verschwinden des Haares zu berichten hatte, unterrichtete er ungefragt den Ausschuss auch über den Verbleib des Buches und unterstellte mir bei dieser Gelegenheit fälschlich, Frau Barschel habe ihr Einverständnis gegeben, dass ich das Buch »behalten« könne. Auf Aufforderung der Staatsanwaltschaft habe ich dann das Buch zurückgebracht, obwohl dies rechtlich nicht korrekt war: Dieses eindeutig freigegebene Asservat hätte ich von Rechts wegen Frau Barschel zurückgeben müssen. Mit Rücksicht darauf, dass ich diese indessen nicht auch nur ansatzweise mit diesem politisch hochgespielten Hin- und Hergezerre belasten wollte, und sie nicht in die Situation bringen wollte, nun ihrerseits aufgefordert zu werden, das Buch zurückzugeben, habe ich dies unterlassen.

Der Minister hatte schon bei der Sitzung behauptet, generell habe die

Aufbewahrung der Asservate in diesem Verfahren gegen Vorschriften verstoßen und »Usancen«. Gegen welche Vorschriften der Autor angeblich verstoßen habe, wurde von ihm, immerhin dem Justizminister mit juristischem Geleitzug, nicht näher bestimmt. Bei den Vorschriften handelt es sich um Verwaltungsvorschriften. Die Präzisierung ist in der Staatsanwaltschaft Lübeck in einer Hausverfügung erfolgt, für die – man höre und staune – der Behördenleiter verantwortlich ist und die beim Vorliegen sachlicher Gründe natürlich auch abänderbar für den Einzelfall ist.

Diese Geschichten waren Wasser auf die Mühlen des Justizministers. War er zwar durch das fehlende Haar politisch etwas in die Enge getrieben, konnte er sich doch durch einen Angriff auf den Autor – seinen früheren Untergebenen – etwas freischwimmen und den Zorn der Landespolitiker auf diesen richten, ohne dass eine schnelle und juristisch fundiert mögliche Entgegnung erfolgen konnte. Die Selbstmordtheoretiker der Landespressekonferenz nahmen dieses gern auf, allen voran ihr Vorsitzender Peter Höver, der früher bei den Kieler Nachrichten arbeitete und jetzt das Kieler Büro des Schleswig-Holsteinischen Zeitungsverlages (shz) verantwortet. Gern beliefert wurde er dafür von namhaften Landespolitikern, allen voran der FDP-Fraktionsvorsitzende Wolfgang Kubicki, der zwar dem Innen- und Rechtsausschuss nicht angehörte, sich diese Sitzung aber nicht entgehen ließ. Unter dem Aufmacher »Skandal um Barschel-Ermittler« sprach er von einem »unglaublichen Fehlverhalten«, »Wille habe seine komplette Reputation verspielt«. Weiter meinte der sonst noch als Strafverteidiger aktive Kubicki, hier sei der Tatbestand des Verwahrungsbruchs erfüllt. Den Autor ergriff ein Déjà-vu-Gefühl: massive unqualifizierte Attacken aus den Reihen der Kieler Landespresse. Die Staatsanwaltschaft sah es anders: kein Anfangsverdacht für strafbare Handlungen. Während Kieler Nachrichten und Lübecker Nachrichten über eine entsprechende dpa-Meldung präzise und korrekt berichteten, musste erst durch Einschaltung des Chefredakteurs in den shz-Zeitungen eine entsprechende

Nachricht platziert werden. Dass nun ausgerechnet ein Justizminister mit juristisch zumindest unpräzisen Wertungen als Stichwortgeber für offenkundig juristische Fehleinschätzungen des Strafverteidigers Kubicki diente (von dessen fachlicher Qualifikation ich früher mehr hielt), war sicherlich ein Zufall.

Es war nicht Peter Höver allein, wenn auch besonders massiv. Nachdem er in seinem ersten Kommentar noch zugegeben hatte, das Buch gar nicht erst geöffnet zu haben, hat er hier einen skandalisierenden Rundumschlag fabriziert, der jedes Boulevardmagazin geschmückt hätte. Möglicherweise hatte er das Buch ja zwischenzeitlich doch einmal aufgeschlagen (vgl. insbesondere S. 137 zur Landespressekonferenz). Freude bereiteten auch NDR-Fernsehjournalisten aus Kiel, die es in diesem Zusammenhang sogar schafften, ein kurzes Interview von mir sinnentstellend noch weiter zu verkürzen und das neben der Nachrichtensendung auch für einen Satirebeitrag nutzten. Besonders geschickt, aber nicht weniger manipulativ ging Ulf Christen vor, heute bei den *Kieler Nachrichten* (damals arbeitete er mit Ludger Fertmann und Kerstin Kampe, s. Personenregister), der mit dem Autor ein Telefoninterview führte. Was er bei diesem Interview aber nicht offenbarte, war Folgendes: Anschließend stellte er dem früheren Generalstaatsanwalt Rex dieselben Fragen und verkürzte dabei die Argumente des Autors dergestalt, dass eine scheinbare Widerlegung durch Erhard Rex möglich war. Dem NDR-Intendanten Lutz Marmor und dem KN-Chefredakteur Christian Longardt habe ich beides sicher nicht zu deren ungeteiltem Vergnügen mitgeteilt; etwas Transparenz kann nicht schaden. Positiv in ihrer Ernsthaftigkeit und Präzision waren eine Reihe anderer Journalisten wie Ulrich Weidenbach und Michael Renz beim *ZDF* und Autoren von *ntv-online, dapd, Telepolis, Cicero-online, NDR-Hörfunk* mit Kathrin Völckers, *Welt am Sonntag* mit Dirk Banse und Lucas Wiegelmann, die *taz* mit Daniel Wiese und *HL-live* mit Helmut Lux. Eine abschließende Aufzählung ist gar nicht möglich; *RTL* und *Sat. 1 regional* dürfen jedenfalls nicht fehlen.

Die DNA-Untersuchungen eröffneten keine neuen Möglichkeiten. Da Fremd-DNA immerhin festgestellt wurde, sprechen sie (auch) für die Anwesenheit mindestens einer weiteren Person und tendenziell gegen Suizid, da die von den Selbstmordtheoretikern ins Gespräch gebrachte Sterbehilfeversion sich nicht auf Fakten stützen kann. Sie ist eine Fiktion, die dazu dient, die Suizidtheorie mit den Tatsachen kompatibel zu machen.

Was bleibt weiterhin aktuell? Die Geschichte hat immer noch ihre Dynamik; neue Erkenntnisse können schon zwischen dem Schreiben dieses P.S. bis zu seinem Erscheinen zutage gekommen sein. Auch ohne förmliche Aufnahme des Ermittlungsverfahrens könnte die Staatsanwaltschaft Lübeck weitere Überprüfungen im Sinne von Vorermittlungen vornehmen. Insbesondere ist an zwei Themenkreise zu denken:

Zum einen hat Prof. Hans Brandenberger bereits im Jahr 2010 neue Überlegungen angestellt, die in der *Welt am Sonntag* publiziert worden sind und das Thema »Methyprylon« zum Gegenstand hatten. Brandenberger meint inzwischen, dass die K.-o.-Tropfen doch eine Rolle im Zusammenhang mit dem Tod Uwe Barschels gespielt haben können. Dies ist neu, da während des Ermittlungsverfahrens alle Sachverständigen übereinstimmend weitere Untersuchungen nicht mehr als erfolgversprechend angesehen haben (vgl. S. 307, 347). Die Bedeutung des Stoffes Methyprylon, der zweifelsohne in diesem Zusammenhang eine Rolle gespielt hat, ist im Ermittlungsverfahren aus den dargestellten Gründen bewusst offengelassen (vgl. S. 149 ff., 301 f.). Wenn nunmehr nach Auffassung von Brandenberger, dessen erstes Gutachten ja bereits das Ermittlungsverfahren überhaupt wesentlich mit in Gang gesetzt hat, neue Gesichtspunkte für Erkenntnisse in diesem Zusammenhang vorliegen, sollte man ihn dazu ergänzend befragen und seine neuen Überlegungen gegebenenfalls einem weiteren Sachverständigen zur kritischen Betrachtung vorlegen.

Eine der Spuren im Zusammenhang mit der Iran-Contra-Affäre (vgl. S. 195, 223 ff., 294 f.) wies auch in den Iran. Für diese Spur sprechen auch frühere Hinweise auf Waffenhändlertreffen in Genf unter Anwesenheit von Ahmad Khomeini und Rafighdoust (vgl. S. 87, 165 f., s. auch S. 57). Der frühere iranische Ministerpräsident Bani-Sadr hatte bei seiner Vernehmung im französischen Exil (vgl. S. 237 ff., 323 ff.) einen Zeugen namhaft gemacht: Mesbahi Aboulghassem (vgl. S. 325). Weitere Informationen über diesen, besonders seine Adresse, gab es nicht. Das ist jetzt anders. Der Journalist Frank Garbely, der auch auf dem Genfer Flughafen vergebens versucht hatte, Uwe Barschel zu interviewen, führte ein langes Interview mit ebendiesem Zeugen Mesbahi Aboulghassem und produzierte darüber auch einen Fernsehfilm mit dem Titel »Zeuge C«, der auf 3sat ausgestrahlt wurde. Garbelys Recherchen ergaben, dass Genf seinerzeit die logistische und organisatorische Zentrale des iranischen Geheimdienstes im Westen war, in dem Mesbahi eine zentrale Rolle gespielt hatte. Eine formelle Befragung oder Zeugenvernehmung dieser Person wäre sicherlich nicht fernliegend.

Hartnäckig hält sich bei einigen Journalisten und Autoren die Ansicht, Uwe Barschels Leichnam weise weitere Spuren von Misshandlungen auf, namentlich andere Hämatome am Kopf und Spuren einer Intubation, die Einführung eines Schlauches in den Magen. Diese Interpretationen sind zumindest höchst gewagt, teilweise sicherlich falsch (vgl. S. 53 f.). Die Hamburger Obduzenten hätten Spuren, die in diese Richtung gegangen wären, sicherlich nicht unterschlagen. Die Rechtsmediziner stimmen darüber überein, dass das Hämatom an der rechten Stirnseite prämortal, also vor dem Tode verursacht wurde, aufgrund nachgewiesener Aktivität von Leukozyten (weißen Blutkörperchen). Solche »vitale Reaktionen« wurden bei den anderen Auffälligkeiten nicht festgestellt. Dieser »Negativnachweis« ist zwar bei Verletzungen, die sehr kurz vor dem Tod eintreten, nicht immer zu führen. Wegen der langen komatösen Überlebenszeit Barschels im Wasser hat dieser Unsicherheitsfaktor hier aber keine Auswirkungen. Es handelt sich also um nachträglich entstandene Verletzungen, sei es beim Transport, der Lagerung oder einer der beiden Obduktionen selbst.

Weitere Aspekte mögen hinzukommen; wenn schon nicht die von mir als einzig erfolgversprechende Möglichkeit angesehene Lebensbeichte eines Beteiligten, so doch Informationen von Wissensträgern vielleicht aus dem südafrikanischen Feld, was die Recherchen früherer *Stern*-Redakteure in dem von ihnen veröffentlichten Buch »Doppelspiel« nahelegen. Zu den eigentlichen Verschwörungstheoretikern gehört nicht der Autor, sondern diejenigen, die immer noch Suizid und gar Sterbehilfe für realistisch halten.

Dank

Ich danke

meiner Frau für ihre Geduld.

Oberstaatsanwalt Sönke Sela und Staatsanwalt Bernd Kruse
für die kritische Lektüre.

Stefan Aust,

Stephan Burgdorff,

Uwe Jensen,

Karina Meiburg,

Ulrich Schwarz,

Andreas Simmen,

Thomas Willam,

Karl-Henning Windelbandt,

dem *Spiegel*,

meiner Gewerkschaft verdi

und einigen Unbenannten.

H. W.

Literaturverzeichnis

Theodore Draper, *A Very Thin Line. The Iran-Contra Affairs,* Hill and Wang, New York 1991.

Holger Haupt/Ulrich Weber, *Handbuch Opferschutz und Opferhilfe. Ein praxisorientierter Leitfaden für Straftatsopfer und ihre Angehörigen, Mitarbeiter von Polizei und Justiz, Angehörige der Sozialberufe und ehrenamtliche Helfer,* Nomos Verlagsgesellschaft, Baden-Baden 1999.

Armand Mergen, *Tod in Genf. Ermittlungsfehler im Fall Barschel: Mordthese vernachlässigt?,* Kriminalistik Verlag, Heidelberg 1988.

Victor Ostrovsky, *Geheimakte Mossad. Die schmutzigen Geschäfte des israelischen Geheimdienstes,* C. Bertelsmann Verlag, München 1994.

Erwin Ringel (Hrsg.), *Selbstmordverhütung,* Verlag Dietmar Klotz, 5. unveränderte Auflage, Frankfurt am Main 1997.

Joachim Siegerist, *Das Testament des Uwe Barschel und andere faszinierende Reportagen,* Verlag Moritz Deter, Bremen 1988.

Staatsanwaltschaft bei dem Landgericht Lübeck, »Gesamtbericht in dem Ermittlungsverfahren gegen Unbekannt wegen Verdachts des Mordes an Dr. Dr. Uwe Barschel«, 1998, www.schleswig-holstein.de/ GSTA/DE/Informationsmaterial/ Dokumentation/Beitrag_LOStA_ Wille/doku_wille1.html.

Udo Ulfkotte, *Verschlusssache BND,* Koehler & Amelang, München/ Berlin 1997.

Lawrence E. Walsh, Independent Counsel/United States Court of Appeals for the District of Columbia Circuit, Division for the Purpose of Appointing Independent Counsel, Division No. 86-6, *Final Report of the Independent Counsel for Iran/ Contra Matters,* Vol. I–IV, Washington D.C. 1993.

Lawrence E. Walsh, Firewall. *The Iran-Contra Conspiracy and Cover-up,* W. W. Norton & Company, New York/London 1997.

Heinrich Wille, »Das externe Weisungsrecht«, in: Heribert Ostendorf (Hrsg.), *Strafverfolgung und Strafverzicht. Festschrift zum 125-jährigen Bestehen der Staatsanwaltschaft Schleswig-Holstein,* Köln/Berlin/Bonn/ München 1992.

Personenregister

Personen, hinter deren Namen in Klammern die Funktion steht
(Generalstaatsanwalt, Staatssekretär, Minister usw.), tauchen im Text
manchmal nur unter dieser Funktionsbezeichnung, ohne Namen, auf.